D1281886

Le jardinier paresseux
LES ANNUELLES

Larry Hodgson

BROQUET inc.

151-A, boul. de Mortagne, Boucherville, Qc, CAN. J4B 6G4
Tél.: (450) 449-5531 / Télécopieur (fax): (450) 449-5532
Courrier électronique: info@broquet.qc.ca
http://www.broquet.qc.ca

Données de catalogage avant publication (Canada)

Hodgson, Larry

Les annuelles

(Le jardinier paresseux)

Comprend des références bibliographiques et un index

ISBN 2-89000-479-1

1. Plantes annuelles - Québec (Province). 2. Floriculture - Québec (Province). 3. Jardinage - Québec (Province). 4. Aménagement paysager - Québec (Province). I. Titre. II. Collection.

SB422.H62 1999   635.9'312'09714   C99-940560-8

Pour l'aide à son programme éditorial, l'éditeur remercie :

Le Gouvernement du Canada par l'entremise du Programme d'Aide au Développement de l'Industrie de l'Édition (PADIÉ);
La Société de Développement des Entreprises Culturelles (SODEC);
L'Association pour l'Exportation du Livre Canadien (AELC).

Illustrations: Claire Tourigny

Photographies: Larry Hodgson (sauf mention contraire)

Correction: Francine Labelle

Révision: Andrée Lavoie

Infographie: Antoine Broquet, Marie-Josée Blanchet

Copyright © Ottawa 1999
Broquet inc.
Dépôt légal — Bibliothèque nationale du Québec
1er trimestre 1999

ISBN 2-89000-479-1

Table des matières

Voir le jardinage avec un oeil de paresseux

On peut consacrer tout le temps que l'on souhaite au jardinage. Si le coeur vous en dit, vous pouvez tondre votre pelouse avec un coupe-ongles... en y investissant beaucoup d'heures! Comme personne ne souhaite passer tout son temps à quatre pattes pour manucurer la vaste pelouse qui entoure sa demeure, nous avons tous appris à utiliser une tondeuse. C'est logique, n'est-ce pas? Malheureusement, beaucoup de tâches de jardinage se font encore, si vous me permettez de le dire, avec un coupe-ongles. Il y a moyen de réduire le temps à y mettre en utilisant non seulement de meilleurs outils, mais de meilleures techniques et des plantes plus appropriées, ce que les livres de la série *Le jardinier paresseux* veulent démontrer.

Le jardinier paresseux et les annuelles

Si on parlait des arbres, il serait facile d'expliquer comment les entretenir sans trop d'efforts, le but de la série *Le jardinier paresseux*. Aucun végétal n'est plus facile à entretenir qu'un arbre, à condition de choisir une essence convenant à votre environnement et de le planter correctement. Il n'y a presque rien d'autre à dire, sinon mentionner quelques travaux correctifs à apporter si une branche

11

importante se brise. *Planter* un arbre n'est pas un acte naturel. L'arbre pousse normalement seul à partir d'une semence. Planté, il exigera un peu de «bichonnage», des d'arrosages, un tuteur, etc. la première année, le temps qu'il s'acclimate à son nouvel environnement et se «naturalise». Mais après, niet, nada, zip, rien! Même ramasser ses feuilles mortes ne lui procure aucun avantage, les arbres poussent mieux dans un sol recouvert de feuilles en décomposition. Vous le faites parce que vous le voulez bien ou pour que ses feuilles n'étouffent pas le gazon ou les plantations basses. On ne peut trouver de plante moins exigeante qu'un arbre bien établi.

Ce qui nous intéresse dans ce livre, ce sont les annuelles, plantes qui ne vivent qu'une seule année et ne figurent pas en tête de liste des végétaux de culture facile, du moins sous notre climat. Dans la nature, les annuelles sont des plantes éphémères que Dame Nature a conçues pour occuper temporairement un espace. Pourquoi alors parler des plantes annuelles quand tant d'autres végétaux sont plus durables et d'entretien plus facile comme les arbres, arbustes, vivaces, etc.?

La plupart de nos aménagements présentent des situations où, malgré leur courte vie, les annuelles

Quand on apprend à collaborer avec la nature plutôt qu'à la combattre, le jardinage devient plus facile sur tous les plans.

sont les bienvenues même dans le jardin d'un paresseux: combler les vides, fleurir les plates-bandes fraîchement préparées, assurer une floraison continuelle, permettre la culture en pot là où les autres plantes ne survivent pas, etc. C'est ce que vous découvrirez dans la première section de ce livre. Les annuelles sont non seulement intéressantes, mais quasiment essentielles dans tout jardin d'ornement digne qui se respecte.

Par contre, il faut identifier les annuelles les plus intéressantes pour un jardin à entretien minimal car certaines demandent beaucoup de soins et d'autres presque pas. Dans la deuxième section du livre, *Quelques annuelles de choix*, vous découvrirez les at-traits d'un bon nombre d'annuelles, et aussi leurs défauts.

Contrairement aux plantes plus permanentes comme les vivaces, les arbres et les arbustes, on exige moins des annuelles. Parce que l'on ne s'attend pas à ce qu'elles soient permanentes et que leur rôle consiste principalement à remplir temporairement des trous dans la plate-bande, le choix est beaucoup plus facile. Si on gaffe en plantant à l'ombre une annuelle qui aime le plein soleil, ou une plante qui préfère un sol sec dans un sol humide, les conséquences sont beaucoup moins

Si vous utilisez des annuelles bien adaptées à votre climat et à vos besoins, elles n'exigeront que peu d'entretien et conviendront bien au jardinier paresseux.

désastreuses car on peut facilement corriger le problème la saison suivante. On n'a pas à vivre éternellement avec une plante qui ne répond pas à nos exigences, ni à tenter d'extraire une grosse plante à longues racines pour la transplanter ailleurs. Si les conditions changent, quand un coin ensoleillé devient ombragé, par exemple, vous n'avez pas à la changer de place, seulement à en choisir une autre. Même les annuelles qui se ressèment disparaîtront d'elles-mêmes si les conditions ne leur plaisent plus.

De plus, le prix généralement très raisonnable des annuelles nous pénalise moins si on fait une erreur. Elles sont si peu dispendieuses à remplacer! Un arbre peut être très coûteux, il faut donc le choisir avec minutie et le planter soigneusement. Mais les annuelles sont utilisables à toutes les sauces.

Vous remarquerez que contrairement autres livres de la série, celui-ci ne comporte pas de chapitre *Annuelles à éviter*. Au Québec, on peut cultiver avec succès presque toutes les annuelles. Même le chapitre *Des annuelles «pensez-y bien»* ne contient que peu de plantes, et celles qui s'y trouvent y apparaissent surtout à cause de leur prix exagéré, compte tenu d'une performance médiocre, d'un comportement moins intéressant que celui présenté par le marchand, ou d'un entretien exagéré. Toutes les annuelles sont de culture facile, certaines à condition de les acheter sous forme de plants, d'autres de les semer soi-même.

Mais un gros «pensez-y bien» plane sur tout ce volume. Sauf pour les annuelles qui se ressèment ou que l'on achète sous forme de semences, ces plantes coûtent cher à long terme. À première vue, leur prix semble très raisonnable. On peut acheter 9 ou 12 plants en caissette pour le prix d'une seule vivace, et plusieurs dizaines pour le prix d'un seul arbre ou arbuste. Il est vrai qu'une plante permanente couvre généralement une plus grande superficie qu'une annuelle, surtout après quelques années, mais le coût initial pour recouvrir d'annuelles un espace vide demeure néanmoins très faible. Ce qui coûte cher, ce sont les achats annuels pour les remplacer. Après quelques années de culture et d'achats successifs d'annuelles en caissette, la dépense accumulée équivaut au prix de l'arbre le plus coûteux. À long terme, les achats répétés d'annuelles vendues en pots individuels, les plus coûteuses, atteint facilement la valeur d'un bonsaï de collection. Dans ce livre, on vous dirigera non seulement vers les annuelles qui exigent le moins de soins, mais aussi vers celles qui sont les moins coûteuses, et on vous expliquera comment les obtenir à bon prix.

Qu'est-ce qu'une annuelle?

La définition que Dame Nature donne à une annuelle est d'une grande simplicité. Une annuelle est une plante dont le cycle complet de croissance, germination, floraison, production de graines et mort, est d'une seule année. Une véritable annuelle est monocarpe, c'est-à-dire qu'elle ne fleurit qu'une seule fois. Il faut donc la remplacer tous les ans ou la laisser se ressemer spontanément.

Le terme «plante annuelle» est plus clair lorsqu'on le compare à ceux de «plante bisannuelle», plante monocarpe à laquelle il faut deux saisons de croissance pour arriver à la floraison, produire des graines et mourir, et de «plante vivace», plante herbacée, sans tiges ligneuses, qui vit plus de deux ans et fleurit chaque année une fois bien établie. À des fins de comparaison, on pourrait classer la plupart des bulbes, des arbustes et des arbres parmi les vivaces: ils vivent plusieurs années et fleurissent plusieurs fois. Les annuelles et les bisannuelles sont donc très proches car les deux groupes sont monocarpes, ne fleurissent qu'une seule fois et meurent après avoir produit des graines. La différence se résume au temps qu'il leur faut pour arriver à la floraison, un an pour les annuelles, deux dans le cas des bisannuelles. D'ailleurs les deux groupes sont traités dans ce livre.

La plupart des «vraies annuelles» ont un cycle de croissance très rapide: entre la germination et le début de la floraison, il ne faut que de cinq à douze semaines. Cinq semaines, cela signifie que les semis faits à l'extérieur au début du mois de mai, ce qui est possible dans la plupart des régions du Québec, peuvent être en fleurs dès la mi-juin! Même les plus lentes seront en fleurs bien avant la fin de l'été. La plupart de ces véritables annuelles ont aussi des graines qui résistent très bien au froid. Elles ont donc la capacité de repousser spontanément l'année suivante à partir de graines produites et tombées au sol l'année précédente, même sous des climats nordiques. C'est ainsi qu'elles se maintiennent dans la nature et dans le jardin aussi, si on les laisse faire. Voilà comment la nature décrit les annuelles.

L'homme complique la situation en incorporant à ce groupe des vivaces d'origine subtropicale ou tropicale qui agissent comme des annuelles sous notre climat, ou en raccourcissant à une seule année le cycle de vie de plantes qui prendraient normalement plus d'un an pour fleurir.

Des vivaces tendres déguisées en annuelles

Le pétunia est l'exemple typique d'une «annuelle-qui-n'en-est-pas-vraiment-une». Dans son aire d'origine, l'Amérique du Sud australe, le pétunia germe au printemps et commence à fleurir dès la première année, comme les «vraies annuelles» des pays nordiques. Mais, à l'arrivée des températures plus fraîches il cesse de croître et de fleurir et entre en repos végétatif. Lorsque le printemps ramène des températures plus clémentes, la plante recommence à pousser et à fleurir, et continue ainsi pendant plusieurs années, aussi longtemps que les conditions le permettent. Le pétunia est donc une vivace dans son pays d'origine.

Dans toute région où l'hiver est très froid, le pétunia est traité comme une plante annuelle. À la fin de l'hiver, on le sème même à l'intérieur pour hâter sa floraison, car si on le fait en pleine terre, même très tôt au printemps, sa floraison est si lente que l'été est presque terminé lorsque ses premiers boutons apparaissent, et le premier gel profond l'achève complètement. Comme le pétunia germe, fleurit, produit des graines et meurt au cours de la même année, les jardiniers des régions froides ne le traitent pas comme une vivace,

Le pétunia n'est pas une vraie annuelle, mais une vivace de climat subtropical. On voit ici le *Petunia integrifolia*, une espèce sauvage.

mais comme une annuelle. Sa mort est produite par un niveau de froid que le pétunia ne subirait jamais dans la nature, ce n'est donc pas une véritable annuelle dans le sens strictement botanique du terme.

Parfois on appelle des «vivaces-qui-ne-le-sont-plus» des vivaces tendres ou gélives. Parce que plusieurs catalogues d'annuelles sont de langue anglaise, mieux vaut savoir qu'en anglais on les désigne comme «half-hardy annuals», c'est-à-dire des annuelles qu'il faut nécessairement semer à l'intérieur, contrairement aux «hardy annuals», de vraies annuelles que l'on peut semer directement en pleine terre. La plupart du temps, on classe tout simplement les vivaces tendres ou gélives avec les annuelles car elles se comportent de la même manière sous notre climat.

Puisque le pétunia n'est pas une véritable annuelle, on peut prolonger sa vie de deux ou plusieurs années en déterrant la plante à l'automne, en l'empotant pour l'hiver (voir à la page 96 pour connaître la technique) ou en prélevant une bouture de tige. Il est impossible de le faire avec une annuelle qui meurt à la fin de son cycle peu importe comment on la traite, mais cela devient facile avec une vivace tendre.

Jusqu'à tout récemment, la définition horticole d'une annuelle ne comprenait que des plantes multipliées par voie de semis. C'est très normal puisque les vraies annuelles, à de rares exceptions près, ne peuvent être multipliées que par semis. Toutefois, une nouvelle catégorie se développe,

Certaines «annuelles» qui sont en fait des vivaces tendres, comme la Marguerite de Paris (*Argyranthemum frutescens* 'Butterfly'), ne sont plus reproduites par semences mais de façon végétative seulement.

l'annuelle multipliée par voie végétative ou comme au moins un catalogue l'appelle, l'«annuelle végétative». Il s'agit d'une plante normalement produite par voie sexuée à partir de graines ou de spores, etc. à un moment donné de son existence, comme essentiellement toute plante d'ailleurs, mais qui n'est plus du tout produite de cette façon. On la multiplie plutôt de génération en génération par voie végétative, c'est-à-dire par bouturage. Malgré la mince possibilité d'une mutation, la multiplication par voie végétative permet d'obtenir des plants identiques, alors que les plants d'annuelles produits par semis varient presque toujours au moins légèrement de l'un à l'autre. Ainsi, une plante présentant une caractéristique spéciale, nouvelle couleur ou nouvelle forme, qui ne se reproduit pas fidèlement par semis, peut être reproduite en grande quantité dans un laps de temps relativement court. On saute l'étape du semis pour obtenir plus rapidement des végétaux adultes aptes à fleurir.

Des «annuelles par anticipation»

Il y a un autre groupe d'«annuelles» sur le marché: il s'agit de plantes, normalement des bisannuelles mais parfois aussi des vivaces, dont on a artificiellement rallongé la période végétative afin d'obtenir une floraison la

La pensée (ici *Viola x wittrockiana 'Velour Blue'*) n'est pas une véritable annuelle, mais une bisannuelle qui réussit à fleurir la première année à partir de semis très précoces.

première année. Rappelons qu'une bisannuelle ne produit normalement que du feuillage la première année et fleurit, fait des graines et meurt l'année suivante. La plupart des vivaces ne fleurissent que la deuxième année de leur existence à partir de semis faits au jardin. Or, si on prolonge la saison de croissance, en faisant des semis à l'intérieur au cours de l'hiver ou parfois même l'automne précédent, il est parfois possible d'obtenir une floraison la première année. Ainsi, une plante normalement bisannuelle agira exactement comme une annuelle: elle fleurira la première année, fera des graines, et mourra. Dans le cas des vivaces, la floraison surviendra aussi la première année, mais la plante continuera à vivre par la suite. Les hybrideurs, ces faiseurs de miracles horticoles, ont même développé des lignées de bisannuelles et de vivaces de croissance particulièrement rapide précisément pour les vendre comme annuelles.

Certaines de ces «annuelles par anticipation» ont été cultivées de cette façon depuis si longtemps qu'on oublie qu'il s'agit de bisannuelles ou de vivaces. La pensée, par exemple, se comporte normalement comme une bisannuelle ou une vivace de vie courte car elle dépasse rarement une troisième année d'existence, mais grâce à des semis très hâtifs souvent faits dès l'automne précédent, elle est si souvent cultivée en annuelle qu'on oublie qu'elle n'en est pas une. Si on la sème en pleine terre au printemps, elle ne produit que du feuillage la première année et, contrairement aux vraies annuelles, survit à l'hiver et fleurit pour la première fois le printemps suivant.

Vers une floraison continuelle

Il importe de mentionner immédiatement une caractéristique fort intéressante des annuelles: beaucoup ont tendance à fleurir sans arrêt ou presque durant tout l'été. Cela contraste avec la plupart des plantes «permanentes», bulbes, vivaces, arbres, arbustes, etc., dont la période de floraison est généralement courte et très spécifique, que ce soit à la fin du printemps, au milieu de l'été, au début de l'automne ou autre, et qui ne produisent que du feuillage en d'autre temps. D'ailleurs, cette floraison continuelle des annuelles, du début jusqu'à la fin de l'été, voire même jusqu'à la fin de l'automne, est ce qui nous attire le plus chez elles. Si elles ne fleurissaient que deux ou trois semaines par année, comme la plupart des plantes permanentes, notre intérêt pour ces plantes éphémères serait définitivement moins vif. En effet, pourquoi, cultiverions-nous des végétaux qu'il faut remplacer annuellement si des plantes permanentes donnaient d'aussi bons résultats? Les plantes éphémères embellissent nos jardins durant des mois et des mois, plus longtemps que la plante permanente la plus florifère.

Mais pourquoi les annuelles fleurissent-elles aussi longtemps? Elles le font par nécessité. Elles ne jouissent pas de 3, 5, 10 ans et plus pour se reproduire comme les arbres et les arbustes, mais d'un seul été. Il importe donc qu'elles produisent un maximum de graines dans un court délai afin d'assurer leur continuité et pour y arriver, elles doivent fleurir massivement. Pour les encourager à fleurir encore davantage, l'homme leur joue une sale tour: lorsque leur floraison ralentit, il supprime leurs fleurs fanées, les empêchant de faire des graines. C'est cruel, mais efficace! Si on lui enlève ses capsules de graines, l'annuelle ne peut pas se reproduire et meurt sans descendance. Menacée d'extinction, elle refleurit en tentant désespérément de produire des graines avant l'arrivée du froid, ce qui prolonge souvent sa floraison jusqu'aux premiers gels d'automne. Il n'est pas certain que la plante «sente» que ses fleurs ont été supprimées, mais si on l'empêche de faire des graines, les hormones qui l'incitent à cesser de fleurir et à se concentrer sur la production de graines ne circulent plus et la plante est stimulée à fleurir de nouveau.

Évidemment, à force de choisir les graines des annuelles ayant fourni la meilleure performance dans le jardin chaque été pour les ressemer l'été suivant, les horticulteurs donnent aux annuelles produisant le plus de fleurs et fleurissant le plus longtemps de meilleures chances de se multiplier. Il ne suffit souvent que de quelques générations pour changer une annuelle sauvage, à peine plus qu'une mauvaise herbe, en une plante de grande qualité, digne des meilleurs jardins. Dire que l'on travaille parfois pendant des générations pour arriver aux mêmes résultats avec les arbustes et les arbres!

Tableau de comparaison

La «compétition» la plus vive des annuelles vient des vivaces qui sont aussi cultivées surtout pour leur floraison. Il peut donc être utile de mettre côte à côte leurs avantages et désavantages pour donner un portrait plus clair de leur utilité.

Annuelles	*Vivaces*
• Floraison souvent continuelle, tout l'été	• Floraison concentrée sur une courte période
• Variété très grande des formes et des couleurs	• Variété très grande des formes et des couleurs
• Suppression parfois obligatoire des fleurs fanées	• Suppression des fleurs fanées facultative
• Coût peu élevé à court terme, mais les remplacer annuellement coûte cher	• Coût élevé à court terme, mais leur permanence étale le coût sur de nombreuses années
• Multiplication rapide et facile par semences et/ou bouturage	• Multiplication lente et parfois difficile par semences, division et bouturage
• Aucun besoin de division	• Division nécessaire après quelques années
• Maturité dès la première année	• Maturité après plusieurs années
• Tuteur peut être exigé	• Tuteur peut être exigé
• Retour d'année en année pour celles qui se ressèment, il faut replanter les autres annuellement	• Retour d'année en année, peuvent rester en terre

Si on fait la somme des avantages et des désavantages de chacune des deux catégories, on arrive quasi à égalité, la différence majeure pour le jardinier paresseux étant le dernier point: beaucoup d'annuelles doivent être replantées tous les ans. Les annuelles méritent donc une place dans nos plates-bandes autant que les vivaces. Je crois qu'avec l'évolution rapide des jardiniers québécois désireux de vraiment tout apprendre sur l'horticulture, les annuelles et les autres plantes actuellement «négligées» dans les aménagements au Québec, notamment les bisannuelles et les bulbes, reprendront peu à peu leur «place au soleil» dans nos jardins.

Section 1

La culture des annuelles sans peine

Savoir bien utiliser les annuelles

La planification

Tout spécialiste en aménagement paysager vous dira de commencer la planification d'une plate-bande par l'élaboration d'un plan sur papier.

C'est très bien si vous avez un client qui achète vos services, car si je m'offrais les services d'un architecte paysagiste, j'exigerais moi-même un plan plutôt que des idées en l'air! Cependant, un plan sur papier n'est pas très utile pour le jardinier amateur. En visitant les plus beaux jardins privés du Québec, on se rend compte que plusieurs, peut-être même la majorité d'entre eux, ont commencé par des idées très vagues dans la tête de leur concepteur.

Si vous tenez vraiment à un plan, commencez par un plan général du terrain, en tenant compte de ses dimensions, de l'emplacement de la maison, des pentes, des arbres existants, etc., car il est essentiel de bien planifier les infrastructures permanentes telles les sentiers, les aires de stationnement, l'éclairage, etc. On peut facilement modifier la forme et le contenu d'une plate-bande, mais il vaut mieux réaliser correctement les infrastructures constituant l'ossature du terrain et ne plus y toucher. Quant aux espaces consacrés aux plates-bandes, au potager, aux pelouses, etc., il n'est pas mauvais d'en faire des croquis généraux, pour avoir une idée de ce que l'on veut faire, mais des plans détaillés ne sont pas très utiles, car en fait, à peu près personne ne réalise un jardin tel qu'il est sur papier.

Avec les annuelles, on peut se permettre de jouer avec différentes couleurs, textures et hauteurs à tous les ans.

Il est bien de prévoir l'emplacement des végétaux permanents, comme les arbres et les grands arbustes, mais vous avez beaucoup plus de jeu avec des plantes que vous pouvez facilement déplacer, comme les vivaces et les bulbes. Les plantes temporaires comme les annuelles ne figurent habituellement sur le plan que dans des espaces marqués «annuelles». En conséquence, même si un professionnel de l'aménagement le fait et spécifie une espèce et une couleur bien précises, comme des «cléomes roses», il est facile de planter d'autres variétés.

On planifie rarement des plates-bandes ne contenant que des annuelles parce que ce sont strictement des plantes temporaires. On peut prévoir consacrer plus tard le jardin à d'autres végétaux, vivaces et arbustes, mais on utilise les annuelles en plus grande quantité durant les premières années. De plus, il est très facile de changer le contenu d'une plate-bande d'annuelles car ce sont des plantes tellement temporaires. Si quelque chose vous déplaît, vous plantez autre chose l'année suivante. Je parie que beaucoup de spécialistes en aménagement paysager n'utilisent pas d'annuelles spécifiques sur leurs propres terrains. Comme tout le monde, ils se servent des annuelles pour expérimenter de nouvelles couleurs, de nouvelles textures, de nouvelles formes, ou pour boucher des trous. La «grande planification» dans laquelle on doit tenir compte de dimensions et de formes très précises, concerne les arbres et les arbustes. Avec les annuelles, on s'amuse!

Regardons les principales utilisations des annuelles dans la plate-bande.

Des trous dans le paysage

Les annuelles ont une grande utilité dans un jardin où l'on vient tout juste de préparer une nouvelle plate-bande.

Dans la nature, tout espace vide est rapidement envahi par des plantes annuelles, ces plantes à pousse rapide dont les graines germent rapidement. Qu'un arbre tombe dans la forêt, qu'un glissement de terrain dénude une pente, que l'homme laboure le sol pour préparer un nouveau champ, sitôt l'événement arrivé, des graines d'annuelles parfois enfouies dans le sol depuis des décennies, parfois apportées sur les lieux par le vent, commencent à germer. Quelques semaines plus tard, des petites feuilles vertes montent du sol nu: c'est la germination, le renouveau, le rôle même des annuelles. Quiconque a vu le site d'un feu de forêt quelques semaines après le passage de l'élément destructeur ne peut que s'émerveiller de la vitesse à laquelle la nature reprend ses droits. Dès la fin du premier été, le secteur est plein de fleurs. Ce sont des annuelles à l'oeuvre dans leur milieu naturel.

Dans nos plates-bandes aussi il y a souvent des trous, surtout si on vient de terminer une nouvelle plate-bande. Même si on y plante des arbres, des arbustes et quelques vivaces, on arrive rarement à tout remplir, et il est préférable ne pas le faire. Ces plantes «permanentes» prendront de l'ampleur avec le temps. Trop les rapprocher au moment de la plantation pour que la plate-bande paraisse fournie, ne leur laissant plus d'espace pour leur croissance future, favorisera une couverture trop dense qui étouffera certaines plantes et épuisera les autres, car la compétition pour la lumière, la pluie, les minéraux, etc. sera féroce entre elles. Toutefois, si on plante les végétaux permanents à espa-

Une de mes propres plates-bandes, la première année. Les impatientes remplissent temporairement un espace prévu pour des hostas.

Les bulbes à floraison printanière et les annuelles peuvent partager le même espace. Une plantation d'annuelles autour de ces tulipes remplira rapidement l'espace dénudé quand ces dernières entreront en dormance.

cements convenant à leur taille à maturité, il reste de grands espaces vides. S'ils restent vides, Dame Nature se fera un plaisir de jouer son rôle et de les combler de plantes indésirables considérées comme des mauvaises herbes. Pourquoi alors ne pas la devancer en y plantant des annuelles attrayantes?

Dans des plates-bandes et plantations nouvelles de toute sorte, les annuelles sont le choix idéal. Vous pouvez même en planter d'année en année, notamment autour des arbres et arbustes, en diminuant leur quantité selon le développement des plantes ligneuses, car ces dernières prennent de nombreuses années pour atteindre leur diamètre maximal. Si à leur base, vous remplissez les vides temporaires avec des annuelles, non seulement elles empêcheront les mauvaises herbes de pousser, mais vous aurez de belles fleurs entre-temps et votre aménagement aura l'air plus complet.

Bien sûr, ce n'est pas uniquement au moment où l'on prépare une nouvelle plate-bande qu'il y a des espaces vides dans l'aménagement paysager. Certaines plantes, comme les bulbes à floraison printanière, ont un cycle qui comporte un temps d'arrêt. Lorsque les tulipes, narcisses, crocus, etc. fanent, leur feuillage disparaît aussi après quelques semaines et laisse un trou béant dans le jardin. Si vous ne voulez pas qu'il se remplisse de mauvaises herbes, il faut le combler avec autre chose. Je vous suggère des annuelles.

La technique est simple. Vous plantez des annuelles à la base des bulbes. Au moment où le feuillage des bulbes commence à jaunir, les tiges des annuelles se sont déjà étalées à travers la touffe de bulbes, et lorsque les feuilles se dessèchent et s'écrasent au sol, les annuelles les recouvrent rapidement. Vous n'avez rien à ramasser!

Ainsi, une sorte de symbiose se crée. Les bulbes occupent l'espace durant tout le printemps en attendant la plantation des annuelles, et les annuelles protègent l'emplacement des bulbes contre leurs «prédateurs», les mauvaises herbes, durant tout l'été, libérant l'espace pour le redonner aux bulbes quand le froid les tue à l'automne.

Le même procédé peut aussi s'employer pour les vivaces à dormance estivale, comme les pavots d'Orient, les doronics, les pulsatilles, et les adonis. Ces vivaces se comportent comme des bulbes, mais sans organe de réserve souterrain. Elles poussent et fleurissent au printemps, puis disparaissent à l'été laissant un trou béant, sauf si vous avez pensé à planter à leur base des annuelles au port étalé, prêtes à conquérir l'espace vide laissé par leur feuillage jaunissant.

De la couleur d'appoint pour la plate-bande

Dans le jardin du paresseux les annuelles servent à combler les trous dans le temp d'apparition de la floraison.

Dans les plates-bandes mixtes d'arbustes, de bulbes et de vivaces, on essaie toujours de créer une harmonie de formes et de couleurs qui rend le jardin intéressant dès la fonte de la neige au printemps, jusqu'à son retour à la fin de l'automne. Pour y parvenir, on élabore de savants mélanges de bulbes à floraison printanière, d'arbustes qui fleurissent un peu plus tard, de vivaces en fleurs à l'été et d'autres à floraison automnale, puis on se croise les doigts en attendant que nos espoirs se concrétisent.

Cependant, même dans le jardin le mieux planifié, les plantes permanentes nous laissent toujours un peu tomber. Aucune d'elles ne fleurit vraiment du début du printemps jusqu'à la fin de l'automne bien que parmi les vivaces, certaines espèces ou certains cultivars y parviennent presque (voir *Des vivaces (presque) toujours en fleurs* dans le livre *Le jardinier paresseux, Les vivaces*). Mais il se présente toujours des moments morts dans la plate-bande, des «moments» qui peuvent s'étirer sur des semaines au cours desquelles peu de plantes sont en fleurs, laissant la plate-bande dégarnie. On pourrait toujours combler ces «trous dans le temp de floraison» avec des plantes

Ces quelques annuelles, des zinnias, apportent de la couleur à cette plate-bande à un moment où elle n'est pas particulièrement fleurie.

en plastique, mais l'effet n'est pas fantastique. Je vous suggère donc d'adopter la méthode utilisée par les jardiniers depuis des temps immémoriaux jusqu'à nos jours, soit les combler avec des fleurs annuelles.

C'est dans la nature même de la grande majorité des annuelles de fleurir tout l'été (voir à cet effet *Vers une floraison continuelle* à la page 18). Pourquoi alors ne pas en tirer profit pour assurer de la couleur tout au long de l'été? Il est intéressant de constater que pour donner l'impression d'être très fleurie, une plate-bande n'a pas besoin de l'être en totalité et en tout temps. Il ne faut que suffisamment de taches de couleur ça et là dans le jardin pour que l'oeil humain réagisse ou s'émerveille devant un «véritable tapis de fleurs».

La «plate-bande entièrement fleurie» est donc une illusion d'optique, illusion qui nous sert très bien. Si vos plantations permanentes à floraison périodique, arbustes, bulbes, vivaces, etc. comportent environ 20 % d'annuelles à floraison continuelle, ce 20 % colore toute la plate-bande et on remarque alors beaucoup moins que la floraison des vivaces s'est interrompue à la mi-été.

Les bordures fleuries

Dans un jardin bien établi, la bordure est assurément la place de choix pour les annuelles. Sachant qu'il est difficile d'obtenir une floraison continue chez les plantes permanentes, on se contente souvent de bordures composées de plantes à feuillage persistant, mettant au rancart l'idée de fleurir les pourtours de la

Les annuelles en bordure d'une plate-bande invitent toujours l'oeil à explorer plus loin.

plate-bande. Dans certaines situations, le coup d'œil est bon, mais si vous aimez une plate-bande colorée et que vous la commencez par une bordure uniquement verte, il sera difficile de donner l'impression d'un jardin entièrement fleuri par la suite. Cependant, si vous embellissez le pourtour de la plate-bande avec les annuelles basses, vous aurez des fleurs toute la saison, souvent de la fin du printemps jusqu'aux gels. Vous comprendrez qu'une plate-bande de fleurs paraît beaucoup plus fleurie si l'oeil voit d'abord une bordure couverte de fleurs!

On peut planifier une bordure fleurie de plusieurs façons. Vous pouvez planter la même annuelle, d'une couleur unique tout autour de la plate-bande, ou utiliser la même plante en plusieurs couleurs. Vous pouvez planter en alternance différentes annuelles basses dans la bordure, des agérates bleues et des alysses blanches par exemple, en évitant cependant une stricte alternance plante après plante. On a trop vu de plates-bandes bordées d'un bégonia rouge suivi d'un bégonia blanc, encore un bégonia rouge et un autre bégonia blanc, jusqu'à saturation. On obtient alors l'effet d'un poteau de barbier! Plantez plutôt au moins cinq plants de la même espèce et de la même couleur en ligne, puis encore au moins cinq de l'autre espèce ou couleur. N'oubliez pas non plus qu'une bordure peut avoir de la profondeur. Le coup d'oeil est plutôt agréable avec une bordure d'une seule plante comme largeur dans certaines circonstances, surtout dans le contour d'une plate-bande étroite, mais une bordure plus importante, large de trois plants ou plus et en quinconce, aura un meilleur effet devant une plate-bande plus vaste. De plus, aucune loi ne décrète qu'une bordure doit conserver la même largeur sur toute sa longueur, surtout devant une grande plate-bande. Amusez-vous à varier la largeur d'une bordure avec des sections étroites d'un ou deux plants de large par endroits et d'autres où la bordure alors large de cinq à sept plants devient plus exubérante et pénètre dans la plate-bande principale.

Une note spontanée

Lors d'une de ses visites au Québec, une horticultrice britannique me faisait remarquer qu'ici, les jardins et les plates-bandes à l'anglaise sont trop rigides. «Je vois bien que vous essayez d'imiter notre style de jardin, avec des taches de couleur et des mélanges d'arbustes et de vivaces. C'est très bien planifié, je le concède. Mais vous ne semblez pas comprendre que le principe même d'une plate-bande à l'anglaise, c'est toujours l'élément de spontanéité, et la spontanéité, ça ne se planifie pas!»

Malgré ma surprise qu'une Britannique puisse juger les Québécois coincés ou constipés, du moins dans leur façon de jardiner, je dois admettre qu'elle a vu la faille de nos plates-bandes actuelles, «l'excès de planification». Nous planifions nos plates-bandes avec la calculatrice plus qu'avec le coeur. Peut-être doutons-nous encore de notre talent pour la conception des jardins, d'où notre tendance à observer les règles avec trop de rigueur, mais il est idéniable que nos aménagements manquent souvent d'un brin de fantaisie et de spontanéité.

Les pavots à opium qui ont germé spontanément dans cette plate-bande relativement traditionnelle créent un effet remarquable.

Une façon très simple d'ajouter une note de fantaisie à une plate-bande est de laisser occasionnellement les plantes décider de leur propre emplacement. On y arrive plus aisément en y incorporant des annuelles aptes à se ressemer. Vous les plantez d'abord dans la plate-bande comme d'habitude, par taches de couleur et vous les laissez se ressemer plus librement l'année suivante, ou vous prenez tout simplement les graines d'un sachet que vous lancez en l'air au-dessus de la plate-bande. Ces plantes doivent bien sûr fleurir rapidement à partir de semences et germer assez tôt, bien avant le dernier gel.

L'idée qu'une annuelle ou que toute autre plante puisse se ressemer donne des frissons au jardinier méticuleux qui craint de perdre le contrôle de sa plate-bande. En fait, même les annuelles qui se ressèment allègrement sont beaucoup moins envahissantes que certaines vivaces aux rhizomes qui courent partout dans la plate-bande et produisent des plants déjà bien enracinés, parfois quasiment inextricables, dans les emplacements les plus divers. Normalement, les graines d'annuelles ne germent que dans un sol meuble, dans des emplacements assez ouverts où le soleil pénètre, du moins au printemps, ou dans les vides entre les plantes permanentes, précisément là où elles sont désirables. Si votre jardin est bien rempli, le risque est faible qu'une annuelle devienne envahissante. De temps à autre, une annuelle ou deux réussissent à se frayer un chemin à travers le feuillage d'une autre plante, ce qui est souvent très joli. Si vous n'aimez pas cela, n'oubliez pas que c'est une annuelle dont le système racinaire est limité, pas une vivace dont les racines semblent se rendre jusqu'en Chine. Si elle est trop haute pour l'emplacement ou de la mauvaise couleur, arrachez-la en tirant dessus, mais je vous suggère à l'occasion de la laisser-aller. Il est surprenant de constater qu'une plante qui vient briser toutes les règles de l'art en aménagement paysager peut parfois créer un effet enchanteur. Si vous êtes un jardinier méticuleux, une telle nonchalance peut être insupportable, mais rien ne plaît davantage au jardinier paresseux qu'une plante qui se ressème spontanément.

Le problème de nos jardins, c'est qu'ils sont parfois si remplis de végétaux que les annuelles n'arrivent pas à s'y ressemer en quantité. C'est encore plus vrai si vous utilisez beaucoup de paillis décomposable (voir à la page 93), pourtant un des secrets de base du jardinier paresseux pour réduire énormément son travail dans la plate-bande. Le paillis contribue à la croissance des annuelles en gardant le sol plus humide et plus frais, mais il n'empêche pas seulement les mauvaises herbes d'infester la plate-bande, il empêche également les graines des plantes désirables de germer. Il faut alors se contenter des quelques plantes qui surgissent ici et là, à peine en nombre suffisant pour adoucir la rigidité des plantations contrôlées que l'homme aime tant, mais qui ne détruisent pas l'effet désiré.

Évidemment, les annuelles qui repoussent spontanément peuvent parfois apparaître ailleurs que dans la plate-bande. Elles peuvent, par exemple, germer dans les sections faibles de la pelouse où la tondeuse a vite fait de les

Ces pourpiers (*Portulaca grandiflora*) ont été plantés dans les interstices d'une terrasse. En seulement quelques semaines, ils donneront l'impression d'y avoir poussé spontanément.

supprimer, ou dans les interstices des sentiers ou des pavés. Dans ce dernier cas, le piétinement élimine la plupart d'entre elles, mais les rares annuelles spontanées qui résistent donnent encore du travail au jardinier méticuleux qui ne tolère pas la présence de quoi que ce soit de vivant dans de tels emplacements. Par contre, si vous êtes un vrai jardinier paresseux, vous apprenez vite à les apprécier, car elles adoucissent les surfaces trop homogènes et trop rigides. Si les annuelles spontanées ne remplissent pas les fissures et les interstices, les mauvaises herbes le feront. La nature ne tolère pas les espaces vides, il est évident que quelque chose poussera dans ces endroits: il vaut mieux que ce soit de jolies annuelles!

On peut donner l'impression d'une pousse spontanée d'annuelles en grattant les joints d'une terrasse ou d'un sentier au printemps avec un outil pointu, un arrache-pissenlit ou un tournevis pour en déloger les débris et les mauvaises herbes. Faire pénétrer de la terre libre de mauvaises herbes avec un balais, et éparpiller ensuite des graines d'annuelles basses à croissance rapide, alysse, coquelicot, pourpier, ou autre, dans les fissures et arroser. Comme ces plantes se ressèmeront par la suite, l'effort consenti par le jardinier paresseux, qui cherche toujours un juste retour pour le temps investi, portera fruit pendant plusieurs années, car les annuelles qui reviendront spontanément occuperont l'espace, et en projetant leur ombre sur le sol, empêcheront la croissance de mauvaises herbes dans ces joints.

Certaines annuelles peuvent aussi germer spontanément dans les interstices des rocailles et des murets créant un effet très agréable, surtout si on les y avait plantées dans le passé. Encore une fois, l'utilisation d'un paillis pourtant si important pour réduire les travaux d'arrosage et de désherbage diminue malheureusement leur présence. On peut apprécier malgré tout la beauté des rares annuelles qui réussissent à y prendre racine.

Les jardins en pots et jardinières

Nous reverrons plus en détail l'utilisation des annuelles en pots, bacs, jardinières, paniers suspendus, etc., à la page 46. Dans cette section portant sur la bonne utilisation des annuelles, il suffit de retenir qu'elles sont tout simplement les meilleurs choix pour la culture dans des contenants. Si vous prévoyez utiliser des pots, bacs et jardinières autour de la maison, sur la terrasse, le balcon ou ailleurs, vous ne trouverez rien de mieux que des annuelles.

La couleur dans la plate-bande

Je ne peux pas le nier, je suis loin d'être convaincu que les savants mélanges de couleurs souvent recommandés pour la planification des plates-bandes soient vraiment nécessaires. Pourtant, il existe des livres complets traitant de ce sujet!

J'ai vu de très belles plates-bandes respectant très bien les règles de combinaison des couleurs et l'effet était magnifique. Par contre, j'en ai vu d'autres où le propriétaire les avait mélangées sans le moindre égard pour cette théorie et les résultats n'étaient pas moins spectaculaires. Pour un jardinier paresseux, comme moi, il est plus facile de choisir les couleurs qu'il aime et de les utiliser abondamment dans son jardin.

Pour ceux qui insistent cependant pour suivre les règles du choix des couleurs, voici celles qui, aux dires des experts, vont particulièrement bien ensemble:

- le bleu foncé avec le jaune doux,
- le bleu pâle avec le rose pâle,
- le violet foncé avec le violet pâle, l'ivoire ou le jaune pâle,
- l'orange vif avec le bronze et le brun,
- toutes les teintes d'orange,
- le rouge avec le vert,
- le jaune avec le bleu pâle ou le blanc crème,
- le blanc avec toute autre couleur,
- le gris du feuillage avec toutes les couleurs, sauf le magenta.

Je vois plutôt des modes souvent passagères dans cette question des bonnes combinaisons de couleurs. Les pastels, notamment le rose, étaient très populaires encore récemment et on les utilisait abondamment. Au moment où j'écris ces lignes, le jaune et les teintes dites naturelles ou couleurs de «terre» sont les plus chics. Qui peut dire quelles sont les couleurs ou les combinaisons de couleurs qui seront en vogue dans cinq ou dix ans? Vous pouvez choisir de suivre la mode ou non, mais je pense que c'est à vous de décider, et non pas à vos voisins B.C.B.G. (bon chic bon genre). Utilisez les couleurs que vous aimez et vous serez ravi de votre plate-bande. Suivez une mode qui ne vous plaît pas et vous serez déçu. Je n'ai qu'une suggestion à vous faire: si vous craignez que les couleurs trop contrastantes de votre jardin choquent l'œil, et qu'il vaut peut-être mieux ne pas offenser les snobs de votre quartier, séparez les couleurs «offensantes» par des plantes à fleurs

Dans le célèbre jardin de Monet à Giverny, toutes les couleurs se mélangent et ravissent l'oeil. Pourtant, plusieurs experts en aménagement prétendent que c'est la pire erreur qui soit!

Le concept du jardin monochromatique a été développé à Sissinghurst Castle, en Angleterre, où, dans le jardin jaune, annuelles et vivaces sont mélangées librement.

blanches ou à feuillage gris, deux couleurs qui adoucissent toujours les couleurs environnantes.

Vous pouvez tenter l'expérience d'une plate-bande monochromatique en n'utilisant que du blanc et des teintes proches du blanc (crème, ivoire, etc.), ou seulement du rose, du bleu ou du jaune, etc. Souvent, toujours dans une seule couleur de base, on utilise les teintes sombres en avant-plan et les plus pâles au fond de la plate-bande pour donner l'impression qu'elle est plus grande. Ces jardins monochromatiques sont très en vogue et méritent sans doute de l'être sur de grandes propriétés offrant la possibilité d'élaborer plusieurs plates-bandes très différentes. Par contre, si vous n'avez qu'une seule plate-bande, je parie que vous vous fatiguerez vite d'une seule couleur, année après année!

D'ailleurs, si vous ne savez pas très bien quelles sont vos couleurs préférées, aucun autre groupe de plantes ne vous permet aussi facilement de tenter des expériences avec les couleurs que les annuelles, car elles sont éphémères. Si vous n'aimez pas une couleur, Dame Nature efface le tableau à l'automne et vous permet de recommencer à zéro l'année suivante. Choisissez donc une combinaison qui vous semble intéressante une année et changez l'année suivante. Personnellement, je n'utilise jamais les mêmes annuelles dans les mêmes couleurs d'une année à l'autre, j'ai beaucoup trop de plaisir à composer de nouveaux tableaux tous les ans!

Si par contre vous entreprenez une première plate-bande d'annuelles et ne savez pas où commencer, permettez-moi de vous référer à la page 37 où vous trouverez quelques plans de plates-bandes très simples que vous pouvez utiliser chez vous. Ces plans ne sont que des suggestions, vous pouvez les modifier à votre gré.

Mélanges ou taches de couleur?

Après avoir choisi vos annuelles dans les couleurs que vous aimez, vous avez deux possibilités de combinaison, soit les mélanger au pif, sans égard à la couleur des plantes voisines, ou les regrouper.

La méthode du «pifomètre», où les plantes de différentes hauteurs et couleurs se côtoient au gré de votre fantaisie, donne plus ou moins un pré fleuri (voir à la page 48), c'est l'effet naturel poussé à l'extrême. Pour l'oeil, un tel jardin n'a pas de couleur définie, mais un mélange confus adoptant la teinte de la couleur dominante, un peu comme le jardin de Monet, à Giverny (voir la photo à la page 33). Dans un pré fleuri, à grande échelle, l'impression est souvent extraordinaire. Cependant, une petite plate-bande est rarement intéressante si plusieurs annuelles sont mélangées parce qu'aucune couleur ne ressort. Il est toutefois possible de la rendre plus attrayante en consacrant une section d'au moins une trentaine de plants d'une seule annuelle en mélange, comme le pétunia ou le coquelicot. Le choix est assez grand parce que plusieurs annuelles ne sont disponibles qu'en mélange.

Les grainiers créent même des mélanges par variété d'annuelle avec des couleurs spécifiques bien dosées, des roses, des pastels, etc., aux teintes bien agencées qui produisent un très bel effet. Une plate-bande, ou section de plate-bande, réalisée avec ces sachets est souvent fort attrayante. On utilise ces mélanges sur mesure dans la préparation des taches de couleur décrites à la page 37.

Une annuelle vendue en sachet dans un mélange de couleurs peut donner un bel effet, si on l'utilise en grande quantité.

Planter des annuelles par taches de couleur est la façon la plus facile de les utiliser avec succès.

Dans la plupart des plates-bandes de petite ou de moyenne taille, il est plus facile d'obtenir un bon résultat en plantant par «taches de couleur» plutôt qu'en mélangeant les couleurs. Le concept est fort simple, on plante les annuelles en les regroupant par espèce et par couleur. En plantant ensemble des annuelles identiques, on accentue la présence de l'espèce, son port, sa couleur ou tout autre attrait qu'elle peut avoir en évitant que chaque fleur se perde dans la masse, comme ce pourrait être le cas dans une plate-bande où toutes les couleurs sont mélangées librement. Afin de «lier» la plate-bande, on répète la même tache ailleurs dans le jardin, à deux ou trois reprises.

Pour faire une tache de couleur, plantez toujours ensemble au moins trois plantes de variété et couleur identiques pour les plantes de grande taille (celles, qui sont très imposantes peuvent être plantées isolément, tel le ricin), et cinq ou plus pour les plantes de taille moyenne. Pour les plantes très basses, 10 est un minimum, même dans une petite plate-bande. Les spécialistes vous diront qu'il faut toujours planter un nombre impair de plants, mais une caissette d'annuelles en contient normalement 12! Je suis d'accord car cette façon de procéder évite la plantation en carré toujours trop artificielle, mais seulement jusqu'au chiffre 7. Au-delà de sept, je suis loin de penser que quiconque verra la différence. Est-ce que l'oeil humain discerne vraiment une tache de couleur correctement composée de 11 ou 13 annuelles d'une autre où un soi-disant faux pas a été commis en mettant 12 plantes ensemble? J'en doute!

Des modèles faciles pour «coloristes» novices

Bien utiliser la couleur dans le jardin vous semble encore compliqué? Voici un simple plan de base utilisant la technique des taches de couleurs que vous pouvez copier pour faire une plate-bande chez vous.

Un tel plan est agréable parce qu'il nous sert de guide au début tout en autorisant des modifications à l'infini, mais je n'illustrerai ici que quelques exemples. Si votre jardin est beaucoup plus long ou plus profond que celui du plan, vous pouvez l'étirer en faisant des taches plus longues ou plus grosses ou en plaçant deux, trois ou quatre copies bout à bout. Vous pouvez aussi transformer en tout ou en partie la ligne droite de bordure en la faisant onduler vers l'extérieur, et même placer deux plans dos à dos et tracer une ligne circulaire ou courbe tout autour pour créer une plate-bande circulaire ou ovale. Vous pouvez enfin changer les couleurs à votre gré, choisir des différences de hauteurs relativement douces avec des plantes allant de 15 cm en bordure à 90 cm ou plus en arrière-plan, ou des plantes de 180 cm ou plus en arrière-plan et des plantes de 90 cm au centre. Vous avez même la liberté d'y intégrer des vivaces et des bulbes.

Tel quel, ce plan préconise l'utilisation de huit variétés différentes: les plantes des formes 1 et 2 sont très grandes, 3 et 5 grandes, 4 et 6 moyennes et 7 et 8, petites ou basses. Voici donc quelques utilisations du modèle:

Un simple plan de plate-bande: la base.

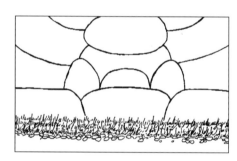

Le jardin tricolore: bleu/pourpre, orange et blanc

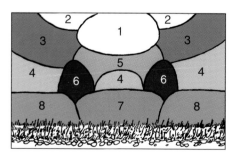

1. Tournesol blanc ('Italian White')
2. Cosmos blanc
3. Reine marguerite bleue
4. Rose d'Inde orange
5. Zinnia orange
6. Sauge éclatante pourpre
7. Agérate bleue
8. Capucine naine orange

37

Le jardin rose

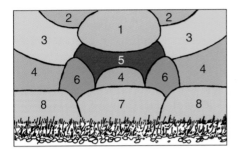

1. Lavatère rose
2. Cosmos rose
3. Tabac d'ornement rose de taille intermédiaire
4. Phlox de Drummond rose
5. Muflier standard rose
6. Pétunia rose
7. Zinnia nain rose
8. Bégonia des plates-bandes rose

Le jardin de fleurs coupées

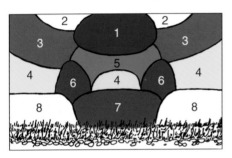

1. Delphinium annuel bleu
2. Cosmos blanc
3. Muflier standard rouge
4. Dahlia mi-hauteur jaune
5. Sauge farineuse bleu
6. Statice pourpre
7. Gomphrène magenta
8. Immortelle blanche

Lorsque par une froide journée d'hiver, vous êtes forcé à demeurer à l'intérieur, sortez vos crayons de couleur, le modèle et les descriptions de la section 2, ou des catalogues et préparez le plan d'une plate-bande à l'ombre, d'une plate-bande monochromatique blanche, d'une plate-bande mixte comportant des vivaces et des annuelles, etc. Tracez aussi vos propres modèles et complétez-les à votre goût. Vous verrez que planifier ainsi une plate-bande est assez facile!

Des styles de jardin pour vos annuelles

*P*lusieurs styles de jardin conviennent aux plantes annuelles. Les styles présentés ici sont cependant les plus courants.

Le massif

Les mots «massif» et «annuelles» vont presque de pair. Aucune autre catégorie de plantes ne convient aussi bien au massif que les annuelles car elles seules peuvent assurer une floraison continuelle durant toute la saison, le cachet même de ce style de jardin. On voit parfois des massifs d'arbustes nains et des gens tentent d'utiliser les vivaces à cette fin, mais en général, ce style est strictement réservé aux annuelles.

Il s'agit d'une plate-bande densément peuplée de plantes généralement assez basses, offrant un peu l'aspect d'un tapis végétal, coloré plutôt que tout vert. Le secret de ce style de jardin tient dans le choix d'un nombre limité de variétés dans une gamme de couleurs contrastantes et dans leur utilisation en grande quantité pour former une série de masses assez uniformes. Dans un petit massif, il peut n'y avoir qu'une seule masse centrale de couleur unie, parfois entourée de masses plus petites d'une autre couleur et de plantes plus hautes en arrière-plan ou en bordure. Si le massif est plus grand, on utilise plutôt la technique des «taches de couleur» (voir à la page 35), mais à plus grande échelle, avec trente ou quarante plants de chaque annuelle.

Parce que toutes les annuelles de taille basse ou moyenne conviennent bien aux massifs, il est inutile de vous en fournir une longue liste puisque vous les trouverez facilement en consultant la Section 2, *Quelques annuelles de choix*.

On peut utiliser des massifs pour mettre en valeur des plantes vedettes, comme dans ce parc municipal.

Le parterre à la française

Ce style de jardin fort géométrique fut très en vogue en Europe aux XVIe et XVIIe siècles et on le trouve encore parfois dans certains jardins publics modernes, notamment au Québec dans les grands jardins de Normandin et au domaine Joly de Lotbinière, mais rarement sur les terrains privés. Il s'agit d'une surface décorative plane aux formes très géométriques.

La forme originale, que l'on voit rarement aujourd'hui ailleurs que dans les jardins du château de Vaux-le-Vicomte, dans le département de Seine-et-Marne, en France, était surtout composée de haies de buis rigoureusement taillées entourant des graviers de couleur. Depuis cette époque, d'autres végétaux ont parfois remplacé le buis comme élément de délimitation, comme la santoline et le gazon, et une tendance à remplir le centre de plantes ornementales plutôt que de pierres colorées s'est installée.

On voit rarement des jardins de style français au Québec, mais cette plate-bande d'annuelles, oeuvre de Denise Larose et de Maurice Laurier, de Repentigny, est une belle exception.

La plate-bande en mosaïque

On peut dire que la plate-bande en mosaïque est une version moderne du parterre à la française. Elle s'y apparente par sa forme géométrique, mais le parterre à la française est normalement réalisé sur une surface plane tandis que le jardin en mosaïque repose généralement sur une pente d'environ 30°, de façon à mieux laisser voir son message aux passants. Plutôt que de se composer uniquement de formes géométriques ou de broderies, la mosaïque incorpore souvent des armoiries, des lettres, des symboles, etc. Très populaire au XIXe siècle et au début du XXe, notamment dans les parcs et jardins publics, elle revient en force à l'entrée des villes comme panneau indicateur vivant. Certaines villes y ont mis le paquet. À Niagara Falls, on a réalisé une horloge florale avec des aiguilles géantes donnant l'heure exacte au-dessus d'une mosaïque dans le motif change tous les ans!

Normalement la mosaïculture est entièrement constituée de plantes à feuillage coloré, presque exclusivement des annuelles. Les deux espèces les plus couramment utilisées à cette fin sont la santoline et l'alternanthéra. On utilise aussi parfois la cinéraire maritime ainsi que la kochie à balais, et le coléus pour les sections plus hautes. Dans la mosaïculture traditionnelle, durant l'été, il est nécessaire de tailler aux deux semaines ou même plus souvent pour conserver une géométrie parfaite. Habituellement, pour exécuter la taille, le jardinier est étendu à plat ventre sur une planche qui enjambe la mosaïque, sécateurs ou ciseaux à la main, et panier à son côté pour recueillir les brindilles coupées afin qu'elles ne déparent pas la plate-bande.

En Amérique du Nord, le plus connu des jardins en mosaïque est sans doute l'horloge florale de Niagara Falls, en Ontario... mais on en trouve de plus petits à l'entrée de plusieurs villes.

La mosaïque du paresseux se compose uniquement d'annuelles basses...
dont il contrôle la croissance avec la tondeuse!

Évidemment, la mosaïculture et le jardinier paresseux ne font bon ménage que lorsque ce dernier profite du temps libre que lui laissent ses plates-bandes à entretien minimal pour visiter des jardins publics où l'on s'esquinte à faire de la mosaïculture! C'est vraiment trop de travail pour lui. Le jardinier méticuleux, surtout s'il n'a rien de mieux à faire dans la vie, sera cependant ravi de découvrir cette technique.

Il est cependant possible de faire une «mosaïque de paresseux». Profitez d'une pente naturelle pour planter très densément des annuelles basses à fleurs, en traçant des motifs décoratifs ou des symboles. Vous pouvez vous inspirer de vitraux, des armoiries de votre famille et, pourquoi pas? d'une oeuvre de Picasso, ou encore, écrire votre nom sur la pente devant votre maison. Ne vous souciez pas trop des détails sinon vous devrez tailler souvent et de toute manière, ils se perdront dans les masses de couleur avoisinantes; esquissez plutôt de très gros traits. En plantant densément, les végétaux rempliront rapidement les trous du dessin et la compétition entre les plants avoisinants les obligera à rester en place. Évidemment, la forme de la mosaïque du paresseux sera moins régulière que celle de la municipalité, les plantes prendront une forme bombée et non celle parfaitement plate obtenue par une taille constante, mais l'effet sera néanmoins intéressant. Si certaines plantes commencent à se dégarnir ou si d'autres tentent de dominer leurs voisines et menacent d'anéantir votre oeuvre, comme cela se produit souvent au coeur de l'été, rabattez-les en réglant la tondeuse à son plus haut niveau de coupe et passez dans la plate-bande, quitte à utiliser le coupe-bordure pour les plantes plus hautes. C'est moins précis que tailler avec des ciseaux de manucure, mais c'est plus vite fait... et les plants récupéreront parfaitement en seulement deux semaines.

Des topiaires tout en couleur!

La topiaire est l'art de sculpter des arbustes et conifères pour leur donner des formes géométriques ou animalières, et cet art n'a rien à voir avec les annuelles. Cependant, il y a près d'un siècle, les horticulteurs du jardin de Mainau, en Allemagne, ont eu l'idée géniale de réaliser des «topiaires instantanées» en construisant des formes avec des tiges de métal et du grillage, en les recouvrant de mousse de tourbe et en les remplissant de terre. Il leur suffisait ensuite de percer des trous dans le grillage et d'y planter des annuelles naines. Et c'est tout! Une topiaire multicolore! Il s'agit donc en somme d'une mosaïque tridimensionnelle.

Je ne conseille normalement pas cette technique aux jardiniers paresseux, mais si vous avez du temps et désirez vous amuser, vous pouvez faire de petits montages, moins complexes que celui de l'image présentée ici, peut-être une pyramide multicolore ou un globe terrestre, avec de la «broche à poules». Je vous suggère d'y incorporer un système d'irrigation goutte-à-goutte, car de tels montages demandent des arrosages quasi quotidiens.

Les plantes recommandées pour les mosaïques et les parterres à la française conviennent très bien à ces «mosaïques tridimensionnelles».

Ce topiaire réalisé avec des annuelles n'est pas recommandé aux jardiniers paresseux!

La plate-bande mixte

De nos jours, quand on pense plate-bande de fleurs, ce qui nous vient à l'esprit c'est la plate-bande mixte, aussi appelée plate-bande à l'anglaise. Il s'agit d'un jardin où se mélangent vivaces, bulbes, arbustes et annuelles, et parfois même des petits arbres. On organise généralement la plate-bande mixte par taches de couleur (voir à la page 35, plaçant ensemble de trois à quinze plants et même plus d'une même variété, en répétant le même arrangement ailleurs dans la plate-bande, mais on voit parfois des plantations plus rectilignes, notamment en bordure. La règle est simple: plantez les plantes hautes au fond, les plantes de taille moyenne au centre et les variétés basses à l'avant, mais brisez toujours cette règle de temps à autre pour éviter la monotonie. Bien que la plate-bande mixte puisse être monochromatique, uniquement en blanc ou en jaune, par exemple, elle est généralement multicolore et, selon le propriétaire, se compose de deux ou trois couleurs très précises pour un effet spécifique ou d'une multitude de couleurs très variées juste pour le plaisir de les voir.

Les annuelles interviennent de toutes les façons dans la plate-bande mixte. On peut leur réserver des espaces permanents où elles agiront comme taches de couleur de longue durée, assurant ainsi une présence de couleur durant toute la saison. On peut aussi les planter en abondance au départ d'une plate-bande et

Cette plate-bande mixte monochromatique de Longwood Gardens donne un aperçu de ce que l'on peut obtenir en mélangeant annuelles et vivaces dans une plate-bande.

en moins grand nombre lorsque les plantes permanentes prennent de l'ampleur, les planter de façon à cacher le feuillage dépérissant des plantes à dormance estivale, les laisser se multiplier spontanément à travers les plantes permanentes, ou encore, les masser en bordure pour un effet de couleur qui durera tout l'été. Le choix vous revient entièrement, comme vous pouvez le constater!

Comme ce sont des plantes éphémères dans une mer de plants plus permanents, il ne faut surtout pas hésiter à essayer de nouvelles variétés et de nouvelles combinaisons. Il n'est aucunement nécessaire d'acheter uniquement des lignées dernier cri, il suffit que les variétés soient nouvelles pour vous. Puisque le jardinier paresseux juge répétitif et fatiguant de replanter les annuelles tous les ans, il faut éviter que la tâche soit désagréable en répétant toujours le même motif!

La plate-bande d'annuelles

Environ jusqu'aux années soixante-dix, c'était la plate-bande habituelle des terrains québécois. Cette forme de jardin a énormément reculé en faveur des vivaces et des plates-bandes mixtes. À l'époque, on plantait en rangs, comme dans un potager, et on suivait à la lettre la règle des hauteurs: petites plantes en avant, plantes de mi-hauteur au centre et grandes plantes au fond.

De nos jours, une plate-bande composée surtout d'annuelles est généralement une forme transition-nelle qui évolue petit à petit vers la plate-bande mixte. Toutefois, en attendant de créer la plate-bande à l'anglaise la plus belle en ville, pourquoi ne pas vous amuser avec une plate-bande d'annuelles? Elle se prépare exactement comme une plate-bande mixte, avec des taches de couleurs, mais strictement avec des annuelles. Voyez la page 37, vous y trouverez plusieurs idées pour un tel aménagement.

La plate-bande d'annuelles n'est pas disparue comme style de jardin, mais seulement moins populaire qu'autrefois.

Photo: National Garden Bureau

45

Rien ne vous empêche d'incorporer des annuelles dans la rocaille.

La rocaille

C'est un jardin tridimensionnel surélevé où les roches dominent. Tradition-nellement, on réservait la rocaille aux vivaces alpines et miniatures, aux petits conifères et à plusieurs petits bulbes, mais il n'y a aucune raison pour ne pas y inclure des annuelles, notamment celles qui ont un port rampant ou de petite taille. On peut les planter dans les interstices des roches ou les semer à la volée. Les annuelles basses qui se ressèment sont les plus intéressantes à utiliser car elles reviennent annuellement pour boucher les trous et empêcher les mauvaises herbes de dominer. La principale faiblesse de la rocaille est justement d'être facilement envahie par les mauvaises herbes, la présence d'annuelles qui se ressèment spontanément présente donc un grand avantage pour le jardinier paresseux, propriétaire d'une rocaille.

Le jardin en pots ou jardinières

Les annuelles sont, de loin, les meilleures plantes pour remplir des contenants: bacs à fleurs, paniers suspendus, auges, etc. Non seulement offrent-elles une floraison continue à ces jardins miniatures, mais elles poussent rapidement et remplissent vite les espaces vides. Et pour une fois, leur nature éphémère est un avantage, autant pour le jardinier méticuleux que pour le jardinier paresseux.

En effet, la plante permanente a de la difficulté à survivre en contenant dans un climat froid comme le nôtre. Ses racines résistent généralement moins bien au froid que sa couronne et ses tiges. Même une plante qui résiste bien aux hivers froids de la zone 3 en pleine terre aura souvent de la difficulté à survivre à l'hiver en zone 5 dans un contenant, car ses racines sont alors davantage exposées aux rigueurs de l'hiver. Conserver des plantes permanentes, vivaces, arbustes, bulbes, etc., en pot d'une année à l'autre est donc en quelque sorte un exploit, et malheureusement, ces plantes sont rarement à leur meilleur la première année. Comme les plantes permanentes coûtent assez cher, les remplacer tous les ans devient une dépense importante.

Par contre, les annuelles sont peu coûteuses et atteignent leur éclat maximum de forme et de floraison dès la première année. Qu'elles meurent à la fin de la saison n'est donc pas un problème, car il aurait fallu quand même remplacer toutes les plantes du contenant. On profite au moins pleinement des annuelles durant les quelques mois d'été! De toute manière, chaque jardinière ne contient que peu de plantes, les remplacer tous les ans demeure une dépense minime quand les plantes sont bon marché au départ. Replanter une plate-bande d'annuelles tous les ans représente un coût élevé à la longue, mais quelques caissettes d'annuelles suffisent pour remplir de nombreux contenants.

Les jardins dans des pots, bacs ou jardinières nous rendent un fier service, meublant balcons, terrasses, et entrées où il serait autrement impossible de garder des plantes. Je ne sais pas comment j'aurais pu survivre en appartement sans les dizaines de pots et de jardinières d'annuelles et de légumes de toutes sortes qui jonchaient mon balcon! Grâce à la culture dans des contenants, même les gens qui n'ont pas de jardin, ou qui n'en ont plus, peuvent profiter des plaisirs du jardinage.

Il n'en demeure pas moins que la culture dans un contenant est très exigeante, surtout au niveau des arrosages. Le jardinier paresseux trouve toujours une façon de s'organiser pour réduire le travail au maximum, comme l'installation d'un simple système d'irrigation goutte-à-goutte.

Les annuelles sont des plantes de choix pour les pots, bacs et jardinières.

Le choix d'annuelles pour fleurir un sous-bois est limité... mais les rares variétés qui s'y adaptent sont très populaires.

Le jardin de sous-bois

Les annuelles ne sont pas les plantes les plus intéressantes pour un sous-bois. Elles aiment trop le soleil et tolèrent difficilement la compétition des racines enchevêtrées des arbres. Vous auriez intérêt à y acclimater plutôt des vivaces reconnues pour leur tolérance de l'ombre, telles les primevères, fougères, heuchères, petite pervenche, etc., car des oeillets d'Inde et des pétunias paraîtraient tout à fait déplacés dans un tel emplacement. Il faut rechercher les rares annuelles qui tolèrent l'ombre et les planter en bordure du boisé, de façon à établir une transition fleurie entre la pelouse, la terrasse ou le sentier et la forêt plus dense qui se passe très bien de l'homme pour être attrayante.

On peut tout de même cultiver des annuelles là où les racines des arbres créent une forte compétition en les cultivant en pot! En effet, il s'agit d'étaler sous les arbres des feuilles de papier journal recouvertes d'une couche de paillis , et d'y placer des potées d'annuelles, de préférence tolérant l'ombre, car c'est l'exposition la plus typique sous des arbres. En seulement quelques semaines, la couverture sera complète et vous aurez un beau tapis coloré à admirer tout l'été!

Endroits à forte compétition racinaire.
Comme les annuelles réussissent difficilement au pied des arbres, il suffit de les y déposer dans leur pot, et en seulement quelques semaines, vous aurez un tapis parfait!

Le pré fleuri

Si le jardin de sous-bois n'est pas l'environnement le plus approprié pour les annuelles, c'est vraiment tout le contraire pour le pré fleuri. Dans la nature, les annuelles du monde entier poussent dans des prés quelconques. Qu'ils portent le nom de prés, prairies, champs, savanes ou autre, les annuelles s'y sentent très à l'aise car c'est leur milieu d'origine.

Un pré fleuri ne se fait pas n'importe où. Disons dès le départ qu'il est très difficile à réaliser sur un petit terrain. Après tout, un pré prend de l'espace, qu'il soit fleuri ou non. Normalement un pré fleuri exige un grand terrain où il y a beaucoup d'espace à meubler et l'idéal, c'est de le faire à la campagne, autour d'une maison de ferme, dans un lieu très ouvert. Il ne faut surtout pas s'imaginer pouvoir réaliser un pré fleuri à l'ombre! De toute manière, un pré fleuri semble plus naturel et mieux réussi dans un espace vaste. Créer et réussir un pré fleuri dans une étroite plate-bande de banlieue est très difficile.

Il ne faut pas non plus croire qu'un pré fleuri se réalise sans effort, simplement en lançant des graines à la volée dans un champ existant. La compétition pour la lumière et pour l'espace est féroce dans un champ déjà établi, et la grande majorité des graines n'arrivent même pas à germer, et encore moins à fleurir. Pour leur donner une chance, il faut au moins retourner le sol, et le faire sur une grande surface, c'est du travail, beaucoup de travail... si vous n'êtes pas bien équipé. C'est une autre raison pour laquelle il est plus facile de faire un pré fleuri à la campagne. L'équipement aratoire nécessaire pour y arriver est assez facilement disponible. Avec un équipement approprié, herser un petit champ n'exige pas de grands efforts.

La technique pour réaliser un pré fleuri d'annuelles est très facile. De préférence à l'automne, sinon au printemps, hersez la section à convertir en pré fleuri. Semez tôt au printemps, dès que le sol peut être travaillé. N'attendez pas la date du dernier gel car plusieurs graines de fleurs sauvages exigent des températures fraîches pour bien germer. Utilisez des graines de fleurs sauvages en mélange ou préparez votre propre mélange à partir des annuelles suggérées dans la liste ci-dessous. Vous pouvez les semer à la volée, laissant les graines s'échapper d'entre vos doigts avec un mouvement de va et vient de la main, tout en marchant de long en large dans votre pré, ou utiliser un semoir. Il n'est pas nécessaire de recouvrir les graines, ni même d'arroser. Laissez la nature faire ce travail. Les annuelles sauvages fleuriront rapidement, en aussi peu que six semaines, et l'effet sera spectaculaire dès la première année.

Vous n'aurez strictement rien à faire au cours de l'été, si ce n'est que cueillir des fleurs pour faire des arrangements. Vous n'aurez même pas à vous préoccuper des

Semez les graines à la volée pour un pré fleuri.

Les annuelles sont l'élément naturel du pré fleuri.

mauvaises herbes. Dans un champ plein de fleurs, qui les remarquerait? Tard à l'automne, quand le gel aura tué les fleurs, fauchez tout simplement le pré, et avec une faucheuse motorisée ou mue par tracteur si vous le pouvez, pour empêcher qu'il soit envahi par les arbres et les arbustes qui le transformeraient en fourré en quelques années seulement.

Beaucoup de gens s'imaginent qu'une fois établi, un pré fleuri continuera d'année en année. Ce n'est généralement pas le cas si vous n'y semez que des fleurs annuelles. Sous notre climat, les graminées reprennent rapidement leur place d'origine et la floraison de l'année suivante est généralement très faible, et celle de la troisième année encore plus. Il suffit parfois de tout simplement herser une fois l'an pour permettre aux annuelles de se ressemer avant les graminées, mais, pour conserver un maximum de variétés, il vaut mieux réensemencer au moins tous les trois ou quatre printemps. Cependant, si le mélange que vous utilisez contient des graines de vivaces, il est possible que l'effet soit plus durable sans herser annuellement. Mais même dans ce cas, il est parfois nécessaire de labourer le sol et de réensemencer à tous les quatre ou cinq ans, quand la quantité de fleurs diminue.

Vous pouvez également ajouter d'autres annuelles à croissance rapide aux mélanges existants, mais pour un effet plus naturel, évitez les annuelles à fleurs doubles, car elles n'existent pas dans la nature et sonnent toujours faux dans un pré fleuri tentant de ressembler à une prairie sauvage.

Pour bien récolter les fleurs coupées:

A. Plongez immédiatement la tige dans l'eau.

B. Dans la maison, supprimez les feuilles inférieures.

C. Recoupez la tige florale, sous l'eau, à un angle de 45°.

D. Ajoutez à l'eau un produit de conservation pour fleurs coupées.

E. Recoupez la tige florale, toujours sous l'eau, à tous les deux ou trois jours.

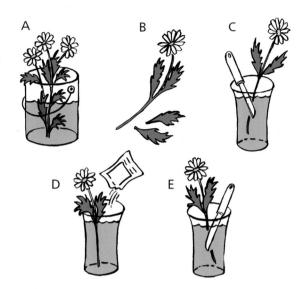

Le jardin de fleurs coupées

Parmi toutes les plantes cultivées pour leurs fleurs coupées, les annuelles sont les plus populaires. Ce n'est pas surprenant car elles produisent le plus grand nombre de fleurs pendant la plus longue période de temps. En outre, plus on récolte les fleurs d'une annuelle, plus la plante fleurit, car en supprimant ses fleurs, on l'empêche de produire des graines, et c'est lorsque débute la production de graines que la floraison diminue. Les vivaces ou les arbustes se comportent différemment. Récolter des fleurs diminue leur beauté dans le jardin. Avec les annuelles, récolter aujourd'hui signifie une floraison plus grande demain... ou à peine quelques semaines plus tard!

On peut, bien sûr, intégrer les annuelles cultivées pour la fleur coupée dans les autres plates-bandes, ce que font d'ailleurs la plupart des jardiniers modernes. Mais on peut aussi utiliser une technique tradition-nelle, généralement oubliée de nos jours, et faire un jardin entière-ment conçu pour la production de fleurs coupées. Autrefois chaque maison avait son potager, et cha-que potager un carré de fleurs annuelles spécialement pour la coupe. On peut faire de même

Quel jolie façon d'aménager un jardin de fleurs coupées!

aujourd'hui dans le potager privé ou communautaire. On peut également préparer une petite plate-bande dans un endroit peu visible où le prélèvement de toutes les fleurs lorsqu'elles s'épanouissent ne détruit pas outre mesure l'apparence générale de l'aménagement.

Les fleurs séchées

Le jardin de fleurs coupées peut aussi produire des fleurs séchées pour des arrangements permanents. Bien que l'on puisse faire sécher presque n'importe quelle fleur aux pétales pas trop charnus entre les pages d'un livre, la liste des autres fleurs qui sèchent bien à l'air libre en conservant leur forme et un peu de leur couleur est plutôt limitée. Vous trouverez d'ailleurs la description des variétés les plus populaires dans les chapitres «Des annuelles qui durent et durent» de la Section 2. Cependant, de nouvelles techniques de séchage, gel de silice, glycérine, lyophilisation, séchage en micro-onde, «naturalisation» dans des produits spéciaux, etc., sont en voie de révolutionner le monde des fleurs séchées. Il y a fort à parier que la gamme des fleurs considérées comme bonnes à sécher s'élargira rapidement.

De façon générale, on prélève les fleurs à sécher juste avant qu'elles ne s'épanouissent. Dans le cas des capsules de graines et des graminées, récoltez-les cependant après ou à la fin de la floraison, quand les pétales sont tombés dans le cas des capsules ou que l'inflorescence a bruni dans le cas des grami-

Les fleurs séchées peuvent égayer votre demeure pendant de nombreuses années... et vous permettre de dire fièrement que vous les avez cultivées!

nées. Pour ces dernières, il vaut mieux les vaporiser immédiatement avec un fixatif pour les cheveux après la cueillette, sinon la fleur a tendance à se désagréger assez rapidement.

La plupart des fleurs séchées perdent une partie de leur coloration initiale au séchage, mais en conservent suffisamment pour demeurer attrayantes. Cependant, même bien séchées, la plupart des fleurs perdent leur coloration après un an ou deux et il faut alors les remplacer. Si vous tenez à faire revivre leur couleur d'origine, il est souvent possible de les teindre avec une teinture chimique ou végétale et les garder quelques années de plus.

Le séchage à l'air

C'est la technique la plus connue et la plus utilisée. Aucun matériel spécial n'est requis, c'est sans doute une méthode qui restera très populaire.

Trouvez un emplacement sec, sombre et bien aéré pour le séchage, comme un grenier, un garage, une remise, etc. Les emplacements trop humides où l'air ne circule pas peuvent faire moisir les fleurs et une exposition au soleil en décolore certaines prématurément.

Pour faire sécher les fleurs à l'air

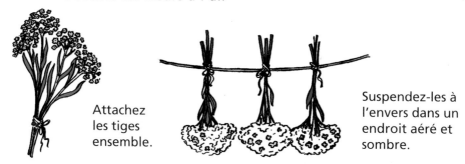

Attachez les tiges ensemble.

Suspendez-les à l'envers dans un endroit aéré et sombre.

Le séchage dans le gel de silice

Cette technique est excellente pour conserver la véritable forme des fleurs complexes comme les fleurs doubles, mais peut aussi servir pour des fleurs simples. C'est aussi la technique qui conserve le mieux la couleur des fleurs. La liste des fleurs que l'on peut préserver avec cette méthode serait trop longue. Essayez ce produit et vous verrez qu'avec un peu de soin, vous pourrez faire sécher toutes les annuelles, sauf les plus fragiles.

La technique est simple. Mettez environ 4 cm de gel de silice dans le fond du contenant. Coupez les tiges à 1 cm de la base de la fleur et plantez-la dans le gel jusqu'à ce que ses pétales inférieurs reposent sur le gel. Ensuite, répandez peu à peu le produit sur la fleur en le faisant pénétrer entre les pétales avec un petit pinceau, de façon à leur conserver leur position. Recouvrez complètement la

Pour sécher les fleurs dans le gel de silice:

Placez les fleurs sur
une couche de gel.

Recouvrez-les de gel
et scellez le contenant.

fleur avec le gel de silice et fermez le contenant. Après deux jours, vérifiez l'état de la fleur et refaites cette vérification quotidiennement, Il faut la retirer du produit dès qu'elle est complètement sèche au toucher: un jour de trop et voilà que la fleur se dessèche trop et devient très fragile. Normalement, même les plus grosses fleurs sécheront en cinq jours.

Lorsque la fleur est sèche, piquez-la sur des tiges de métal en la maintenant en place avec du ruban collant de fleuriste au besoin.

Pour réutiliser le gel de silice, versez-le sur une plaque à biscuits et faites-le sécher dans un four à faible température pendant environ une heure. Une fois refroidi, conservez-le dans un sac de plastique bien scellé jusqu'à la prochaine utilisation.

Choisir des annuelles

À première vue, ce point semble anodin. Pour choisir des annuelles, est-ce qu'il ne suffit pas de se rendre à la pépinière en saison et d'acheter quelques caissettes? Oui, on peut le faire, mais le choix est alors restreint, voire même *très* restreint.

Si vous ajoutez des sachets de semences à votre liste d'emplettes, vous augmentez considérablement votre choix. Il vous reste encore à choisir un des nombreux formats dans lesquels on vous les offre: caissettes, pots individuels, micromottes, etc., chacun présentant des avantages et des inconvénients. Mais il y a plus. Lorsque vous avez choisi un format, il est très commode de savoir choisir à l'*intérieur* de chaque format. Par exemple il y a des caissettes rigides en mousse de polystyrène et d'autres à alvéoles souples; les semences viennent en sachets de graines ordinaires ou enrobées, ainsi qu'en rubans, et beaucoup plus encore. Prendrez-vous des annuelles hybrides ou non? À fleurs simples ou à fleurs doubles? C'est important de le savoir, car votre décision influencera non seulement votre choix, mais vos résultats au jardin.

Commençons par regarder ce qui est disponible sur le marché.

Plusieurs formats différents

Si vous voulez embellir vos plates-bandes avec des annuelles, il faut savoir les acheter car à l'heure actuelle, les principales possibilités qui s'offrent sont, entre autres, les plants à repiquer directement au jardin, les jardins en contenant, les semences, les boutures enracinées et les micromottes.

La façon la plus populaire d'acheter des annuelles, c'est sous forme de plants à repiquer, prêts à planter.

Les plants à repiquer directement au jardin

Pour bien des gens, l'achat des annuelles à la fin du printemps se résume à une visite au centre jardin, ou au marché pour choisir des plants en caissette. C'est le summum de la facilité pour le jardinier paresseux, vous sortez votre porte-monnaie et vous payez. Revenu à la maison vous les plantez, et c'est tout. Si vos poches sont bien garnies et si vous ne recherchez pas d'annuelles rares, cela suffit! On trouve quand même un choix acceptable d'annuelles en plants sur le marché québécois, et en visitant deux ou trois marchands, vous verrez assez facilement presque toutes les annuelles qui se vendent... du moins, sous forme de plants à repiquer.

Cependant, comparativement au choix que les semences vous offrent, celui des annuelles à repiquer est faible, pour ne pas dire minime. Vous trouvez littéralement des milliers de variétés d'annuelles en sachets de semences dans les magasins ou les catalogues, mais à peine quelques centaines sous forme de plants. Non seulement êtes-vous limité à un éventail restreint de formes et de couleurs même parmi les annuelles courantes, oeillets d'Inde, pétunias, impatientes, etc., mais vous êtes privé des nombreuses autres qui ne sont tout bonnement pas disponibles sous forme de plants, soit à cause des producteurs qui ne les connaissent pas ou parce qu'elles sont difficiles à produire en caissette.

L'autre difficulté majeure dans l'achat d'annuelles à repiquer, c'est d'en trouver au bon stade de croissance. En effet, presque partout, les annuelles offertes sont déjà en fleurs. Or, d'un point de vue horticole, ces plants sont trop avancés, un peu comme si on vous vendait le 25 août du lait à son meilleur avant le 15 août! Si plusieurs annuelles s'en tirent assez honorablement et fleurissent relativement bien, pour plusieurs autres, c'est carrément un désastre. On les repique au jardin et elles stagnent, et souvent elles meurent. Le jardinier fait souvent une croix sur ces variétés, les jugeant difficiles à cultiver et refusant de les essayer de nouveau, alors que le véritable problème est dû au fait que les plants étaient beaucoup trop avancés lors de l'achat.

Pourtant, les plants d'annuelles ne se vendent pas en fleurs partout dans le monde. Par exemple, dans plusieurs pays européens, on a encore l'habitude de

56

Les annuelles achetées en vert réussissent beaucoup mieux dans le jardin que celles achetées en fleurs.

vendre des plants d'annu-elles en vert, bien fournis, très touffus, à seulement une ou deux semaines de la floraison, mais sans boutons colorés. À ce stade, les plants s'acclimatent rapidement aux changements, donc au repiquage, et deviennent de beaux plants bien remplis et très florifères. C'est l'idéal pour toutes les annuelles!

Pour comprendre le problème lié au repiquage d'une annuelle déjà en fleurs, il faut connaître et comprendre le cycle de croissance des annuelles. Après la germination, elles traversent une longue période de croissance végétative durant laquelle elles forment leurs racines, leurs tiges et leurs feuilles. À ce stade-là, elles sont faciles à repiquer car elles sont en pleine activité de croissance. Au moment de la transplantation, au contact d'un nouveau sol, les racines qui étaient comprimées dans leur contenant de production s'étirent dans tous les sens, se mêlent au sol du jardin et se taillent une place de choix. La plante profite de l'espace offert à ses racines, devient très fournie et produit en plus grande quantité des fleurs souvent plus grosses. De plus, elle résiste mieux aux variations du climat, chaleur ou froid, sécheresse ou pluies incessantes.

Par contre, quand une annuelle atteint son stade de floraison, elle aban-donne sa phase de croissance végétative et consacre toute son énergie à produire d'abord des fleurs, et ensuite des graines. Si on la repique à ce stade, ses racines se développent peu ou pas et son feuillage encore moins. La plante demeure rabougrie et manque d'énergie pour fleurir, souvent d'ailleurs, elle stagne.

Fort heureusement, il est possible de récupérer certaines annuelles trop avancées au moment de l'achat en supprimant toutes les fleurs au moment de la plantation. Cette technique est expliquée sous la rubrique traitant de la plantation à la page 80. Pour l'instant, il s'agit d'apprendre à choisir ses annuelles.

À la pépinière, que doit-on rechercher dans une annuelle? Une forme dense et compacte, des feuilles bien vertes, peu ou pas de fleurs évidemment, l'absence de feuillage jauni, d'insectes ou de maladie. Évitez les plants fanés ou flétris car ils ont probablement manqué d'eau. Vérifiez l'envers du feuillage parce que souvent les insectes se cachent sous les feuilles. Demandez à sortir un plant de son alvéole, ou une motte de plants de sa caissette pour examiner les racines qui devraient être nombreuses, fraîches et non desséchées, et abondantes sans épouser la forme du contenant car cela signifie que le plant a été maintenu trop à l'étroit. Essayez d'ailleurs de vous présenter chez le marchand le jour d'un arrivage de nouvelles annuelles, surtout si vous achetez d'un marchand qui ne connaît pas les végétaux comme c'est souvent le cas dans les magasins à rayons, les quincailleries, les supermarchés, etc. Quand elles sortent de l'établissement du producteur, les annuelles à repiquer sont toujours impeccables; après trois ou quatre jours de mauvais soins, ces mêmes plantes peuvent être sur le point de mourir. Enfin, recherchez toujours un contenant muni d'une étiquette complète, donnant la hauteur, la largeur, la forme, la couleur des fleurs ainsi que les besoins culturaux de la plante.

Au centre jardin et au marché aux fleurs, on vous offrira surtout des plants à repiquer sous quatre formats principaux: en caissette à parois rigides ou standard, en contenant à alvéoles souples («cell-paks»), en godets de tourbe et en pot individuel. Voyons les avantages et les inconvénients de chaque format.

Les caissettes à parois rigides (caissette standard)

Dans une caissette standard, toutes les annuelles partagent une seule masse de terreau et leurs racines s'entremêlent, ce qui rend la plantation des annuelles en caissette à parois rigides plus complexe car il faut non seulement les sortir de la caissette, mais aussi les diviser pour que chacune ait sa part des racines. Ce n'est pas terriblement compliqué et on vous explique la technique à la page 81. Même chez les plantes tolérant bien un tel dérangement, on constate un ralentissement de croissance dû au choc de la transplantation, et certaines annuelles qui ne tolèrent pas une telle division, ni le bris de racines qui en résulte, ne peuvent être cultivées dans des caissettes standard.

Pour cette raison, les producteurs de caissettes en mousse de polystyrène ont conçu des contenants dans lesquels les plants sont séparés les uns des autres par une mince division rappelant celle des contenants à alvéoles souples. La motte de racines de chaque plant est donc plus intacte quand on la sort de la caissette, moins cependant que lorsqu'elle est sortie d'un contenant à alvéoles, à cause de la difficulté accrue que représente l'extraction des plants d'un contenant de mousse de polystyrène à compartiments.

L'autre défaut des caissettes en mousse de polystyrène est le problème du remisage parce qu'elles ne s'emboîtent pas l'une dans l'autre. Le jardinier soucieux de l'environnement qui essaie de les réutiliser trouve difficilement de l'espace pour les remiser. Lorsqu'il tente de les recycler, il constate rapidement qu'elle ne sont recyclables qu'en théorie car beaucoup de recycleurs ne les

Dans certaines régions, les caissettes en mousse de polystyrène sont la norme.

acceptent pas. Il est toujours possible de les retourner au marchand... à condition qu'elles ne soient pas endommagées. Or, il est assez difficile de sortir les plants d'une caissette en mousse de polystyrène à compartiments sans briser le fond, ce qui la rend irrécupérable.

Contenants à alvéoles souples

Les contenants à alvéoles souples sont relativement nouveaux et fort populaires. Ils se différencient des caissettes standard par leur parois en plastique très mince, généralement noir ou gris, et par leur division en cellules ou alvéoles individuelles. En anglais, on les appelle «cell-paks», et ce nom fait maintenant partie du langage courant des producteurs de semis. Quatre alvéoles ou petites pochettes sont soudées pour former un groupe, et chaque groupe de quatre alvéoles s'attache coin à coin aux groupes voisins pour former une unité de 48 alvéoles insérée dans un plateau conçu à cette fin. Certains modèles ont des alvéoles plus petites soudées en groupes de six pour former une unité de 72 alvéoles par plateau.

Les plants en alvéoles sont souvent plus dispendieux à l'unité, mais plus faciles à planter car il suffit de pousser sur le fond de l'alvéole pour déloger la motte de racines intacte, et chaque motte ne contenant qu'un seul plant, aucune division n'est requise. Même si pour les plantes qui tolèrent mal que l'on dérange leurs racines, les godets de tourbe demeurent toujours *le* meilleur choix de contenant, le contenant à alvéoles devient un excellent deuxième choix, les annuelles résistant le mieux au repiquage s'accommodent de cette transition dans la plate-bande. De plus, les contenants à alvéoles ont l'avantage de s'emboîter facilement les uns dans les autres, ce qui facilite leur remisage, et ils ont une bonne taille pour des semis à la maison. Au surplus, la compagnie de recyclage ramasse sans rechigner les alvéoles brisées, du moins dans mon quartier.

Godets de tourbe

Le principal avantage des plants en pot de tourbe c'est de ne déranger d'aucune façon les racines lors du repiquage. Pour les annuelles qui tolèrent

Les contenants à alvéoles souples sont divisés pour nous permettre d'extraire les plants sans briser leurs racines.

Le godet de tourbe est le contenant idéal pour les annuelles aux racines fragiles, mais il est rarement utilisé dans la production commerciale.

difficilement le repiquage, c'est un avantage réel, mais pour des raisons que je ne comprends pas, on trouve rarement des annuelles offertes dans ces contenants. Pourtant on vend les melons, les courges et les concombres en godets de tourbe, trois légumes ayant la réputation de ne pas tolérer que l'on touche à leurs racines, pourquoi pas les capucines et autres annuelles qui n'apprécient pas plus les dérangements? Espérons que les producteurs d'annuelles utiliseront davantage ces contenants, du moins pour les plantes qui en ont besoin.

Pot individuel en plastique

De plus en plus souvent, les annuelles se vendent dans un pot individuel. Ce phénomène est surtout dû à la popularité grandissante des jardins en contenant, utilisation à laquelle les annuelles conviennent d'ailleurs particulièrement bien. Quand on prépare un seul bac à fleurs, on n'a pas toujours besoin de 12 plants identiques, parfois un ou deux suffisent. D'un autre côté, les pots individuels sont généralement plus gros et offrent, de ce fait, plus d'espace de culture que les alvéoles ou les caissettes. On obtient alorsdes plants plus gros. Évidemment, le prix l'est aussi. Vous pouvez souvent acheter une caissette de 12 annuelles à un prix moins élevé que celui d'une seule potée de 10 cm! Mais les plants vendus de cette façon ne sont pas disponibles autrement...

La vente en pot individuel à un prix supérieur permet également au marchand de récupérer son investissement en vendant des plants à prix

Il est maintenant courant de voir des annuelles, comme ces impatientes de Nouvelle-Guinée, produites par bouturage, vendues dans un pot individuel en plastique.

plus élevé... et c'est ce qui a amené la révolution actuelle des «annuelles bouturées» ou des «annuelles végétatives» (voir *Des vivaces tendres déguisées en annuelles* à la page 15). Ce n'est pas une idée vraiment nouvelle. C'est depuis les années 1960 que les producteurs cultivent des géraniums (*Pelargonium*) à partir de boutures et les vendent dans des pots individuels. Puis, dans les années 1980, les impatientes de Nouvelle-Guinée sont apparues dans ce format. Mais le concept a vraiment connu un essor dans le milieu des années 1990 surtout, d'abord en Europe, puis ici en Amérique du Nord, avec l'arrivée sur le marché des «annuelles brevetées», notamment le célèbre pétunia couvre-sol 'Surfinia'.

On sait depuis longtemps qu'il n'est pas toujours possible d'offrir tous les fruits de l'hybridation la plus poussée en semences. Certaines plantes ainsi produites sont tout simplement stériles et ne pourront jamais être offertes par semences; d'autres combinent des caractéristiques surprenantes que l'on ne réussit pas à fixer par l'hybridation (voir à la page 71), et leurs semences donnent toujours des plantes variables. Mais on peut maintenir presque indéfiniment des cultivars de choix par le bouturage, du moins chez les plantes qui permettent de le faire car les vraies annuelles ne se bouturent pas, mais les vivaces tendres, si. De plus, les compagnies internationales productrices de semences ont découvert qu'il était très lucratif de développer des cultivars de qualité supérieure, puis de les protéger par un brevet, appelé brevet de protection des végétaux d'origine horticole.

Le brevet de protection des végétaux d'origine horticole et le jardinier amateur

Vous achetez une belle annuelle au printemps et vous la cultivez dans votre boîte à fleurs tout l'été. À l'automne, vous décidez de prélever une bouture pour l'hiver, mais en vérifiant son étiquette, vous lisez: «Cette plante est protégée par un brevet. Toute multiplication non autorisée est strictement interdite». Pouvez-vous la multiplier sans risque d'une poursuite légale?

Bien sûr que oui! Même si les étiquettes ne le disent pas, car le texte est conçu pour laisser entendre que vous ne pouvez pas multiplier une de ces plantes, quelles que soient les circonstances, de façon à ce que vous la rachetiez tous les ans, c'est la multiplication *commerciale* sans permission qui est illégale. Vous l'avez achetée et la plante vous appartient. Vous avez le droit de la maintenir d'année en année, aussi longtemps que vous le voulez et en autant d'exemplaires que vous le souhaitez. Ce n'est que lorsque vous *vendez* l'un des plants que vous avez produits que vous enfreignez la loi.

Le brevet prévoit que, même si la plante a été développée en Australie ou au Japon, le marchand local qui la reproduit doit remettre un droit de quelques cents le plant au détenteur de brevet. Quand une telle plante devient populaire et qu'elle est produite annuellement à travers le monde en plusieurs millions d'exemplaires, elle rapporte beaucoup plus d'argent que la production de semences ne se vendent même pas 1¢ la graine au détail, et encore moins au prix de gros. Pour produire des semences, il faut ressemer, polliniser et récolter de nouvelles graines à tous les ans. C'est un gros travail pour maintenir un hybride par semences, alors qu'un cultivar intéressant, qu'il est possible de bouturer, peut être reproduit à l'infini par voie de multiplication végétative. Cependant, ces plantes brevetées coûtent plus cher au producteur qui doit récupérer cet argent à même les goussets du consommateur, d'où le coût nettement plus élevé des annuelles en pot, presque toutes des plantes protégées par brevet.

À cause de leur coût important, le secret des plants en pots individuels consiste donc à les acheter en petite quantité et à les multiplier vous-même, année après année. Vous pouvez même les acheter en avril et les bouturer pour en produire plusieurs exemplaires pour le jardin la même année. Ainsi vous récupérez plus rapidement l'argent investi.

Les semences

Il n'y a pas si longtemps, quiconque parlait d'annuelles ornementales parlait strictement de semis en pleine terre. Comme les temps ont changé! Nombreux sont les horticulteurs professionnels qui n'ont jamais semé une graine d'annuelle en pleine terre de leur vie, et qui conçoivent difficilement que cela puisse être réalisable. Que l'on sème à l'intérieur ou à l'extérieur, la multiplication par semis est une des façons fondamentales d'obtenir des annuelles, et il y a plusieurs avantages à cultiver des annuelles soi-même à partir de graines.

Pour commencer, il faut souligner les avantages pécuniaires qui sont très importants. Le prix des sachets de graines est dérisoire comparativement aux résultats obtenus. Même en calculant le coût d'une lampe fluorescente étalé sur plusieurs saisons, de celui du terreau, des pots, du chauffage et de tout ce qui est nécessaire pour produire ses propres semis à l'intérieur, chaque plant produit ne revient qu'à une fraction du prix des plantes achetées au printemps, et il est encore plus minime si elles sont achetées dans des pots individuels plutôt qu'en caissette. Même le jardinier le plus paresseux ne peut demeurer indifférent devant ces économies énormes. À moins d'acheter des semences très coûteuses, car il en existe, chaque annuelle produite ne coûte qu'entre 1 et 5 ¢. Pour les graines semées à l'extérieur, le prix est encore beaucoup moindre, vous pouvez remplir une plate-bande complète pour moins de 2 $!

L'autre avantage est le choix. Les bons catalogues de semences contiennent plus de 1 000 variétés d'annuelles. Le choix de quelque 300 variétés d'annuelles offertes à travers le Québec, sous forme de plants à repiquer, n'est plus alors qu'une simple goutte d'eau dans le Saint-Laurent. Plusieurs de ces plantes ne sont d'ailleurs pas disponibles autrement qu'en sachets de semis, et si vous désirez les cultiver, vous n'avez aucun autre choix que de les semer vous-même.

Tout en admettant que semer des graines à l'intérieur demande du temps et des efforts, rien d'exigeant, même pour le jardinier *très* paresseux. Heureusement, la saison propice à la préparation des semis intérieurs arrive à un moment où les plates-bandes extérieures sont inutilisables et où la plupart des jardiniers n'ont pas beaucoup d'autres efforts à fournir. Procéder à des semis dans le confort de son foyer contribue même à faire passer plus rapidement un hiver souvent trop long. Il ne faut pas sous-estimer le plaisir de produire ses propres semis à l'intérieur; c'est fascinant, amusant, instructif et pas trop fatigant pour un jardinier paresseux, il suffit de quelques minutes par jour. À la vue des plantes en fleurs, quelle fierté de pouvoir dire: «Je les ai cultivées moi-même, à partir de la graine!». À de très rares exceptions près, les graines des vraies annuelles sont toujours faciles à cultiver. Certaines vivaces tendres cultivées comme annuelles sont parfois plus capricieuses, mais dites-vous qu'en Ontario, l'une des expériences inscrites au curriculum des classes de maternelle est la culture de plantes annuelles à partir de semis, et que si des petits Ontariens de 5 et 6 ans peuvent de le faire, vous le pouvez aussi!

Semer en pleine terre des graines d'annuelles à croissance rapide est tout simplement la technique de jardinage la plus facile! Vous découvrirez tout sur cette technique à la page 83, mais pour résumer, disons qu'il vous suffit grosso modo de gratter légèrement le sol et d'y lancer des graines, un point c'est tout! Enfin, n'oubliez surtout pas que les annuelles à croissance rapide se ressèment toutes seules. Pour ces annuelles aptes à s'occuper de leur propre descendance, il n'y a absolument aucun soin à donner après la première année.

Choisir des semences d'annuelles

La plupart des graines d'annuelles sont offertes en sachet soit en magasin, par catalogue, et vous pouvez aussi les prélever au jardin (voir la page 122). En commandant vos semences par catalogue, vous vous assurez d'obtenir des graines fraîches de la meilleure qualité. Très souvent leur taux de germination a été vérifié, est indiqué dans le catalogue ou sur le sachet, et vous savez à quoi vous attendre. De plus, chez le grainier fournisseur, elles sont conservées à une température

Il est difficile de croire que ces petites graines, apparemment sans vie, contiennent les embryons de magnifiques géraniums!

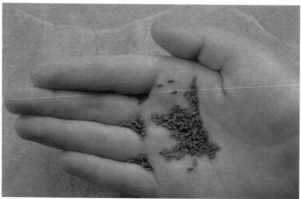

Photo: National Gardening Bureau

Il y a un choix presque illimité d'annuelles vendues sous forme de semences.

et une humidité contrôlées. En les commandant en hiver ou tôt au printemps, vous mettez toutes les chances de succès de votre côté, car il est certain que les graines seront en parfait état de germination. Vous n'avez pas à craindre que les graines souffrent du froid au cours du transport par la poste car les graines peuvent supporter sans danger une température de -65 °C.

Il n'est pas toujours aussi aisé de savoir ce que l'on obtient en magasin. Bien que de plus en plus de sachets de semences indiquent l'année recommandée pour l'ensemencement, cette règle n'est pas encore universelle. Les sachets que vous voyez sur l'étagère y sont peut-être depuis longtemps, surtout dans les magasins non spécialisés comme les quincailleries, les supermarchés, etc. Souvent, on ne fait qu'ajouter de nouveaux sachets dans le présentoir et il en résulte que certains peuvent y rester très longtemps. Par contre, dans des conditions raisonnables, faible humidité, température pas trop élevée, etc., les semences que l'on trouve habituellement dans les magasins en général, sont encore bonnes pendant deux ou trois ans, et peut-être davantage, même si leur taux de germination peut diminuer avec le temps. Acheter un sachet qui n'est pas de l'année ne signifie donc pas nécessairement une qualité moindre. De toute manière, les semences sont garanties par tout magasin qui se respecte, et il en est de même pour les catalogues de semences. Gardez votre facture et si vous n'êtes pas satisfait, demandez un remboursement.

L'un des choix que vous avez en achetant des semences est celui des lignées de couleur, des formes fiables et des mélanges. Comme on l'explique à la page 35, les mélanges donnent rarement satisfaction, sauf lorsqu'ils sont utilisés sur un très grand espace car les couleurs ne captent pas l'oeil quand elles sont trop mélangées. Il est préférable d'acheter trois ou quatre sachets d'annuelles de différentes couleurs, même d'une seule espèce, comme des impatientes roses, blanches, rouges et saumon, et de les planter par taches de couleur, que de les acheter en mélange. Par contre, certaines annuelles ne sont pas offertes autrement. Si tel est le cas et que la fleur vous intéresse, pensez à semer le mélange une première année pour ensuite choisir les fleurs de la couleur qui vous plaît et récolter leurs graines pour l'année suivante. La deuxième année, la floraison a des chances d'être plus homogène et en continuant à sélectionner et prélever les graines de la couleur qui vous intéresse, vous arriverez à développer votre propre lignée maison.

La plupart des semences vendues ont tout simplement été débarrassées de la capsule ou du fruit dans lequel elles se sont formées puis mises en sachet, sans traitement spécial. Cependant, dans certains cas les graines ont subi un ou des traitements particuliers.

Par exemple, plusieurs semences sont *enrobées*. On recouvre les graines vraiment très fines, comme celles des bégonias et des lobélies qui sont à première vue presque de la poussière, d'une pâte pour les grossir et faciliter l'ensemencement à la machine. Ainsi, elles sont aussi plus faciles à manipuler et à semer à la main, mais à moins d'en semer par milliers, l'avantage pour le jardinier amateur est très minime, surtout qu'enrobées, les graines sont plus dispendieuses. Pour semer sans problème les très petites graines sans payer l'enrobage, voyez la page 108. Les graines de tagète, comme les oeillets d'Inde et les roses d'Inde, reçoivent aussi un traitement spécial; elles sont vendues *équeutées* ou *à queue écourtée,* c'est-à-dire débarrassées en tout ou en partie de la queue plumeuse normalement attachée à l'extrémité de la graine. C'est un avantage énorme si vous utilisez un semoir mécanique, mais bien faible ou même inutile pour l'amateur. Pourquoi payer un service inutile?

Par contre, les avantages des semences vendues *nettoyées* sont appréciables, notamment dans le cas des graines de géraniums (*Pelargonium*) et de dracéna des jardins (*Cordyline*). Cette technique consiste à ramollir ou à supprimer l'épiderme coriace de la graine. Elle facilite grandement la germination qui ne demande alors que quelques semaines plutôt que quelques mois, sans réduire considérablement la viabilité de la graine en sachet. Ce traitement spécial augmente le prix de ces graines mais il est valable. De toute manière, vous n'avez pas le choix, les graines de géranium et de dracéna sont toujours vendues ainsi, que le catalogue ou le sachet l'indique ou non, car ce traitement élimine les plaintes concernant leur faible germination, ce dont les grainiers sont maintenant exemptés. Cependant, si vous décidez de semer des graines de géranium (*Pelargonium*) prélevées sur vos propres plantes, vous aurez peut-être la mauvaise surprise de constater qu'il leur faut de trois à six mois pour germer!

Enfin, on trouve parfois des petites annuelles de bordure, comme l'alysse odorante, sous la forme d'un *ruban de semences*. Il s'agit d'un ruban de papier biodégradable sur lesquels on a collé des graines à un espacement idéal pour la plantation au jardin. Vous n'avez qu'à enfouir le ruban dans un rang du jardin et regarder les graines lever, régulièrement espacées. Le principe n'est pas mauvais en soi, mais l'ère des annuelles en rang d'oignon tirant à sa fin, son utilité est minime. De plus, si un faible vent se lève pendant son enfouissement, vous ne trouverez sans doute pas plus facile de l'enfouir que de semer de façon traditionnelle, bien au contraire. C'est cependant un concept fort intéressant pour le potager, où la culture en rangs est encore la norme, mais pas pour la plate-bande, c'est du moins mon avis.

De jeunes plants pour les jardiniers hâtifs

Encore récemment, si vous vouliez des annuelles, vous ne pouviez qu'acheter des plants prêts à repiquer ou semer des graines. Il n'y avait rien d'autre. Vous optiez pour une paresse coûteuse en achetant vos annuelles toutes faites ou pour la diligence en vous livrant à un travail de moine: la culture à partir de semis. Depuis quelques années, certains marchands entreprenants vous offrent une troisième voie, la culture à partir de jeunes plants. Ainsi vous sautez l'étape pleine d'embûches de la multiplication et vous économisez en achetant des plants plus jeunes, dans des contenants plus petits.

L'idée est séduisante et les économies réelles. Les jeunes plants offerts sont solides et faciles à maintenir. Si vous maintenez quelques plantes d'intérieur, vous pouvez réussir la *finition* des jeunes annuelles.

En entretenant les jeunes plants, vous remplissez le rôle de *spécialiste de la finition*, la dernière étape de la production en serre précédant la vente aux consommateurs. Certains serriculteurs sont des spécialistes dans la multiplication; ils sèment les graines et font le bouturage. Par la suite, ils vendent les plateaux de semis et de boutures enracinées aux serriculteurs spécialisés dans la finition. Dans leurs serres plus vastes pouvant accueillir les plants à finir qui exigent beaucoup plus d'espace que les jeunes semis et boutures, ces derniers amènent les annuelles au stade de la vente au public, c'est-à-dire prêtes pour le jardin extérieur. Ils les vendent aux pépinières et aux autres détaillants qui vous les revendent. En achetant les jeunes plants *avant* leur passage dans la serre de finition, vous sautez une étape... et vous économisez, car vous éliminez un intermédiaire.

Tout ce qu'il vous faut pour réussir ces petits plants, c'est une fenêtre bien éclairée, un arrosoir, quelques pots et un peu de terreau. Vous en apprendrez plus sur cette technique à la page 120, mais pour que vous puissiez évaluer le travail, disons que vous n'avez qu'à empoter les petits semis et les boutures individuellement dans des pots qui ont habituellement 10 cm et à les arroser convenablement. Si vous disposez d'un peu d'espace, vous aussi pouvez devenir *spécialiste en finition*.

Mais il y a un hic! Il ne faut pas tarder car ce travail ne souffre aucun délai. Lorsque le pépiniériste vous vend des semis ou boutures à repiquer, ils ont atteint un stade où le repiquage devient urgent. Laisser ces petits plants beaucoup plus longtemps dans leurs petits contenants d'origine peut leur nuire car ils manquent d'espace pour leurs racines. De plus, avec si peu de terreau, ils sont vite assoiffés. Si vous les achetez et les empotez dans les trois jours, c'est bien, mais dans le cas contraire, vous devrez accorder une attention toute particulière à l'arrosage. Après les avoir rempotés dans leur pot individuel de 10 cm, pour eux l'équivalent d'un 4 $^1/_2$ pour une personne seule, la pression tombe et leur entretien redevient facile.

Deux possibilités s'offrent à vous lors de l'achat de jeunes plants: semis ou boutures enracinées. Examinons les deux maintenant.

Les annuelles en multicellules

L'industrie de la production des annuelles les appelle «plugs», un terme anglais. En français, on utilise assez couramment *micromottes* et *multicellules*. Dans l'industrie, on emploie indifféremment microcellule ou micromotte. Moi, j'aime bien *micromotte* parce que le mot est agréable à entendre et révélateur.

Il s'agit d'annuelles comme on les sème de plus en plus dans l'industrie horticole de nos jours, dans un grand plateau contenant des petites alvéoles ou cellules en plastique, donc des *multicellules*, chacune ne contenant qu'une plantule et un tout petit peu de terreau pour former une motte miniature de racines: une *micromotte*. C'est une technique de précision et très automatisée: les multicellules sont remplies de terreau à la machine, arrosées à la machine et ensemencées à la machine par des petits doigts qui ne déposent qu'une seule graine dans chaque multicellule lorsque le plateau arrive dans l'appareil sur un convoyeur: c'est la robotique au service de l'horticulteur et cette technique s'est largement répandue depuis son introduction dans les années 1980, à tel point qu'elle est maintenant la norme dans les serres les plus importantes.

Ce qui est nouveau, c'est que l'on vend maintenant les plantules ou micromottes directement au consommateur. Pendant longtemps, le jardinier amateur ne voyait que le résultat final de ce travail, les plants en caissette ou en alvéole, fruits de la plantation des micromottes dans des contenants plus gros. Mais on commence à vendre ces micromottes aux consommateurs vers la fin de l'hiver, avant leur repiquage en caissette... et c'est une excellente façon d'économiser temps et argent. En effet, de cette façon, le jardinier amateur abandonne le travail risqué aux serriculteurs spécialistes de la multiplication, l'ensemencement et la germination. Lorsque les plants sont bien partis et que la période la plus critique de leur développement est passée, on nous les vend. Le producteur réduit ses frais pour l'étape coûteuse du repiquage des annuelles dans des pots plus gros, étape qui exige énormément d'espace en serre et pour laquelle il doit payer le coût élevé du chauffage. Le jardinier amateur y trouve son compte, car il achète des plantes beaucoup plus jeunes à environ 50% du prix des plants en caissette ou en alvéole. Évidemment, il doit les empoter lui-même à la maison, souvent dans les contenants à alvéoles

Préparés en serre, ces semis en micromottes sont prêts pour la vente au détail.

souples conservés des années précédentes, mais c'est un moindre mal car il n'a pas à les semer lui-même. Si on plante énormément d'annuelles dans le jardin ou un contenant, l'économie est véritable.

Pour l'instant, les ventes de micromottes ne touchent que les annuelles délicates et difficiles à semer pour l'amateur, ou celles qu'il faut semer très tôt dans la saison comme les impatientes et les bégonias. Ce sont toutefois des plantes très faciles à cultiver... une fois l'étape du jeune semis passée. Donc l'acheteur de micromottes se fait aider pour la partie la plus difficile de leur culture, et il a le plaisir de les finir lui-même tout en économisant. C'est une très belle initiative et personnellement, depuis que je peux acheter des micromottes, je ne me donne plus la peine de semer les impatientes (*Impatiens wallerana*) que je trouve *très* difficiles à cultiver dans la maison à partir de la graine. Il ne reste qu'à étendre le choix disponible. Cela ne tardera sans doute pas lorsque cette pratique sera plus populaire car au moment où j'écris ces lignes, c'est encore une nouveauté. Dans les années à venir, on verra sûrement de plus en plus d'annuelles offertes en micromottes, avec un éventail de variétés de plus en plus important.

Une dernière recommandation: en achetant des micromottes, n'oubliez pas que les étiquettes classiques d'identification sont trop grosses pour être insérées parmi les plantules. N'oubliez donc pas d'en prendre une pour la glisser dans leur nouveau contenant quand vous les aurez rempotées à la maison.

De façon générale, les micromottes sont disponibles en mars et avril, à temps pour produire de beaux plants pour le repiquage à la fin mai. Pour les détails de la culture des micromottes, voir à la page 120.

Les boutures enracinées

Il s'agit encore d'une possibilité nouvelle pour les amateurs d'annuelles, acheter des annuelles bouturées à un stade moins avancé et les payer moins cher.

Nous sommes forcés de constater qu'une annuelle en pot individuel, surtout une bouture enracinée d'un plant breveté, coûte très cher, mais il s'agit d'une plante très désirable et désirée. Pour en obtenir plusieurs à bon compte, le consommateur n'avait d'autre choix que de l'acheter au printemps à prix fort une première fois, de la rentrer pour l'hiver telle quelle ou sous forme de boutures, et de prélever d'autres boutures le printemps suivant pour remplir ses bacs et ses boîtes à fleurs. Mais l'étape de culture hivernale est assez délicate et demande beaucoup de lumière, en plus d'avoir le pouce vert. En effet, il est facile de bouturer des annuelles végétales à l'automne, de les acclimater aux conditions d'intérieur et même de les maintenir dans la maison en septembre et octobre. Cependant, les mois de novembre, décembre et janvier, lorsque le soleil fait cruellement défaut, sont très difficiles à traverser, à un point tel que de nombreuses personnes perdent les plants qu'ils s'efforcent de maintenir.

Comme ils l'ont fait avec les micromottes, les producteurs ont commencé à nous vendre des annuelles arrivant au stade de la finition, c'est-à-dire à l'étape plus avancée qui a suivi l'enracinement, mais avant le stade final plus onéreux

En pré-saison, on peut se procurer des boutures enracinées plutôt que des annuelles en pot en saison, et ainsi économiser beaucoup d'argent.

de la mise en pot de 10 cm. C'est avantageux pour le producteur puisqu'il économise les frais de chauffage et de maintien de plantes qui occupent beaucoup d'espace en serre. Le consommateur, qui doit de toute façon chauffer sa maison, obtient des plants déjà enracinés au moment où le soleil est revenu. Il a même le temps de bouturer ces jeunes annuelles et produire deux ou trois plants supplémentaires avant que la saison de jardinage ne batte son plein, ce qu'il faut toutefois éviter de dire aux producteurs!

Les boutures enracinées sont disponibles plus tôt que les micromottes, en février et mars surtout. Tout comme les micromottes, il faut les acheter à ce moment-là et tout de suite les empoter dans des pots plus gros. Autrement dit, vous vous chargez de la *finition* des boutures enracinées et vous en économisez le coût.

C'est un concept digne du plus paresseux des jardiniers: vous payez peu pour que quelqu'un fasse le travail compliqué et vous héritez des plants à un moment où ils ne présentent plus de difficultés de culture. Vous les empotez, les arrosez, les fertilisez un peu et subito presto, vous possédez à prix minime de magnifiques plants que vos voisins ont payé une fortune!

Mais combien économisez-vous en achetant des boutures enracinées et en les empotant vous-même? Vous les payez normalement entre *un quart et un tiers du prix* des plants finis, selon le nombre de plants achetés car on accorde généralement un escompte sur les achats de 10 plants et plus! C'est une grosse économie!

Les boutures enracinées viennent en différents formats. Souvent elles sont cultivées dans des alvéoles en plastique ou en mousse de polystyrène beaucoup plus grosses que celles des micromottes, mais néanmoins assez petites. Certaines sont parties dans des petits godets de tourbe ou même dans des carrés de mousse florale. Cependant, dans tous les cas, vous n'avez qu'à les empoter dans des pots de 10 cm, et c'est tout.

Pour l'instant, il est décevant que les boutures enracinées offrent peu de variétés, mais les choses s'améliorent. Si le public jardinier emboîte le pas, le choix augmentera. D'ailleurs, si j'étais propriétaire d'une jardinerie, je m'efforcerais de promouvoir ce concept car il attire les clients dès février ou mars plutôt qu'en avril ou mai et ainsi augmente la vente de nombreux autres articles. Puisqu'il faut de toute façon chauffer le magasin et payer du personnel, mieux vaut avoir des clients pour payer ces frais!

Les jardins en pots et jardinières

Dernière catégorie des formats d'annuelles disponibles sur le marché, il s'agit d'un jardin soit dans un bac à fleurs, un panier suspendu, une jardinière ou presque n'importe quel contenant rempli d'annuelles. Il peut contenir une seule variété, comme dans la plupart des paniers suspendus, ou plusieurs, comme dans la majorité des bacs à fleurs.

Que penser de ces jardins? Si vous avez les moyens de vous les offrir, pourquoi pas? Les variétés commerciales sont généralement jolies et bien montées, sans compter que tout le travail de planification et de plantation est déjà fait. Toutefois, vous devez être conscient que vous payez très cher pour un petit service de dernière minute. La préparation des jardins dans des contenants rapporte énormément au marchand, car il peut les préparer à peine deux ou trois semaines avant la période de vente et les offrir à prix élevés.

Par contre, si le prix est un facteur important, sachez que vous pouvez composer les vôtres à peu de frais et souvent économiser beaucoup plus que la moitié du prix demandé, et encore davantage si vous réutilisez les contenants des années précédentes.

Cherchez un jardin complètement fleuri et bien fourni et évitez les contenants dans lesquels les plantes semblent chétives ou assoiffées car il ne s'agit pas de jeunes jardins qui ne sont pas encore parvenus à maturité, mais plutôt de jardins qui ont manqué de soins et qui déclinent.

Choisir les meilleures annuelles

En plus du format dans lequel les annuelles sont vendues, il faut aussi choisir les meilleures annuelles possibles. Évidemment, pour savoir lesquelles sont offertes sur le marché, vous devrez consulter la Section 2 et ses divers chapitres. Mais,

Le pétunia couvre-sol 'Purple Wave' est une des annuelles couramment vendues en panier suspendu.

Photo: National Garden Bureau

70

même à l'intérieur d'une espèce, comme pétunias ou impatientes, il y a également un choix à faire. Par exemple, les annuelles hybrides coûtent plus cher que les lignées non hybrides, notamment dans les semences où elles ont la réputation de produire des plants supérieurs. Mais est-ce vraiment le cas? Certaines formes, comme les annuelles à fleurs doubles, sont-elles réellement meilleures que les autres? Examinons les faits de plus près.

L'hybridation et les annuelles

Si le mot *hybride* vous semble trop complexe et que vous désirez tout simplement apprendre à cultiver les annuelles plutôt que de comprendre le pourquoi de leur existence, dispensez-vous de lire le texte suivant. Cependant, les annuelles et les bisannuelles, de même que les légumes, sont parmi les rares plantes que l'on cultive surtout par semis. Il peut donc être fort utile de comprendre de quelle façon l'hybridation a influencé le développement des formes que l'on trouve sur le marché, et comment elle continuera d'affecter leur développement futur. Je tenterai de simplifier les explications.

Lignée versus cultivar

Autrefois, la majorité des annuelles vendues provenait de *lignées améliorées*. Par exemple, dans un champs de coquelicots rouges, un horticulteur voit une seule plante différente des autres, à fleurs roses. Avec les plantes permanentes, on peut

En plus de choisir le format des annuelles, comme ces caissettes beaucoup trop avancées, il faut savoir si vous désirez des variétés hybrides ou non.

tout de suite faire un *cultivar* en bouturant ou en divisant la plante, et donc obtenir des clones absolument identiques. Mais les vraies annuelles ne se multiplient pas par voie végétative. On ne peut les multiplier que par semis. Notre horticulteur prélève alors les graines du coquelicot rose et les ressème. Avec un peu de chance, la récolte suivante contiendra une proportion de plants à fleurs roses. Si tel est le cas, il élimine tous les plants à fleurs rouges dès la floraison pour ne garder que des plants à fleurs roses, afin d'empêcher toute pollinisation fortuite. S'il sélectionne encore et toujours des plantes à fleurs roses de génération en génération, éventuellement il réussira à produire des semences qui ne donneront que des plants à fleurs roses, et jamais rouges. Il peut alors ensacher leurs graines et leur donner un nom de variété, comme 'Beauté Rose', en garantissant à ses clients qu'ils obtiendront des plantes à fleurs roses. On peut souvent ainsi *fixer* une lignée, c'est-à-dire établir ses caractéristiques, en aussi peu que trois ou quatre générations, donc trois ou quatre étés... mais peut-être aussi seulement après 10 générations, ou même ne jamais y arriver, selon la caractéristique ou la combinaison de caractéristiques recherchées.

Notez bien que si les horticulteurs appellent souvent *cultivar* une annuelle reproduite par semences aux caractéristiques fixées, il faudrait en réalité dire qu'elle est d'une *lignée*. Un vrai *cultivar* est reproduit par clonage, qu'il s'agisse de bouturage, division, marcottage, etc., et donc strictement identique à la plante d'origine. C'est un peu comme si on vous coupait un doigt et que l'on réussissait à faire des milliers et des milliers de copies conformes de vous! Comme les vraies annuelles ne peuvent être reproduites par clonage ou multiplication végétative, mais uniquement par semences, même une lignée bien fixée présentera des petites différences pas toujours très visibles, comme une plante à tiges un peu plus hautes, une meilleure résistance aux maladies, des feuilles un peu moins poilues, etc.

Ces différences minimes à l'intérieur d'une lignée sont une bonne chose pour le jardinier car elles assurent une certaine plasticité ou flexibilité chez la plante. Si vous plantez un cultivar vivace 'X' et que les conditions ne lui conviennent pas, vous n'aurez pas de bons résultats. Par contre, si vous semez des annuelles d'une lignée 'Y', parmi les différents individus produits, il y en aura sûrement quelques-uns avec un bagage génétique légèrement différent, qui assure une meilleure adaptation à vos conditions, et ainsi vos résultats seront supérieurs.

En récoltant année après année les graines des annuelles qui réussissent le mieux dans *votre* plate-bande ou qui vous plaisent le plus, vous pouvez créer votre propre lignée en peu de temps. Il est donc possible, à partir d'un sachet de graines de cosmos en mélange par exemple, de ne garder que les graines des plantes à fleurs blanches, en éliminant fidèlement les plantes d'autres couleurs pour empêcher toute pollinisation avec les cosmos à fleurs blanches, et d'arriver en aussi peu que deux ou trois ans, à n'avoir que des cosmos à fleurs blanches.

Les hybrides F_1 et F_2

Si vous consultez les catalogues d'annuelles, vous verrez souvent des lignées portant l'indication F_1 ou, plus rarement, F_2. Il s'agit de lignées hybrides et leur nombre augmente à tous les ans.

L'indication F_1 veut tout simplement dire *hybride de première génération*. Il s'agit d'hybrides créés par le croisement de deux lignées. Il est parfois difficile d'intégrer plusieurs caractéristiques dans une même lignée uniquement par sélection. Par exemple, supposons que notre horticulteur veut obtenir des tournesols de hauteur intermédiaire alors qu'on ne trouve sur le marché que des lignées géantes ou naines. Il croise les deux lignées et, eurêka! C'est le succès total, tous les plants sont de taille intermédiaire! Lorsque l'horticulteur ressème les graines des plantes intermédiaires qu'il a obtenues la première fois, il obtient un mélange de plantes naines, intermédiaires et hautes. Même en essayant de ne ressemer que les graines des plantes de hauteur intermédiaire, rien ne s'améliore, il obtient toujours trois hauteurs de plantes. Il ne parvient pas à fixer la lignée. Il faut dire que certaines caractéristiques ne peuvent tout simplement pas être fixées. Cependant, il peut répéter à chaque année son expérience de départ, c'est-à-dire croiser une plante naine avec une plante géante, et obtenir exactement ce qu'il veut, des plantes de hauteur intermédiaire. Notre horticulteur peut mettre ces graines en sachet et les vendre sous un nom quelconque, comme 'Soleil Mi-Haut', en lui adjoignant le suffixe F_1, donc 'Soleil Mi-Haut F_1' pour indiquer aux acheteurs de ces semences qu'ils ne peuvent compter sur des résultats fidèles qu'à la première génération, pas à la deuxième.

Les hybrides F_1 sont souvent des plantes supérieures aux autres, non seulement par leurs couleurs ou leurs formes non disponibles autrement, mais aussi parce que les hybrides de première génération (F_1) héritent souvent de ce que l'on appelle la «vigueur de l'hybride». En effet, pour des raisons que l'on ne comprend pas encore très bien, les hybrides F_1 sont souvent plus vigoureux, plus forts, plus solides, plus florifères, à fleurs plus grosses, etc. que l'un ou l'autre parent. Ce phénomène a été remarqué à plusieurs reprises et constitue un des attraits des hybrides.

Par contre, pour produire des hybrides F_1, à chaque année, l'horticulteur doit physiquement émasculer les fleurs de la plante mère et apporter lui-même le pollen de l'autre lignée sur ses fleurs. Comparez ce travail à celui de la production de lignées non hybrides, où on se contente de les planter dans un champ éloigné de toute autre plante de la même espèce pour éviter des croisements accidentels, et de laisser les abeilles ou le vent s'occuper de faire le reste. Le travail supplémentaire exigé par les lignées F_1 augmente le prix des graines que vous achetez, et parfois leurs sachets contiennent moins de graines. Si, par contre, vous achetez des hybrides F_1 sous forme de plants en caissette, le producteur récupère ses frais soit en vous les vendant plus cher ou en mettant moins de plants dans la caissette. Comme consommateur de plantes, vous ne pouvez pas prélever de graines sur ces plantes pour les multiplier vous-même, car les hybrides F_1 donneront des plants aux caractéristiques mêlées à la deuxième génération. Vous devez acheter des semences ou des plants des lignées F_1 à tous les ans pour avoir des plantes identiques à celles qui vous ont plu la première année.

Le fait que les graines des hybrides F_1 se vendent plus cher que les autres a suscité l'avidité de la poignée de multinationales produisant la plupart des semences d'annuelles. Pourquoi s'efforcer de créer des lignées stables quand les hybrides se vendent à prix plus élevé? Il faut parfois des années de sélection pour fixer une nouvelle lignée en ne gardant que les plantes strictement fidèles au type, et qui se vendra ensuite très bon marché, car n'importe qui peut alors la reproduire. En croisant deux lignées déjà fixées, aux caractéristiques connues, on obtient dès la première génération des plantes identiques que l'on peut vendre à gros prix. Pour conserver l'exclusivité du marché, il leur suffit de garder le secret sur la parenté de la lignée hybride et d'en faire un renseignement «top secret». Ainsi, beaucoup d'hybrides F_1 donnent des formes et des couleurs qui auraient pu être fixées, mais que l'on ne fixe plus parce que c'est moins payant. Nous, consommateurs, payons donc pour les progrès de l'hybridation non seulement une fois, mais encore et toujours et on ne peut rien faire, sauf...

... Acheter les rares hybrides F_2 offerts sur le marché. Ces semences sont issues de l'hybridation naturelle des hybrides F_1 par les insectes ou par le vent et présentent des plantes qui peuvent s'en rapprocher. C'est un peu comme acheter un chien de race: il n'est pas identique à ses deux parents, mais si les deux étaient des champions, avec un peu de chance il héritera des bonnes caractéristiques des deux. C'est à peu près l'équivalent d'acheter une lignée pas encore parfaitement fixée, mais comportant de très bonnes caractéristiques car on ne vend des hybrides F_2 que s'ils sont raisonnablement fidèles au type. De plus, vous pouvez au moins prélever les graines des hybrides F_2 pour les ressemer d'année en année, ce qui ne vaut pas la peine d'être fait avec n'importe quel hybride F_1. En choisissant toujours les meilleurs sujets de chaque génération, c'est vous qui fixerez la lignée, travail autrefois réservé aux hybrideurs.

Les hybrides F_2 demeureront cependant très minoritaires sur le marché, car la plupart des semences F_2 produisent des plantes si disparates que les compagnies ne peuvent, en toute bonne foi, les offrir comme présentant des

Les fleurs de ces cinq pétunias proviennent de semences prélevées sur un hybride F_1 à fleurs roses doubles, mais la plante mère présentait un mélange de gènes qui se sont manifestés de différentes façons à la deuxième génération.

Photo: National Garden Bureau

caractéristiques communes. La plupart des semences mises en sachet sont soit des mélanges, soit des lignées fixées, soit des hybrides F_1.

Simples ou doubles?

Il faut mentionner ici que beaucoup d'annuelles sont offertes à fleurs simples, semi-doubles ou doubles. Ces termes signifient que le nombre de pétales des plantes ornementales peut varier. Une fleur *simple* a un nombre normal de pétales, généralement quatre à six selon l'espèce et beaucoup plus parfois, notamment dans le cas des plantes de la famille des composées où, strictement parlant, les «pétales» ne sont pas des vrais pétales mais des fleurs stériles appelées rayons, comme pour les marguerites. Une fleur *double* porte au moins deux fois plus de pétales que la fleur simple et parfois beaucoup plus, souvent au point de cacher complètement le centre de la fleur. Le terme *semi-double* est plus vague et varie selon l'espèce; une fleur semi-double a plus de pétales qu'une simple mais moins qu'une fleur double.

Une annuelle à fleurs simples ressemble à une fleur sauvage par sa forme, bien que l'homme l'ait souvent travaillé pour augmenter son nombre de fleurs, sa taille, sa gamme de couleurs, etc. Longtemps négligées par les horticulteurs en faveur des variétés doubles jugées plus sophistiquées, les fleurs simples reviennent en force dans nos jardins depuis quelques années, sans doute en réaction à l'utilisation exagérée des fleurs doubles. On les apprécie pour leur simplicité et leur bonne apparence dans les jardins modernes qui ont pris une allure plus décontractée que les plates-bandes très formelles qui étaient encore populaires récemment. De plus, les fleurs simples sont plus légères que les fleurs doubles et ont donc moins tendance à s'écraser au sol après une pluie. Par contre, elles durent souvent moins longtemps car les pétales des fleurs doubles s'accrochent souvent quelques jours de plus à la plante.

Les fleurs doubles et semi-doubles demeurent très populaires, surtout chez les espèces comme les pavots, où les fleurs simples ont tendance à se défaire rapidement. Vous devez cependant retenir que dans le cas des variétés si doubles que leur centre disparaît, les fleurs attirent moins de papillons et de colibris au jardin car les pollinisateurs n'arrivent plus à atteindre le nectar caché à la base des fleurs.

Et voilà, pour le petit cours sur la façon de choisir des annuelles. Apprenons maintenant à les cultiver!

Fleurs simples ou doubles? C'est le nombre de pétales qui compte!

La culture des annuelles

On ne peut le nier, en début de saison, les annuelles peuvent demander beaucoup d'efforts au jardinier paresseux. Toutefois, l'étape de l'ensemencement et de la plantation terminée, tout rentre dans l'ordre et il peut retourner à sa chaise longue. Courage, jardiniers paresseux, dans peu de temps vous pourrez vous reposer!

La préparation de la plate-bande

Au printemps, quand le sol est bien asséché, désherbez rapidement la plate-bande à la main, puis égalisez grossièrement au râteau. Étendez ensuite en surface une couche de 5 à 7 cm de matières organiques (voir à cet effet le tableau *Quelques amendements organiques de choix*) ainsi qu'un engrais à dissolution lente, biologique de préférence, poudre d'os, farine de sang, farine d'algues, etc., en observant le mode d'emploi sur l'étiquette. Ratissez légèrement l'amendement pour l'égaliser. Contrairement à la tradition, il n'est pas nécessaire de retourner le sol pour faire pénétrer les amendements si vous ne faites pas de semis en pleine terre, ils seront incorporés au sol tout naturellement grâce au travail des vers de terre. De toute façon, en plantant ultérieurement des annuelles à travers la couche d'amendement, vous les mélangez automatiquement. La tourbe horticole, «peat moss», fait l'exception car il faut toujours la mélanger au sol.

Si par contre, vous prévoyez faire des semis en pleine terre, il faut mélanger les amendements au sol, sinon les graines ne germeront pas car ils agiront comme une barrière en empêchant les graines d'atteindre le sol. Il y a encore

Il n'est pas nécessaire de mélanger les amendements avec le sol si on repique des plants, on le fait uniquement si on sème directement au jardin.

une exception: si comme amendement, vous utilisez du compost vieilli, complètement décomposé, vous pouvez y faire des semis.

Plusieurs amendements peuvent aussi servir de paillis (voir à la page 93).

Maintenant, avec de la chaux ou de la farine, tracez sur le sol, les formes des taches d'annuelles que vous prévoyez planter, en suivant le plan de jardin que vous avez préparé au cours de l'hiver ou selon votre humeur du moment. Cela vous permet de visualiser la plate-bande avant de commencer la plantation. Si vous ne l'aimez pas, effacez tout simplement au râteau et recommencez votre dessin.

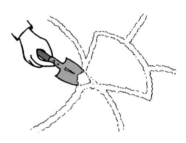

Tracez votre plan de jardin sur le sol avec de la farine ou de la chaux.

Le repiquage des plants

De nos jours, la plupart des annuelles sont repiquées dans le jardin et non semées en pleine terre.

Plusieurs dates de plantation sont possibles. Certaines annuelles très rustiques, notamment la pensée, devraient être plantées immédiatement après la fonte des neiges puisque les planter celles qui tolèrent le gel vers la fin mai vous fait manquer le meilleur de leur floraison, car les pensées fleurissent mieux quand les nuits sont encore froides.

78

Quelques amendements organiques de choix

Compost

Riche en matières organiques et en éléments minéraux. On peut utiliser du compost très frais sans danger de brûlure pour les racines. On peut produire son propre compost à partir des déchets de jardin et de cuisine, ou l'acheter. Si le compost est bien décomposé, bien vieilli, nul besoin de retourner le sol si vous faites des semis. Évitez les composts de piètre qualité comme le compost de fumier de mouton. Il peut aussi servir de paillis.

Feuilles déchiquetées

Riches en matières organiques et en éléments minéraux. Elles ne coûtent rien, il suffit de passer la tondeuse sur les feuilles mortes. Elles peuvent aussi servir de paillis.

Fumier

Riche en matières organiques et en éléments minéraux. Il doit être bien décomposé ou vieilli, sinon, l'appliquer à l'automne. Il n'est pas vraiment assez beau pour faire un paillis.

Paille déchiquetée

Riche en matières organiques et en éléments minéraux. Elle exige beaucoup d'azote du sol pour se décomposer, sinon elle appauvrit le sol. Ajoutez des rognures de gazon ou de la farine de sang pour compenser. Elle peut aussi servir de paillis.

Sciure de bois

Riche en matières organiques et en éléments minéraux. Elle exige beaucoup d'azote pour se décomposer, sinon elle appauvrit le sol. Ajoutez des rognures de gazon ou de la farine de sang pour compenser. Elle peut aussi servir de paillis, surtout si elle est vieillie.

Terreau de feuilles

Riche en matières organiques et en éléments minéraux. Souvent coûteux et difficile à obtenir. Il peut aussi servir de paillis.

Tourbe («peat moss»)

Riche en matières organiques, mais très faible en éléments minéraux, on doit toujours l'appliquer en même temps qu'un engrais complet. Il faut bien la mélanger avec le sol, sinon elle a tendance à former une croûte imperméable en surface du sol. Elle acidifie le sol. Si vous l'utilisez abondamment pendant plus de trois ans, faites analyser le sol et équilibrez le pH au besoin.

Normalement, on peut diviser les annuelles en deux catégories, celles qui tolèrent un gel léger et celles qui ne le tolèrent pas. À moins d'un printemps particulièrement froid, il vaut mieux planter dans les deux ou même trois semaines précédant la date du dernier gel dans votre région. Pour la plantation des annuelles qui ne tolèrent pas le gel, il est prèfèrable d'attendre jusqu'à deux à trois semaines après le dernier gel, quand le sol est bien réchauffé. Les planter quand le sol est encore frais retarde leur croissance, le choc les fait stagner et elles peuvent pendre un mois pour récupérer. Plantez donc ces dernières en juin dans la plupart des régions. Dans la Section 2, *Quelques annuelles de choix*, on vous renseigne sur la période de plantation appropriée pour chaque sorte d'annuelle.

En plus de la date, un regard sur la météo peut vous aider à choisir le moment propice pour repiquer des annuelles. Afin de stresser les plants le moins possible, car le repiquage représente toujours un choc, choisissez une journée fraîche et grise pour la plantation, de préférence lorsque les météorologues prévoient un temps semblable, et même pluvieux, pour les jours à venir. Sinon, repiquez en soirée, quand le soleil est plus faible. Les plants ont alors toute la nuit et une partie de la matinée le lendemain pour récupérer et traverser cette épreuve.

La veille du repiquage, arrosez la plate-bande si elle est sèche au toucher et arrosez aussi les plants. Avant de planter vos annuelles, regardez-les de très près. Sont-elles vraiment en forme pour la plantation? Si vous les avez achetées, il y a fort a parier qu'elles sont couvertes de fleurs. Il est alors préférable de les supprimer, en les pinçant à la base du pédoncule. La suppression des fleurs rajeunit les annuelles trop matures et leur permet de mieux s'acclimater au jardin après le repiquage.

Si par contre vous avez eu la chance d'obtenir des annuelles en vert, vous pouvez les repiquer telles quelles. De même, les annuelles que vous avez produites vous-même ne sont probablement pas en fleurs et vous pouvez aussi les repiquer en pleine terre sans autre traitement après les avoir acclimatées (voir à la page 121).

Il faut maintenant sortir les annuelles de leur contenant.

Dans le cas des annuelles vendues en caissette standard, c'est-à-dire avec une motte de racines commune, glissez les doigts d'une main entre les plants

Les annuelles trop densément fleuries récupèrent difficilement après le repiquage.

Mieux vaut supprimer les fleurs avant la plantation.

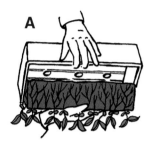

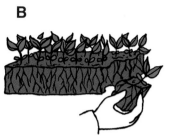

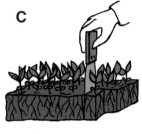

Comment sortir des annuelles d'une caissette
A. Renversez le contenant pour dégager la motte de racines.
B. Séparez chaque plant en l'arrachant avec les doigts.
C. Ou coupez entre les plants.

de façon à pouvoir supporter la motte sans les écraser, puis retournez la caissette. Tapez fermement sur le fond de la caissette avec la paume de la main ou le plantoir pour décoller la motte et soulevez la caissette. La motte devrait rester dans votre main. Mettez-la sur le sol à l'endroit. On sort de la même façon les plants cultivés en pot individuel, en tapant sur la base du pot tout en supportant la motte de racines.

Si la motte colle au contenant et ne cède pas, remettez-la à l'endroit et insérez un couteau entre le contenant et la motte de terre, puis retournez la caissette et tapez de nouveau sur le fond. Si la motte reste toujours collée à la caissette, vous n'avez plus le choix et vous devez briser la caissette pour la sortir.

Pour diviser les plants dans la motte commune, vous avez deux choix, soit insérer les doigts dans la terre à la base de chaque plant et tirer pour le dégager, soit découper une motte individuelle pour chacun avec un couteau ou un autre objet tranchant.

Il est généralement beaucoup plus facile de sortir les annuelles d'une alvéole flexible. Glissez les doigts autour du plant pour le supporter, tournez le contenant et poussez sur le fond du contenant avec le pouce. Le plant devrait sortir sans problème.

Certaines caissettes en mousse de polysty-rène sont divisées en compartiments ou alvéoles aussi, mais leur fond n'est pas flexible. Pour en extraire les plants, inversez la caissette en supportant le plant, puis enfoncez un crayon dans le trou de drainage du compartiment en poussant sur la motte pour la faire sortir. Si la motte résiste, enfoncez tout simplement le fond du compartiment en plastique très mince avec le doigt et la motte devra céder.

Pour sortir une annuelle d'une alvéole, il suffit de pousser sur le fond du contenant.

Si la motte de racines tient bien ensemble et que les racines sont réparties également, vous pouvez repiquer le plant tel quel. Par contre, si

Si les racines se concentrent au fond de la motte, arrachez-les délicatement avec vos doigts.

les racines sont ramassées au fond du contenant ou en épousent la forme, c'est signe que le plant a été tenu à l'étroit un peu trop longtemps. Si vous plantez en conservant la motte telle quelle, les racines risquent de ne pas se développer et le plant demeurera rabougri. Arrachez alors l'amas de racines au fond de la motte avec les doigts pour forcer le jeune plant à produire de nouvelles racines qui s'éparpilleront dans tous les sens dans le sol.

Les plants cultivés dans des godets de tourbe individuels ne demandent aucune préparation spéciale, sinon séparer les godets s'ils sont joints par le haut. Plantez le godet au complet, sans toucher à quoi que ce soit. D'ailleurs, on sème normalement les annuelles dans des godets de tourbe pour éviter de déranger leurs racines fragiles lors de la plantation. Il ne faut donc pas défaire le godet mais le laisser intact.

Creusez maintenant un trou de plantation pour chaque plant en respectant l'espacement centre à centre suggéré dans la Section 2. Il suffit de creuser rapidement un trou de plantation d'une bonne profondeur avec un plantoir ou truelle de jardinage. Enterrez la motte de racines plus profondément qu'elle l'était en pot, jusqu'à la base des feuilles inférieures. Non seulement le plant paraîtra plus dense et plus compact car aucune tige nue ne sera visible, mais en général, le bout de tige enterré produira de nouvelles racines, ce qui ancrera encore plus solidement la plante. Les semis faits à la maison ont parfois une tige plus longue, étiolée à cause de la température un peu excessive de nos demeures. Dans ce cas, arrachez les deux ou quatre feuilles inférieures et enterrez la motte jusqu'à 20 cm de profondeur.

Il est encore plus important d'enterrer complètement les godets de tourbe, car si les parois sont exposées à l'air, elles agiront comme une mèche et assécheront la plante par temps sec. Si vous devez planter un godet de tourbe en laissant une partie des parois dégagée, enlevez les bouts en excès avec les doigts.

Quand le trou a la profondeur désirée, placez la motte de racines au fond et comblez la moitié du trou avec de la terre. Arrosez bien, comblez le trou complètement et arrosez de nouveau. À cette fin, il faut avoir un arrosoir à portée de la main lors du repiquage car il est plus facile à utiliser pour donner

Pour repiquer une annuelle, préparez un trou dans le sol, mettez-y la motte de racines, recouvrez-la de terre et arrosez abondamment.

des petits coups d'eau rapides qu'un boyau. Mieux vaut arroser chaque plant immédiatement au repiquage qu'après en avoir planté plusieurs; plus vite le plant sera arrosé, moins ses racines souffriront de dessèchement. Recouvrez ensuite de paillis les espaces entre les plants (voir à la page 93) et la tâche est terminée, vous êtes au bout de vos peines... ou presque!

Si la journée est très ensoleillée, terminez votre plantation en recouvrant les plants d'une ou deux feuilles de papier journal, en les gardant en place avec des pierres. Cette couverture temporaire, que vous enlèverez après deux jours, protège les jeunes plants des rayons trop ardents du soleil au moment où leurs racines sont encore très fragiles.

L'ensemencement en pleine terre

Ce livre comprend une section complète qui débute à la page 99 sur la multiplication des annuelles. Par contre, j'y traite surtout des semis intérieurs. Il me semble approprié ici d'aborder les semis faits en pleine terre, à l'emplacement où les plantes fleuriront, car cette technique relève autant de la plantation que de la multiplication.

Si vous avez oublié que dans la nature, les plantes germent et poussent à l'extérieur, vous le redécouvrirez avec les annuelles. Plusieurs se prêtent à merveille à cette technique, à un point tel que les semer à l'intérieur est presque inutile. Certaines n'acceptent tout simplement pas un autre traitement.

Revenons à la préparation de la plate-bande présentée à la page 77. À la fin de la description de la technique, on mentionne qu'il faut bien mélanger les amendements avec le sol du jardin si on veut y faire des semis. Pour germer, les graines doivent toucher le sol. Si le secteur du jardin où vous voulez semer est couvert de paillis, il faut soit le retirer, soit le faire pénétrer dans le sol s'il s'agit d'un paillis décomposable. De même, il faut mélanger les amendements que l'on met en place avant de semer car les graines ne peuvent pas germer si elles ne

Pour faire des semis en pleine terre, retirez le paillis s'il y en a et égalisez le sol.

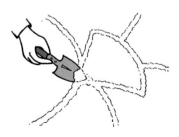

Tracez votre plan de jardin sur la surface dégagée.

sont pas en contact avec le sol, ou si un paillis ou un amendement créent une barrière entre elles et la lumière dont elles ont besoin pour germer. Si vous ne faites que quelques semis ici et là dans une plate-bande, vous n'avez qu'à mélanger ou pousser les produits organiques à ces endroits, laissant le paillis ou l'amendement intacts dans le reste de la plate-bande. Si vous voulez faire des semis en pleine terre partout, retirez temporairement le paillis et mêlez les amendements au sol.

Commencez par égaliser le sol en le râtelant bien. S'il est très irrégulier et contient une bonne quantité de mottes de terre de bonne taille, il est valable de louer un motoculteur pour réduire les mottes en fines particules. Il est beaucoup plus facile de faire des semis directs sur une surface plane que dans une pente parce que tout a tendance à dégringoler au bas de la pente à la première pluie, car au moins jusqu'à la germination des semis, il ne peut y avoir de paillis pour prévenir l'érosion.

Maintenant reproduisez votre plan de jardin sur le sol avec un peu de farine ou de chaux tel qu'expliqué à la page précédente pour déterminer où les plantes seront semées.

Pour ensemencer, vous pouvez faire des trous de plantation individuels à l'espacement désiré ou semer à la volée. De façon générale, le semis à la volée est réservé aux graines fines d'annuelles qu'il faut semer densément et qui ne sont que légèrement recouvertes de terreau. Les trous individuels conviennent mieux aux graines plus grosses qu'il faut espacer et qui exigent d'être semées à une profondeur de 6 mm ou plus.

Pour préparer des trous individuels, utilisez un crayon pour percer le sol à la profondeur d'ensemencement recommandée dans ce livre ou sur le sachet de semence. Si vous ne la connaissez pas, prévoyez un trou d'une profondeur égale à trois fois le diamètre de la graine. Assurez-vous de respecter l'espacement recommandé et de semer en quinconce plutôt qu'en ligne droite ou en carré pour un meilleur effet final. Il vaut mieux faire tous les trous *avant* de commencer à semer, car si vous constatez que l'espacement est inégal et qu'il faut l'ajuster, vous n'avez qu'à effacer les trous avec la main et recommencer. Si les graines sont déjà semées, c'est alors plus difficile de faire cette correction!

Maintenant mettez trois graines dans chaque trou et raffermissez le sol. Pour finir, arrosez bien.

Dans le cas des semis à la volée, versez les graines sur vos doigts et laissez-les tomber avec un mouvement d'aller-retour sur la surface à ensemencer. Si les graines sont très fines, comme de la poussière, versez-les dans une salière propre mélangées à deux cuillerées de sable fin et «salez» la surface de la plate-bande.

Pour un semis à la volée, faites des mouvements d'aller-retour avec la main tout en laissant tomber des graines.

Souvent les graines semées à la volée sont si fines qu'il n'est pas nécessaire de les recouvrir. Les descriptions de la Section 2 vous indiqueront quelles sont les graines à ne pas recouvrir. Si elles doivent être recouvertes, râtelez très légèrement la surface pour les faire pénétrer un peu. Finissez en arrosant le secteur nouvellement ensemencé.

Quand semer en pleine terre?

À quel moment faut-il faire les semis à l'extérieur? Évidemment, on pense tout de suite au printemps, après le dernier gel. On peut aussi semer plusieurs graines très tôt au printemps, quand il y a encore danger de gel, voire même à l'automne. Le plus normal serait de semer à l'automne, car c'est ce que fait Dame Nature. Les graines tombent au sol à l'automne et germent au printemps. Mais on peut aussi semer toutes ces graines au printemps. Par contre, les graines des annuelles provenant de pays plus chauds ou plus secs risquent de pourrir si on les sème à l'automne car les hivers québécois sont souvent très humides. On sème donc ces dernières au printemps.

On se retrouve donc avec deux catégories d'annuelles à semer à l'exté-rieur: celles que l'on peut semer indifféremment au printemps ou à l'automne et celles que l'on doit semer au printemps à cause de leur incapacité de résister à nos hivers froids et humides. Les descriptions de la Section 2 vous indiquent quel est le traitement possible ou préférable pour chaque annuelle: semis extérieurs à l'automne, semis extérieurs au prin-temps ou semis intérieurs à la fin de l'hiver ou au printemps. Dans certains cas, c'est à vous de choisir car plusieurs graines tolèrent les trois traitements.

Il vaut cependant mieux faire les semis à l'automne pour les graines qui lèvent très tôt et sont résistantes au gel, même si un semis à l'extérieur au printemps demeure possible. C'est également le cas pour les graines qui exigent des températures fraîches pour germer, comme plusieurs annuelles originaires de pays froids. À cause de nos printemps très humides pendant lequel le sol est détrempé, il est souvent difficile de travailler au jardin tôt en saison. Comme semer les graines des plantes de cette catégorie alors que le sol commence à se réchauffer réduit la germination ou donne des plants faibles ou peu florifères, en semant en octobre ou en novembre, assez tard pour que le sol se soit rafraîchi sans être encore gelé, il est possible de leur assurer les conditions nécessaires à une bonne germination sans devoir travailler dans la boue au printemps.

Après l'ensemencement

Que ce soit au printemps ou à l'automne, après avoir semé des graines en pleine terre, gardez le sol légèrement humide en tout temps en arrosant au besoin. Les graines lèveront au moment propice, plusieurs mois plus tard pour les semis faits à l'automne, mais seulement quelques semaines ou quelques jours après l'ensemencement pour les semis vers la date du dernier gel. Fiez-vous à Dame Nature car elle sait ce qu'elle fait.

Dans le cas des semis à la volée, éclaircissez à l'espacement recommandé lorsque les plants ont de quatre à huit feuilles. Dans le cas des semis dans des trous individuels, il est fort possible que deux ou trois graines lèvent et soient alors en compétition pour l'eau, l'engrais et la lumière. Si tel est le cas, ne conservez que le semis le plus fort et coupez les autres. Mieux vaut éclaircir les semis en trop avec des ciseaux ou en les pinçant entre le pouce et l'index que de les arracher, surtout s'ils poussent en touffe, car vous pourriez aussi déterrer ceux que vous voulez garder.

Malheureusement, l'espace de jardin dégagé de paillis pour les semis en pleine terre finit par recevoir la visite des mauvaises herbes annuelles, car elles ne tardent jamais à profiter d'une ouverture pour germer et ce, à partir de graines transportées par le vent ou déjà présentes dans le sol. Il est habituellement facile de distinguer les semis identiques des plants désirables des semis variables des différentes mauvaises herbes. Arrachez ces derniers dès que vous les apercevez et une fois l'éclaircissement terminé, lorsque les plantes ont environ 15 cm de hauteur, remettez du paillis autour des plants pour prévenir les futures invasions de mauvaises herbes.

Par la suite, la culture des semis faits en pleine terre est identique à celle des plants repiqués.

L'arrosage

Tant les semis que les jeunes plants fraîchement repiqués ont besoin d'eau. Les deux premières semaines qui suivent le repiquage ou la germination sont les plus critiques. Après, les plants sont moins fragiles et les annuelles qui tolèrent les sols secs peuvent même se passer d'arrosages tout l'été, même si la saison est sèche (voir *Au soleil brûlant* à la section 2 pour des exemples de plantes de milieu aride).

Mieux encore, puisque les besoins en eau varient selon le type de sol et la pente du terrain. Creusez un petit trou dans la plate-bande après un arrosage pour vérifier si le sol est humide à 8 ou 10 cm de profondeur; s'il ne l'est pas, arrosez encore.

Il faut toujours arroser les annuelles en profondeur plutôt que d'arroser peu et souvent en humidifiant le sol uniquement en surface. Les arrosages fréquents mais faibles causent un développement des racines en surface, ce qui les rend très sensibles à la sécheresse et aux maladies, car dès que le sol s'assèche un peu, les racines à fleur de sol sont immédiatement touchées. Des arrosages généreux stimulent au contraire un enracinement en profondeur, plus résistant à la sécheresse quand elle se présente. Fixez-vous comme objectif d'arroser moins souvent mais plus généreusement quand le sol est vraiment sec, et vous réussirez très bien vos annuelles.

La fertilisation

Je ne suis pas un grand utilisateur d'engrais, je suis bien trop paresseux pour le faire. Ma seule intervention annuelle consiste normalement en un apport abondant de matières organiques, soit sous forme d'amendement ou de paillis décomposable ou les deux, avec parfois une petite retouche d'engrais foliaire l'été. Avec cela, le sol de mon jardin est enrichi naturellement même si je n'utilise pas d'engrais reconnu. Par contre, il faut admettre que les annuelles sont plus avides d'engrais que plusieurs autres végétaux. Seuls le gazon et les légumes en exigent davantage pour fournir une bonne performance. Si vous voulez un résultat de catégorie supérieure, un peu d'engrais peut être utile.

Pour le jardinier paresseux, la façon la plus facile de fertiliser ses plantes, en plus de leur offrir un sol naturellement riche, est l'utilisation d'un engrais à dissolution lente. Les engrais solubles plus couramment vendus, ceux que l'on fait dissoudre dans l'eau et que l'on applique par arrosage, sont souvent moins coûteux à première vue mais on doit les appliquer plusieurs fois au cours de la saison, ce qui rend leur prix moins alléchant qu'il ne le semble. L'avantage des engrais à dissolution lente, notamment les engrais biologiques comme la farine de sang et la poudre d'os, est d'agir toute la saison avec une seule application printanière ou automnale. Appliquez-les tout simplement en même temps que le paillis ou l'amendement que vous apportez à votre plate-bande comme on vous l'explique à la page 77 et votre travail est terminé pour l'année.

Enfin, malgré les efforts déployés pour fertiliser vos annuelles sans faire d'efforts au moyen d'un sol naturellement riche et d'un engrais à dissolution lente, il arrive que la croissance de certaines annuelles diminue au milieu de l'été et que leur feuillage jaunisse. Parfois, la cause est tout simplement la chaleur ou la «fatigue» car plusieurs annuelles ont besoin d'être rabattues au milieu de l'été si on veut les garder en pleine forme jusqu'à la fin de la saison (voir à la page 92), mais le problème peut aussi être une carence d'éléments nutritifs. Je suggère alors d'appliquer un engrais foliaire.

Fertiliser une plante par son feuillage paraît bizarre, mais les plantes absorbent très bien les éléments minéraux de cette façon. Cette méthode permet une fertilisation très spécifique, uniquement sur le feuillage d'une plante et non pas sur celui de ses voisines. C'est très différent d'une application d'engrais au sol qui, en bonne partie, fertilise toutes les plantes ayant des racines dans le secteur, notamment celles des arbres très gourmands, alors que la plante qui en a le plus besoin ne reçoit pas toujours sa juste part.

Les engrais foliaires à base d'algues ou d'émulsion de poissons contiennent essentiellement tous les oligo-éléments.

Les meilleurs engrais foliaires sont les engrais dits complets, ceux qui contiennent tous les oligo-éléments, minéraux mineurs dont les plantes n'ont besoin qu'en très petites quantités mais qui, lorsqu'ils sont absents, peuvent causer des symptômes vagues et déplaisants, tels différentes formes de jaunissement ou de rougissement. Je vous suggère des engrais à base d'algues de mer ou de poisson; ils contiennent tous les éléments, même les plus mineurs. Appliquez les engrais foliaires en respectant le taux suggéré, souvent plus faible pour une application foliaire car les éléments mineurs sont mieux absorbés ainsi.

De façon générale, les annuelles préfèrent un engrais dont le deuxième chiffre est plus élevé que le premier. En effet, les chiffres sur l'étiquette des engrais indiquent le pourcentage des trois éléments majeurs de l'engrais: azote (N), phosphore (P) et potassium (K). Un engrais 5-10-10, par exemple, contient 5% d'azote, 10% de phosphore et 10% de potassium. Évitez surtout les engrais qui contiennent beaucoup d'azote, le premier chiffre comme dans 30-15-15, parce qu'ils stimulent une très belle croissance mais rendent la plante très sujette aux insectes, notamment aux pucerons.

Le tuteurage

Il n'y a probablement rien que le jardinier paresseux déteste plus que le tuteurage. Se tenir debout sur sa tige devrait dépendre de la plante, non pas du jardinier! Tuteurer prend du temps, car il faut le faire avec soin pour chaque plante, et on risque de briser le sujet si on ne fait pas attention. Enfin, la plupart des tuteurs, malgré tous les efforts pour les cacher, trouvent moyen de rester visibles et d'agresser l'oeil. C'est réellement un sujet *très* désagréable et j'aime bien laisser ce travail aux jardiniers méticuleux.

Peu d'annuelles ont besoin de tuteurs. Pour les annuelles, la mode actuelle préconise la création de variétés de plus en plus compactes aux tiges courtes et solides. Pour savoir si une annuelle a besoin d'un tuteur, consultez sa fiche dans la Section 2.

Pour contourner le tuteurage, même dans le cas des annuelles qui en ont souvent besoin, il faut éviter les plantes à fleurs doubles. Généralement, les fleurs simples et semi-doubles sont moins lourdes et moins sujettes à plier.

Mais si vous devez tuteurer une plante, ce que je me refuse à faire, quitte à utiliser comme fleurs coupées les sujets pliés ou cassés, certaines méthodes sont faciles, du moins plus faciles que le tuteur droit placé à côté du plant auquel il faut l'attacher régulièrement au fur et à mesure de sa croissance. Par exemple, placez un

Un simple tas de branches entrecroisées à la base d'une plante ou d'une colonie de plantes offrira un support quand elles commenceront à pencher.

support à pivoine, un cercle métallique attaché à trois ou quatre tiges que l'on enfonce dans le sol, autour d'une jeune plante, ou même autour d'une colonie de plantes. Elles pousseront à travers le cercle et y trouveront l'appui nécessaire.

Vous pouvez aussi empiler des branches et des rameaux sur des plants aux tiges naturellement faibles dès leur germination, comme les pois de senteur nains, et elles pousseront à travers les branches entrecroisées qui les supporteront par la suite.

Un des grands avantages de ces deux formes de tuteurage est leur permanence. Vous n'avez pas à les enlever l'automne venu, il suffit de planter à tous les ans à ces emplacements d'autres végétaux nécessitant un support!

Enfin, pour les très grandes annuelles ayant tendance à pencher, un emplacement derrière un arbuste solide les empêchera de tomber, et non pas de fleurir. Voilà un autre «tuteur» que l'on n'a pas à enlever!

Les treillis

Les plantes grimpantes retombent parfois très joliment si elles n'ont pas de support, mais paraissent souvent mieux dans la situation pour laquelle Dame Nature les a conçues, montant vers le ciel sur un treillis ou un autre support.

Il ne faut cependant pas confondre un support pour plantes grimpantes et un tuteur pour annuelles faibles. En général, les plantes grimpantes se hissent

A. Un tipi fait de trois ou quatre tiges attachées au sommet fait un support hors pair et facile à fabriquer.

B. Un treillis plus conventionnel, en bois ou en plastique.

C. Quelques poteaux dressés en ligne et du grillage en plastique... il n'en faut pas plus pour faire grimper de jolis pois de senteur.

D. Des tonnelles, pergolas, arches sont très chics, encore plus lorsque couvertes de jolies annuelles grimpantes.

E. Une petite idée pour la terrasse ou le balcon, un treillis simple fixé sur une boîte à fleurs.

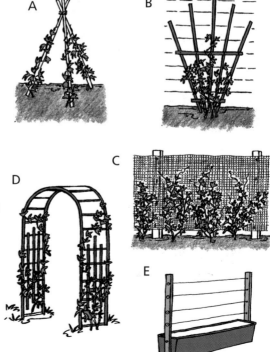

seules sur leur support. Le jardinier paresseux n'a pas à les y attacher, son seul rôle consiste à fournir le treillis ou le support nécessaire. Un peu de planification permet de trouver plusieurs bonnes idées de supports permanents à installer une première fois et à utiliser par la suite d'année en année. Ce sont les outils idéaux pour le jardinier qui préfère laisser faire Dame Nature!

Les illustrations ne présentent que quelques possibilités. Utilisez votre imagination et vous en trouverez d'autres!

Pour des renseignements sur la culture et l'utilisation des plantes grimpantes, voir *Des annuelles grimpantes* à la section 2.

La taille

La taille est un autre travail absolument détesté par le jardinier paresseux, elle semble un effort superflu, excessif. Faut-il tailler? Après tout, les annuelles sauvages ne subissent pas de taille et survivent pourtant très bien, n'est-ce pas? C'est vrai, mais elles fleurissent peu longtemps alors que nous attendons une floraison continue de nos annuelles. C'est d'ailleurs l'un des points faibles des annuelles aux yeux du jardinier paresseux, car une certaine taille est souvent nécessaire pour les garder en bon état. Certains trucs réduisent le travail.

Regardons les différentes formes de taille et comment on peut les réduire.

Le pinçage

Voici une petite taille qui ne dérange pas beaucoup. Normalement on ne pince la plante qu'une seule fois quand elle est jeune, et l'effet dure tout l'été.

La technique est très simple. On coupe tout simplement l'extrémité de la tige des jeunes plants, soit la petite pousse tendre aux feuilles non complètement développées que l'on appelle pointe de croissance. On pince juste au-dessus d'une feuille ou d'une paire de feuilles pour ne pas laisser une tige nue déparer le plant. Traditionnellement, on pince véritablement en comprimant l'extrémité de la tige entre les ongles de l'index et du pouce pour enlever la pointe de croissance, mais on peut aussi utiliser un sécateur ou des ciseaux.

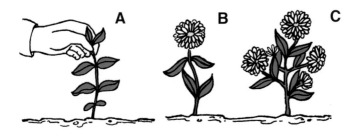

Si vous pincez l'extrémité d'une jeune annuelle (A), plutôt que de développer une seule tige coiffée d'une unique fleur (B), elle produira souvent de nombreuses fleurs et sera plus belle (C).

En supprimant ainsi le bourgeon terminal, on force la plante à canaliser son énergie ailleurs, ce qui stimule le développement des autres rameaux. Ainsi, une plante produisant normalement une seule tige florale émettra plusieurs tiges de remplacement, chacune portant une fleur. Même dans le cas des annuelles produisant normalement plusieurs fleurs, cette technique stimule une croissance plus dense et augmente le nombre de tiges et de fleurs.

Quand faut-il pincer une annuelle? On la pince généralement très jeune, quand elle a de huit à dix feuilles. C'est souvent à l'intérieur que l'on procède au pinçage car nous démarrons beaucoup d'annuelles dans la maison. Si vous achetez des annuelles à repiquer, surtout si vous choisissez des plants au port dense et compact, ce travail a souvent été fait par le pépiniériste. On peut aussi pincer les jeunes plants au jardin dans le cas des plants semés en pleine terre.

Le pinçage contrôle également la croissance souvent trop rapide des annuelles semées à l'intérieur. En effet, sous l'effet de la chaleur régnant dans nos intérieurs, certaines annuelles s'étiolent, montent en orgueil. En les pinçant non seulement une fois, mais à deux reprises, on réussit généralement à freiner leur élan et à obtenir un beau plant compact.

Enfin, le pinçage s'utilise aussi pour supprimer les fleurs indésirables. Certaines annuelles, telles le coléus et le basilic ornemental, sont cultivées pour leur feuillage, et non pas pour leurs fleurs. Or, elles ont quand même tendance à produire des fleurs sans attrait, et la plante devient moins intéressante. Dès que l'on voit des boutons de fleurs à l'extrémité des tiges, il suffit de les pincer pour stimuler la plante à produire de nouveaux rameaux aux feuilles colorées et plus denses.

La suppression des fleurs fanées

La nature même des annuelles est de produire des graines et de mourir. Lorsque la plante a produit plusieurs fleurs, elle consacre toute son énergie à la production des graines. Plutôt que de former de nouvelles fleurs qui la gardent attrayante durant toute la saison, elle a tendance à cesser de croître, à se dégarnir alors que les pétales des fleurs tombent. Par la sélection et l'hybridation, l'homme a passablement corrigé ce problème en choisissant, de génération et génération, les plants les plus florifères pour perpétuer la lignée. Celles qui continuent à fleurir pendant la formation des graines ont toutes de bonnes chances de transmettre leurs gènes à la génération suivante. Par contre, plusieurs annuelles ont encore tendance à dépérir après avoir fleuri. En réalité, elles ne dépérissent pas, mais pour nous, faire des graines plutôt que des fleurs c'est reculer. Il faut donc supprimer les fleurs fanées pour jouir d'une belle floraison sur une longue période.

Supprimer une fleur fanée ressemble beaucoup au pinçage. Cependant, on ne supprime pas une extrémité de tige, seulement une fleur fanée. Dans le cas des plantes à tiges molles, la suppression se fait avec les doigts en pinçant ou en cassant la tige, mais normalement on emploie un sécateur ou des ciseaux. Coupez la tige florale juste au-dessus d'une feuille ou d'une paire de feuilles de façon à ce qu'il ne reste aucune section de tige nue. Pour les plantes en épi ou en bouquet, il est inutile de supprimer les fleurs une à une, car après la floraison, vous coupez le bouquet au complet, à sa base.

Supprimer les fleurs une à une est fastidieux, surtout si les annuelles produisent des fleurs sur des tiges uniques. Il est parfois préférable de rabattre toute la plante (voir *La taille de rajeunissement* ci-dessous) d'un seul coup que de repasser sans cesse pour supprimer les fleurs individuellement.

Il faut toutefois se garder de supprimer toutes les fleurs si vous voulez que la plante se ressème ou si vous désirez récolter ses semences. Il est évident que si on supprime constamment les fleurs d'une annuelle, elle mourra sans laisser de graines pour les générations futures. Si vous voulez obtenir des graines, laissez toujours au moins une plante monter en graine.

La taille de rajeunissement

Si supprimer des fleurs une à une est trop exigeant, pensez à la taille de rajeunissement. Quand une annuelle est fatiguée vers le milieu de l'été, que sa croissance ralentit, sa floraison diminue, sa tige s'affaiblit, etc., il est possible de la rajeunir en la rabattant du tiers ou même de moitié. Cela paraît sans doute excessif, mais la plupart des annuelles y répondent très bien. En quelques jours, de nouvelles pousses apparaissent et habituellement, en deux semaines, elles sont de nouveau couvertes de fleurs, souvent plus qu'auparavant.

Ce type de taille avantage beaucoup le jardinier paresseux, car une fois par été suffit. La plante rajeunie fleurira tout le reste de la saison, qu'on supprime ses fleurs tardives ou non. C'est très rapide, prenez un coupe-bordure motorisé ou un taille-haies électrique et tranchez, c'est tout. On peut aussi le faire avec un sécateur, mais il faut plus de temps. On peut même rajeunir les annuelles basses avec la tondeuse. Réglez-la à sa hauteur maximale et foncez dans la plate-bande. Enfin la haute technologie au service du jardinier paresseux!

Mon père avait l'habitude de tailler toutes ses annuelles avant de partir en vacances. À notre retour, la plate-bande était parfaite et les voisins n'avaient pas à arroser nos annuelles pendant notre absence, car les plantes rabattues avaient moins de feuillage et exigeaient beaucoup moins d'eau.

Le nettoyage de la plate-bande

Contrairement aux autres plantes ornementales, vivaces, arbustes, arbres, bulbes, etc., les annuelles meurent en fin de saison. Vous n'avez pas à leur fournir de protection hivernale, mais vous devez décider comment vous débarrasser de leurs restes.

Certains jardiniers ont l'habitude de nettoyer la plate-bande à l'automne, d'autres au printemps. Pour les annuelles mortes, l'une ou l'autre saison convient tout autant. Par contre, dans les endroits très venteux ou dans les pentes, la présence d'annuelles, même mortes, peut aider les autres plantes en retenant davantage la neige et en réduisant l'érosion. Dans ce cas, un nettoyage printanier est préférable.

Habituellement, on *arrache* les annuelles mortes. Cependant, n'oubliez pas que vous enlevez aussi de la bonne terre et laissez un trou béant où des graines de mauvaises herbes se font un malin plaisir de s'établir. Il est donc préférable de les couper au sol, laissant les racines intactes. Elles pourriront assez rapidement, enrichiront le sol et réduiront le danger d'érosion.

Si vous êtes aussi paresseux que moi, vous laissez toutes vos annuelles en place. Écrasées comme elles le sont à la fin de l'hiver, elles sont peu apparentes, et le sont encore moins quand les annuelles de la nouvelle saison les cachent. Tout ce qui se décompose dans la plate-bande l'enrichit!

Le paillis

Je suis toujours surpris de constater que beaucoup de jardiniers amateurs ne connaissent pas le terme paillis, ou qu'ils ne pensent qu'aux paillis de pierres ou de gros morceaux d'écorce employés dans les aménagements des stations d'essence. Pourtant la technique du paillage est vieille comme le monde. Que pensez-vous que Dame Nature fait lorsqu'elle dépose des feuilles mortes au pied des arbres et arbustes à l'automne? C'est le paillage naturel, un élément essentiel à la vie des végétaux à l'état sauvage. En recréant cet effet dans le jardin, on peut obtenir une meilleure croissance de nos annuelles aussi!

Quels sont les avantages des paillis?
- Ils empêchent les mauvaises herbes annuelles de germer;
- ils facilitent l'enlèvement des mauvaises herbes vivaces;
- ils réduisent l'érosion;
- ils gardent le sol plus humide;
- ils maintiennent une température plus constante du sol;
- ils empêchent la terre de salir les plantes lorsqu'il pleut;
- ils améliorent l'apparence du jardin (paillis ornementaux);
- ils enrichissent le sol en se décomposant (paillis organiques);
- ils réduisent les problèmes de maladies en créant une barrière qui empêche les spores présentes dans le sol d'être projetés sur le feuillage lorsqu'il pleut.

Tous les paillis sont intéressants dans une plate-bande de vivaces ou d'arbustes. Cependant, pour les annuelles qu'il faut replanter tous les ans, les paillis permanents ou de longue durée, comme les pierres décoratives, les gros morceaux d'écorce, etc. offrent plus d'inconvénients que d'avantages, car on doit les enlever tous les ans, replanter le secteur, les remettre, et ils sont très lourds!

Les paillis légers et décomposables, feuilles déchiquetées, compost, aiguilles de pin, etc., conviennent parfaitement aux annuelles. On peut simplement creuser un trou à travers le paillis, sans même le tasser, et planter les annuelles, car il n'y a aucun problème si le paillis se mélange au sol. Il suffit de rajouter un peu plus de paillis pour terminer la plantation afin que la terre de jardin en soit toujours bien recouverte.

Les paillis empêchent la croissance des mauvaises herbes tout en gardant le sol plus humide.

Vous pouvez appliquer un paillis à tout moment de l'année, mais dans le cas des annuelles, on le fait immédiatement après la plantation. Une couche de 5 à 8 cm suffit.

Il faut appliquer la plupart des paillis à tous les ans ou aux deux ans, parfois moins souvent, quand des mauvaises herbes commencent à apparaître.

Les meilleurs paillis pour les annuelles

Plusieurs des produits suivants servent aussi d'amendements pour le sol. Pour des détails sur leur utilisation, voir le tableau *Quelques amendements organiques de choix* à la page 79.

Les inconvénients des paillis

Malgré leurs avantages, les paillis causent aussi des inconvénients aux annuelles, car ils les empêchent de se ressemer spontanément. Or, l'un des grands plaisirs du jardinier paresseux est de voir les annuelles qu'il a semé revenir d'année en année. Que voulez-vous? Si les paillis empêchent les mauvaises herbes annuelles de germer, ils ne peuvent sélectivement permettre aux plantes désirables de le faire! Si vous désirez que certaines de vos annuelles préférées se ressement, dégagez quelques espaces ici et là dans la plate-bande à l'automne et surveillez ce qui pousse dans ces emplacements au printemps, en arrachant les mauvaises herbes et en laissant pousser les annuelles. Quand elles atteignent 15 cm de hauteur, replacez le paillis pour prévenir toute invasion future de mauvaises herbes.

Il faut râteler la plate-bande au printemps pour enlever temporairement le paillis aux endroits où vous semez des annuelles en pleine terre, car les graines que vous semez ne peuvent traverser une couche de paillis. Replacez le paillis quand elles atteignent 15 cm de hauteur.

La culture en pots ou jardinières

À l'origine, je désirais incorporer à ce livre une section détaillée sur la culture des plantes en pots et bacs, mais je dois constater qu'il y a beaucoup à dire sur la culture des plantes dans la plate-bande. De plus, il existe une foule

Paillis pour les annuelles

Aiguilles de pin : Très légères, souvent gratuites, elles sont intéressantes pour les annuelles qui aiment un sol plutôt sec, car elles laissent circuler l'air. Elles acidifient le sol en vieillissant; faites analyser le sol aux 3 ou 4 ans et apportez les corrections recommandées. Durée: 2 ans et plus.

Bois raméal : Vient des branches déchiquetées avec leurs feuilles. Riche en matières organiques, il prend une belle teinte en vieillissant. Durée: 2 ans environ.

Compost : Voir le tableau des amendements à la page 79. Durée: 1 an.

Écales de cacao : Riches en matières organiques et en éléments minéraux, elles peuvent être coûteuses. Durée: 1-2 ans.

Écales de sarrasin : Riches en matières organiques et en éléments minéraux. Arrosez après l'application pour les garder en place. Elles peuvent être coûteuses. Durée: 1-2 ans.

Écorce fine (pin, épinette, etc.) **:** Très décorative, mais souvent coûteuse. Il faut parfois la tasser temporairement avant la plantation, car elle se mêle moins bien au sol que la plupart des paillis organiques. Évitez l'écorce en gros morceaux. Durée: 2 ans et plus.

Feuilles déchiquetées : Voir le tableau des amendements à la page 79. Durée: 1 an.

Paille : Exige beaucoup d'azote du sol pour se décomposer, sinon elle l'appauvrit. Ajoutez des rognures de gazon ou de la farine de sang pour compenser. Choisissez une paille libre de graines de mauvaises herbes. Durée: 1 an.

Paillis de cèdre : Très décoratif, mais parfois coûteux. Il faut parfois le tasser temporairement avant la plantation, car il se mêle moins bien au sol que la plupart des paillis organiques. Durée: 2 ans et plus.

Paillis vivant : Les plantes couvre-sol agissent comme un paillis vivant à bien des niveaux, mais elles sont incompatibles avec les annuelles, car elles ne leur laissent pas d'espace. À éviter dans la plate-bande d'annuelles.

Rognures de gazon : Gratuites. Évitez des couches de plus de 3 cm, sinon elles se compactent et repousse l'eau, ou mélangez-les à un autre paillis, comme la tourbe. Durée: 1 an ou moins.

Sciure de bois vieillie : Voir le tableau des amendements à la page 79. Durée: 2 ans.

Terreau de feuilles : Voir le tableau des amendements à la page 79. Durée: 1 an.

Tourbe («peat moss») **:** Voir le tableau des amendements à la page 79. Ne s'utilise jamais seule, mais toujours en mélange avec des feuilles déchiquetées ou des rognures de gazon, autrement elle forme une croûte imperméable. Durée: 1-2 ans.

de plantes qui servent pour la culture en pots et bacs et que l'on ne cultive que rarement dans le jardin. Je vous parle davantage de la culture en pots, bacs et jardinières dans un autre livre de la série *Le jardinier paresseux*.

La rentrée hivernale

Les vraies annuelles meurent à la fin de la saison de croissance et on ne peut pas prolonger leur vie. Plusieurs annuelles populaires, comme le géranium, le pétunia, l'impatiente, le bégonia des plates-bandes, etc., n'en sont pas. Ce sont des vivaces subtropicales, qu'on appelle vivaces tendres, pouvant vivre de nombreuses années dans les pays chauds, mais qui gèlent rapidement sous notre climat. Par contre, rien ne vous empêche de les sauver du froid à l'automne en les entrant dans la maison.

Idéalement, il faut rentrer les vivaces tendres *avant* que la température nocturne ne baisse vraiment et surtout avant de commencer à chauffer la maison à la fin août puisque le chauffage assèche l'air. Ainsi, la plante quitte un milieu chaud et humide pour un autre milieu chaud et humide. Les chances de succès augmentent énormément.

Faites précéder la rentrée par une bonne taille, en supprimant non seulement les fleurs et les boutons floraux mais en rabattant aussi toutes les tiges du tiers. Une plante en pleine floraison s'adapte difficilement aux changements. La taille force la plante à produire de nouvelles tiges et feuilles sous les conditions typiques de l'intérieur d'une maison, assurant une transition sans peine.

Comment rentrer une vivace tendre pour l'hiver

A Avant de rentrer des plantes du jardin, taillez-les sévèrement.
B Déterrez la plante avec soin, taillant aussi ses racines d'un tiers.
C Empotez la plante dans un pot à peine plus gros que la motte de racines.
D Arrosez bien.

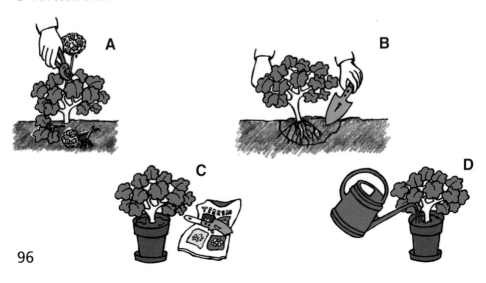

Si la plante est en pleine terre, déterrez-la avec soin, puis taillez ses racines d'un tiers. Rincez ses racines pour enlever la terre de jardin, plongez la plante au complet dans un seau d'eau savonneuse pendant 15 minutes, un savon insecticide convenant parfaitement, et maintenez-la sous l'eau. Le but de ce bain est d'éliminer tout insecte qui peut se cacher dans son feuillage ou ses racines.

Rempotez-la dans un pot dont le diamètre a de 2 à 5 cm de plus que celui de la motte nouvellement taillée. Humidifiez un peu de terreau pour plantes d'intérieur, puisqu'il se travaille mieux lorsqu'il est humide, et versez-en dans le fond du pot. Centrez la plante et comblez l'espace vide autour de ses racines avec du terreau humide. Utilisez une baguette ou vos doigts pour vous assurer que le terreau pénètre partout à travers les racines et pour éliminer les poches d'air. Pour terminer l'opération, arrosez bien.

Si la plante est déjà en pot (panier suspendu, bac, etc.), il n'est pas nécessaire de la rempoter, mais rabattez-la quand même d'un tiers. Plongez-la quand même dans un seau d'eau savonneuse, avec son pot, tel qu'expliqué ci-dessus. Si la plante a besoin d'un rempotage, ce qui est fort possible après un été au jardin, rempotez-la dans un pot plus grand.

La première semaine qui suit la rentrée, placez la plante dans un endroit mi-ombragé, le temps qu'elle s'acclimate aux changements, puis dans un endroit très bien éclairé. Un emplacement «en plein soleil» est un minimum pour toutes les plantes rentrées de l'extérieur.

Aussi vous pouvez les cultiver sous une lampe fluorescente à deux ou à quatre tubes. Une minuterie réglée pour 14 à 16 heures d'éclairage par jour leur garantit de longues journées, et les plantes se croiront au Club Med!

Ne vous inquiétez pas de l'influence de la température de votre demeure sur les plantes. Ces vivaces tendres toléreront tout sauf le gel, et j'imagine que vous ne laissez jamais les températures baisser à ce point dans votre maison! Par contre, l'air sec de nos demeures est très néfaste pour les plantes. Idéalement il faut faire fonctionner un humidificateur dans la pièce durant toute la saison de chauffage.

Les plantes fraîchement empotées s'acclimatent mieux aux changements si on leur donne congé d'engrais pendant quelques semaines.

Les plantes cultivées sous une lampe fluorescente font exception à la règle, car elles ont assez de lumière pour croître rapidement tout au long de l'hiver et auront alors besoin d'engrais pour bien pousser. Dans leur cas, après deux ou trois semaines d'acclimatation, commencez à les fertiliser avec un engrais soluble, au quart de la dose recommandée, mais en l'appliquant à chaque arrosage.

Par la suite, dans le cas des plantes exposées uniquement à la lumière naturelle, ce n'est pas avant la mi-février, quand les journées rallongent suffisamment, qu'elles auront besoin d'engrais. Un engrais soluble appliqué à chaque arrosage au quart de la dose normale leur convient parfaitement.

Dans les descriptions de la Section 2, vous découvrirez quelles annuelles peuvent subir avec succès une rentrée automnale et refleurir votre plate-bande encore et encore pendant de longues années.

Des boutures à entrer?

En plus, plutôt que d'entrer des plantes et des bulbes ou tubercules à l'automne, on peut entrer des boutures. Mais cela relève davantage de la multiplication et le sujet est traité à la page 124.

La multiplication des annuelles

*P*arce qu'elles sont si éphémères, la multiplication des annuelles est un élément clé de leur culture. On doit absolument les reproduire à tous les ans, sinon elles disparaissent. Des centaines de serres commerciales à travers le monde, produisent des annuelles en quantités industrielles! Grâce à ce travail d'envergure, vous pouvez acheter vos annuelles préférées à tous les printemps sans crainte de pénurie.

En plus de les acheter toutes prêtes, vous pouvez également produire vos propres annuelles, à la maison, et c'est facile à réaliser. N'importe qui ayant le moindre succès avec les plantes d'intérieur peut le faire, et les techniques pour faire des semis et prélever des boutures sont si faciles, que l'on peut enseigner aux enfants de cinq et six ans à les faire. Même s'il est possible de se procurer des plants d'annuelles à repiquer au printemps, la production d'annuelles à la maison à partir de semis a toujours été et demeure très populaire.

Il faut souligner que si nous discutons aussi du bouturage des annuelles dans ce chapitre, la façon la plus populaire de les multiplier demeure le semis, c'est pourquoi nous commencerons par ce sujet.

Les semis

Les vraies annuelles, celles qui ne vivent qu'une seule année et meurent après avoir produit des graines, sont génétiquement programmées pour se cultiver facilement à partir de semences. Les plantes permanentes, comme les vivaces, les arbustes et les arbres, ne sont pas pressées de germer, croître et fleurir à partir de semences car elles ont tout leur temps, et elles compliquent souvent la vie de celui qui essaie de les semer par leurs nombreux caprices et besoins particuliers.

Il est possible de cultiver presque toutes les annuelles par semis, comme ces géraniums.

Photo: National Gardening Bureau

Tout au contraire, les annuelles ne demandent qu'un minimum de soins pour que leurs graines germent, croissent et arrivent à la floraison, souvent à peine quelques semaines après l'ensemencement. Les annuelles germent presque malgré nous. Le but ultime de leur vie étant de se reproduire rapidement, elles font tout pour y parvenir.

Le semis extérieur

Compte tenu du fait que les semis d'annuelles en pleine terre se font dans la plate-bande, à la vue et au su de tous, et non dans une pépinière quelconque à l'abri des visiteurs, j'ai cru bon d'inclure les détails de leur culture dans le chapitre précédent, *La culture des annuelles*, où il est question de la plantation des annuelles dans un jardin décoratif et de leur entretien dans la plate-bande. Lisez donc *L'ensemencement en pleine terre* de la page 83 à la page 86 pour savoir vous y prendre. Ici, je me concentre sur la culture des annuelles à partir de semis faits à l'intérieur.

Le semis intérieur

On fait des semis à l'intérieur plutôt qu'en pleine terre pour plusieurs raisons: mieux contrôler les conditions, les insectes et les maladies, cultiver des variétés qui ne germent pas sous notre climat mais peuvent y croître après la levée, etc. Cependant, on le fait d'abord et avant tout pour devancer la saison. On pourrait semer plusieurs annuelles en pleine terre et avoir du succès, mais leur floraison ne commencerait pas avant la fin juillet. En partant ces mêmes variétés à l'intérieur, elles peuvent être en fleurs tout l'été. Ces six, huit, dix ou douze semaines de culture à l'intérieur font toute la différence.

Les bonnes graines à la bonne date

Quelle est la date de dernier gel pour votre région? Évidemment, elle n'est pas coulée dans le béton, car ce fameux dernier gel varie d'une année à l'autre. Vous ne pouvez pas en connaître non plus la date exacte pour l'année en cours, à moins de posséder une boule de cristal particulièrement efficace. La *date du dernier gel* est basée sur une moyenne. C'est la date à compter de laquelle il n'y a plus de gel, trois années sur quatre. Rien ne vaut un horticulteur d'expérience pour vous renseigner sur la date du dernier gel dans votre région, qu'il s'agisse d'un ami qui jardine depuis longtemps, de l'employé d'une pépinière, d'un amateur ou d'un professionnel renseigné.

C'est en vous fondant sur cette date que vous devez faire vos calculs. Si on vous précise «6 à 8 semaines avant la date du dernier gel» par exemple, et que pour votre région c'est le 15 mai, vous devez semer entre le 20 mars et le 3 avril. Il est inutile de le faire avant car vos plants seront trop avancés et ne se repiqueront pas bien au jardin. Par contre, si vous attendez trop pour le faire, les semis risquent d'être trop petits au moment du repiquage et d'exiger plus de temps pour fleurir.

Triez donc vos sachets de semences selon les dates d'ensemencement recommandées, en plaçant ensemble ceux qui exigent 10 à 12 semaines de culture à l'intérieur, ceux qui en demandent 8 à 10, et ainsi de suite jusqu'aux semis à faire en pleine terre.

Les semis les plus faciles

Il y a une règle de base pour les semis d'intérieur: *plus longtemps on cultive des semis à l'intérieur, plus le risque qu'il leur arrive malheur est grand.* C'est la loi de Murphy transposée aux annuelles.

En effet, il suffit d'oublier un seul arrosage, d'échapper un plateau sur le sol, qu'une trop grande chaleur cause une croissance si étiolée que les jeunes plants tombent sur le côté, que le chien bouffe les plants de pensée, etc. pour que tout soit à recommencer. Les semis qui n'exigent que 3 ou 4 semaines de culture intérieure sont donc les plus faciles, et ce sont ces derniers que l'on fait faire aux enfants de la maternelle par exemple. Pour votre première expérience de semis, il n'y a rien de mieux, votre succès est presque garanti! Par contre, les graines à semer plus de 14 semaines avant le dernier gel, et même parfois 20 semaines ou plus avant, sont vraiment étiquetées «pour experts seulement». La plupart des graines sont de niveau intermédiaire, entre 6 et 12 semaines avant le dernier gel. Elles ne sont pas difficiles pour autant, mais exigent une certaine surveillance.

D'ailleurs, si vous débutez, choisissez toujours le *délai le plus court* pour faire vos semis. Si l'ensemencement suggéré est de 8 à 10 semaines avant la date du dernier gel, commencez 8 semaines avant le dernier gel, vous aurez quand même de beaux plants et vous risquerez moins de les perdre. Personnellement, malgré plus d'une trentaine d'années d'expérience avec les semis, ou peut-être *à cause* des 30 ans d'expérience, je choisis presque toujours la date la plus rapprochée du repiquage au jardin.

Avant de commencer

À l'approche de la date du premier ensemencement, rassemblez les matériaux nécessaires pour tout avoir sous la main.

Voici une liste des matériaux suggérés. Vous remarquerez que vous avez sans doute déjà plusieurs de ces produits à la maison et que les autres sont peu coûteux: arrosoir à pommeau, contenants divers, stylo à l'encre indélébile ou crayon à mine, cuillères à mesurer, étiquettes en plastique ou en bois, mousse de sphaigne broyée (voir à la page 106), seau, planchette de bois, recouvrements transparents pour plateaux et contenants: sacs, dômes, vitres, etc.); terreau frais et vaporisateur.

En plus de ces produits essentiels, il est très utile d'avoir un thermomètre à maximum et minimum, qui indique non seulement la température actuelle mais les minimum et maximum enregistrés au cours d'une période déterminée.

Un outil fort utile: la lampe fluorescente

Pour les semis à l'intérieur, un appareil d'éclairage à deux ou à quatre tubes fluorescents de hauteur réglable est très commode. On peut, par exemple, suspendre un tel appareil au-dessus d'une table par des chaînes ou des fils, de façon à régler la distance entre les tubes et les semis au besoin. Recherchez un modèle d'atelier, avec réflecteurs latéraux pour diriger la lumière vers le bas. Vous pouvez faire des semis sous un éclairage naturel, mais si vous n'avez pas de serre, ce n'est pas toujours satisfaisant. Même des semis placés dans une fenêtre orientée au sud ne reçoivent pas vraiment le plein soleil. À l'extérieur ou en serre, les rayons solaires viennent surtout d'en haut, mais seulement quelques rares rayons pénètrent dans votre demeure par le côté. L'éclairage par tubes fluorescents est l'éclairage intérieur qui se rapproche le plus du soleil et il est donc particulièrement recommandé.

Si vous vous demandez si l'achat d'un tel appareil est valable pour une première expérience avec des semis, je vous dirai qu'il est encore *plus* important pour une première expérience, car si vous échouez à votre première tentative, vous risquez d'abandonner à jamais. Ayant fait mes premières expériences de semis intérieurs sans éclairage fluorescent, avec un taux de succès qui, d'après mes estimations, ne dépassait pas 10%, je peux vous dire que c'est assez décourageant! Avec des fluorescents, le taux de succès dépasse 95%, soit 19 sachets de semences sur 20 donnent de bons résultats comparativement à 1 sur 10 sans fluorescents.

Si le prix d'un appareil neuf vous tracasse, sachez que l'on peut obtenir de tels appareils usagés fonctionnels pour quelques dollars chez un vendeur de matériaux de démolition. Appareil usagé, tubes neufs de type «Cool White» (voir le paragraphe suivant), fil de suspension, vous pouvez obtenir tout cela pour moins de 10 $, le prix de trois ou quatre caissettes de 9 annuelles à repiquer, et l'appareil vous permet

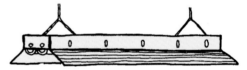

Un éclairage fluorescent de hauteur réglable est quasiment indispensable pour le jardinier qui veut réussir ses semis.

de produire des centaines de plants. Faites le calcul et vous constaterez alors que ce n'est pas seulement rentable, c'est juteux!

Par contre, ne dépensez pas pour des tubes dits «horticoles». Ils sont conçus pour des plantes adultes et peuvent faire étioler les très jeunes plants. Choisissez plutôt des tubes de type «Cool White», beaucoup moins coûteux et dont la qualité de la lumière suffit pour que des semis poussent bien.

Enfin, il serait aussi très utile, peut-être pour votre deuxième expérience avec les semis, d'acheter une minuterie pour votre appareil d'éclairage. En le réglant à 14 heures par jour, vous n'aurez pas à vous en soucier et il vous suffira d'arroser.

Les bons contenants

On peut faire des semis dans presque n'importe quel contenant qui ne pourrit pas et ne rouille pas, même dans une boîte à oeufs! Par contre, les petites alvéoles des boîtes à oeufs contiennent peu de terreau et les jeunes semis risquent de s'assécher entre les arrosages. Pour cette raison, il est préférable d'utiliser des contenants assez profonds pour recevoir au moins 5 cm de terreau. Par

Tout peut servir de contenant.

contre, il faut éviter les contenants *trop* profonds, comme les pots à fleurs de grande taille. S'ils contiennent plus de 10 cm de terreau, les petites racines des semis n'atteignent pas immédiatement le fond. Il en résulte que le terreau au fond du contenant ne s'assèche jamais et peut représenter un danger de pourriture.

Il suffit de bien laver tout contenant ayant déjà servi pour la culture de plantes dans de l'eau savonneuse javellisée et de percer un trou de drainage si un contenant en est dépourvu.

Voici quelques suggestions de contenants appropriés:

- caissettes en mousse de polystyrène récupérées au cours des années précédentes,
- contenants à alvéoles flexibles récupérés au cours des années précédentes,
- godets de tourbe pressée,
- pastilles de tourbe pressée,
- pots en plastique pour plantes d'intérieur,
- plateaux en plastique,
- plats d'aluminium,
- pots de margarine ou de yaourt recyclés.

Les contenants choisis peuvent contenir un ou plusieurs plants, selon leur format. Les pots plus larges que hauts, comme les plateaux, pots de margarine, caissettes, etc., peuvent habituellement contenir plusieurs semis. On dit alors que ce sont des contenants ou pots communautaires. Les pots offrant un espace de plantation plus étroit, qu'ils soient individuels ou composés d'alvéoles regroupées, logent un plant unique.

Parmi les différents contenants possibles, il faut souligner tout spéciale-ment les godets et les pastilles de tourbe. Les premiers sont faits de tourbe pressée. Vides au moment de l'achat, il faut les remplir de terreau. Les pastilles de tourbe de type «Jiffy 7» sont aussi composées de tourbe horticole. Quand on les arrose, elles gonflent et deviennent des pots remplis que vous n'avez donc pas à remplir de terreau. Pour simplifier les choses, dans le texte, les deux types seront appelés godets de tourbe. Ils sont principalement intéres-sants à utiliser pour cultiver des annuelles qui ne tolèrent pas le repiquage, car leurs racines peuvent traverser leurs parois sans problème et il n'est pas nécessaire de dépoter les plants au moment du repiquage.

En plus des contenants pourvus de trous de drainage, il vous faut aussi un ou plusieurs plateaux étanches pour que l'eau d'arrosage s'égoutte sans faire de dégâts. On peut se procurer des nécessaires de semis comprenant pots, plateau et dôme transparent.

Les terreaux

Presque tout terreau pasteurisé conçu pour les semis ou les plantes d'intérieur convient aux semis. Les plus intéressants et les plus courants sont cependant les terreaux artificiels. En fait, on les dit artificiels parce qu'ils ne contiennent aucune terre mais tous les matériaux qui les composent sont naturels. Leur avantage sur la vraie terre vient non seulement de leur capacité accrue de drainage et de leur aération supérieure, mais de leur capacité à résister aux maladies, dont la fonte des semis, une maladie très grave qui détruit les jeunes semis. À cause de cette maladie, il est préférable de bannir les terreaux à base de terre, même stérilisés, sauf bien sûr, lorsque les semis sont faits en pleine terre. La fonte des semis ne se développe qu'en milieu peu aéré et ne

Les terreaux artificiels composés de tourbe, de vermiculite et de perlite sont parmi les meilleurs pour la culture des semis à l'intérieur.

pose presque jamais de problèmes au jardin où la circulation d'air est excellente.

Un petit conseil sur les terreaux avant de continuer, même les terreaux artificiels peuvent transporter la fonte des semis si leur sac est ouvert. Il est donc préférable d'ouvrir un nouveau sac de terreau chaque fois que l'on fait des semis. Le terreau restant n'est cependant pas perdu car vous pouvez l'utiliser pour empoter des plantes d'intérieur ou pour préparer des jardins en pots, bacs ou jardinières.

Les préparatifs: la veille

La veille du jour de l'ensemencement, relisez l'endos des sachets de semences ou la description de la plante dans ce livre. Voyez si on vous donne des recommandations spéciales qui affecteront votre façon de faire. Si oui, suivez-les.

Par exemple, certaines grosses graines ont un épiderme coriace et germent difficilement ou très lentement si on les sème telles quelles. Pour ces graines, on suggère un trempage de 24 heures dans un thermos d'eau tiède ou d'entailler l'épiderme pour laisser pénétrer l'eau plus rapidement. La solution la plus facile est de les limer avec une lime à ongle jusqu'à ce que la paroi soit percée ou de les mettre dans un bocal tapissé de papier de verre et de les brasser quelques minutes. On peut aussi spécifier que les graines doivent germer à une température précise ou à la noirceur. Une vérification 24 heures à l'avance vous donnera le temps de préparer un site approprié.

Le «traitement au froid»

Dans certains cas, l'information spécifie que les graines ont besoin d'un «traitement au froid» ou «pré-traitement au froid», d'une durée de tant de semaines pour bien germer. Il faut semer ces graines comme d'habitude dans du terreau humide, placer leur contenant dans un sac de plastique scellé et mettre le tout au réfrigérateur, *jamais au congélateur,* sauf mention contraire, pour la période recommandée. Il faut aussi souligner que la période de traitement au froid *est incluse* dans les dates d'ensemencement recommandées. Autrement dit, si l'information précise que les graines exigent un traitement au froid de 4 semaines et doivent être semées à l'intérieur 14 à 16 semaines avant la date du dernier gel, cela veut dire qu'il faut semer les graines 14 à 16 semaines avant la date du dernier gel et les mettre immédiatement au réfrigérateur pendant 4 semaines, *non* que l'on doit commencer les préparatifs 18 à 20 semaines avant la date du dernier gel!

Vérifiez si vous avez tout ce qu'il vous faut sous la main. Si vous utilisez des pots récupérés des années précédentes, lavez quelques pots de plus au cas où vous en auriez besoin. Personnellement, je lave les pots en plastique à parois rigides, ceux utilisés pour les plantes d'intérieur, dans le lave-vaisselle, à l'eau chaude et au cycle le plus doux, en utilisant un savon pour lave-vaisselle et un peu d'eau de Javel. Oui, vous avez bien lu, dans le lave-vaisselle! On est

Une fois broyée, la mousse de sphaigne sert à prévenir les maladies fongiques qui peuvent attaquer les semis.

paresseux ou on ne l'est pas! J'obtiens des pots propres, propres, propres sans efforts, mais pour l'amour du ciel, ne le dites pas à mon épouse! Il arrive qu'un pot ou deux se cassent, mais la plupart ressortent de cette épreuve en parfait état.

Broyez un peu de sphaigne et mettez-la dans un sac ou un bocal. La sphaigne a des propriétés antiseptiques et aidera à prévenir la prolifération de champignons et autres maladies des semis si on l'applique à la surface du terreau. C'est à cause de cette qualité qu'elle a déjà été employée pour panser les plaies pendant la guerre. Attention! Il ne s'agit pas de la tourbe horticole souvent appelée «mousse de tourbe» ou «peat moss», mais d'une véritable mousse séchée, composée de filaments longs et fibreux, qui se vend dans les pépinières et les grandes surfaces. Comme il vous en faut peu, un petit sac suffit. Pour la broyer, prenez une poignée de mousse de sphaigne sèche et déposez-la dans le malaxeur ou le robot culinaire, puis hachez-la finement. Ce produit vous sera utile pour compléter vos semis le lendemain.

Enfin, dernière étape avant d'aller au lit, préparez vos étiquettes d'identification. Il vous en faut une pour chaque sachet si vous semez en pot communautaire et une pour chaque contenant si vous semez dans des pots individuels. Écrivez lisiblement le nom de l'annuelle (zinnia, impatiente, etc.) et son nom de cultivar ('Petit bêta', 'Beauté divine', etc.), ainsi que sa hauteur éventuelle et la date du lendemain, jour de l'ensemencement.

De plus, indiquez tout de suite sur l'étiquette la profondeur d'ensemencement recommandée pour chaque genre de graine, ce qui vous évitera d'avoir à chercher dans vos papiers avec les mains humides et couvertes de terreau. On trouve habituellement ce renseignement sur le sachet ou dans le catalogue, mais vous le trouverez aussi à la Section 2 de ce livre. Si vous travaillez avec une nouvelle annuelle sur laquelle vous n'avez aucun détail de culture, indiquez une profondeur égale à trois fois le diamètre d'une graine si elle est de taille moyenne ou grosse. Dans le cas de graines fines comme de la poussière, présumez qu'elles ne sont pas recouvertes de terreau.

Les préparatifs: le jour de l'ensemencement

Commencez en préparant les pastilles de tourbe si vous prévoyez en utiliser. Il faut les faire tremper dans de l'eau tiède pendant une vingtaine de minutes pour que la tourbe compressée gonfle et prenne sa forme de godet.

Pendant ce temps, préparez le terreau. Les terreaux artificiels absorbent très difficilement l'eau car ils sont faits à base de tourbe horticole, un produit qui repousse l'eau lorsqu'il est très sec. Si vous remplissez vos contenants avec du terreau sec, vous aurez beaucoup de difficulté à les humidifier par la suite. Il faut donc humidifier le terreau à l'avance. Versez-le dans un seau, ajoutez de l'eau tiède et brassez avec une cuillère. Si le terreau est encore un peu sec, rajoutez de l'eau. Quand il est également humide sans toutefois être détrempé et sans grumeaux secs, il est parfait. Il se compare alors davantage à la consistance d'un mélange à muffins qu'à celle plus lisse d'un mélange à gâteau.

Vous êtes presque prêt pour l'ensemencement, il ne reste qu'à déterminer quels contenants attribuer à chaque semis. Des contenants communs larges et généralement assez plats ou des pots individuels ou à alvéoles? Des pots à parois imperméables ou des godets de tourbe? Examinons brièvement les faits.

Contenants communautaires: Ils sont surtout utilisés pour les très petites graines, difficiles à semer une à une, ou pour économiser de l'espace car des semis éparpillés dans des pots individuels occupent énormément plus de superficie que la même quantité de semis dans un pot communautaire. Par contre, il faut considérer qu'il faudra souvent repiquer les semis faits en pot communautaire, pas seulement une fois mais généralement deux fois avant le repiquage au jardin. Ne semez *jamais* les graines qui ne tolèrent pas le repiquage dans un pot communautaire.

Pots individuels: On les emploie pour les graines plus grosses qui donneront immédiatement des plants de bonne taille et aussi lorsque le nombre des semis est limité, car ils occupent beaucoup d'espace dès le départ. Évitez les pots trop gros de plus de 8 cm de diamètre pour les petits semis, et de plus de 12 cm pour les gros semis à croissance rapide comme le ricin. Pour une bonne croissance sans danger de pourriture, la masse des racines d'un semis doit occuper *tout* le volume du contenant en l'espace de deux mois.

Contenants à alvéoles: On les emploie indifféremment avec les pots individuels dont ils partagent les utilisations, avantages et inconvénients. Considérez-les tout simplement comme des pots individuels reliés à leur sommet.

Godets de tourbe: Étant donné leur prix plus élevé, on les réserve aux semis qui ne tolèrent pas le repiquage.

Nivelez le terreau avec une planchette de bois.

L'ensemencement en pot communautaire

Si vous optez pour un pot communautaire, qu'il s'agisse d'une caissette ou du plateau recyclé d'autres semis, d'un contenant à margarine, etc., remplissez-le jusqu'à 1 cm environ du bord avec du terreau humide, puis nivelez-le en le pressant légèrement avec une planchette de bois. Si les graines ne doivent pas être recouvertes de terreau, saupoudrez de la sphaigne broyée sur le tout.

Il y a trois façons de semer les graines dans un pot communautaire: à la volée, en rangs, et dans des trous individuels.

Le *semis à la volée* s'emploie surtout pour les graines très fines et très nombreuses que l'on peut difficilement manipuler. La technique habituelle

Utilisez une salière pour semer à la volée.

consiste à plier en deux une feuille de papier blanc, car les graines se voient mieux sur un fond blanc, et de verser les graines dans le pli. Ensuite, on tapote légèrement sur le papier que l'on tient à un angle d'environ 30 degrés tout en exécutant un mouvement de va et vient au-dessus de la surface du sol et les graines tombent alors doucement. Essayez d'éparpiller les graines le plus également possible, ce qui n'est pas toujours facile avec des graines aussi petites.

Vous pouvez aussi mélanger les petites graines avec deux cuillerées de sable fin dans une salière et l'utiliser pour éparpiller les graines sur la surface du sol.

De façon générale, les petites graines du type que l'on sème à la volée n'ont pas besoin d'être recouvertes de terreau. Il suffit, pour finir l'ensemencement de vaporiser le terreau d'eau tiède afin de faire adhérer les graines, sans oublier d'insérer l'étiquette dans le contenant.

Le *semis en rangées* se fait surtout si l'on désire semer beaucoup de graines sur une petite surface comme par exemple, si l'on prévoit repiquer les graines dans des contenants plus spacieux tout en ne souhaitant utiliser qu'un seul appareil d'éclairage ou n'utiliser qu'une seule fenêtre les premières semaines. Pour cette technique, tracez des sillons à la profondeur appropriée au moyen d'un crayon, du manche d'une cuillère ou d'une étiquette, puis semez les graines également dans les sillons en les espaçant d'environ 1 à 2 cm. On peut les placer une à une ou, pour les graines plus petites, utiliser une feuille de papier pliée en deux

Semez les graines également dans les sillons préparés.

Recouvrez le pot communautaire d'un sac ou dôme en plastique transparent pour conserver l'humidité du terreau et prévenir des changements trop brusques de température.

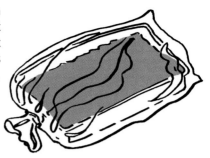

comme semoir, tel qu'expliqué pour les semis à la volée. Refermez les sillons, puis recouvrez la surface du terreau d'une mince couche de sphaigne broyée pour prévenir les maladies. Pour terminer, vaporisez d'eau tiède et insérez une étiquette d'identification à l'extrémité de chaque rang.

Généralement, lorsque l'on sème des graines en pot communautaire dans des *trous individuels*, c'est que l'on désire un espacement précis. Le cas typique est lorsque vous faites vos semis dans des caissettes de culture par exemple, et que vous désirez un espacement adéquat entre les plants d'éviter de les repiquer avant leur transplantation au jardin. Dans ce cas, percez des trous dans le terreau, avec la pointe d'un crayon, à la profondeur désirée en les espaçant de 2,5 cm pour les petites annuelles, et de 5 cm pour les plus grandes. Placez trois graines dans chaque trou et comblez de terreau. Comme pour les semis en rangées, recouvrez le terreau d'une mince couche de sphaigne broyée pour prévenir la fonte des semis, vaporisez d'eau tiède, puis insérez une étiquette dans chaque pot.

Pour terminer l'ensemencement en pot communautaire, recouvrez le contenant d'un sac ou d'un dôme en plastique transparent. Vous pouvez aussi utiliser un morceau de vitre ou n'importe quel matériau qui laisse pénétrer la lumière tout en conservant une forte humidité et une température assez constante. Si vous utilisez un sac, il faut l'empêcher de toucher ou d'écraser les plants. Si le contenant comporte plusieurs étiquettes, elles pourront servir de support, sinon, coupez deux cintres de métal et courbez le fil de métal obtenu en demi-cercle. Piquez ces demi-cercles à chaque extrémité du contenant pour obtenir des arches qui soutiendront le plastique pour former une tente.

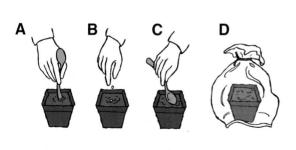

A   B   C   D

Pour faire des semis dans un godet ou pot:
A. Percez un trou au centre à la profondeur désirée.
B. Laissez tomber trois graines dans le trou.
C. Recouvrez les graines de terre.
D. Mettez le contenant dans un sac en plastique transparent.

Si le recouvrement transparent s'embue vite le jour, c'est qu'il y a trop d'humidité: ouvrez le sac de plastique ou déplacez le dôme ou la vitre pendant quelques heures pour laisser échapper un peu d'humidité. Refaites-le le lendemain si de la buée se forme de nouveau, mais vous arriverez quand même assez rapidement à un bon équilibre. Par contre, il est normal qu'il y ait un peu de buée la nuit, lorsque la température baisse, et cela ne demande pas de correction.

L'ensemencement en pot individuel

Qu'il s'agisse de pots en plastique, d'alvéoles attachées ensemble, de godets de tourbe, etc., si le contenant qui ne contient qu'un seul plant, remplissez-le de terreau humide jusqu'à 5 à 10 mm du bord, puis égalisez. Percez un trou au centre du terreau avec un crayon, un manche de cuillère ou un doigt, à une profondeur prédéterminée. Placez trois graines dans le trou, comblez de terreau, puis appliquez une mince couche de sphaigne broyée en surface du terreau pour prévenir les maladies. Pour terminer, placez l'étiquette dans le pot et mettez-le dans un sac en plastique transparent.

Si vous préparez plusieurs pots en même temps, placez plutôt les pots dans un plateau que vous recouvrirez d'une matière transparente de plus grande taille, tel qu'expliqué pour l'ensemencement en pot communautaire. Sachez conserver vos surplus de semences.

Comment conserver des semences

Après l'ensemencement, remettez tout surplus de semences dans son enveloppe, et repliez le rebord deux ou trois fois et scellez le sachet avec du ruban adhésif.

Placez les sachets dans un bocal. Préparez un petit sachet de lait écrémé en poudre avec un coin d'enveloppe et placez-le également dans le bocal, puis

Repliez et scellez le
sachet de semences.

Enfermez-le
dans un bocal.

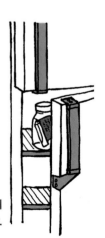

Placez le bocal
au réfrigérateur.

scellez-le. Le lait en poudre a la capacité d'absorber tout surplus d'humidité qui pourrait raccourcir la vie de vos graines. Il suffit par la suite de remplacer le lait en poudre une fois par année.

Enfin, mettez le bocal au réfrigérateur. Vous venez de créer un petit appareil de conservation des semences très facile à réaliser et quand même très efficace.

De façon générale, vous pouvez évaluer que les graines d'annuelles de toutes sortes seront bonnes jusqu'à la troisième année.

Après l'ensemencement

Il faut maintenant transporter le ou les contenants de semis dans un lieu propice à la germination.

De façon générale, le lieu doit être chaud, entre 21° et 24°C, et la température assez constante. Que les contenants de semis aient un recouvrement transparent aide à réduire les écarts trop importants de température, mais on peut aussi utiliser un câble ou tapis chauffant pour maintenir la bonne température. Les deux comportent un thermostat intégré qui assure une température douce mais égale. Il s'agit de faire passer le câble sous un morceau de tapis ou de couverture en acrylique et d'y déposer le plateau ou les contenants. Dans le cas d'un tapis chauffant, déposez le plateau ou les contenants directement sur le tapis.

Des câbles chauffants peuvent être très utiles pour stimuler la germination.

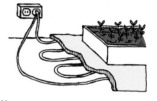

Autrefois, on recommandait aux jardiniers de placer leurs contenants de semis sur un réfrigérateur ou un congélateur pour profiter de la chaleur qu'ils dégageaient, mais les dessus des réfrigérateurs et des congélateurs modernes ne dégagent aucune chaleur et sont souvent *plus frais* que le reste de la pièce! Il existe toutefois une faible minorité de semences qui exigent une température fraîche pour germer. Même ces cas sont vraiment très rares parmi les annuelles, et il s'agit généralement de variétés qu'il vaut mieux semer à l'extérieur de toute façon. Sinon, recherchez un emplacement frais dans votre demeure pour les aider à bien germer, d'au plus 10°, 12° ou 15 °C, etc., selon les recommandations de la Section 2.

Après la germination, dès que les jeunes plants commencent à lever, *tous* les semis ont besoin de lumière. Par contre, pendant la germination, c'est moins certain. En effet, la plupart des graines sont indifférentes à la lumière à ce stade de leur existence. Au soleil ou à la noirceur, elles germeront tout aussi bien. Par contre, plusieurs exigent de la lumière pour germer; si elles ne sont pas éclairées, elles ne germeront pas. Enfin, il en existe une troisième catégorie, beaucoup plus petite, celles qui ne germeront qu'à la *noirceur*. Comment alors réconcilier ces trois groupes?

De façon générale, mieux vaut exposer à la lumière tout contenant de graines à moins de savoir qu'elles appartiennent à la dernière catégorie, celle des plantes exigeant de la noirceur pour germer. Ainsi on s'assure que non seulement les graines qui ont besoin de lumière auront les conditions qui leur faut, mais que même les graines indifférentes à la lumière en recevront dès leur germination. Il n'y a donc aucun danger de les oublier à la noirceur, ce qui pourrait être très néfaste pour les jeunes semis.

Mais où trouver un éclairage suffisant pour stimuler la germination? À ce stade de leur existence, un éclairage assez faible est suffisant. Un emplacement près d'une fenêtre bien éclairée exposée au nord ou à l'est convient, en autant qu'il soit assez chaud, mais non en plein soleil. Rappelez-vous que les graines sont gardées sous un plastique ou sous une vitre à ce stade de leur existence et que la circulation d'air est minimale ou même absente; quand le soleil darde ses rayons sur le contenant, il devient si chaud que les graines cuisent littéralement!

De nombreux jardiniers placent immédiatement leurs plateaux de semis sous les fluorescents fixés à environ 5 à 15 cm du haut du contenant. Non seulement un tel éclairage est bénéfique pour les plantes, mais les tubes fluorescents dégagent une chaleur bienfaisante qui vaut celle des câbles et tapis chauffants. Vous pouvez laisser les fluorescents fonctionner 24 heures par jour à ce stade afin d'assurer une température constante pour la germination, mais par la suite, 14 heures d'éclairage artificiel par jour est amplement suffisant.

Quant au petit nombre de graines qui exigent de la noirceur pour germer, le plus facile est de les enfermer dans un sac de plastique sombre, comme les sacs de vidange, de les recouvrir d'un morceau de carton ou de les placer dans une garde-robe sombre. Il est important de vérifier leur état *à tous les jours*. Dès que les premiers petits semis commencent à lever, exposez-les à la lumière sans tarder.

Immédiatement après la germination

Dès que les semis apparaissent, souvent encore blancs ou vert très pâle au début, il est primordial de leur fournir de l'éclairage et une bonne circulation d'air, mais le besoin d'une chaleur élevée et constante et d'une forte humidité diminue.

Si les semis reçoivent un éclairage artificiel, enlevez graduellement leur recouvrement transparent sur une période de trois ou quatre jours. Cependant, certains semis très petits et très fragiles, comme les bégonias, peuvent demeurer couverts tant et aussi longtemps qu'ils n'ont pas triplé ou quadruplé leur taille afin de profiter d'une très forte humidité pendant encore quelque temps. Allumez maintenant l'appareil d'éclairage 14 heures par jour, leur offrant un repos nocturne. Cette durée a l'avantage de convenir à essentiellement tous les semis, car si la plupart peuvent tolérer, voire même profiter de 18 heures de lumière par jour, des jours aussi longs peuvent stimuler certaines annuelles dites «à jours longs», à fleurir trop hâtivement, alors qu'elles sont

Tournez régulièrement les contenants de semis d'un quart de tour pour qu'ils poussent bien droit, sans s'incliner vers la lumière.

encore trop jeunes pour supporter la floraison. 14 heures d'éclairage est juste suffisant pour stimuler leur croissance végétative sans provoquer une floraison trop hâtive.

Si vous n'utilisez que la lumière naturelle, enlevez le recouvrement transparent dès que les semis apparaissent et exposez-les immédiatement au soleil le plus fort possible, devant une fenêtre orientée au sud si possible, bien qu'une exposition à l'est ou à l'ouest soit aussi acceptable. Il ne faut jamais exposer les semis encore recouverts d'un plastique ou d'une vitre au soleil, sinon ils subiraient un sérieux coup de chaleur qui pourrait les tuer rapidement.

Les semis cultivés sous des lampes fluorescentes pousseront tout naturellement vers le haut. Par contre, les semis cultivés devant une fenêtre auront tendance à se pencher vers la source de lumière, soit de côté. Pour éviter cela, tournez les contenants régulièrement, aux deux ou trois jours, pour qu'ils reçoivent un éclairage sur tous les côtés.

Même si les semis tolèrent une humidité ambiante moindre après la germination, puisque l'humidité relative sous un recouvrement transparent frise les 100 %, il faut tout de même leur assurer une bonne humidité de l'air durant toute leur période de culture. À cette fin, il est utile de garder un humidificateur dans la pièce où sont les semis.

Toutefois, si les semis demandent une forte humidité, il faut également leur assurer une certaine circulation d'air. Normalement cela se fait naturellement, car il fait plus chaud près des sources de lumière et plus frais ailleurs et lorsque l'air chauffé monte, il attire un air plus frais sur les semis, d'où un changement d'air. Par contre, dans une pièce très exiguë, il arrive que l'air soit chaud partout et devienne stagnant. C'est pour cette raison qu'il est

parfois utile de faire fonctionner un petit ventilateur dans la pièce, sans le diriger directement sur les plants qu'il pourrait assécher.

Après la germination, la plupart des semis préfèrent une baisse de température, notamment la nuit. La température constante de 21° à 24°C qui stimulait la germination est maintenant excessive. Une température diurne de 16° à 20°C et nocturne de 12° à 15°C

Après la germination, pour avoir de beaux plants compacts, baissez la température, au moins la nuit.

113

est idéale pour la plupart des semis. Il devient peut-être nécessaire de baisser le thermostat dans la pièce ou d'ouvrir un peu une fenêtre. Par contre, il n'est pas toujours possible de contrôler la température aussi efficacement qu'il le faudrait et sous une trop forte chaleur, les semis ont tendance à s'étioler, c'est-à-dire à produire des tiges plus hautes et des feuilles plus espacées.

Dans une certaine mesure, il faut apprendre à vivre avec cette situation. Vous et votre famille vivez dans une maison qui n'est pas une serre et vous n'avez pas à supporter des conditions inconfortables pour plaire à des végétaux! C'est pourquoi les semis produits à la maison sont généralement plus étiolés que ceux produits commercialement dans des serres où un contrôle beaucoup plus rigoureux des températures est possible. Pour réduire la hauteur excessive des semis produits dans la maison, on a recours à deux techniques expliquées plus loin: le pinçage et le repiquage spécial enterrant la partie inférieure des tiges. Manier les semis ainsi pour camoufler leur étiolement peut sembler une tricherie, mais donne de beaux plants, et c'est ce qui compte!

L'arrosage

Les semis d'annuelles croissent rapidement après la germination et demandent un peu plus d'attention. Non seulement ils exigent plus d'eau pour leur croissance maintenant accélérée, mais leur recouvrement transparent enlevé, l'eau s'évapore davantage. Il faut compenser par des arrosages réguliers car les semis ne tolèrent pas la sécheresse. Vous devez donc bien imbiber tout le terreau, attendre qu'il soit sec au toucher, et bien l'imbiber de nouveau.

Il faut préciser qu'avec les semis, il est impossible de déterminer une fréquence d'arrosage. Par temps frais et lorsque les semis sont jeunes ou bien

Voici trois façons d'arroser les semis sans les renverser:
A. Versez de l'eau dans leur plateau jusqu'à ce que la motte soit bien humide, puis drainer le surplus.
B. Remplissez d'eau un entonnoir inséré dans le contenant, ici une bouteille dont le fond a été coupé, et laissez l'eau s'écouler dans le sol par gravité.
C. Arrosez par le dessus avec un arrosoir à pommeau lorsque les semis sont plus avancés.

A   **B**   **C**

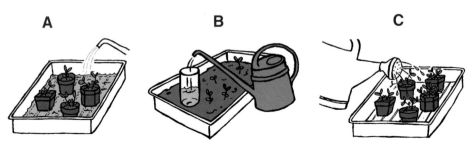

espacés dans leurs contenants, le sol peut demeurer humide une semaine ou plus après un bon arrosage. Par temps chaud et lorsque les semis sont grands ou très tassés, il peuvent exiger un arrosage presque tous les jours.

Aussi, arroser les semis encore tendres avec un jet fort pourrait les renverser et les déterrer. Il faut donc trouver d'autres moyens de le faire.

La méthode la plus facile consiste à placer les contenants de semis dans un plateau étanche et d'y verser de l'eau tiède. L'eau pénètre dans les contenants de semis par les trous de drainage. Quand le terreau des semis devient brun sombre, ils ont assez bu et vous pouvez drainer le surplus.

Une autre possibilité est d'utiliser un entonnoir ou une bouteille de plastique convertie en entonnoir en supprimant le fond (voir l'illustration). Insérez cet entonnoir dans le contenant de semis et remplissez-le d'eau. L'eau s'écoulera directement dans le terreau, sans renverser les plants.

Enfin, quand les semis sont plus solides, lorsqu'ils ont environ huit vraies feuilles, vous pouvez commencer à les arroser par le dessus, mais en utilisant un arrosoir à pommeau. Le pommeau diminue la force du jet et les plants ne sont pas déterrés lors de l'arrosage.

La fertilisation

Quand les semis germent, on voit une courte tige et deux feuilles spéciales appelées cotylédons. Ces feuilles, qui ne ressemblent pas aux feuilles des plantes matures, aident les semis à capter la lumière et sont vite remplacées par les premières vraies feuilles identiques aux feuilles adultes, mais souvent plus petites. L'apparition de ces vraies feuilles indique que les semis sont prêts à se nourrir eux-mêmes. C'est aussi le signe qu'il est temps de commencer à les fertiliser.

La méthode la plus simple pour fertiliser des semis est l'ajout à l'eau d'arrosage d'un engrais soluble approprié, plus riche en phosphore (le deuxième chiffre) qu'en d'azote (le premier). Pour des renseignements sur les choix d'engrais, consultez la page 87. Cependant, n'appliquez jamais un engrais à pleine concentration sur les racines fragiles des semis. Utilisez plutôt un quart de la dose recommandée à chaque arrosage.

Vous pouvez aussi engraisser les semis par la fertilisation foliaire expliquée aussi à la page 87.

Le pinçage

Il ne faut pas hésiter à pincer les jeunes semis, surtout ceux qui croissent rapidement ou qui ont tendance à s'étioler. On le fait normalement quand ils ont entre huit et dix feuilles ou lorsqu'ils deviennent trop hauts pour l'espace prévu. Pour plus de renseignements sur le pinçage et ses avantages, veuillez consulter la page 90.

Réglez régulièrement la hauteur des tubes fluorescents pour qu'ils soient à une très faible distance du sommet des plants, sans toucher au feuillage.

L'éclairage

La croissance continue des annuelles amène d'autres changements. En effet, si vous les cultivez sous fluorescents, il faut assez tôt en modifier la hauteur, sinon les jeunes plants toucheront les tubes et brûleront. L'idéal pour des semis en croissance, c'est de régler l'appareil pour que les tubes soient toujours à une distance de 15 à 20 cm du sommet des plants, et jamais à moins de 3 cm. La croissance de certains semis étant rapide, il faut parfois régler la hauteur des fluorescents chaque semaine. Par contre, comme certaines annuelles croissent plus lentement que d'autres, il arrive qu'en réglant la hauteur de l'appareil d'éclairage pour accommoder les semis les plus hauts, les semis plus bas se retrouvent à plus de 20 cm des tubes et s'étiolent faute de lumière.

Si cela se produit, vous pouvez tout simplement rehausser les plateaux ou les pots des plus petits semis avec des briques ou des pots renversés pour que les fluorescents soient à 15 ou 20 cm de leur sommet. Si vous avez plus d'un appareil d'éclairage, utilisez un appareil pour les semis bas, un deuxième pour les semis moyens et un autre pour les semis hauts.

L'éclaircissage

Il peut arriver que la germination de certaines graines soit décevante et que seulement certaines germent. C'est pour cela que l'on sème toujours plus de graines qu'il ne le faut et plus densément. Les recommandations sur l'espacement des semis dans les rubriques *L'ensemencement en pot communautaire* et *L'ensemencement en pot individuel* tiennent d'ailleurs compte de cette possibilité. Par contre, si la germination est excellente, vous aurez deux, trois, voire même quatre fois plus de plants que prévu. Lorsque le feuillage des plants commence à se toucher rapidement, c'est signe que leur proximité commence à nuire à leur croissance. Vous avez alors deux choix: éclaircir les semis ou les repiquer dans des contenants plus spacieux. Voyons d'abord la première possibilité.

Éclaircir veut tout simplement dire éliminer les semis en trop. On utilise cette technique quand les semis lèvent en plus grand nombre que prévu, et que les semis supplémentaires ne sont pas nécessaires. Avez-vous *vraiment* besoin de 150 petits oeillets d'Inde quand votre plan en prévoyait 50? Il est alors préférable d'en réduire le nombre car sous peu, ces 100 petits plants en surplus occuperont *beaucoup* d'espace de culture. Si vous pensez pouvoir les

Vous pouvez éclaircir les semis en surplus en les pinçant à la base.

Ou en les coupant au ras du sol avec des ciseaux.

accommoder tous, passez tout de suite au paragraphe *Le repiquage des semis*. Toutefois, tout jardinier doit éventuellement apprendre à sacrifier quelques plants pour le bien des autres.

Si vous laissez trop de semis dans un espace restreint, ils seront trop tassés et la compétition pour l'éclairage, l'eau et l'engrais sera très vive. Il en résultera des plants étiolés avec des tiges faibles. Mieux vaut quelques semis en santé que beaucoup de semis faibles!

Éclaircir, c'est la facilité même. S'il s'agit de semis à la volée, coupez tout simplement les semis trop tassés à leur base avec des ciseaux ou en les pinçant entre votre pouce et votre index, laissant un peu d'espace à ceux qui restent pour se développer. Profitez-en pour éliminer les plus faibles, mais soyez vigilant, relisez la description de la plante avant de le faire, car dans le cas d'un nombre très restreint d'annuelles, comme les giroflées des jardins doubles, les semis les plus faibles sont justement ceux qu'il faut *garder*! Laissez 3 cm entre les très petits semis et 5 cm entre les plus grands, ce qui vous permettra de ne pas les repiquer avant deux ou trois semaines.

S'il s'agit de semis en rangées ou dans des pots individuels pour lesquels, si vous vous souvenez bien, on vous suggérait de placer trois graines dans chaque trou de plantation, vous pouvez avoir jusqu'à trois plants par emplacement. Ne gardez que le plus fort.

N'arrachez jamais les semis en surplus lors de l'éclaircissage car en les tirant, vous risquez de déterrer les semis que vous vouliez conserver.

Le repiquage

L'éclaircissage suffit rarement pour libérer assez d'espace pour la croissance future des semis jusqu'à leur transplantation en pleine terre. Il faut aussi savoir *repiquer* les jeunes semis. À l'exception des semis faits dans des pots individuels, dans des alvéoles, en caissette à espacement exact souhaité pour les plants, et surtout dans des godets de tourbe afin d'éviter le repiquage, tous les semis devront être repiqués au moins une fois durant leur séjour à l'intérieur.

Repiquer veut tout simplement dire transférer un plant dans un autre espace. Dans ce cas-ci, on repique de jeunes semis dans d'autres contenants communautaires ou individuels plus grands afin de leur donner plus d'espace pour croître. Si on ne le fait pas, le développement des racines sera limité et les plants n'atteindront pas leur plein développement. Si on repique les semis au bon moment, ils auront tout l'espace nécessaire pour devenir de beaux plants denses et fournis.

On peut repiquer les semis presque n'importe quand lorsqu'ils ont au moins quatre vraies feuilles. De façon générale, on éclaircit d'abord pour donner aux jeunes plants deux ou trois semaines de croissance de plus, puis on les repique. Souvent le signe qu'il est temps de les repiquer nous est indiqué par les feuillages qui se touchent. Par contre, certaines annuelles ont des besoins spéciaux lors du repiquage. Plusieurs ne tolèrent pas le repiquage plus tard dans leur cycle de vie, mais l'acceptent lorsqu'elles sont très jeunes et que leurs racines sont encore très peu développées. Lisez la description de la plante dans la Section 2 pour savoir s'il y a des contraintes de cet ordre.

Il faut toujours arroser les semis la veille du repiquage. Bien humides, leurs racines seront moins endommagées par l'exposition à l'air qu'elles doivent subir. Pour que les racines ne soient pas exposées trop longtemps à l'air, préparez les nouveaux contenants *avant* de déterrer les semis. Remplissez-les de terreau humide, selon la méthode expliquée à la page 110, et creusez un ou plusieurs trous de plantation s'il s'agit de contenants communautaires. Les jeunes semis se contentent d'un petit trou fait avec la pointe d'un crayon. Pour les plus gros, il faut creuser des trous de bonne taille avec une cuillère.

Maintenant déterrez délicatement chaque semis avec la pointe d'un crayon pour les plus petits, ou une cuillère pour les plus gros, puis en le tenant par une feuille, soulevez la masse de racines avec votre outil et transférez la plantule vers sa nouvelle demeure. Il faut toujours tenir le plant par une feuille

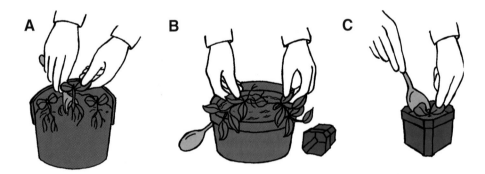

A. Déterrez le plant et déplacez-le en le supportant avec une cuillère ou un crayon et en le tenant par une feuille.

B. Si vous laissez des semis aux racines entremêlées tremper dans de l'eau tiède quelques minutes, il est facile de les séparer en les tirant délicatement un par un.

C. Replantez les semis plus profondément dans leur nouveau pot.

118

et non par la tige, car si vous brisez ou déchirez une feuille, le plant en produira une autre, mais si vous écrasez ou cassez la tige, ce qui peut arriver compte tenu de sa petite taille, c'en est fait du pauvre petit plant!

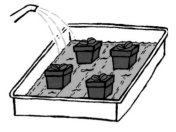

Arrosez bien les semis frais repiqués.

Si vous repiquez des semis que vous n'aviez pas éclaircis et qu'il vous semble impossible de démêler, déterrez-les par touffes avec une cuillère et faites-les tremper dans de l'eau tiède. Après quelques minutes, le terreau se détache en bonne partie des racines, et il est possible de tirer sur l'un des plants en le tenant par une feuille. Les racines se démêlent comme par magie!

Il faut maintenant replanter le petit plant dans son nouveau contenant. Faites-le en enterrant la base du plant plus profondément qu'elle ne l'était, à moins d'indication contraire car certains semis rares doivent toujours demeurer au même niveau. Idéalement, enterrez-les jusqu'aux cotylédons ou, si les cotylédons sont déjà tombés, jusqu'à la base des premières feuilles. Cette baisse du plant lui confère un port plus compact et il produit de nouvelles racines sur la partie de tige enterrée, ce qui le rend plus solide.

Pour terminer le repiquage, placez les potées de semis fraîchement repiqués dans un plateau et versez-y de l'eau tiède afin de bien les arroser. Après 15 minutes, videz l'eau qui reste dans le plateau et laissez les pots de semis se drainer de tout surplus d'eau. Si vos semis sont cultivés sous fluorescents, remettez-les à leur emplacement d'origine. Par contre, les semis produits près d'une fenêtre peuvent subir un trop grand choc s'il sont exposés au plein soleil aussitôt après le repiquage et lorsque leurs racines sont encore très fragiles. Placez-les dans un endroit modérément éclairé pendant quelques jours, pour ensuite les remettre dans un emplacement ensoleillé.

De façon générale, il suffit de repiquer les semis une seule fois à l'intérieur et vous ne retouchez à leurs racines que pour le repiquage au jardin. Mais il arrive aussi que certains plants profitent tellement vite que leur contenant n'est plus assez gros. Vous le saurez facilement car ils manqueront d'eau à tous les jours ou à tous les deux jours, signe que leurs racines occupent chaque centimètre cube du terreau. Repiquez-les alors dans un contenant plus gros. Pour le faire, déposez du terreau dans un pot d'environ 2 à 4 cm de plus, puis en supportant bien le plant avec la main, renversez-le et tirez sur son pot pour l'enlever (voir à la page 81 pour plus d'explications sur l'extraction d'un plant de son contenant). Placez-le dans son nouveau contenant en centrant la motte de racines avant de remplir le pot de terreau. Comme pour tout repiquage, vous pouvez profiter de cette transition pour baisser le plant dans son pot si la base de sa tige est dénudée, ce qui donne des plants plus forts.

Parfois les plants cultivés dans un godet de tourbe manquent aussi d'espace pour leur développement futur. Si tel est le cas, ne les déterrez surtout pas, vous les avez semés dans des godets de tourbe précisément pour ne pas déranger leur racines! Dans ce cas, mettez du terreau humide au fond d'un godet de tourbe plus gros de 2 à 4 cm, placez-y le petit godet tel quel, et remplissez le nouveau godet de terreau en enterrant complètement le premier godet utilisé.

Le repiquage des plants en micromottes

De plus en plus souvent, à la fin de l'hiver, on nous offre des semis et des boutures enracinées en micromottes ou multicellules, ces petits alvéoles qui ne contiennent qu'une toute petite quantité de terreau et dont nous avons parlé aux pages 67. Peu importe leur origine, bouture ou semis, il faut les traiter exactement comme des semis à repiquer, sortant la motte de son contenant et l'empotant sans tarder dans un pot individuel de 6,5 à 7,5 cm de diamètre, plus profondément qu'avant, jusqu'aux premières feuilles. Par la suite, enterrez-les comme tout autre semis, en les repiquant dans des pots encore plus grands s'il le faut lorsqu'ils auront grandi.

Toujours plus grand!

À ce stade, vous avez probablement un problème: trouver de l'espace pour tous ces semis. Au fur et à mesure des repiquages dans des contenants de plus en plus spacieux, les deux ou trois plateaux d'origine se sont multipliés et vous en avez maintenant 10 ou 15. Et si on pouvait permettre aux pots individuels des jeunes semis de se toucher au départ, le développement des plants nous oblige àx les espacer de plus en plus. Ce serait sans doute un problème très facile à régler si les semis n'exigeaient pas de lumière, mais ce n'est pas le cas parce qu'une lumière intense est une des clés du succès. Où trouver des espaces de culture supplémentaires *bien éclairés* dans la plupart des maisons et des logements?

Une possibilité consiste à faire subir une rotation de 12 heures aux plants cultivés sous fluorescents. Laissez votre appareil d'éclairage allumé 24 heures par jour et alternez les plateaux aux 12 heures pour que chacun reçoive sa part d'éclairage, plaçant les plants en attente sous la table de culture. Remarquez qu'un éclairage artificiel de 12 heures, ce n'est pas énorme car la plupart des semis réussissent mieux avec 14 heures, mais c'est quand même acceptable. Avec cette technique, vous doublez votre espace de culture sans l'augmenter et... sans reculer les murs!

Cependant, pour la plupart des jardiniers amateurs, il n'y a qu'un seul choix, celui d'encombrer davantage l'espace devant les fenêtres. En plaçant une table ou un bureau devant une fenêtre orientée au sud par exemple, vous pouvez cultiver beaucoup plus de plants que sur une tablette étroite. D'autres pièces peuvent aussi servir pour leur culture. Il est tout à fait courant que les membres de la famille d'un jardinier enthousiaste partagent leur chambre à coucher, le salon, la cuisine ou la salle à manger avec quelques, voire même *beaucoup*, de plateaux de semis au printemps. Ils feraient mieux de s'y

Au tout début, il faut ombrager les jeunes semis, même sous des meubles de parterre si besoin.

habituer! On ne fait pas de moins en moins de semis avec les années, mais de plus en plus!

Fort heureusement, cette quête d'espaces ensoleillés dans la maison ne dure pas longtemps, car dès les premiers beaux jours du printemps, il est temps de commencer à acclimater les semis au jardin. Demandez à la famille de patienter, elle retrouvera ses aises sous peu.

L'acclimatation

Il reste encore une étape, la dernière, avant de mettre vos bébés en pleine terre, l'acclimatation. En effet, il ne faut pas les exposer trop rapidement aux rigueurs du jardin, eux qui n'ont connu que le dorlotement d'une culture dans la maison ou en serre. N'ayant étés exposés aux rayons ultraviolets du soleil que derrière une vitre ou du plastique, ou n'ayant connu qu'un éclairage artificiel qui n'en produit pas, ils peuvent facilement brûler, et la température est très différente aussi.

Il est temps de commencer à acclimater les annuelles aux conditions de l'extérieur quand le gazon commence à verdir. Sortez-les de préférence par temps gris la première fois et placez-les dans un emplacement ombragé au début. Rentrez-les le soir si la nuit s'annonce fraîche, et sortez-les le lendemain dans un emplacement un peu plus ensoleillé, en augmentant la lumière de jour en jour pendant une ou deux semaines, jusqu'à ce que les plants soient acclimatés à l'ensoleillement de leur emplacement définitif, que ce soit au soleil, à la mi-ombre ou à l'ombre. Quand les températures nocturnes dépassent régulièrement 10°C, vous pouvez les laisser à l'extérieur toute la nuit. Après une semaine, l'acclimatation est complète, mais ne repiquez pas vos annuelles en pleine terre si le calendrier le défend. En effet, (voir *Le repiquage des plants* à la page 78), certaines annuelles peuvent être transplantées au jardin plusieurs semaines avant la date du dernier gel. D'autres, seulement deux ou trois semaines après.

Il arrive parfois qu'au cours de l'acclimatation, la température baisse subitement. Rentrez alors les plants les plus sensibles au froid, comme l'impatiente et le bégonia, non seulement si on annonce du gel, mais des températures de moins de 10°C. Des températures plus fraîches peuvent ralentir leur croissance considérablement, leur donnant un tel choc qu'elles ne bougent plus pendant des semaines, ce qui retarde donc leur floraison au jardin. Par contre, les annuelles les plus rustiques, comme les pensées, ne souffrent pas de ces températures plus fraîches et on peut les laisser à l'extérieur tant qu'il n'y a pas de danger de gel. Pour distinguer entre les deux groupes, consultez leurs descriptions individuelles dans la Section 2.

Si à cause de la température, vous devez garder des annuelles dans la maison nuit et jour pendant plus d'une semaine, considérez que l'effet de l'acclimatation est disparu. Vous devez recommencer! De tels revirements de température sont rares et si on se fie au verdissement du gazon, habituellement l'acclimatation se fait sans anicroche.

Il reste alors à repiquer vos plants en pleine terre. À cette fin, voyez dans le chapitre précédent, *Le repiquage des plants* commençant à la page 18.

La récolte des semences

La plupart des annuelles produites par les jardiniers amateurs proviennent de semences achetées, mais que cela ne vous empêche pas d'en récolter! En effet, la plupart des annuelles produisent énormément de semences, aussi bien profiter de cette manne. Plus encore, elles ne vous coûtent rien. C'est parfait pour le jardinier paresseux, il n'a même pas à se lever pour aller au magasin chercher des sachets de semences, les semences viennent à lui!

Il n'en demeure pas moins que les plants issus de graines que vous prélevez ne ressemblent pas exactement à leurs parents, surtout s'ils sont de lignées hybrides, ce que vous comprendrez mieux en relisant *L'hybridation et les annuelles* à la page 71. Même en semant deux lignées non-

La plupart des capsules de graines sèchent sur place; vous n'avez qu'à ouvrir les capsules ou défaire la fleur séchée pour prélever les graines.

Enfermez les fleurs des plantes à graines volantes dans un sac de tissu dès qu'elles fanent pour empêcher leurs graines de voyager.

hybrides sur un terrain, disons des pétunias roses non-hybrides et des pétunias rouges non-hybrides, vous avez des chances d'obtenir un mélange des caractéristiques dans la deuxième génération. Cependant, la plupart des annuelles non hybrides qui ne sont pas cultivées près des autres annuelles de leur type, donnent des plants presque identiques à ceux de la lignée d'origine.

Évidemment, si vous voulez prélever des graines, il ne faut pas supprimer toutes les fleurs fanées méthodiquement. Laissez au moins un plant produire des graines pour vous assurer d'obtenir le matériel requis pour la génération suivante.

La récolte peut se faire dès que les graines sont mûres, aussi tôt que vers le milieu de l'été pour certaines variétés ou aussi tard qu'à l'automne pour d'autres. La majorité des annuelles produisent des capsules ou des cosses, comme les pois et les haricots, et ces structures signalent leur maturité en brunissant et en séchant. Généralement elles demeurent dans cet état pendant des semaines, sinon des mois, ce qui vous donne amplement le temps de les récolter. Vous n'avez alors qu'à ouvrir la capsule et à faire tomber les graines dans votre main ou directement dans une enveloppe.

Certaines annuelles libèrent leurs graines très rapidement à maturité. Elles sont souvent pourvues de soies ou de parachutes et partent au vent dès l'ouverture de la capsule. D'autres, comme celles de l'impatiente, explosent à maturité et lancent leurs graines partout. Si vous voulez vous assurer de récolter les graines de ces dernières plantes, enfermez la fleur dans un sac de papier transparent ou de tissu dès qu'elle fane, l'attachant à sa base pour que les graines ne puissent s'échapper. Quand vous voyez la capsule ouverte, récoltez la tige florale en entier en la coupant à sa base, puis tournez le tout à l'envers quand vous détachez le sac pour que les graines tombent dedans plutôt qu'au sol.

Les graines produites dans des capsules et autres fruits secs se conservent sans autre préparation.

Prélevez les graines trouvées dans les fruits humides et faites les sécher au soleil pour les conserver.

Nettoyez-les de tout résidu de capsule, de tiges ou de feuilles qui peuvent adhérer et placez-les dans un sachet, une enveloppe ou un bocal que vous scellez (voir *Comment conserver des semences* à la page 110).

Les graines des rares annuelles qui produisent de véritables fruits, comme le piment décoratif et les gourdes, demandent un traitement un peu différent. Ne les récoltez que lorsque le fruit est tout à fait mûr. Ouvrez le fruit, prélevez les graines et lavez-les en enlevant toute trace de chair. Enfin, faites-les sécher au soleil quelques jours avant de les ensacher comme ci-dessus.

Le réensemencement spontané

Enfin, n'oubliez pas que la façon la plus facile de profiter des graines que vos annuelles produisent si généreusement, c'est de les laisser se ressemer elles-mêmes! Beaucoup d'annuelles se font une joie de le faire si vous leur laissez un peu d'espace. Vous n'avez rien à faire si vous jardinez sans utiliser de paillis, les annuelles qui peuvent se ressemer le feront tout simplement. Par contre, tel qu'expliqué dans *Les inconvénients des paillis* à la page 94, si les paillis offrent beaucoup d'avantages à divers niveaux, ils empêchent malheureusement les annuelles de se ressemer. Si vous utilisez des paillis et désirez quand même que vos annuelles se ressèment, poussez un peu le paillis çà et là pour dénuder des espaces de jardin à la fin de l'été ou au début de l'automne. Les annuelles qui peuvent se ressemer spontanément (vous découvrirez lesquelles dans les descriptions de la Section 2) le feront sans le moindre coup de pouce de votre part!

Le bouturage

Avec autant de pages sur la multiplication par semences, vous avez sans doute compris que c'est, et de loin, la façon la plus courante de multiplier les annuelles. D'ailleurs, les «vraies annuelles» ne se multiplient pas autrement. Il

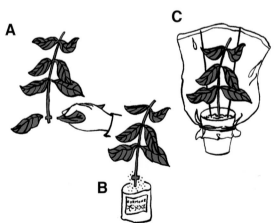

Pour faire une bouture:

A. Prélevez une section de tige et supprimez les feuilles inférieures, les fleurs et les boutons

B. Plongez l'extrémité dans une hormone d'enracinement (boutures ligneuses seulement)

C. Insérez l'extrémité de la bouture dans le terreau et recouvrez-la d'un sac de plastique.

n'en demeure pas moins que de plus en plus d'«annuelles», notamment celles cultivées en contenants, sont en fait des vivaces tendres qu'il est possible de multiplier par bouturage des tiges.

Comment bouturer des annuelles

Bouturer des annuelles, en fait des vivaces tendres, n'est pas plus sorcier que bouturer n'importe quelle autre plante. Si vous avez déjà bouturé quelque plante que ce soit dans votre vie, vous connaissez déjà la technique, c'est essentiellement la même pour tous les végétaux.

- Sectionnez une tige d'environ 10 à 15 cm de longueur, mais moins longue dans le cas des plantes miniatures, juste au-dessus d'un noeud, c'est-à-dire là où la feuille est jointe à la tige;

- Plongez la bouture dans une solution de savon insecticide, en la laissant tremper pendant que vous finissez les préparatifs. Ainsi, elle sera libre d'insectes nuisibles;

- Versez du terreau humide dans des petits pots d'environ 6,5 à 7,5 cm de diamètre ou, s'il y a plusieurs boutures, dans un pot communautaire. Le terreau à semis (voir à la page 104) convient aussi aux boutures;

- Percez un trou dans chaque pot, au centre du terreau, avec un crayon;

- Supprimez les feuilles sur la partie inférieure de la tige et supprimez toute fleur et tout bouton;

- Plongez l'extrémité inférieure de la tige dans une hormone d'enracinement si la tige est ligneuse, comme du bois. Aucune hormone n'est requise pour les boutures aux tiges vertes ou molles;

- Enfoncez la bouture dans le trou du terreau, ramenez et tassez le terreau pour la tenir dressée;

- Recouvrez la bouture d'un sac de plastique transparent scellé, sauf pour le géranium qui s'enracine mieux sans sac;

- Placez la bouture dans un endroit chaud et bien éclairé mais sans soleil direct, sous les fluorescents par exemple;

- Enlevez le sac peu à peu lorsque de nouvelles feuilles commencent à apparaître, la bouture est alors enracinée;

- Placez les plantes de plein soleil devant une fenêtre orientée au sud, les autres devant une fenêtre à l'est ou à l'ouest. Lorsque le sac est définitivement enlevé, *toutes* les plantes bouturées prospèrent sous des fluorescents suspendus à 15 ou 20 cm de leur sommet.

Les boutures produites dans la maison durant l'hiver et le printemps peuvent être traitées exactement comme n'importe quel autre plant à repiquer, et cela vaut également pour la période d'acclimatation (voir à la page 121).

Les ennemis des annuelles

près avoir fait l'éloge des annuelles et vous avoir tant parlé de leurs avantages et attraits, quelle déception d'avoir à les descendre un peu dans ce chapitre portant sur leurs problèmes. La vraie clé du succès pour tous les végétaux, annuelles, vivaces, bulbes, arbustes, etc., est toujours de planter la bonne plante à la bonne place. Une plante cultivée dans le milieu qui lui convient sera toujours facile à cultiver et rarement sujette aux parasites et aux maladies. Essayez de la faire pousser dans un endroit qui ne lui convient pas, et vous aurez l'impression qu'elle a été frappée par les dix plaies d'Égypte. Toute la deuxième section de ce livre est basée sur le fait que les annuelles sont de culture facile, à condition de respecter leurs exigences. Avant d'acheter des annuelles à l'aveuglette, il faut lire *Des fleurs à l'ombre* si votre emplacement est ombragé ou *Au soleil brûlant* s'il est au plein soleil, etc.? Si vous n'avez pas pu résister à l'attrait d'une magnifique annuelle et en avez acheté 15 caissettes, prenez quelques minutes pour lire sa description dans la Section 2. Vous saurez au moins où la placer dans votre plate-bande!

Mieux vaut prévenir que...

Même en plantant une annuelle au bon endroit, on n'obtient pas la garantie qu'elle n'aura ni maladies ni parasites. Comme il est toujours préférable de prévenir un problème que de le traiter, voici quelques techniques faciles pour éliminer les problèmes à la source.

- Prenez des semences qui n'exigent pas plus de six semaines de culture à l'intérieur pour vos premiers semis et semez-les en nombre restreint.
- Procédez au repiquage, à la bonne période, trop tôt ne fait que ralentir le développement des annuelles tendres. Pour la plupart, une température nocturne de 10°C est le minimum requis.
- Évitez les caissettes d'annuelles très fleuries; préférez plutôt des annuelles en vert.
- Arrachez les mauvaises herbes, sans tarder; elles s'enlèvent plus facilement lorsqu'elles sont jeunes.
- Paillez abondamment. Non seulement vous réduisez ainsi le stress des racines causé par un sol trop sec ou trop chaud, ce qui peut laisser la plante faible et sujette à d'autres problèmes, mais vous réduisez aussi la prolifération des maladies et des mauvaises herbes en empêchant certains insectes de se reproduire.
- Soyez absolument certain de ce qui cause le problème avant d'utiliser un pesticide chimique ou biologique. Vous risquez de faire plus de mal que de bien.
- Évitez, si possible, d'arroser le feuillage des annuelles, car vous créez un milieu propice aux maladies. Arrosez-les plutôt au niveau du sol.
- Évitez de trop rapprocher les plantes. Vous diminuez ainsi la circulation d'air et c'est un facteur dans le développement des maladies.
- Utilisez prudemment les engrais riches en azote. C'est une invitation pour les insectes nuisibles.
- Évitez d'utiliser des herbicides dans ou près de la plate-bande, surtout si le temps est venteux.
- Stérilisez toujours vos outils entre deux utilisations en les faisant tremper dans de l'alcool à friction par exemple.
- Détruisez dès l'automne les feuilles des plantes malades pour empêcher la maladie d'hiverner dans le jardin.
- Choisissez lorsque c'est possible, des annuelles qui résistent aux insectes et aux maladies.

En dernier recours

Quand vous avez un problème, vous devez d'abord l'identifier. N'achetez surtout pas n'importe quel produit en pensant qu'il aidera, très souvent vous empirez la situation!

Même lorsque vous êtes certain que les problèmes de vos plantes sont causés par un insecte ou une maladie, n'appliquez pas immédiatement le pesticide le plus fort pour le contrôler. Voyez d'abord s'il existe d'autres solutions moins nuisibles pour l'environnement. Souvent un simple jet d'eau suffit pour chasser les insectes, et il est très souvent plus efficace de couper une plante infestée que d'essayer de la traiter. Parce que les chenilles sont souvent solitaires, pourquoi acheter une bouteille de Cygon pour tuer une chenille isolée alors que vous pouvez tout simplement la transporter dans un champs voisin?

Ayez comme règle d'utiliser les pesticides, insecticides, herbicides ou fongicides, chimiques ou biologiques, le moins souvent possible, car leur utilisation porte souvent atteinte à l'environnement en général, sans régler le problème. Par exemple, bien qu'ils soient souvent recommandés par les horticulteurs professionnels, les traitements au Cygon contre les forficules ou perce-oreilles sont presque toujours inefficaces, éliminant plus d'insectes utiles que nuisibles. Une fois les insectes utiles éliminés, les insectes nuisibles prolifèrent! Un traitement fait l'été contre les forficules peut être directement responsable de l'invasion de pucerons que vous subirez l'année suivante, car leurs prédateurs ne sont plus là pour les contrôler.

Si un pesticide est vraiment nécessaire, choisissez le produit le moins nuisible pour l'environnement et appliquez-le uniquement sur la ou les plantes atteintes. Une intervention minimale donne souvent de meilleurs résultats, et à moindre coût.

Personnellement, je n'utilise jamais de produits chimiques dans mes jardins, très rarement les produits biologiques, et par endroits seulement. Je n'ai presque jamais de problème majeur d'insectes ou de maladies. Pourquoi mes jardins sont-ils si peu infestés? Je n'en ai pas la preuve, mais je crois que des interventions très minimales pour contrôler les insectes et les maladies contribuent à protéger le cycle naturel de l'environnement. Il vaut mieux attendre et intervenir très rapidement dès qu'un problème se manifeste.

Quelques traitements tout en douceur

Voici quelques méthodes de contrôle d'insectes et de maladies qui sont utiles, et peu nuisibles pour l'environnement.

Antitranspirant

Non, il ne s'agit pas d'un désodorisant, mais d'un produit conçu pour empêcher les feuilles des conifères et des rhododendrons de s'assécher, de «transpirer» l'hiver. Ce produit est aussi très efficace contre les maladies du feuillage si on le vaporise toutes les deux semaines à compter du printemps. Il recouvre la surface de la feuille d'une mince pellicule qui empêche la maladie de la pénétrer. Il est utile pour prévenir mais ne guérira pas une maladie en cours. La méthode d'utilisation de ce produit n'est pas n'indiquée sur l'étiquette, l'antitranspirant n'étant pas homologué comme fongicide.

B.t.

Il s'agit de la *Bacillus thuringiensis*, une bactérie inoffensive pour les autres animaux et insectes, mais qui s'attaque aux chenilles et les rend incapables de manger. Elles finissent par mourir de faim. Il agit lentement, mais efficacement. Il faut l'appliquer sur le feuillage des plantes susceptibles de leur plaire et de recommencer à toutes les deux semaines, ou après chaque pluie.

Boîte de conserve

Enlevez les couvercles du haut et du bas d'une boîte de conserve et enfoncez-la jusqu'à mi-hauteur dans le sol autour d'un jeune plant pour empêcher les vers gris, noctuelles, de l'atteindre.

Coquilles d'oeuf broyées

On peut encercler la base des plantes de coquilles d'oeuf broyées pour empêcher les insectes et mollusques rampants de les toucher. Il faut recommencer après chaque pluie. Attention: si une feuille se penche au-dessus de la barrière et touche au sol de l'autre côté, l'effet est annulé.

Huile horticole légère

L'huile de dormance est trop forte pour les plantes en croissance, mais il existe des huiles horticoles plus légères, conçues pour les applications estivales, mais peu disponibles sur le marché au moment où j'écris ces lignes. Elles peuvent contrôler les tétranyques et les pucerons et prévenir certaines maladies si appliquées régulièrement, aux deux semaines. N'appliquez ce produit que sur les plantes bien arrosées, sinon il peut brûler le feuillage.

Insectes utiles

Beaucoup d'insectes sont des prédateurs qui consomment les insectes nuisibles. C'est le cas de la coccinelle, du chrysope et de plusieurs autres. Informez-vous avant de traiter les insectes que vous voyez dans le jardin. Ce sont peut-être des insectes utiles. Quand on traite le jardin entier avec un insecticide toxique, le problème peut empirer au lieu de diminuer, car on élimine souvent les insectes bénéfiques au lieu de les laisser faire leur boulot.

Jet d'eau

Un fort jet d'eau appliqué sur les deux côtés des feuilles peut réduire le nombre d'insectes. Répétez le traitement aux trois jours jusqu'à ce que le problème diminue.

Paille de plastique

Coupez une paille à 8 cm de longueur et fendez-la de haut en bas. Placez cette barrière autour de la tige des jeunes plants, en l'enfonçant à moitié dans le sol, pour empêcher les vers gris, noctuelles, de les atteindre.

Piège collant

Une feuille de couleur jaune en plastique, en bois ou en carton et enduite de colle ou d'huile épaisse peut attirer les insectes qui y restent emprisonnés. Ce piège est plus efficace comme mise en garde vous indiquant qu'un problème existe, que comme moyen de prévention ou traitement.

Plat de bière

Placez un plat de bière avec ou sans alcool dans la plate-bande. Les limaces iront y boire et s'y noyer.

Cueillette manuelle

Prenez l'insecte ou l'animal nuisible entre les doigts, en portant des gants si vous le désirez, et déposez-le dans un champ avoisinant. Pour le détruire, laissez le tomber dans de l'eau savonneuse ou écrasez-le.

Ruban de cuivre

On le place au sol autour des plantes pour empêcher les limaces et les colimaçons de les atteindre, car il leur donne un petit choc électrique. Attention: si une feuille touche le sol par-dessus la barrière, l'effet est perdu.

Détergent à vaisselle

Appliqué dans une dilution de 5 mm par litre d'eau, il peut contrôler les insectes et arthropodes nuisibles sans trop affecter les insectes utiles. Il n'est efficace que si vaporisé directement sur le parasite, n'ayant aucun effet résiduel. Aussi, n'étant pas conçu comme insecticide, il peut parfois endommager certains végétaux. Le savon insecticide est semblable mais plus sûr.

Savon insecticide

Un produit commercial qui traite les insectes et arthropodes nuisibles, mais inoffensif pour les humains, la plupart des insectes bénéfiques et les mammifères. Achetez le produit concentré qui est beaucoup moins coûteux à long terme que la forme prête à l'emploi. Lisez bien l'étiquette: il peut endommager le feuillage de certains végétaux. Les savons ne sont efficaces que si vaporisés sur le parasite, n'ayant aucun effet résiduel.

Soufre de jardin

Appliquez-le sur le feuillage des plantes pour prévenir et contrôler les maladies. Il faut l'appliquer aux deux semaines à partir du printemps. Il ne faut pas l'appliquer à des températures supérieures à 27°C. Disponible en plusieurs formules. Contre-indication pour certaines plantes.

Terre de diatomées

Dérivée des restes fossilisées d'animaux marins, elle est vendue sous forme de poudre blanche. Elle est composée de fines particules aussi tranchantes que des lames de rasoir. Sans danger pour les humains, elle déchire le corps des insectes rampants. Appliquez-la sur le feuillage des plants atteints. On peut aussi en entourer la base des plantes pour empêcher insectes et mollusques rampants de les toucher. Il faut refaire l'application après chaque pluie.

Les insectes et autres bestioles

Vous avez des problèmes d'insectes ou autres petites bestioles? Voici quelques cas typiques, et des solutions faciles.

Araignées rouges ou tétranyques

Ces mites causent surtout des dégâts quand l'été est chaud et sec. Il faut une loupe pour les voir et constater qu'elles ressemblent à de petites araignées à huit pattes. Elles percent les cellules des feuilles et des tiges, les faisant jaunir. Éventuellement, la feuille jaunit et prend un aspect poussiéreux. Quand elles sont abondantes, elles tissent entre les feuilles et la tige des fils qui ressemblent à de petites toiles d'araignée. *Plantes atteintes*: beaucoup d'espèces. *Traitements*: jet d'eau, savon insecticide, détergent à vaisselle, huile horticole légère.

Aleurodes ou mouches blanches

Petits insectes volants qui se cachent sous les feuilles mais qui volettent autour de la plante lorsqu'on les dérangent. Les larves immobiles ressemblent à des dômes translucides minuscules et se trouvent aussi sous les feuilles. Les feuilles atteintes deviennent maculées de jaune ou d'argent. Les aleurodes sécrètent un miellat qui peut rendre les feuilles collantes. *Plantes atteintes*: beaucoup d'espèces. *Traitements*: jet d'eau trois fois *par jour*, savon insecticide, détergent à vaisselle, huile horticole légère, piège collant, aspirateur manuel.

Chenilles

Il existe une grande variété de chenilles, petites ou de bonne taille, solitaires ou vivant en colonie; généralement visibles jour et nuit, mais s'enroulant parfois

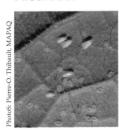

dans une feuille qu'elles ne quittent que la nuit. Ce sont des larves de papillons de jour et de nuit, parfois très beaux. Transportez les chenilles des papillons attrayants dans un champ ou une forêt pour les sauver. Écrasez les autres entre une roche et le talon ou entre les doigts, gantés, de préférence. Si elles sont présentes en grand nombre, une vaporisation peut être nécessaire. *Plantes atteintes*: beaucoup d'espèces. *Traitements*: cueillette manuelle, B.t., savon insecticide, détergent à vaisselle, huile horticole légère.

Limaces et colimaçons

Limace

Les pires ennemis des annuelles et de toutes les plantes de plate-bande, les limaces et à un moindre degré, les colimaçons, percent des trous dans les feuilles et les fleurs, déchiquetant parfois toute la plante ou la consommant entièrement. Par contre, elles consomment également beaucoup de matières organiques en décomposition et ne sont donc pas uniquement nuisibles. Elles aiment les endroits frais et se plaisent dans les jardins ombragés et humides. Il existe une foule de méthodes de contrôle, mais elles servent surtout à faire sentir au jardinier qu'il est utile, car il a beau en tuer par centaines, il en revient autant. Le vrai secret consiste à planter des végétaux qu'elles ne mangent pas ou apprendre à vivre avec quelques dégâts de temps à autre. *Plantes atteintes*: beaucoup d'espèces. *Traitements*: cueillette manuelle, plat de bière, coquilles d'oeuf, ruban de cuivre, terre de diatomées.

Perce-oreilles ou forficules

Ces insectes bruns ont une apparence particulièrement ragoûtante, surtout avec leur abdomen qui se termine par des pinces. En fait, ils ne sont nuisibles que lorsque leur nombre devient excessif, car ils sont omnivores et consomment les insectes nuisibles. En Europe, on fabrique et on vend des «maisons pour perce-oreilles» afin de les attirer dans le jardin. Par contre, en trop grand

133

Photo: Bernard Drouin, MAPAQ

nombre, ils se mettent à croquer les plantes, trouant le feuillage et les fleurs ou les déchiquetant carrément. Les pires dégâts sont causés aux plantes à feuilles enroulées ou à fleurs étroites, car les perce-oreilles aiment se cacher dans des espaces très étroits le jour, et pendant qu'ils sont terrés là, ils mangent. De nombreuses méthodes ont été inventées pour les attraper: papier journal enroulé où ils se cachent le matin, balai laissé debout où ils s'infiltrent parmi les brindilles, boîte de sardines entrouverte, etc. On n'a alors qu'à les vider dans de l'eau savonneuse. Par contre, comme pour les limaces, ces méthodes et peut-être quelques centaines d'autres ne servent surtout qu'à rassurer le jardinier et lui donner l'impression de faire quelque chose. Les perce-oreilles sont cycliques; il y a donc les bonnes années où ils sont rares et causent peu de dégâts et les mauvaises années où leur effet est désastreux. En fait, tant que la crise dure, on peut en tuer des centaines par jour sans changer quoi que ce soit. Par contre, en évitant les plantes à feuilles enroulées et à fleurs étroites, vous aurez la paix! *Plantes atteintes*: beaucoup d'espèces. *Traitements*: cueillette manuelle, savon insecticide, détergent à vaisselle.

Pucerons

Ces petits insectes ressemblent à des petites poires arrondies et translucides montées sur des pattes très minces. Ils affichent différentes couleurs, vert, noir, pourpre, rose, beige, orange, etc., et peuvent aussi être couverts de «poils» blancs. Ils vivent en colonies composées exclusivement de femelles et se reproduisent à une vitesse phénoménale. À l'occasion, la colonie produit des individus ailés qui partent fonder des colonies sur d'autres plantes. Ils sécrètent un miellat qui peut rendre les feuilles collantes. Curieusement, les plantes fertilisées avec des engrais foliaires à base d'algues sont moins atteintes que les autres. Vous pouvez planter des capucines, les grandes préférées des pucerons, pour les attirer et ensuite arracher ces plantes et les détruire avant que les pucerons n'aillent ailleurs. *Plantes atteintes*: beaucoup d'espèces. *Traitements*: jet d'eau, savon insecticide, détergent à vaisselle, huile horticole légère, piège collant.

Puceron

Photo: Bernard Drouin, MAPAQ

Thrips

Ces petits insectes ailés, bruns ou noirs à l'état adulte, sans ailes et plus pâles chez les nymphes, sont de la taille d'un trait d'union. Comme ils sont très mobiles et se dissimulent à la vue des humains, on voit habituellement leur dégâts plus que les insectes eux-mêmes. Ils râpent la surface des feuilles et des fleurs, laissant des taches ou striures argentées ou brunes et de petits excréments noirs. *Plantes atteintes*: beaucoup d'espèces. *Traitements*: jet d'eau, savon insecticide, détergent à vaisselle, huile horticole légère, terre de diatomées.

Dégâts causés par les thrips

Photo: Léon Tartier, MAPAQ

Vers gris ou noctuelle

Cette chenille au corps dodu enroulé en «C» vit dans le sol le jour et en sort la nuit pour dévorer les plants, les coupant au ras du sol. Quel désastre pour le jardinier débutant qui ne comprend pas pourquoi ses plants, pourtant en santé la veille, sont morts le lendemain. *Plantes atteintes*: jeunes plants nouvellement semés ou repiqués, *Traitements*: boîte de conserve, paille de plastique, cueillette manuelle, B.t., terre de diatomées.

Ver gris

Photo: Bernard Drouin, MAPAQ

Les maladies les plus courantes

Les maladies sont très sournoises. De façon générale, elles travaillent invisiblement et ne sont apparentes que lorsque les dégâts sont déjà faits. Les traitements sont alors totalement inefficaces. Dans le cas des maladies, il vaut mieux prévenir que guérir, en choisissant par exemple des cultivars reconnus comme étant résistants aux maladies et en utilisant un paillis pour empêcher les spores présentes dans le sol d'être lancées sur les plants par l'eau de pluie ou d'arrosage. Si possible, évitez d'arroser le feuillage des plantes ou, si vous n'avez pas le choix, faites-le le matin pour qu'il ait le temps de sécher avant la nuit. Détruire les feuilles des plantes malades est aussi une méthode de contrôle. Des traitements préventifs au soufre ou à l'huile peuvent aussi être efficaces.

Blanc ou mildiou poudreux

Les feuilles se recouvrent d'une poudre blanche, les spores d'un champignon déjà bien ancré, et noircissent. Les tiges et feuilles peuvent être recroquevillées ou déformées. C'est surtout un problème qui apparaît à la fin de l'été quand le

sol est sec et l'air humide. *Plantes atteintes*:
beaucoup d'espèces; *Prévention*: paillis, arrosage sans mouiller le feuillage, soufre, antitranspirant, huile horticole légère, utilisation de
lignées résistantes; *Traitements*: supprimer les
feuilles atteintes.

Blanc sur des feuilles
d'impatiente

Photo: Bernard Drouin, MAPAQ

Flétrissement

Le flétrissement est causé par un champignon transmis par un sol ou des outils
contaminés et parfois, par des graines contaminées. La plante atteinte devient
flasque, ses feuilles jaunissent ou
brunissent et tombent prématurément.
Plantes atteintes: reine-marguerite et
muflier; *Prévention*: stériliser les outils
entre chaque utilisation, utilisation de
lignées résistantes, attendre quatre ans
avant de remettre aux endroits infestés
des plantes sensibles; *Traitements*:
détruire les plantes atteintes.

Flétrissement de l'aster sur
des reines-marguerites

Fonte des semis

Cette maladie, causée par plusieurs
organismes différents, attaque surtout
les semis faits à l'intérieur, et parfois
aussi ceux faits dans le jardin, surtout
aux endroits mal aérés. Le plant
pourrit au ras du sol et tombe sur le
côté comme s'il avait été pincé à sa
base. Généralement les dommages
n'apparaissent que quelques jours
après la germination. *Plantes atteintes*:
beaucoup d'espèces; *Prévention*:
utiliser un terreau pasteurisé, étendre
de la sphaigne broyée sur la surface

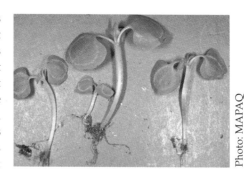

Semis d'impatiente atteints
de la fonte de semis

Photo: MAPAQ

du terreau, enlever le recouvrement transparent des contenants dès que les
semis lèvent; *Traitements*: aérer davantage, tenir le sol plus sec.

Mildiou

Des taches apparaissent sur les feuilles, jaunes sur le dessus mais blanches et
d'aspect duveteux au revers. Le mildiou est surtout un problème au printemps

et à la fin de l'été car il se développe par temps humide, quand les nuits sont fraîches et les journées chaudes. *Plantes atteintes*: beaucoup d'espèces; *Prévention*: paillis, arrosage sans mouiller le feuillage, antitranspirant, soufre, huile horticole légère, utilisation de lignées résistantes; *Traitements*: supprimer les feuilles atteintes.

Mildiou sur les feuilles de muflier

Pourriture

Plusieurs pathogènes peuvent causer la pourriture. Généralement la plante pourrit à la base et flétrit, souvent très rapidement. La partie atteinte est brunie et molle et sent souvent le moisi. Surtout un problème dans les sols mal drainés ou très humides. *Plantes atteintes*: beaucoup d'espèces; *Prévention*: tenir le sol plus sec, utilisation de lignées résistantes; *Traitements*: éliminer les plantes atteintes.

Pourriture pythienne

Rouille

Le revers de la feuille se recouvre de pustules jaunes, orange ou rougeâtres. Le dessus est souvent taché de jaune. La feuille peut sécher par endroits ou mourir. Le meilleur traitement est de cultiver des variétés résistantes. *Plantes atteintes*: géraniums (*Pelargonium*), mufliers, roses trémières, etc.; *Prévention*: paillis, arrosage sans mouiller le feuillage, antitranspirant, soufre, utilisation de lignées résistantes; *Traitements*: supprimer les feuilles atteintes.

Rouille sur les feuilles de géranium *(Pelargonium)*.

Taches foliaires

En fait, il ne s'agit pas d'une seule maladie, mais de plusieurs. Le principal symptôme est la formation de taches jaunes ou sombres, parfois enfoncées, sur les feuilles et les tiges. Généralement les feuilles inférieures sont attaquées les premières, les autres par la suite. Souvent les taches grossissent et finissent par couvrir toute la feuille qui meurt ensuite. Surtout un problème par temps chaud et humide. *Plantes atteintes*: beaucoup d'espèces;

Taches foliaires.

Prévention: paillis, arrosage sans mouiller le feuillage, antitranspirant, soufre, utilisation de lignées résistantes; *Traitements*: supprimer les feuilles atteintes.

Virus

Il y a beaucoup de virus et leurs symptômes sont difficiles à définir. Parfois le feuillage est marbré de jaune, parfois la plante est déformée ou rabougrie et parfois le seul symptôme est un manque général de vigueur. Il faut normalement une analyse en laboratoire pour confirmer la présence d'un virus. La maladie est souvent transmise par des pucerons ou par des outils contaminés. Les fumeurs peuvent transmettre la mosaïque du tabac aux plantes s'ils y touchent sans

Virus de la mosaïque du tabac

Photo: Pierre-O. Thibault, MAPAQ

se laver les mains. Il n'y a aucun traitement maison pour ces maladies, sauf détruire les plantes. *Plantes atteintes*: beaucoup d'espèces; *Prévention*: contrôler les pucerons, stériliser les outils entre chaque utilisation, se laver les mains après avoir manipulé du tabac, utilisation de lignées résistantes, attendre quatre ans avant de remettre aux endroits infestés des plantes sensibles; *Traitements*: détruire les plantes atteintes.

Les problèmes culturaux

Avant de blâmer les insectes ou les maladies pour les problèmes de vos plantes, vérifiez si le problème n'est pas dû à une erreur de culture. En effet, souvent les plantes qui paraissent malades souffrent plutôt de la carence d'un élément nutritif quelconque, de sécheresse, de températures trop froides, etc. Vous pouvez vaporiser les plantes qui souffrent de problèmes culturaux avec les pesticides les plus puissants, sans rien changer car le problème vient d'ailleurs. Voici quelques exemples de problèmes culturaux courants.

Carence

Une manque de n'importe quel élément minéral nutritif, que ce soit un élément majeur, comme le phosphore, ou un oligo-élément utilisé par les végétaux en quantité infime, comme le bore, le zinc ou le manganèse, cause une carence. Les symptômes de carence sont parmi les plus variables et les plus mal définis et diffèrent selon l'élément manquant et la plante affectée, mais comprennent surtout des feuilles diversement déformées ou décolorées, jaunies, rougeâtres, etc. Étant donné la diversité des symptômes, il est rarement possible de déterminer exactement l'élément manquant. Un traitement plus global avec un engrais complet destiné à compenser tout manque d'élément nutritif est une solution plus facile. *Plantes atteintes*: toutes les plantes; *Prévention:* enrichir régulièrement le sol du jardin d'amendements, de paillis décomposables ou d'engrais complets; *Traitements*: traiter avec un engrais soluble ou foliaire *complet*, contenant tous les oligo-éléments.

Excès d'éléments minéraux

Trop d'engrais ou un sol contaminé d'éléments minéraux, comme les produits de déglaçage des routes, peuvent brûler les feuilles ou même tuer les annuelles les plus fragiles. Les symptômes varient cependant selon la plante et le produit en excès, mais généralement la plante croît de façon rabougrie et son feuillage est brûlé par endroits. Certaines annuelles tolèrent très bien les sels minéraux en excès et peuvent ne donner aucun symptôme, alors qu'une plante voisine peut être sérieusement

Effet d'un excès en sel sur le géranium (Pelargonium).

endommagée. *Plantes atteintes*: beaucoup d'espèces; *Prévention:* éviter des applications trop massives d'engrais, lessiver ou changer la terre dans les secteurs affectés par les produits de déglaçage; *Traitements*: lessiver le sol à grande eau.

Froid

Le froid, même une température aussi élevée que 9°C, peut sérieusement ralentir la croissance des annuelles les plus tendres, et causer un état de choc qui dure plusieurs semaines. Le gel va plus loin; il brûle ou noircit les marges des feuilles. Un gros gel peut même faire noircir toute la plante, la tuant ou l'obligeant à repartir de zéro. Certaines annuelles tolèrent plusieurs degrés de gel, mais un gel très profond peut éventuellement venir à bout de l'annuelle la plus résistante. Évidemment, c'est surtout un problème en début de saison et il faut prendre des mesures pour l'éviter. En fin de saison, c'est un phénomène naturel et inévitable et aucun traitement n'est nécessaire. *Plantes atteintes*: toutes les plantes ; *Prévention:* éviter les repiquages trop hâtifs en pleine terre, rentrer les annuelles en phase d'acclimatation quand les nuits sont froides; quand on annonce du gel, recouvrir les

Dommage causé par le gel.

139

plantes déjà au jardin ou partir l'arroseur car l'eau en mouvement gèle moins facilement; *Traitements*: supprimer par la taille les parties de la plante atteinte, arracher les plantes mortes.

Insolation

Trop de soleil trop tôt peut brûler même le feuillage des annuelles qui pourtant est très avide des rayons solaires. Les feuilles atteintes peuvent pâlir, jaunir ou brunir entièrement ou par endroits dans l'immédiat. À plus long terme, il n'est par rare que la feuille meure. *Plantes atteintes*: presque n'importe quelle annuelle; *Prévention*: acclimater graduellement les plants à une lumière plus intense; *Traitements*: supprimer les parties atteintes.

Les plaques plus pâles sur ces feuilles ont été causées par un ensoleillement excessif.

Oedème

Les cellules des feuilles ou des tiges peuvent éclater sous la pression causée par une absorption trop rapide d'eau. Après, les cellules endommagées se cicatrisent, laissant une croissance liégeuse appelée oedème. *Plantes atteintes*: plusieurs, mais surtout les géraniums (*Pelargonium*); *Prévention*: éviter de trop arroser, fournir un sol se drainant très bien; *Traitements*: aucun traitement nécessaire: le dommage est strictement esthétique et peu visible.

Oedème sur le géranium-lierre (Pelargonium peltatum).

Manque d'eau

Quand une plante manque d'eau, elle flétrit un peu d'abord, puis s'affaisse complètement. Certaines annuelles récupèrent des manques d'eau graves, mais d'autres en meurent. *Plantes atteintes*: toutes les plantes; *Prévention*: assurer des arrosages réguliers, ne pas planter les annuelles qui aiment un sol humide dans un emplacement sec; *Traitements*: arroser abondamment; arracher les plantes mortes.

Manque d'eau chez l'impatiente de Nouvelle-Guinée.

Les mauvaises herbes

Inutile de vous dresser une liste de toutes les mauvaises herbes qui peuvent infester une plate-bande, il y en a des centaines! Et de toute manière, leur traitement est identique: on les arrache et on fait de son mieux pour qu'elles ne reviennent pas. Quand aux herbicides, ces produits conçus pour tuer les mauvaises herbes en déréglant leur système hormonal, ils peuvent avoir une certaine utilité dans le contrôle des mauvaises herbes sur la pelouse, mais pas dans la plate-bande, car les produits présentement disponibles sur le marché ne font pas de distinction entre une plante ornementale et une plante indésirable.

L'arrachage des mauvaises herbes

N'attendez pas: dès que vous voyez une mauvaise herbe, arrachez-la avant qu'elle puisse s'établir.

L'arrachage est la méthode la plus ancienne pour éliminer les mauvaises herbes qui réussissent à s'établir dans une plate-bande: on peut présumer que nos plus lointains ancêtre le faisaient au tout début de l'agriculture. Malgré ses origines lointaines, il est toujours pratiqué et revient même de plus en plus à la mode depuis que les paillis gagnent du terrain sur les terrains privés, car l'autre méthode, le sarclage, n'est pas très compatible avec le paillis.

Pour arracher une mauvaise herbe, il suffit de tenir la base de la plante et de tirer, lentement mais également, vers le haut. Si le sol est sec, arrosez la veille: les racines se détacheront plus facilement. Dans le cas des plantes à racines traçantes, celles aux rhizomes qui courent partout, arracher vous donnera non seulement la plante mère et plusieurs rhizomes complets, mais laissera aussi sans doute ici et là des sections cassées de rhizome. Comme elles dépassent du sol ou du paillis, il suffit de tirer aussi sur ces sections pour enlever le maximum de matière végétale. Les terres couvertes d'un paillis étant plus meubles que les sols exposés, les mauvaises herbes sont plus faciles à arracher d'un sol paillé. Replacez toujours le paillis après avoir arraché une mauvaise herbe, sinon le trou découvert et exposé à la lumière sera vite infesté de nouveau.

Le pissenlit est peut-être la mauvaise herbe la plus connue mais, très honnêtement, elle est moins dérangeante dans la plate-bande que dans la pelouse.

Le sarclage

Le sarclage consiste à passer une binette, une houe, un sarcloir, etc. entre les plants désirables pour briser la croûte qui se forme sur tout sol exposé aux éléments et arracher ou couper les mauvaises herbes en passant. Il suffit alors tout simplement de les ramasser.

Il est difficile de sarcler une plate-bande paillée, car le sarclage mélange le paillis avec le sol et ramène les graines de mauvaises herbes à la surface. C'est donc une technique utilisée dans les plates-bandes non paillées. Il faut le faire délicatement et ne pas passer trop près des plantes désirables, notamment les annuelles dont les racines demeurent plus fragiles que celles des plantes permanentes, car vous pouvez les abîmer. Il faut donc quand même arracher à la main les mauvaises herbes qui poussent parmi ou près des plantes désirables.

Avec le sarclage, on réussit souvent à bien supprimer les mauvaises herbes au départ, mais elles repoussent très rapidement, et le sarclage doit être répété fréquemment, surtout en début de saison, au moment où les mauvaises herbes sont en pleine croissance.

Pour moi, le sarclage demeure tout au plus une technique intermédiaire. Tout jardinier paresseux devrait utiliser un paillis comme principal moyen de contrôle des mauvaises herbes.

Se débarrasser des mauvaises herbes arrachées

On peut ajouter les mauvaises herbes annuelles arrachées au tas de compost si elles ne sont pas en fleurs ou encore juste au début de leur floraison. Plus tard dans la saison, elles risquent de libérer des graines et de contaminer le compost. Quant aux mauvaises herbes vivaces, il est toujours risqué de les ajouter au compost, car si votre tas ne chauffe pas suffisamment, les racines ne seront pas détruites et peuvent infester le compost produit. La recommandation habituelle est donc de les jeter au rebut ou de les brûler. Mais il y a une autre méthode.

Le compostage du paresseux

Quand vous arrachez des mauvaises herbes, vivaces ou annuelles, avec ou sans graines, il suffit de les suspendre aux branches des arbres ou arbustes environnants, voire même sur les tiges des annuelles ou vivaces hautes. Exposées à l'air de cette façon, elles n'ont aucune chance de survie. Elles meurent rapidement de sécheresse et tombent tôt au tard sur le paillis où elles finissent leur décomposition et retournent dans le sol pour l'enrichir, à condition que les oiseaux ne les ramassent pas avant pour faire leur nid. Si en bon jardinier paresseux, vous renouvelez régulièrement le compost en y ajoutant de nouvelles couches chaque année ou aux deux ans, il n'y a aucun danger qu'elles repoussent.

142

Accrochez les mauvaises herbes sur des branches d'arbres: elles sécheront sur place pour retourner au sol sous forme d'humus.

Par contre, si vous n'utilisez pas de paillis, cette méthode ne vous convient pas. Le danger est trop grand que les graines ou racines des mauvaises herbes suspendues retombent au sol. Mieux vaut alors mettre les mauvaises herbes arrachées aux ordures.

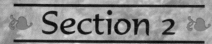
Quelques annuelles de choix

Annuelles pour le jardinier paresseux

*S*i j'avais à dresser une liste des vivaces, bulbes, arbustes, arbres, etc. vendus au Québec pour la comparer à celle des variétés de ces mêmes plantes qui y croissent bien, il me faudrait en éliminer plusieurs, voire même un grand nombre, car on nous vend parfois des plantes très mal adaptées à notre climat. Ce n'est pas le cas des annuelles. Presque toutes poussent bien au Québec, et ces plantes sont à peu près universelles: les annuelles décorant les plates-bandes et boîtes à fleurs de la Californie, de la France, voire même de l'Australie sont essentiellement celles que vous voyez ici.

Évidemment, le fait que l'on n'espère pas voir les annuelles survivre à l'hiver est une des principales raisons qui expliquent ce phénomène d'universalité. Nos hivers très rigoureux éliminent un grand nombre de plantes de celles qui en principe sont susceptibles de résister plus d'une année dans notre climat. Mais notre saison chaude est semblable aux étés que l'on vit sous des cieux plus cléments. Nous sommes même avantagés comparativement à plusieurs régions du globe: nos étés sont suffisamment frais pour nous permettre de cultiver les annuelles qui exigent de la fraîcheur et assez chauds pour celles qui aiment la chaleur. Nous n'avons rien à envier à la Floride... du moins, en ce qui concerne le choix des annuelles que l'on peut cultiver!

S'il n'y a pas vraiment d'annuelles qui ne conviennent pas, certaines se cultivent néanmoins plus facilement que d'autres, et c'est ce que nous allons voir dans cette section. Les descriptions qui suivent vous présentent quelques 150 genres botaniques et plus du double d'espèces de plantes considérées comme annuelles, pour une raison ou pour une autre. Fidèle à moi-même, je m'efforce de vous présenter non seulement des plantes courantes, mais aussi plusieurs plantes plus rares qui mériteraient une place dans nos plates-bandes et boîtes à fleurs. J'espère que ce livre saura à la fois combler votre besoin de renseignements précis sur les plantes que vous cultivez déjà et piquer votre curiosité pour les plantes que vous ne connaissez pas encore.

Je dois cependant souligner qu'en lisant les descriptions, il faut tenir compte de la constante évolution du monde des annuelles où de nouvelles variétés apparaissent tous les ans. S'il est vrai que c'est parfois bonnet blanc et blanc bonnet, on observe souvent des changements radicaux chez certaines annuelles. Par exemple, même si j'ai classé une certaine annuelle parmi les «géantes», cela ne signifie aucunement qu'on ne vous l'offrira pas, un jour, issue d'une nouvelle lignée de taille bien modeste, ou qu'une variété à fleurs doubles ou à feuillage panaché n'apparaîtra pas dans les catalogues, alors qu'elle n'existe pas au moment où j'écris ce livre.

C'est précisément à cause de la rapidité avec laquelle le monde des annuelles évolue que j'ai beaucoup hésité à vous recommander des cultivars spécifiques, ou même vous faire part de leur existence. La série d'impatientes des jardins (*Impatiens wallerana*) 'Blitz' était le dernier cri en 1989; elle a presque disparu du marché en 1999, surpassée par une bonne dizaine de séries encore plus performantes. Parce que je désire que ce livre vous soit utile très longtemps, j'évite, lorsque c'est possible, d'insister sur un cultivar ou un autre pour plutôt peindre un tableau général mais complet de la plante. Si vous désirez connaître les lignées qui étaient à la mode au moment où ce livre a été écrit, lisez les légendes sous les photos: elles décrivent les annuelles dernier cri de la fin du vingtième siècle. Pour connaître les nouveautés, je vous suggère de vous procurer des catalogues de l'année en cours (voir Sources de plantes et de semences à la page xx).

Ne perdant pas de vue l'objectif de ce livre, soit expliquer comment entretenir les annuelles tout en minimisant les efforts, je les ai catégorisées en tenant compte de leur facilité de culture pour le jardinier paresseux plutôt que par ordre alphabétique. Les premières catégories présentées sont celles des annuelles exigeant peu au pas d'entretien, suivies de plantes demandant de plus en plus de soins et, en tout dernier lieu, d'annuelles si exigeantes qu'on peut se demander si tant d'efforts sont justifiés.

Bonne lecture!

Les plantes présentées ici possèdent une caractéristique commune: elles poussent rapidement dès l'ensemencement. Presque toutes sont de véritables annuelles au sens botanique du terme: elles poussent, fleurissent, produisent des graines et meurent dans un court laps de temps.

La plupart des annuelles décrites ici seront en fleurs aux premiers jours de l'été et le resteront jusqu'à l'automne, et parfois jusqu'aux gels. Certaines continueront à fleurir tout l'été sans le moindre soin. Par contre, pour maintenir la floraison de certaines autres, il est parfois nécessaire de supprimer les tiges florales avant la production des graines, un travail que le jardinier paresseux préfère normalement éviter... mais avec un taille-haie électrique ou un coupe-bordure (voir à la page 92), c'est vite fait. Vous pouvez aussi tout simplement en ressemer d'autres, à la volée et en grattant un peu à la houe pour les faire pénétrer. Des semis successifs aux trois ou quatre semaines permettront même aux annuelles à floraison très éphémère d'offrir une abondance de fleurs tout l'été.

Mais il y a encore mieux: toutes les annuelles décrites dans ce chapitre *se ressèment*! Rien n'est parfait... la première année, il faut bien les semer, mais par la suite, vous n'avez rien à faire: elles repousseront le printemps suivant, sans que vous ayez levé le petit doigt! En effet, les graines, éparpillées au pied des plantes d'origine, traversent l'automne et l'hiver pour germer au printemps suivant, à peu près à l'emplacement où vous les aviez placées l'année précédente. Quelle joie pour le jardinier paresseux: des plantes qui se passent de soins! Et vous qui pensiez que les annuelles exigeaient des efforts!

Pour les jardiniers un tantinet moins paresseux qui aiment bien supprimer les fleurs fanées de leurs plantes, je fais cette mise en garde: il ne faut *pas* les supprimer toutes, sinon les plantes ne produiront pas de graines, et pas de graines... pas de nouvelle génération l'année suivante.

Alysse odorante

Centaurée

Chrysanthème annuel

Coréopsis annuel

Gaillarde annuelle

Julienne de Mahon

Ketmie trilobée

Lin annuel

Lupin annuel

Nielle des blés

Pavot annuel

Pavot tulipe

Silène annuel

Souci

Lobularia maritima

Alysse odorante
(*Lobularia maritima*)

Nom anglais: Sweet Alyssum

Hauteur: 8-20 cm.

Espacement: 15-25 cm.

Emplacement: Ensoleillé ou légèrement ombragé.

Sol: Bien drainé, moyennement humide.

Multiplication: Semis au printemps ou à l'automne.

Disponibilité: Plants à repiquer, sachet de semences.

Floraison: Du début à la fin de l'été.

Utilisation: Plate-bande, bordure, massif, panier suspendu, bac, couvre-sol, rocaille, muret, naturalisation, pentes, attire les abeilles.

Où placer l'alysse odorante dans ce livre? Voici une question qui m'a tracassé, car l'alysse aurait mérité une place autant parmi les plantes de bordure (page 254) que parmi les fleurs parfumées (page 374). Mais j'ai cru bon la placer ici, car c'est tout simplement l'une des annuelles les plus faciles à cultiver, et qui mérite bien d'être la première plante décrite dans ce livre. Évidemment, lorsque je dis «facile», je veux dire «facile pour le jardinier paresseux», il fallait que la plante puisse être semée en pleine terre et aussi, qu'elle se ressème. J'ai frappé dans le mille!

Cette annuelle très populaire pourrait se passer de description, elle est des plus courantes et connue de tout jardinier quelque peu expérimenté. Débutants, sachez que l'alysse est une plante basse, aux courtes tiges rampantes au port étalé, dont les feuilles vertes étroites forment un monticule arrondi dans le jardin. Mais vous risquez de ne pas remarquer ses feuilles, car la plante est presque constamment couverte de bouquets de petites fleurs à quatre pétales du début à la fin de l'été. De plus, ses fleurs, et surtout celles des variétés blanches, sont fortement parfumées, rappelant un peu le miel. Son parfum nous séduit surtout quand l'alysse est surélevée, en pot ou sur un muret, la distance entre nos narines et les petites fleurs collées au sol étant trop grande pour vraiment l'apprécier.

La culture de l'alysse est si facile, elle pousse si rapidement, que je n'hésite pas à dire que si vous l'achetez en caissette, vous vous faites un peu rouler. Non seulement la caissette que vous payez si cher a été ensemencée à peine quelques semaines auparavant, mais les plantes sont inévitablement beaucoup trop avancées (voir à la page 56); je pense que l'alysse devrait se vendre à la moitié du prix des annuelles qui demandent de 10 à 12 semaines de culture. De plus, une alysse en fleurs ne se remet jamais tout à fait du choc de la transplantation, alors que des «plants en vert», tels qu'on les vend en Europe, sont peut-être moins fleuris au départ, mais reprennent rapidement. En fait, même un débutant peut produire de beaux plants d'alysse, soit dans la maison ou en pleine terre.

Semez l'alysse en pleine terre tôt au printemps, dès que le sol peut être travaillé, recouvrant les graines de 3 mm de terre. Vous pouvez aussi le faire jusqu'à deux semaines avant le dernier gel, ou à l'automne. Dans la maison, semez les graines environ six semaines avant le dernier gel. Pour faire un beau tapis, plantez ou éclaircissez de façon à ce que les plantes s'entrecroisent un peu. Par exemple, pour les variétés standard d'environ 30 cm de diamètre à maturité, espacez les plants de 20 ou de 25 cm; pour les variétés compactes d'environ 20 cm de diamètre à maturité, un espacement de 15 cm serait très approprié.

Si vous semez l'alysse, ou si vous réussissez à trouver des caissettes de plants pas trop avancés, elle fleurira tout l'été sans intervention. Les plantes achetées en fleurs, quand elles récupèrent, deviennent «fatiguées» à la mi-été. Rabattez-les alors de moitié, à la tondeuse si elles sont en bordure du jardin, ou avec le coupe-bordure ou le taille-haie. Elles se régénéreront rapidement et seront de nouveau en fleurs en deux semaines.

Variétés recommandées:

Il existe plusieurs espèces d'alysse vivace, dont *Alyssum saxatile*, aussi connu sous le nom d'*Aurinia saxatilis* ou corbeille d'or), toutes à fleurs jaunes, mais seule l'espèce qui suit est une véritable annuelle.

❧ *Lobularia maritima* [*Alyssum maritimum*] (alysse odorante, alysse maritime): Il s'agit de la plante dont il est question dans la description générale. En plus du blanc, sa couleur d'origine, l'alysse est maintenant offerte dans une variété d'autres couleurs: rose, mauve, violet foncé, rouge pourpré et, plus récemment, jaune crème et saumon pâle. Des variétés naines (de 8 à 10 cm de hauteur, alors que les variétés standard peuvent atteindre 20 cm) sont aussi disponibles.

153

Centaurée

Centaurée
(*Centaurea* sp.)

Noms anglais:
Batchelor's Buttons,
Cornflower (*C. cyanea*);
Sweet Sultan (*C. moschata*)

Hauteur: 30-90 cm.

Espacement: 15-20 cm
pour les variétés basses;
20-30 cm pour les
variétés hautes.

Emplacement:
Ensoleillé ou
légèrement ombragé.

Sol: Bien drainé.

Multiplication: Semis
au printemps, au début
de l'été ou à l'automne.
Disponibilité: Sachets
de semences.

Floraison: Du début à
la fin de l'été.

Utilisation: Plate-
bande, bordure, pré
fleuri, fleur comestible,
fleur coupée.

Centaurea cyanea 'Florence Pink'

Voici une plante annuelle connue de tous au Québec... jusqu'à la fin des années 1940. Cette fleur traditionnelle des jardins d'autrefois fut malheureusement remplacée depuis par les plantes achetées en caissette, déjà fleuries, afin d'obtenir des «résultats instantanés». Curieusement, si vous les semez en pleine terre tôt au printemps, les centaurées fleuriront en même temps que les soi-disant «fleurs instantanées»!

Les centaurées annuelles sont toutes des plantes à croissance rapide, tolérant assez bien le gel et germant donc tôt au printemps. Leur feuillage est étroit et grisâtre. Leurs «fleurs» en aigrettes sont en fait des inflorescences composées de nombreuses fleurs individuelles. Elles sont portées sur des tiges bien au-dessus des feuilles, ce qui facilite la suppression mécanique (vroum, vroum!) des fleurs fanées, si tel est votre choix. Si, par contre, vous n'êtes pas trop méticuleux et que vous laissez mûrir les graines, vous verrez peut-être un jour des hordes d'oiseaux venir s'en délecter, surtout les chardonnerets qui les adorent!

Semez les centaurées en pleine terre tôt au printemps, recouvrant les graines de 6 mm de terre, dès que le sol peut être travaillé ou à l'automne. Pour une floraison continuelle, semez de nouveau deux semaines avant la dernier gel et, par la suite, aux deux semaines jusqu'à la mi-juin. On peut aussi les semer à l'intérieur de 4 à 6 semaines avant le dernier gel, en conservant une température de 15 à 21°C. Semez-les dans des godets de tourbe, car les jeunes plants tolèrent difficilement le repiquage. Un traitement préalable de cinq jours au froid est nécessaire et les graines exigent de la noirceur pour germer. Il semble évident que les semer à l'extérieur est beaucoup plus facile!

Le plein soleil leur convient mieux, surtout pour les variétés hautes qui peuvent d'écraser au sol si elles manquent de lumière. ...évitez les sols trop riches qui stimulent une croissance végétative au détriment de la floraison.

Les centaurées annuelles font d'excellentes fleurs coupées, mais il faut choisir les variétés hautes, les variétés de bordure ayant des tiges trop courtes pour être utiles dans les arrangements. Pour les sécher, coupez les fleurs fraîchement ouvertes et suspendez-les la tête en bas dans un lieu frais, sombre et sec.

En plus des deux centaurées annuelles décrites ici, le genre *centaurea* comprend plusieurs plantes vivaces fort populaires, dont la centaurée des montagnes (*Centaurea montana*) et la centaurée à grosses fleurs (*Centaurea macrocephala*).

Variétés recommandées:

⚘ *Centaurea cyanea* (centaurée bleuet, bleuet): De loin l'espèce la plus connue. En Europe, cette jolie fleur de 6 cm de diamètre égaie tous les champs en été et on l'appelle tout simplement bleuet. J'ai cependant préféré utiliser ici le terme «centaurée bleuet» pour éviter toute confusion avec notre «fruit national». Ce serait d'ailleurs une erreur susceptible de causer des ennuis de santé à une personne qui, ayant lu que les fleurs de bleuet sont comestibles, déciderait de se régaler des fleurs toxiques de notre bleuetier (*Vaccinium*, appelé myrtillier en Europe). Pour une touche de couleur et un peu d'originalité, vous pouvez cependant ajouter, sans crainte, les fleurons de *centaurée bleuet* à vos salades.

Avec un tel nom commun, on peut s'attendre à des fleurs bleues... ce qui était vrai autrefois. De nos jours, la centaurée bleuet peut avoir autant des fleurs roses, que blanches, rouge carmin, bleues ou pourpre. Vous pouvez les acheter en mélange ou d'une seule couleur. Les variétés naines (30-60 cm) font excellentes plantes pour la bordure. Les variétés hautes (7590 cm) conviennent mieux au centre de la plate-bande et au jardin de fleurs coupées.

⚘ *C. moschata* (centaurée musquée, centaurée ambrette): Fleurs pleinement doubles et plus grosses, de 8 à 10 cm de diamètre, très plumeuse d'aspect et délicieusement parfumées. Couleurs: jaune, rose, lavande et blanc, généralement au centre plus pâle. Hauteur: 45 à 75 cm, selon la lignée.

Chrysanthème annuel
(Chrysanthemum)

Noms anglais: Annual Chrysanthemum

Hauteur: 30-90 cm.

Espacement: 30-45 cm.

Emplacement: Ensoleillé ou légèrement ombragé.

Sol: Bien drainé, moyennement humide.

Multiplication: Semis au printemps ou à l'automne.

Disponibilité: Plants à repiquer (rarement), sachets de semences.

Floraison: Du milieu à la fin de l'été.

Utilisation: Plate-bande, bordure, massif, panier suspendu, bac, couvre-sol, rocaille, pré fleuri, naturalisation, fleur coupée, feuilles et fleurs comestibles.

Chrysanthemum carinatum

Mon père m'invitait à semer cette plante quand j'étais enfant, car même les enfants le réussissent sans problème. Je suis donc toujours surpris de constater que la plupart des jardiniers ne connaissent pas cette fleur si jolie et de culture si facile. Je suppose que c'est parce qu'elle est rarement disponible en caissette... et qu'aujourd'hui, bien peu de gens font leurs propres semis.

Il s'agit d'une plante au port buissonnant, à feuillage parfumé et fortement découpé, comme une fougère. Le feuillage du Chrysanthème à carène est si attrayant que l'on pourrait presque le cultiver uniquement à cette fin. Chaque plante produit une multitude de fleurs en forme de marguerite, les couleurs variant selon l'espèce cultivée.

Semez le chrysanthème annuel en pleine terre tôt au printemps, le recouvrant de 3 mm de terre, dès que le sol peut être travaillé ou jusqu'à deux semaines avant le dernier gel. On peut également le semer à l'automne. Il est aussi très facile à semer à l'intérieur, 6 à 8 semaines avant le dernier gel, à condition de placer le plateau à la noirceur pendant la germination. Les graines prennent de 10 à 13 jours pour germer à environ 15 à 21°C. Les plants produits en pleine terre sont naturellement compacts et ramifiés; pour donner le même port aux plants semés dans la maison, pincez-les lorsqu'ils ont développé de quatre et huit feuilles.

Tous les chrysanthèmes font d'excellentes fleurs coupées décoratives qui durent longtemps en vase. Il n'est pas nécessaire de supprimer les fleurs fanées pour maintenir une bonne floraison durant tout l'été.

Variétés recommandées:

≈ *Chrysanthemum carinatum* (chrysanthème à carène, chrysanthème tricolore; Painted Daisy, Tricolor Chrysanthemum (*C. carinatum*)) : C'est le plus connu des chrysanthèmes annuels et aussi le plus coloré. Les variétés simples ressemblent à une marguerite multicolore, le centre pourpre est entouré de «pétales» (rayons) jaunes, bronze, orange, roses ou rouges marqués d'un ou deux anneaux contrastants. Les variétés doubles ressemblent à des pompons et sont unicolores. Les deux types portent des fleurs de 9 cm de diamètre. Leur feuillage découpé, d'un vert moyen, est charnu et reluisant. Hauteur: 45-90 cm, selon le cultivar.

≈ *Chrysanthemum coronarium* (chrysanthème des jardins, shungiku; Garland Chrysanthemum, Crown Daisy, Shungiku (*C. coronarium*)): Cette plante au port arrondi et arbustif porte des feuilles encore plus découpées que la précédente. Le feuillage est comestible et se mange cuit, comme des épinards, par les Orientaux qui le connaissent, non pas comme fleur, mais comme légume. On le trouve dans les marchés chinois sous le nom de shungiku, mais son goût très prononcé est peu prisé par les Occidentaux. Nous apprécions davantage ses fleurs en forme de marguerite au centre jaune et aux rayons jaunes, crème ou blancs, parfois bicolores, qui mesurent environ 5 cm de diamètre. Hauteur: 30-75 cm.

≈ *Chrysanthemum segetum* (chrysanthème des moissons, marguerite dorée; Corn Chrysanthemum (*C. segetum*)): Forme un dôme de feuillage découpé et coiffé de «marguerites» de 7 cm de diamètre. Fleurs généralement jaunes, mais parfois blanches au centre jaune. En Orient, les fleurs se mangent légèrement cuites, nappées de vinaigrette. Contrairement aux autres chrysanthèmes, ses semis ne tolèrent pas le gel et, de façon générale, ils ne se ressèment pas. Semez-les en pleine terre dès que tout danger de gel est passé, ou à l'intérieur.

Vous trouverez d'autres chrysanthèmes annuels à la page 270.

Coreopsis tinctoria

Coréopsis annuel
(Coreopsis)

Noms anglais: Annual Coreopsis, Calliopsis

Hauteur: 30-90 cm.

Espacement: 20-30 cm.
Emplacement: Ensoleillé.

Sol: Très bien drainé, s'accommode d'un terrain pauvre.

Multiplication: Semis au printemps ou à l'automne.

Disponibilité: Plants à repiquer (certains cultivars nains), sachets de semences.

Floraison: Du milieu à la fin de l'été.
Utilisation: Plate-bande, bordure, massif, pré fleuri, naturalisation, fleur coupée, fleur séchée, attire les papillons

Si vous avez déjà ensemencé un pré fleuri avec un sachet de graines mélangées, vous connaissez sûrement cette plante, car c'est, avec la rudbeckie (page 426), l'une des deux espèces les plus populaires pour les jardins de fleurs sauvages exposés au soleil.

Le coréopsis annuel ressemble beaucoup à ses cousins vivaces plus populaires... mais en plus coloré! Ses fleurs de 3 cm de diamètre ne sont pas entièrement jaunes comme celles du coréopsis à grandes fleurs (*Coreopsis grandiflora*) qui est l'espèce vivace la plus populaire, mais généralement vivement colorées: jaunes, orange, marron, cramoisi, acajou ou bicolores, souvent avec une large bande de couleur contrastante entourant le centre jaune brunâtre. Il existe aussi plusieurs cultivars à fleurs doubles ou semi-doubles.

Il s'agit d'une plante dressée dont les tiges grêles portent des feuilles minces. Naturellement bien ramifiée, la plante a la forme d'un candélabre. Les variétés naines se tiennent bien, mais les grandes variétés ont parfois besoin d'aide. De simples «tuteurs de branchages» suffisent.

Semez-les en pleine terre au début du printemps, dès que vous pouvez travailler le sol ou jusqu'à deux semaines avant le dernier gel. On peut aussi les semer à l'automne ou à l'intérieur 6 à 8 semaines avant le dernier gel. Ne recouvrez pas les semences, elles exigent de la lumière pour germer.

Ne vous gênez pas pour cueillir autant de fleurs que vous le souhaitez, car plus vous en récoltez, plus la plante en produit. Les fleurs coupées sont d'ailleurs très durables. On peut aussi cueillir les tiges en fin de saison, lorsqu'elles montent en graines, et les faire sécher pour les arrangements hivernaux.

Autrefois on classait tous les coréopsis annuels dans le genre *Calliopsis,* et vous les trouverez classifiés encore ainsi dans certains catalogues de semences.

Variétés recommandées:

Seule l'espèce suivante est couramment cultivée, bien que des sachets de coréopsis à feuilles lancéolées (*C. lanceolata*) et de coréopsis à grandes fleurs (*C. grandiflora*) soient parfois offerts, deux espèces vivaces cultivées comme annuelles car les deux arrivent à la floraison dès la première année. Il existe aussi d'autres coréopsis annuels, dont *C. basalis* (*C. drummondii*), *C. bigelovii* (*C. stillmani*) et *C. californica* (*C. douglasii*), toutes à fleurs jaunes parfois marquées d'acajou à la base des rayons, mais elles sont rarement commercialisées. Parfois on les trouve dans un sachet de graines pour prés fleuris.

❧ *Coreopsis tinctoria* [anc. *Calliopsis bicolor*] (coréopsis élégant, calliopsis): C'est le «calliopsis» des jardins de nos grands-parents et aussi l'espèce décrite ci-dessus dans les remarques générales. Sa hauteur varie de 25 à 30 cm pour les cultivars nains, et jusqu'à 90 cm ou plus pour l'espèce et les cultivars commercialisés pour la production de fleurs coupées.

Coreopsis tinctoria

159

Gaillarde annuelle

Gaillardia pulchella 'Yellow Plume'

Gaillarde annuelle
(*Gaillardia*)

Noms anglais: Annual Blanket Flower, Painted Gaillardia

Hauteur: 30-75 cm.

Espacement: 15-30 cm.

Emplacement: Ensoleillé.

Sol: Bien drainé, voire même assez sec; pas trop riche.

Multiplication: Semis au printemps.

Disponibilité: Plants à repiquer, sachets de semences.

Floraison: Du milieu à la fin de l'été.

Utilisation: Plate-bande, bordure, massif, pré fleuri, naturalisation, fleur coupée, fleur séchée, attire les papillons.

La gaillarde annuelle ressemble beaucoup aux espèces vivaces, dont la très populaire gaillarde à grandes fleurs (*gaillardia* x *grandiflora*) qui est, en fait, un hybride entre l'espèce annuelle (*G. pulchella*) et une espèce vivace (*G. aristata*). La gaillarde annuelle produit des feuilles étroites, poilues et dentées, formant à la base de la plante une rosette remontant sur la tige florale, et une multitude de tiges florales hirsutes. Les fleurs d'environ 5 cm de diamètre sont très vivement colorées: rouges, orange, crème ou jaunes, généralement bicolores. Leurs formes sont très variables: forme de marguerite avec rayons aplatis normaux ou

160

rayons en forme de tube étoilé, complètement doubles, et forme de boule avec ou sans rayons.

Cette plante ne tolérant pas le gel, il est imprudent de la semer trop tôt en pleine terre. Attendez plutôt que tout danger de gel soit passé. Malgré tout, la plante se naturalise bien: il faut croire qu'une fois installée au jardin, la sélection naturelle fait en sorte que certaines graines «savent attendre» l'arrivée des températures chaudes, l'emportant sur les graines trop hâtives et arrivant à s'acclimater à nos printemps aux températures en dents de scie. On peut aussi les semer à l'intérieur 4 à 6 semaines avant le dernier gel pour obtenir une floraison plus hâtive. Ne recouvrez pas les semences, elles exigent de la lumière pour germer.

Un tuteur est parfois nécessaire. Pour des suggestions, voyez la page 88.

Variétés recommandées:
Seule l'espèce suivante est couramment cultivée.

❧ *Gaillardia pulchella* [anc. *G. drummondii*] (gaillarde peinte): C'est l'espèce décrite ci-dessus. Il en existe de nombreux cultivars, à fleurs simples ou doubles, dont plusieurs variétés naines. Hauteur: 30-45 cm pour les variétés naines; 45-90 cm pour les variétés standard.

❧ *G. pulchella* 'Red Plume': Il y a quelques années, ce cultivar à gagné un prix «Sélections All-America», ce qui garantit habituellement que non seulement la plante est de bonne qualité, mais qu'elle sera longtemps sur le marché. Il s'agit d'une variété naine à fleurs entièrement doubles. Hauteur: 30 cm.

Gaillardia pulchella 'Red Plume'

Malcomia maritima

Julienne de Mahon
(*Malcomia maritima*)

Nom anglais: Virginia-stock

Hauteur: 15-35 cm.

Espacement: 5-10 cm.

Emplacement: Ensoleillé ou mi-ombragé.

Sol: Bien drainé, voire sec.

Multiplication: Semis au printemps, à l'été ou à l'automne.

Disponibilité: Sachets de semences.

Floraison: Du printemps à la fin de l'été.

Utilisation: Plate-bande, bordure, rocaille, muret, bac, sous-bois ouvert, naturalisation, attire les abeilles.

Autant la julienne de Mahon est peu connue chez nous, autant elle est populaire en Europe. On peut difficilement imaginer un jardin anglais sans cette petite plante basse en bordure de presque toutes les plates-bandes. Il faut dire que la julienne n'apprécie guère les étés chauds. Cependant, plusieurs régions du Québec ont des étés suffisamment frais pour lui plaire car elle apprécie particulièrement les zones côtières... à l'état sauvage, elle pousse près de la mer. On peut même la cultiver dans les coins mi-ombragés qui sont naturellement plus frais, et aussi dans les coins plus chauds de la province, mais uniquement pour une floraison printanière.

Les petites fleurs de la julienne mesurent 2 cm de diamètre et portent toujours quatre pétales. Elles sont produites en groupes lâches à l'extrémité des tiges et sont légèrement parfumées. La gamme des couleurs comprend le blanc, le jaune, le rose et le lilas, souvent avec un oeil contrastant. La plante, aux tiges et au feuillage minces de couleur verte, est compacte et bien ramifiée.

La julienne peut se comparer à l'alysse odorante quant à son utilisation et à sa culture. Elle forme le même genre de petit coussin qui, si on la plante densément, s'entrecroise avec les plants environnants pour former un véritable tapis. Elle fleurit très rapidement après les semis, encore plus vite que l'alysse, généralement en six semaines et parfois en quatre semaines. Parce que sa germination est précoce au printemps, la julienne s'épanouit plus tôt que toute autre annuelle. Dans mes plates-bandes, elle est souvent en fleurs au début ou au milieu de mai, avant même que mes voisins aient commencé à planter leurs «annuelles instantanées» en caissette!

Elle a le même défaut que l'alysse: si on ne la rabat pas occasionnellement, sa floraison ne dure que quatre à six semaines. Comme il est inutile de même penser à supprimer une à une ses petites fleurs fanées, plantez-la en bordure et passez la tondeuse dedans! Il est aussi facile de faire des ensemencement successifs, aux trois semaines, et d'ainsi maintenir une floraison durant tout l'été. Dans les régions aux étés frais, il n'est pas nécessaire de la rabattre, elle fleurira sans relâche tout l'été.

Enfin, à cause de sa croissance très rapide et de sa grande facilité de culture, la julienne est idéale pour les enfants se livrant à leur premières expériences horticoles.

Cette plante ne semble jamais disponible en plants. Il faut donc la semer. Pour une floraison particulièrement hâtive, faites-le à l'automne, sinon aux deux semaines dès que le sol peut être travaillé jusqu'au début de juillet. Semez en surface du sol, sans couvrir, car elles exigent de la lumière pour germer. Éclaircir à 5 ou à 10 cm: il faut que les plants soient rapprochés pour un effet tapissant. En Europe, on la sème couramment à travers les plantations de bulbes à floraison printanière: la julienne fleurit alors dès que les bulbes se fanent et contribue à cacher leur feuillage jaunissant.

Variétés recommandées:

✿ *Malcomia maritima* [anc. *Cheiranthus maritimus*] (julienne de Mahon): C'est la seule espèce cultivée. Voir le texte principal pour une description complète. Les semences sont offertes en couleurs individuelles ou mélangées.

Hibiscus trionana

Ketmie trilobée
(*Hibiscus trionana*)

Noms anglais: Flower-of-an-hour

Hauteur: 60-75 cm.

Espacement: 30 cm.

Emplacement: Ensoleillé.

Sol: Bien drainé, humide, riche en matière organique.

Multiplication: Semis au printemps ou à l'automne.

Disponibilité: Sachet de semences.

Floraison: Du milieu de l'été au début de septembre.

Utilisation: Plate-bande, plant isolé, massif, arrière-plan, haie temporaire, pré fleuri, naturalisation.

La preuve que nos ancêtres cultivaient cette plante, c'est qu'on la retrouve encore, échappée de culture à différents endroits de la province. Cependant, de nos jours, c'est une plante peu connue, mais qui a des chances de redevenir populaire depuis que de nouvelles variétés aux fleurs plus durables sont disponibles.

En fait, le problème de la ketmie trilobée n'est pas une culture difficile (bien au contraire, la cultiver est un jeu d'enfant!), mais sa fleur est de très courte durée. Il est toutefois exagéré et méchant de l'appeler «fleur d'une heure» comme on le fait parfois; sa fleur s'ouvre le matin et dure plusieurs heures... mais il faut se lever de bon matin pour l'apprécier, car le spectacle est déjà terminé vers 9:00 ou 10:00 heures! Heureusement que les fleurs de plusieurs cultivars modernes demeurent ouvertes toute la journée, et même jusqu'en début de soirée. Ce sont ces cultivars qu'il faut rechercher. Évidemment, la fleur n'est plus là le lendemain, mais elle est remplacée, car cette plante fleurit abondamment.

La ketmie trilobée fait un joli «arbuste» annuel, avec des tiges solides bien espacées et des feuilles vertes en forme de feuilles d'érable fortement lobées (elles peuvent avoir cinq ou sept lobes et pas trois seulement comme son nom le suggère). Il faut cependant être patient, la ketmie trilobée ne commence à fleurir qu'après la mi-été, vers le mois d'août. C'est alors qu'elle produit ses fleurs séduisantes en forme de coupe de 8 cm de diamètre. Elles sont jaune crème ou blanches avec un coeur brun chocolat.

Comme la ketmie trilobée tolère très mal le repiquage, semez-la en pleine terre après le dernier gel. Vous pouvez aussi la semer plus tôt, mais les graines ne germeront pas si le sol n'est pas assez réchauffé. Laissez tremper les graines dures dans l'eau tiède pendant 24 heures avant l'ensemencement. Il n'est pas nécessaire de les recouvrir de terre.

À défaut de plein soleil et d'un emplacement chaud, ses graines ne mûrissent pas et l'empêchent de se ressemer, ce qui nous oblige à la semer tous les ans. Il lui faut aussi un sol légèrement humide, chose plutôt difficile dans un emplacement chaud et ensoleillé.

Variétés recommandées:

D'autres espèces d'*Hibiscus*, notamment *H. rosa-sinensis*, font de bonnes plantes d'intérieur et peuvent égayer nos parterres durant les mois d'été. Deux autres espèces annuelles sont décrites dans ce livre, soit l'hibiscus vivace (*H. moscheutos*) et la roselle rouge (*H. acetosella*) à la page 322.

🌿 *Hibiscus trionana* (Ketmie trilobée): C'est la plante décrite ci-dessus. 'Simply Love' et 'Simply Love Superior' sont deux cultivars à fleurs qui durent toute la journée. Les deux sont blanc crème avec un coeur brun chocolat.

Hibiscus trionana

165

Lin annuel
(*Linum*)

Noms anglais: Annual Flax, Scarlet Flax

Hauteur: 30-90 cm.

Espacement: 5 cm.

Emplacement: Ensoleillé.

Sol: Bien drainé, léger.

Multiplication: Semis au printemps ou à l'automne.

Disponibilité: Sachet de semences.

Floraison: Du début à la fin de l'été.

Utilisation: Plate-bande, massif, pré fleuri, rocaille, naturalisation, fleur coupée, plante textile.

Linum grandiflorum 'Rubra'

Les lins annuels sont des plantes dressées en forme d'éventail, aux tiges minces et aux feuilles étroites. Leurs nombreuses fleurs sont regroupées à l'extrémité des tiges. Chacune ne dure qu'une journée, mais la densité des boutons est telle que la floraison est abondante et assez durable. Le lin fait une excellente fleur coupée, mais considérant que chaque fleur est éphémère, choisissez des tiges ayant beaucoup de boutons mais peu de fleurs épanouies.

Après une période de floraison d'environ quatre semaines, le lin cesse de fleurir pour produire des graines. Même supprimer les fleurs fanées pour provoquer une reprise de la floraison est inutile. Si vous tenez à une floraison continuelle, faites des semis successifs aux trois ou quatre semaines.

Semez le lin en pleine terre à 3 mm de profondeur tôt au printemps, dès que le sol peut être travaillé ou jusqu'à quatre semaines avant le dernier gel, et répéter jusqu'au début de juillet. Vous pouvez aussi le semer à l'automne. Il est inutile de semer cette plante éphémère à l'intérieur car elle ne tolère pas le repiquage.

N'éclaircissez pas les jeunes plants de lin. Laissez-les se faire concurrence et que les plus forts gagnent! Le lin, ayant un port naturel très étroit et ouvert, a meilleure apparence lorsqu'il est planté densément. Un tuteur peut être nécessaire dans les endroits venteux.

Variétés recommandées:

En plus des espèces annuelles décrites ci-dessous, plusieurs lins vivaces sont des plantes de jardin populaires, dont lin bleu (*L. perenne*), lin de Narbonne (*L. narbonense*), aussi à fleurs bleues, et lin doré (*L. flavum*), aux fleurs jaunes.

🌿 *Linum grandiflorum* (lin à grandes fleurs, Lin à fleurs rouges): C'est le seul lin annuel habituellement vendu comme plante ornementale. Feuillage bleuté. Fleurs rouges, roses ou blanches. Hauteur: 30-60 cm.

🌿 *L. grandiflorum* 'Rubrum': Le plus courant. Fleurs rouge vif à oeil noir. Hauteur: 30-60 cm.

🌿 *L. grandiflorum* 'Bright Eyes': Fleurs blanches à oeil rouge. Hauteur: 30-60 cm.

🌿 *L. usitatissimum* (lin commun): C'est le lin utilisé pour la fabrication du tissu. Il produit de magnifiques fleurs bleues, mais peu de gens le cultivent comme plante ornementale bien qu'il soit pourtant très facile. Les graines de ce lin sont plus faciles à trouver en pharmacie que dans les jardineries ou les catalogues de semence! Comme vous le savez sans doute, elles ont un effet

laxatif très doux tout en étant riches en vitamines: on les ajoute souvent aux céréales ou autres mets, mais on peut aussi les presser pour en extraire l'huile. Pour produire assez de tissu pour quelques morceaux de lingerie, il faut un champ de lin! Il est donc préférable de laisser les commerçants le produire et considérer le lin commun strictement comme plante décorative, du moins dans le jardin familial. Hauteur: 30-90 cm.

Photo: Thompson & Morgan

Linum grandiflorum 'Album'

Lupin annuel
(*Lupinus*)

Noms anglais: Annual Lupine; Texas Bluebonnet (*L. texensis*)

Hauteur: 30-100 cm.

Espacement: 20-25 cm.

Emplacement: Ensoleillé ou légèrement ombragé.

Sol: Bien drainé, léger, moyennement riche.

Multiplication: Semis au printemps ou à l'automne.

Disponibilité: Sachet de semences.

Floraison: Milieu de l'été.

Utilisation: Plate-bande, massif, pré fleuri, naturalisation, fleur coupée.

Lupinus hartwegii

Presque tous connaissent le lupin vivace ou hybride (*Lupinus* x, aussi appelé *L. polyphylla* d'après l'un de ces géniteurs), mais peu savent qu'il existe aussi de ravissants lupins annuels qui ressemblent beaucoup à la variété vivace. À bien des égards, leur culture est plus facile que celle du lupin vivace.

Il s'agit de plantes dressées, aux feuilles vertes palmées, profondément lobées, et aux fleurs rassemblées en épi dense, chacune ressemblant à une fleur de pois. Le plus souvent, elle est bicolore ou multicolore. À cause de leur port très vertical, mieux vaut les cultiver en groupes d'au moins cinq à sept plants.

Il faut nécessairement semer les lupins annuels en pleine terre car ils tolèrent ni le repiquage, ni la chaleur de nos maisons. Laissez tremper les graines dans de l'eau tiède pendant 24 heures avant de les semer. Ce sont les semis faits à l'automne qui réussissent le mieux, mais on peut aussi semer au printemps, en pleine terre, dès que le sol est dégelé. Semez-les à 6 mm de

168

profondeur et espacés de 10 à 15 cm, éclaircissant à 20-25 cm par la suite. Les graines germent tôt au printemps, quand le sol est encore frais. Contrairement au plants frêles de tant d'autres annuelles, les jeunes plants de lupin poussent rapidement et avec beaucoup de vigueur, ce qui surprend souvent.

La floraison a lieu huit à dix semaines après la germination et dure environ deux semaines. Si vous supprimez l'épi floral avant que la dernière fleur ne se fane, souvent la plante récidive, produisant jusqu'à cinq ou six épis. Après la deuxième floraison, laissez la plante monter en graines pour assurer sa multiplication. Cette plante se ressème volontiers, surtout dans les régions à climat frais.

Le lupin est une légumineuse et produit donc sur ses racines des colonies de bactéries utiles qui absorbent l'azote de l'air et le transfèrent à la plante qui n'exige alors que peu d'engrais.

Variétés recommandées:

Lupinus cruickshankii (lupin de Cruikshank): Fleurs parfumées bleu azur marquées de blanc et de jaune. Feuillage bleuté. Hauteur: 90-100 cm.

L. hartwegii (lupin de Hartweg): Fleurs bleu vif teinté de rose chez l'espèce, différentes teintes de bleu, rose ou blanc chez les cultivars. Feuillage poilu vert tendre. Tolère mieux la chaleur estivale que les autres lupins annuels et refleurit facilement si on supprime les fleurs fanées, ce qui prolonge sa floraison jusqu'à la fin de l'été. Hauteur: 45-100 cm.

L. luteus (lupin jaune): Fleurs jaune vif parfumées. Feuillage vert. Hauteur: 45-60 cm.

Photo: Thompson & Morgan

L. pubescens (lupin pubescent): Fleurs bleues marquées de blanc. Nombreuses variétés horticoles en bleu, rouge, rose, jaune ou blanc. Feuillage légèrement poilu. Hauteur: 60 cm.

L. texensis (lupin du Texas, Bonnet bleu): Fleurs bleues ou blanches. Feuillage vert. Souvent incorporé aux mélanges de semences pour prés fleuris. Ne réussit bien que dans les régions aux étés frais. Hauteur: 30 cm.

Lupinus cruckshankii

169

Agrostemma githago 'Ocean Pearl'

Nielle des blés
(*Agrostemma githago*)

Nom anglais: Corn Cockle

Hauteur: 60-90 cm.

Espacement: 15-30 cm.

Emplacement: Ensoleillé.

Sol: Bien drainé, s'accommode d'un terrain pauvre.

Multiplication: Semis au printemps ou à l'automne.

Disponibilité: Sachet de semences.

Floraison: Du début à la fin de l'été.

Utilisation: Plate-bande, bordure, massif, pré fleuri, naturalisation, fleur coupée.

La nielle des blés est l'une des «Cendrillons» du monde horticole. Cette insignifiante mauvaise herbe eurasiatique aux petites fleurs clairsemées est devenue l'une des vedettes de la plate-bande d'annuelles, avec des fleurs plus denses, plus grosses, offrant un plus vaste choix de couleurs.

La nielle produit une plante assez ouverte, aux feuilles minces, étroites, un peu grisâtres qui paraît mieux cultivée en groupes très rapprochés, ce qui crée un bel effet diffus. Les boutons s'ouvrent comme un parapluie pour dévoiler une fleur de 5 à 7 cm de diamètre rappelant une fleur d'hibiscus. La gamme des couleurs est très vaste – blanc, pourpre, mauve,

Photo: Noresco

rouge, jaune et pêche – et la plupart de ces teintes sont rehaussées par un coeur blanc et de délicats rayons de lignes et de points d'une couleur plus sombre allant du centre vers la pointe des pétales.

Semez-la en pleine terre à une profondeur de 3 mm dès que le sol peut être travaillé jusqu'à deux semaines avant le dernier gel, ou à l'automne. Semez densément sans éclaircir car l'effet est meilleur lorsqu'elles poussent densément. On peut aussi la semer à l'intérieur environ 6 à 8 semaines avant le dernier gel. Attention: gardez les graines hors de portée des enfants, elles sont toxiques.

Un tuteurage simple peut-être nécessaire et la suppression des fleurs fanées en début de saison prolonge la floraison. Cependant, en fin de saison, il faut laisser la plante produire des graines pour l'année suivante... si vous voulez qu'elle se ressème.

Variétés recommandées:

🌿 *Agrostemma githago* (nielle des blés): C'est la seule espèce couramment cultivée et elle correspond à la description ci-dessus. On trouve plusieurs cultivars, dont la lignée 'Milas', très ancienne mais encore cultivée pour ses fleurs particulièrement grosses. La plupart des hybrides plus modernes sont dérivés de 'Milas'.

Photo: Johnny's Selected Seeds

Agrostemma githago
'Purple Queen'

Papaver rhoeas 'Ladybird'

Pavot
(*Papaver*)

Noms anglais: Annual Poppy (général); Corn Poppy, Shirley Poppy, Flanders Poppy (*P. rhoeas*); Peony-flowered Poppy, Opium Poppy (*P. somniferum*)

Hauteur: 25-120 cm.

Espacement: 25-30 cm.

Emplacement: Ensoleillé.

Sol: Bien drainé, voire sablonneux, ordinaire à modérément riche.

Multiplication: Semis au printemps ou à l'automne.

Disponibilité: Sachet de semences.

Floraison: Du début à la fin de l'été.

Utilisation: Plate-bande, bordure, massif, couvre-sol, arrière-plan, pré fleuri, naturalisation, fleur coupée, fleur séchée, graines comestibles.

Le genre *Papaver* comprend des annuelles, des bisannuelles et des vivaces dont deux espèces de cette dernière catégorie, le pavot d'Orient (*P. orientale*) et le pavot d'Islande (*P. nudicaule*), sont sans doute les plus connues. Ces sont les deux espèces annuelles les plus populaires que je décris ici.

Les pavots ont en commun un bouton floral qui, penché pendant sa formation, se redresse à la floraison, une fleur à quatre pétales en forme de coupe et une capsule de graines globuleuse, aplatie au sommet.

On sème généralement les pavots annuels en pleine

terre, là où ils vont fleurir. On peut le faire au printemps ou au début de l'été, ou encore à l'automne, recouvrant à peine les graines. Habituellement, on procède à des ensemencements successifs au début de juin et au début de juillet pour assurer une plus longue floraison. On peut aussi les semer à l'intérieur environ six à huit semaines avant le dernier gel, mais uniquement dans des godets de tourbe car ils tolèrent difficilement le repiquage. Les graines exigent de la noirceur pour germer.

On peut supprimer les fleurs fanées pour prolonger la vie des ces plantes éphémères, sans oublier de laisser aux moins quelques fleurs monter en graines en fin de saison pour permettre à la plante de se multiplier. Les pavots font de bonnes fleurs coupées, à condition de plonger l'extrémité de la tige dans de l'eau bouillante ou de la cautériser au-dessus d'une flamme, afin de dissoudre la sève laiteuse qui se coagule et bouche les vaisseaux de la tige, causant ainsi le flétrissement rapide de la fleur. Une fois la capsule de graines formée, on peut la couper et la faire sécher.

Variétés recommandées:

❧ *Papaver rhoeas* (coquelicot ou pavot annuel): Une petite plante formée d'une rosette basale de feuilles poilues, irrégulièrement découpées et de tiges florales hirsutes, coiffées de fleurs aux pétales soyeux. Chaque fleur d'environ 8 cm de diamètre, parfois nommée coquelicot de Flandres ou *P. commutatum* sous la forme sauvage, est rouge et marquée de noir au centre. Les cultivars modernes offrent toutefois une vaste gamme de couleurs, dont le rouge, le rose, le blanc, l'orange, le saumon, divers bicolores et même le gris pâle (très chic!) et peuvent être simples, semi-doubles ou doubles. De nouveaux cultivars sont introduits presque tous les ans. Hauteur: 25 à 60 cm.

❧ *P. somniferum* (pavot somnifère, pavot à opium): Il s'agit d'une plante beaucoup plus grosse, avec des fleurs de 10 cm et de grosses feuilles bleu gris irrégulièrement lobées rappelant une feuille de chou. Les fleurs viennent en rouge, rose, blanc et pourpre et de formes doubles, simples ou semi-doubles, frangées ou non, ainsi que plusieurs bicolores. On trouve même une lignée ('Hens and Chickens') qui produit des fleurs secondaires miniatures partant de la première fleur!

La vaste gamme des formes a mené à la création de nombreux noms botaniques incorrects, mais souvent publiés dans les catalogues: *P. laciniatum* pour les formes aux pétales découpés, *P. paeoniflorum* pour les lignées aux fleurs doubles, etc. Attention lors de l'achat: différents marchands offrent les mêmes cultivars sous des noms différents. Un cultivar qui semble jouir d'une popularité soutenue est 'Danebrög' ('Danish Flag'), aux fleurs simples, frangées, blanches au centre et rouge vif à l'extérieur, les couleurs du drapeau danois.

Les graines de ce pavot servent en cuisine et la sève qui coule des capsules blessées est utilisée pour fabriquer l'opium et la morphine. La culture du pavot à opium à des fins strictement ornementales est cependant légale au Québec et dans le reste du Canada. Hauteur: 60-120 cm.

Hunnemannia fumarifolia

Pavot tulipe
(*Hunnemannia fumariifolia*)

Noms Anglais: Mexican Tulip Poppy

Hauteur: 45-90 cm.

Espacement: 15-20 cm.

Emplacement: Ensoleillé.

Sol: Très bien drainé, tolère les sols secs.

Multiplication: Semis au printemps ou à l'automne.

Disponibilité: Sachet de semences.

Floraison: Du début de l'été au début de l'automne.

Utilisation: Plate-bande, bordure, massif, panier suspendu, bac, couvre-sol, rocaille, muret, pré fleuri, naturalisation, fleur coupée.

Le pavot tulipe n'est pas un véritable pavot, mais un lointain parent. Il est plus près du pavot de Californie (*Eschscholtzia*, page 190) auquel il ressemble, mais en format géant. C'est une plante vivace au Mexique, son pays d'origine, qui progresse et fleurit si rapidement dès l'ensemencement qu'on le cultive comme annuelle au Québec.

J'ai une affection particulière pour cette plante; elle ravive mes souvenirs d'enfance, étant une de ces annuelles que mon père jugeait si faciles pour les enfants que j'ai pu la cultiver très jeune. Elle lui rappelait sans doute sa propre enfance, le pavot tulipe ayant eu son heure de gloire avant la Première guerre mondiale, au moment où il constituait l'un des piliers de la plate-bande avant de sombrer dans l'oubli.

C'est une plante au feuillage bleu gris fortement découpé, un peu comme une fougère couverte d'une mince poussière blanche ou, comme son épithète botanique (*fumariifolia*) le suggère, comme une fumeterre (*Corydalis*), aussi porteuse de feuilles découpées bleu gris. En forme de coupe profonde et coiffant la touffe des feuilles, ses grosses fleurs jaunes rappellent des tulipes. Sa capsule de graines est cependant plus proche de celle des vrais pavots, mais plus allongée.

La capacité qu'a cette plante de fleurir sans arrêt tout l'été, jusqu'aux premiers gels de l'automne, et sans la moindre intervention, plaira énormément au jardinier paresseux qui n'a même pas à supprimer ses fleurs fanées, puisque cette plante peut produire des graines et fleurir massivement en même temps. Vous la semez... et vous laissez faire la nature. Comme toutes les plantes décrites dans ce chapitre, il se ressème, peut-être pas en abondance, mais suffisamment pour se maintenir.

Semez les graines rondes et noires du pavot tulipe au printemps en recouvrant à peine les graines, deux à quatre semaines avant le dernier gel, ou à l'automne. On peut aussi le semer à l'intérieur, quatre semaines avant le dernier gel, uniquement dans des godets de tourbe car comme tous les pavots, il tolère mal le repiquage. Il est inutile de le semer plus tôt à l'intérieur parce qu'il croît très rapidement et fleurit cinq ou six semaines après l'ensemencement.

Un mot cependant sur le choix d'un emplacement: le pavot tulipe est très avide du soleil et exige un drainage parfait. Les sols pauvres, sablonneux, graveleux, etc. ne lui causeront aucun problème, mais les sols riches et humides donnent des plantes dégarnies, moins bleutées et moins florifères. Il tolère les sols acides, mais préfère les sols neutres ou alcalins.

Comme les vrais pavots, le pavot tulipe fait une excellente fleur coupée qui dure une semaine ou plus en vase... si vous cautérisez l'extrémité coupée en la plongeant dans de l'eau bouillante ou en la passant sous une flamme.

Variétés recommandées:

🌺 *Hunnemannia fumarifolia* (pavot tulipe, hunnemanie à feuilles de fumeterre, argémone du Mexique): Il n'existe qu'une seule espèce de pavot tulipe, déjà décrite ci-dessus, et bien peu de cultivars, ces derniers se différenciant surtout les uns des autres par la teinte exacte de jaune de la fleur, allant d'un jaune citron à un jaune plus sombre quasiment orangé. Avec ma boule de cristal, je prédis le développement de couleurs et de formes multiples pour cette plante facile et fascinante, mais au moment où j'écris ces lignes, le choix est bien mince.

Silène annuel

Photo: Norseco

Silene coeli-rosa 'Angel Rose'

Silène annuel
(Silene)

Noms anglais: Catchfly (général); Rose-of-heaven (*S. coeli-rosa*); Sweet William Catchfly (*S. armeria*)

Hauteur: 20-60 cm.

Espacement: 5-20 cm.

Emplacement: Ensoleillé.

Sol: Bien drainé, voire sablonneux.

Multiplication: Semis au printemps ou à l'automne.

Disponibilité: Sachets de semences.

Floraison: Du début à la fin de l'été.

Utilisation: Plate-bande, bordure, massif, panier suspendu, bac, couvre-sol, rocaille, pré fleuri, naturalisation, fleur coupée, attire les papillons.

Les silènes ont une caractéristique pour le moins surprenante: la tige florale de plusieurs espèces, dont *Silene armeria* décrit ici, est recouverte d'une colle naturelle sur laquelle les insectes nuisibles demeurent prisonniers, une sorte de protection naturelle contre les prédateurs. D'ailleurs, en anglais on l'appelle «catchfly»: attrape-mouche. Cela ne réglera pas nécessairement tous les problèmes d'insectes dans votre jardin, mais si on considère qu'un puceron peut produire, à lui seul, plus d'un million de descendants dans un été, on peut se creuser les méninges pour trouver la façon d'attirer le tout premier puceron de l'année sur un silène!

176

La plupart des silènes sont vivaces, mais les deux espèces décrites ici sont annuelles, poussant très rapidement dès le semis et fleurissant tout l'été. À part leurs fleurs à cinq pétales et leur taille relativement petite, elles ont peu en commun et étaient autrefois classées dans des genres différents. Semez les silènes en pleine terre tôt au printemps, dès que le sol peut être travaillé jusqu'à 4 semaines avant le dernier gel, ou à l'automne. Des semis plus tardifs risquent de ne pas réussir car cette plante germe mieux dans un sol frais. Il suffit d'à peine recouvrir les graines, puis d'éclaircir selon l'espacement recommandé pour chaque espèce (voir ci-dessous). Il est inutile de semer ces plantes à croissance fulgurante à l'intérieur.

Évitez les applications trop abondantes d'engrais: ces plantes fleurissent abondamment dans les sols les plus pauvres et n'exigent aucune intervention semblable.

Variétés recommandées:

 Silene coeli-rosa [anc. *Agrostemma coeli-rosa*, *Lychnis coeli-rosa* et *Viscaria oculata*] (rose du ciel, coquelourde rose du ciel, agrostème rose du ciel). Il s'agit d'une annuelle à croissance très rapide, fleurissant habituellement tout l'été, sans réensemencement ni suppression des fleurs fanées. Ses multiples tiges grêles portent des feuilles grisâtres tout aussi fines: malgré une floraison souvent exubérante, un plant isolé semble si mince qu'il ne crée aucun effet dans le jardin. Il est préférable de semer densément et d'éclaircir à seulement 5 cm, et même moins. Ainsi, les feuillages des différents plants s'entrecroiseront et vous obtiendrez un meilleur effet. Ne craignez pas que cela affecte négativement la croissance des plantes: les feuilles sont si minces qu'elles ne projettent aucune ombre sur leurs voisines.

Les fleurs en forme de coupe mesurent environ 2,5 cm de diamètre et viennent dans des teintes de rouge, rose, pourpre, lavande, bleu ou blanc, souvent avec un oeil contrastant. Elles se tournent toujours vers le ciel, d'où les noms communs et botaniques (*coeli-rosa* signifie «rose du ciel»). Une fleur coupée charmante! Le silène résiste bien aux gels légers et peut ainsi décorer la plate-bande tard à l'automne. Hauteur: environ 30 cm.

 Silene armeria (silène à bouquet): Contrairement à l'idée suggérée par son nom commun, cette fleur ne fait pas de beaux bouquets. Ses fleurs sont trop éphémères pour faire de bonnes fleurs coupées. Son nom indique plutôt le placement des fleurs en inflorescences multiples de 5 à 8 cm de diamètre, composées de dizaines de fleurs étoilées roses ou magenta à gorge jaune. Elles attirent les papillons, notamment le sphinx. Son feuillage lancéolé et bleuté, porté sur des tiges solides qui n'exigent jamais de tuteur, est attrayant et ajoute à son charme. Chaque tige florale est munie d'une bande brune collante juste sous les fleurs, une protection naturelle contre les insectes. Les semis faits en été donnent des plants qui fleuriront l'année suivante, cette plante se cultivant aussi comme bisannuelle. Hauteur: 30-60 cm.

177

Souci

Calendula officinalis

Souci
(*Calendula officinalis*)

Nom anglais: Calendula

Hauteur: 20-60 cm.

Espacement: 20-30 cm.

Emplacement: Ensoleillé ou légèrement ombragé.

Sol: Bien drainé.

Multiplication: Semis au printemps ou à l'automne.

Disponibilité: Plants à repiquer, sachet de semences.

Saison d'intérêt: De la fin du printemps jusqu'au début de l'automne.

Utilisation: Plate-bande, bordure, potager, massif, rocaille, muret, pré fleuri, naturalisation, fleur comestible, fleur coupée.

Le souci a été l'une des premières fleurs annuelles cultivées. On le voit dans les jardins européens depuis des temps immémoriaux parce qu'il était principalement cultivé comme légume. En effet, à une époque où l'idée de cultiver des plantes pour leur beauté n'effleurait pas encore l'esprit des hommes, le souci était une plante potagère. La bonne saveur de ses feuilles agrémentait les soupes et les ragoûts et ses fleurs, à cause de leur coloration orangée, jouaient le rôle du safran. De nos jours, le souci revient dans la cuisine car on ajoute ses pétales colorés aux salades.

Le souci forme une plante buissonnante aux feuilles vert pâle, longues, étroites, arrondies à l'extrémité et légèrement collantes au toucher. Les fleurs en forme de marguerite, parfois simples ou semi-doubles mais généralement pleinement doubles, ont comme couleurs de base le jaune et l'orange, mais on trouve aussi des cultivars à fleurs crème et d'autres teintées de rouge. Elles font toutes d'excellentes fleurs coupées.

Le souci est très facile à cultiver à partir de semis, en pleine terre comme dans la maison. Parce que les jeunes plants résistent bien au gel, pour une floraison très hâtive avant la fin du printemps, semez ses grosses graines en demi-lune en pleine terre, à une profondeur de 6 mm, à l'automne ou dès que le sol peut être travaillé au printemps. Pour une floraison plus tardive, vous pouvez le semer lors du dernier gel. On peut également le semer à l'intérieur 6 à 8 semaines avant le dernier gel. Dans ce dernier cas, placez les graines à la noirceur jusqu'à la germination. Pincez une fois les jeunes plants dès qu'ils ont de six à huit feuilles pour stimuler une croissance plus compacte et une floraison plus abondante.

Le souci préfère les nuits fraîches et en période de canicule, sa floraison peut ralentir sans toutefois s'arrêter. Il reprend avec beaucoup de vigueur à l'arrivée des nuits plus fraîches de l'automne et souvent, le souci encore en fleurs quand la neige le recouvre. Son nom botanique, *Calendula*, vient de calendrier car dans les régions aux hivers doux, il peut fleurir 12 mois par année.

On peut aussi déterrer des plants de souci pour décorer nos maisons l'hiver. Le souci se ressème volontiers dans nos jardins.

Variétés recommandées:

Calendula officinalis (souci des jardins): C'est la seule espèce couramment cultivée. Voir la description ci-dessus.

Calendula officinalis 'Touch of Red'

Sous un soleil brûlant

S'il y a une chose à laquelle il faut s'attendre, c'est d'arroser régulièrement les annuelles. On se dit que ces petites plantes temporaires sont bien fragiles, n'est-ce pas? De plus, après tant d'efforts consacrés à leur plantation, on considère qu'il serait bien bête de le laisser sécher. Seriez-vous surpris si je vous disais que certaines annuelles *aiment* les coins ensoleillés et secs et ne demandent qu'un ou deux arrosages après la plantation, juste assez pour produire quelques nouvelles racines afin de s'établir... puis plus rien?

C'est le cas des annuelles décrites ici. Plus le soleil brille, plus le sol est sec, plus elles sont heureuses. Elles proviennent en majorité de régions du monde reconnues pour leur aridité, comme la Californie, le Mexique, l'Afrique du Sud, etc., où la pluie tombe uniquement en hiver ou tôt au printemps. Ces plantes ont appris à profiter de cette manne pour germer rapidement. Après la saison des pluies, lorsque leur environnement redevient quasiment désertique, elles continuent de se maintenir et de fleurir, devant parfois leur survie aux réserves qu'elles ont emmagasinées dans leurs feuilles, leurs tiges ou leurs racines mais grâce surtout à leur très grande résistance à la sécheresse. Plusieurs arborent un feuillage grisâtre ou poilu qui les protège contre l'évaporation ou des feuilles coriaces, presque cirées, qui emprisonnent la moindre goutte d'eau.

Pour toutes ces raisons, ces plantes préfèrent des emplacements en plein soleil dans un sol très bien drainé, voire même sec. Ce sont des plantes de choix pour les terrains sablonneux où rien d'autre ne pousse, pour les rocailles desséchées difficiles à humidifier suffisamment, pour les contenants toujours assoiffés exposés en plein soleil et même pour les terres pauvres et rocailleuses, la plupart se contentant de peu de fertilisations. En conséquence, leur rendement ne sera jamais fantastique sous un climat humide et pluvieux ou dans un sol riche qui retient beaucoup d'humidité et elles ne conviennent donc pas à tous les jardins. Par contre, lorsque toutes les conditions nécessaires à leur croissance sont réunies, leur performance dépasse celle de toutes les autres annuelles.

La difficulté dans la culture de ces plantes réside dans le fait que tout en aimant des journées ensoleillées et sèches, et malgré les pires chaleurs de la journée, la plupart d'entre elles préfèrent des nuits fraîches, en somme les conditions printanières de leurs pays d'origine... ce qui n'est pas toujours le cas sous notre climat québécois où quand il fait chaud, et surtout dans le Sud-Ouest, la canicule persiste souvent même la nuit et dure plusieurs jours. Ici, pendant la canicule et au cours des deux semaines qui suivent, attendez-vous à une baisse de leur floraison, suivie cependant d'une reprise rapide.

Vous seul savez si votre région est susceptible de leur offrir les conditions ensoleillées et sèches et les nuit fraîches qui conviennent aux plantes décrites dans ce chapitre. Si tel est le cas, elles sont un véritable don du ciel pour le jardinier paresseux!

Argémone

Belle de jour

Ficoïde

Gazanie

Marguerite du Cap

Pavot de Californie

Phacélie

Pourpier

Verveine des jardins

*A*rgémone

Argémone
(*Argemone*)

Nom anglais: Prickly Poppy

Hauteur: 30-90 cm.

Espacement: 30-60 cm.

Emplacement: Ensoleillé.

Sol: Bien drainé, sec, léger.

Multiplication: Semis au printemps.

Disponibilité: Sachet de semences.

Floraison: Du début à la fin de l'été.

Utilisation: Plate-bande, pré fleuri, naturalisation, fleur coupée, fleur séchée, plante mellifère.

Argemone mexicana

Quel contraste surprenant! Un feuillage si coriace, piquant et rude et des fleurs si soyeuses et si fragiles! C'est pourtant ce que nous offre l'argémone. Cette plante provient des régions arides de l'Amérique du Sud, de l'Amérique centrale et des Antilles. Ses grandes feuilles bleutées, découpées comme celles d'un chardon et rehaussées de taches d'argent sont très, très épineuses: ne l'approchez qu'avec des gants! De chaque bouton aussi couvert d'épines sort une énorme fleur jaune ou blanche selon l'espèce, en forme de coupe, crêpée, d'une extrême délicatesse et dotée d'un parfum suave. Si le feuillage rappelle un chardon décoratif, la fleur évoque un grand pavot, d'où son autre appellation: pavot piquant.

Autre fait curieux: si vous brisez une tige florale, vous verrez couler une sève laiteuse jaune vif qu'on utilisait autrefois pour traiter certaines maladies des yeux.

On trouve maintenant des argémones dans toutes les régions sèches du monde entier, car la plante s'est échappée de culture un peu partout au point de devenir une mauvaise herbe. Au Québec, le climat plus humide l'empêche de proliférer mais l'argémone réussit tout de même à s'y ressemer un peu. Pourquoi alors ne pas faire comme les Anglais: plutôt que de la planter en massif, ils ont plutôt l'habitude de laisser cette plante pousser çà et là à travers leurs plates-bandes. À cause de son feuillage doucement coloré et de ses fleurs de teinte pastel, elle se marie bien avec tout.

Il est possible de semer l'argémone à l'intérieur environ 6 semaines avant le dernier gel, mais uniquement dans des godets de tourbe, car elle tolère difficilement le repiquage. Repiquez au jardin quand tout danger de gel est passé. Habituellement, on la sème en pleine terre après de dernier gel, recouvrant les graines de 3 mm de terre. Évidemment, un emplacement en plein soleil et très bien drainé est idéal. Évitez les sols riches qui donnent des plantes luxuriantes, mais plus vertes que bleutées et beaucoup moins florifères.

Supprimer les fleurs fanées aide à prolonger la floraison, mais il faut laisser mûrir quelques capsules de graines (aussi piquantes qu'un hérisson, d'ailleurs!) pour assurer la relève par semis spontanés.

Variétés recommandées:
Trois espèces sont généralement disponibles, peut-être pas partout et dans tous les catalogues, mais vous les trouverez si vous cherchez un peu.

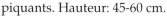 *Argemone mexicana* (argémone du Mexique, pavot épineux, figue-d'enfer): C'est l'argémone la plus couramment disponible. Ses fleurs de 5 à 7 cm de diamètre sont ordinairement jaune citron, mais certains cultivars sont d'un jaune plus sombre, voire même orangé. Le nom commun «figue-d'enfer» vient des capsules de graines en forme de figue, mais recouvertes de piquants. Hauteur: 45-60 cm.

Argemone grandiflora (argémone à grandes fleurs): Bouquets de fleurs blanches de 10 cm de diamètre. Feuilles vert bleuté, veinées de blanc. Hauteur: 60-90 cm.

Argemone platyceras (argémone à capsules aplaties): Grosses fleurs blanches de 10 à 12 cm de diamètre. Elle porte moins d'épines que les autres et ces dernières sont moins menaçantes. Hauteur: 45-90 cm.

Argemone platyceras

183

Belle-de-jour

Convolvulus tricolor 'Enseign Mixed'

Belle-de-jour
(*Convolvulus tricolor*)

Noms anglais: Bush Morning-glory; Dwarf Morning-glory

Hauteur: 15-30 cm.

Espacement: 23-40 cm.

Emplacement: Ensoleillé.

Sol: Bien drainé.

Multiplication: Semis au printemps.

Disponibilité: Plants à repiquer (rarement), sachet de semences.

Floraison: Du début à la fin de l'été.

Utilisation: Plate-bande, bordure, massif, panier suspendu, bac, couvre-sol, rocaille, muret, pentes.

La grande majorité des liserons à travers le monde (quelques centaines d'espèces) sont des plantes grimpantes utilisant leurs tiges volubiles pour s'agripper, mais la belle-de-jour fait fi de cette règle. Elle forme plutôt une plante buissonnante, aux tiges pourprées s'étalant dans tous les sens et couvertes de feuilles vert foncé en forme de cuillère. Ses fleurs en entonnoir sont cependant typiques des liserons et émergent de boutons en tire-bouchon qui se déploient à l'aube. Elles peuvent être pourpres, bleues, roses, rouges ou blanches, généralement à gorge jaune entourée d'un bande blanche. Chaque fleur ne dure qu'une seule journée, mais la plante fleurit tout l'été sans qu'il soit nécessaire de supprimer les fleurs séchées.

Convolvulus tricolor
'Rainbow Flash'

La belle-de-jour doit son nom au fait que sa fleur est ouverte toute la journée, contrairement à celle de sa cousine, la gloire-du-matin (*Ipomoea*), qui s'ouvre le matin pour se fermer avant midi. Quant au nom «liseron tricolore», il se comprend facilement en voyant les trois couleurs de la fleur.

Cette plante tolère mal le repiquage et est rarement disponible en caissette, bien que les choses changent depuis l'arrivée des contenants à alvéoles permettant de sortir la motte des racines sans l'endommager. Si vous ne la trouvez pas sur le marché, vous pouvez la semer, de préférence à l'intérieur, 5 à 6 semaines avant le dernier gel. La belle-de-jour est un bon choix pour une première expérience d'ensemencement car elle est très facile.

Les grosses graines sont si dures que l'on suggère de les limer avant l'ensemencement; il me semble plus facile de les ramollir en les laissant tremper 24 heures dans l'eau tiède. Recouvertes de 3 mm de terreau, elles prennent de 5 à 14 jours pour germer.

La belle-de-jour tolère presque tous les sols riches ou pauvres bien drainés, mais elle exige le plein soleil pour s'épanouir. Des arrosages excessifs peuvent provoquer la pourriture! Avec son port étalé, cette plante est spécialement attrayante dans un bac ou un panier suspendu d'où ses tiges retombent agréablement.

Variétés recommandées:

🌿 *Convolvulus tricolor* (belle-de-jour, liseron du Portugal, liseron tricolore): La plupart des *Convolvulus*, malgré leurs belles fleurs en trompette, sont plutôt des mauvaises herbes que l'on évite de planter. Seule la belle-de-jour est couramment utilisée comme plante ornementale.

185

Ficoïde

Dorotheanthus bellidiflorus 'Gelato Rose'

Ficoïde
(*Aptenia, Dorotheanthus, Mesembryanthemum*)

Noms anglais: Mesembryanthemum (général); Livingstone Daisy (*Dorotheanthus*); Ice Plant (*Mesembryanthemum*)

Hauteur: 10-20 cm.

Espacement: Varie selon l'espèce.

Emplacement: Ensoleillé.

Sol: Bien drainé, sec, de préférence sablonneux.

Multiplication: Semis au printemps, boutures de tige en toute période.

Disponibilité: Plants à repiquer, sachet de semences, boutures.

Floraison: Du début de l'été au début de l'automne.

Utilisation: Bordure, massif, panier suspendu, bac, couvre-sol, rocaille, muret, pentes, feuillage comestible.

Les trois plantes décrites ici appartiennent maintenant à des genres différents, mais étaient autrefois regroupées dans le grand genre *Mesembryanthemum*. Ces plantes d'Afrique du Sud sont très proches parentes des pierres vivantes (*Lithops*) et parmi les rares annuelles à feuillage succulent, c'est-à-dire, charnu et emmagasinant l'eau pour survivre aux longues sécheresses de leur pays d'origine. Le nom «ficoïde» signifie «comme une figue», référence à certaines espèces dont les fruits comestibles ont un goût semblable à celui de la figue.

Les ficoïdes produisent des fleurs individuelles comportant de nombreux pétales rayonnant autour d'un centre surtout remarquable par l'agglomération des étamines. Elle ne s'ouvrent qu'au soleil et pas du tout lorsque le temps est gris, il est inutile de les planter dans les coins ombragés.

Mesembryanthemum crystallinum et *Dorotheanthus bellidiflorus* se cultivent de la même façon. Vous pouvez acheter des caissettes de plants au printemps ou semer à l'intérieur environ 10 à 12 semaines avant le dernier gel, sans recouvrir les graines. Placez les plateaux à la noirceur pendant la germination qui exige de 15 à 20 jours. Repiquez en pleine terre les plants que vous avez achetés ou semés quand tout danger de gel est passé.

Aptenia cordifolia se multiplie uniquement par boutures.

Vous pouvez entrer ces trois plantes à l'automne et ainsi les conserver d'une saison à l'autre, soit en empotant des plants pris au jardin ou en prélevant des boutures de tige, car ce sont en réalité des vivaces tendres survivant plusieurs années si elles sont soustraites au gel.

Variétés recommandées:

🌿 *Dorotheanthus bellidiflorus*, anc. *Mesembryanthemum criniflorum* (ficoïde pâquerette ou marguerite de Livingston): Petite plante aux tiges prostrées et aux feuilles succulentes ovales couvertes de minuscules protubérances, ses fleurs de 2,5 cm de diamètre sont blanches, roses, orange, ou rouges, souvent tricolores car leur centre contrastant est entouré de pétales généralement blancs à leur base et dont la coloration définitive n'est visible que vers leur extrémité. Il arrive souvent que la plante soit presqu'entièrement couverte de fleurs. Hauteur: 15 cm. Espacement: 15-20 cm.

🌿 *Mesembryanthemum crystallinum* (ficoïde glaciale): Cette plante ressemble à la précédente, mais ses tiges longues au port encore plus étalé forment éventuellement un tapis d'un diamètre de près de 1 mètre. Ses feuilles, aussi succulentes, sont plus longues et recouvertes de protubérances cristallines qui la font briller au soleil comme si elle était couverte de petits glaçons, d'où son nom, ficoïde glaciale. Dans des conditions de grande sécheresse, ses feuilles peuvent rougir sans affecter la santé de la plante ou sa floraison. Les fleurs rouges ou blanches mesurent 3 cm de diamètre. Curieusement, son feuillage est comestible et s'utilise un peu comme les épinards! Hauteur: 15 cm. Espacement: 30-45 cm.

🌿 *Aptenia cordifolia*, anc. *Mesembryanthemum cordifolium* (ficoïde à feuilles en coeur): Cette plante produit de longues tiges rampantes supportant une grande quantité de petites feuilles succulentes en forme de coeur et de nombreuses petites fleurs rouge pourpré, roses ou blanches de 2,5 cm de diamètre lorsqu'elle est cultivée en plein soleil. Elle est souvent vendue en suspension pour l'intérieur, ses tiges assez longues retombant très joliment. Toutefois, elle se bouture si bien que l'on peut facilement l'utiliser dans nos paniers et bacs d'extérieur. Cette plante n'est pas disponible en semences, se vendant uniquement sous forme de jeunes plants bouturés. 'Variegata' est un cultivar aux feuillage marginé de blanc. Hauteur: 15 cm. Espacement: 30 cm.

Gazanie

Gazania x *hybrida* 'Sunshine Imperial'

Gazanie
(*Gazania*)

Noms anglais: Gazania, Treasure Flower

Hauteur: 15-40 cm.

Espacement: 20-30 cm.

Emplacement: Ensoleillé.

Sol: Bien drainé, voire sablonneux, sec, plutôt pauvre.

Multiplication: Semis au printemps, boutures de tige en toute période.

Disponibilité: Plants à repiquer, sachet de semences.

Floraison: Du début à la fin de l'été.

Utilisation: Plate-bande, bordure, massif, panier suspendu, bac, couvre-sol, rocaille, muret, pentes.

La gazanie produit des fleurs très colorées de 5 à 8 cm de diamètre. Elles sont généralement orange, jaunes, crème, rouge cuivré ou roses, au coeur maculé de noir ou de brun. Souvent, on voit un cercle foncé ou pâle à la base des rayons. Son feuillage est vert foncé sur le dessus et blanc laineux sur la face inférieure, parfois lancéolé sans la moindre encoche, parfois passablement denté et lobé, comme une feuille de pissenlit.

Elle forme une rosette de feuilles étalées coiffée de tiges florales dressées, chacune ne portant qu'une seule inflorescence.

Normalement, les fleurs de gazanie ne s'ouvrent qu'au soleil, se referment le soir et demeurent fermées lorsque le temps est gris. Cependant, certains cultivars aux fleurs ouvrant même par temps gris commencent à apparaître. C'est encore nouveau au moment où j'écris ce livre, mais il y a fort à parier que l'on ne trouvera que cette catégorie dans quelques années.

Les gazanies préfèrent la sécheresse, le soleil et les terrains pauvres. Tout effort pour les fertiliser ou leur procurer un sol riche ne donne qu'un feuillage verdoyant, mais peu de fleurs. Pour bien réussir avec la gazanie, il faut quasiment la maltraiter!

Comme pour beaucoup d'annuelles, supprimer les fleurs fanées peut aussi stimuler une plus grande floraison chez la gazanie, mais attention! Les fleurs fanées et les boutons se ressemblent énormément et si vous vous trompez, vous réduirez de beaucoup la future floraison. La clé de cette distinction réside dans l'aspect de la fleur fanée qui semble plus défraîchie.

Achetez les gazanies en caissette ou semez à l'intérieur 6 à 8 semaines avant le dernier gel, recouvrant les graines de 3 mm de terreau. Elles exigent de la noirceur et des températures plutôt fraîches (environ 15-18°C) pour germer. Les semis prennent de 8 à 21 jours pour lever.

Les gazanies sont des vivaces tendres que vous pouvez entrer à l'automne comme vous le feriez avec un géranium, soit en empotant des plantes ou en prélevant des boutures de tige. À l'intérieur, leur emplacement doit être très ensoleillé durant l'hiver.

Variétés recommandées:

☙ *Gazania* x *hybrida* (gazanie hybride): Depuis quelques années, cet hybride complexe impliquant plusieurs espèces, notamment *G. rigens*, est devenu le plus populaire chez les gazanies. On trouve sous cette désignation toute la gamme des couleurs de gazanie, souvent avec un centre sombre, mais presque uniquement des plantes de type nain et touffu. La plupart ont un feuillage vert, mais il existe aussi des cultivars au feuillage argenté. Certains cultivars, comme 'Moonglow' aux rayons doubles jaune vif, produisent des fleurs ayant tendance à demeurer ouvertes même par temps gris mais elles ne sont pas encore couramment disponibles au moment où j'écris ce livre. Hauteur: 15-30 cm.

☙ *G. linearis* (gazanie linéaire): La plus rustique des gazanies, elle survit parfois à l'hiver jusqu'en zone 4. Cependant, il lui faut un emplacement très bien drainé et un paillis d'hiver épais mais léger (aiguilles de pin, branches de conifère, etc.). Fleurs orange au centre foncé. Hauteur: 15 cm.

☙ *G. rigens*, anc. *G. splendens* (gazanie rigide): Feuilles généralement lancéolées, parfois en forme de fronde de fougère. Fleurs jaunes ou orange, au centre presque noir entouré d'un anneau blanc. La plupart des plantes vendues sous l'appellation *G. rigens* sont en réalité des hybrides complexes qui devraient plutôt être décrites comme *G.* x *hybrida*. Hauteur: 20-30 cm.

Marguerite du Cap

Arctotis x hybrida 'Mahogany'

Marguerite du Cap

(*Arctotis, Dimorphotheca, Ursinia, Venidium*)

Nom anglais: African Daisy

Hauteur: variable, 15-75 cm.

Espacement: 20-60 cm.

Emplacement: Ensoleillé.

Sol: Bien drainé, voire même sablonneux et plutôt pauvre.

Multiplication: Semis au printemps, boutures de tiges en tout temps (certaines espèces).

Disponibilité: Plants à repiquer, sachet de semences.

Floraison: Du début jusqu'à la fin de l'été.

Utilisation: Plate-bande, bordure, massif, panier suspendu, bac, couvre-sol, rocaille, muret, pentes, fleur coupée.

Les «marguerites du Cap» sont originaires de la région aride située au nord du cap de Bonne-Espérance, en Afrique du Sud, et proches parentes des vraies marguerites, d'où leur nom. Elles comptent de nombreux genres dont principalement quatre sont couramment cultivés au Québec. Comme toutes aiment les conditions de plein soleil et de sécheresse, il a été possible de les regrouper ici.

Sauf exception, leurs fleurs ne s'ouvrent qu'au soleil du matin pour se fermer l'après-midi. Il est donc préférable de trouver un emplacement exposé au plein soleil en matinée pour les marguerites du Cap, car si elles se trouvent à l'ombre tôt dans la journée, leurs fleurs ne s'épanouiront pas. Par temps gris, les fleurs ne s'ouvrent pas du tout.

Vous pouvez acheter des plants de marguerite du Cap en pépinière ou semer à l'intérieur 6 à 8 semaines avant le dernier gel, recouvrant à peine les graines de terreau. À l'extérieur, semez une ou deux semaines avant le dernier gel. Pincez l'extrémité des plantules de 10 cm de hauteur pour obtenir un port plus compact et une meilleure ramification. Malgré la grande tolérance des plantes adultes aux sols secs, les jeunes plants apprécient un terreau qui ne se dessèche jamais complètement, reproduisant leur cycle naturel puisque les graines germent sous la pluie pour mûrir dans des conditions plus arides. Ne plantez pas les marguerites du Cap en pleine terre avant que tout danger de gel soit passé.

Malgré leur croissance rapide, la plupart des marguerites du Cap sont des vivaces tendres que vous pouvez empoter et entrer à l'automne pour l'hiver. Vous pouvez aussi faire des boutures de tiges à cette même période. Devant une fenêtre ensoleillée, elles fleuriront un peu à l'automne mais surtout à la fin de l'hiver, au moment où le soleil devient plus intense.

Enfin, les marguerites du Cap ne se ressèment pas, ou très rarement, sous notre climat.

Variétés recommandées:

❧ *Arctotis* x *hybrida* (arctotis hybride): L'arctotis se distingue des autres marguerites du Cap par son feuillage lobé, duveteux et grisâtre qui semble recouvert de laine blanche. Il forme une rosette basse d'où s'élèvent de

grandes marguerites de 8 cm de diamètre, chacune sur une tige unique. Le centre de la fleur est habituellement bleu sombre, presque noir, entouré d'un anneau souvent contrastant. La gamme des couleurs de ses rayons est vaste: rouge, pourpre, rose, jaune, orange, blanc et bicolore. Ce sont toutefois les teintes orangées qui dominent. Hauteur: 30-45 cm.

Dimarphotheca x *hybrida*
'Orange'

191

Phacelia parryii ' Royal Purple'

🌿 *Dimorphotheca* (souci du Cap, anglais: Cape Marigold): Le souci du Cap diffère des autres marguerites du Cap en s'étalant dans tous les sens pour former un tapis de verdure pouvant atteindre 90 cm de diamètre. Il produit des fleurs de 8 à 10 cm de diamètre dans une vaste gamme de couleurs, généralement des teintes très vives, avec disque central sombre souvent entouré d'un anneau contrastant. Dans tous les cas, le revers des rayons est teinté de bleu ou de pourpre. Le feuillage, généralement vert foncé, poilu et denté de façon inégale, varie d'une espèce à l'autre. Il existe diverses espèces, dont *D. pluvialis, D. sinuatum,* syn. *D. aurantiaca* et *D.* x *hybrida.* Le souci du Cap fait une excellente fleur coupée si on place leur vase en plein soleil, sinon les boutons ne s'ouvriront pas. Hauteur: 15-40 cm.

🌿 *Ursinia anethoides* (ursinia faux-aneth, ursinia à feuilles d'aneth, anglais: Dillleaf daisy): Voici une marguerite du Cap que nul ne peut confondre avec une autre. Il est vrai que les fleurs de l'ursinia sont relativement typiques d'une marguerite du Cap: 5 à 8 cm de diamètre, couleur jaune ou orange avec disque central pourpre entouré d'un anneau bleu noir. Cependant, son feuillage est fort différent: vert moyen, très parfumé lorsqu'on le froisse, et surtout très découpé, mince et gracieux, comme le feuillage d'une fougère, mais en plus fin. C'est tout un contraste au sein d'un groupe de plantes dont les feuilles sont entières ou seulement lobées! Hauteur: 30-45 cm.

🌿 *Venidium fastuosum* (venidium superbe): Habituellement de couleur jaune ou orangé, avec une tache marron à leur base, l'hybridation a amené d'autres teintes: blanc, crème, ivoire, et citron, toujours avec un oeil sombre. Curieusement, les rayons sont placés en deux rangées, à l'horizontale dans la rangée extérieure et plus à la verticale dans la rangée intérieure. Les fleurs de 10 à 12 cm de diamètre résistent deux ou trois jours, puis sont remplacées par d'autres. Contrairement aux autres marguerites du Cap, ses fleurs demeurent ouvertes toute la journée et se referment le soir, même lorsque le temps est gris. Il s'agit d'une plante touffue, présentant des feuilles plus grosses à sa base, mais également des feuilles plus petites sur les tiges florales dressées. Les feuilles du venidium sont profondément lobées et surtout, recouvertes de poils blancs, tout comme le sont la tige et même le bouton floral, donnant à toute la plante une apparence argentée très attrayante. Hauteur: 45-75cm.

🌿 x *Venidio-arctotis* (venidio-arctotis): Il s'agit d'un croisement entre *Venidium fastuosum* et *Arctotis* qui donne des plantes intermédiaires aux fleurs blanches, orange, jaunes ou rouge acajou. Elles sont stériles, ne produisant pas de graines, et offertes uniquement en boutures. Ces plantes ne sont pas encore disponibles au Québec au moment où j'écris ce livre, mais le seront peut-être dans quelques années.

Venidium fastuosum

Pavot de Californie

Eschscholzia californica

Pavot de Californie
(*Eschscholzia*)

Nom anglais: California Poppy

Hauteur: 15-60 cm.

Espacement: 15-20 cm.

Emplacement: Ensoleillé.

Sol: Bien drainé.

Multiplication: Semis au printemps ou à l'automne.

Disponibilité: Plants à repiquer (rarement), sachet de semences.

Floraison: Du début à la fin de l'été.

Utilisation: Plate-bande, bordure, massif, panier suspendu, bac, rocaille, muret.

Le pavot de Californie (faut-il que je mentionne son pays d'origine?) n'est pas un vrai pavot (*Papaver*), mais un proche parent. Il forme un monticule de feuilles gris bleuté fortement découpées, comme un véritable nuage argent bleuté dans le jardin, et donc attrayant même sans floraison. Cependant, il fleurit longtemps, produisant un nombre impressionnant de fleurs à quatre pétales en forme de coupe d'environ 5 à 8 cm de diamètre. Elles peuvent être jaunes, orange, roses ou blanches, parfois nuancées d'une couleur secondaire, de forme simple, semi-double ou double, à marge lisse ou ondulée. Après la chute des pétales, une capsule longue et étroite de couleur vert bleuté se développe.

À cause de sa racine pivotante longue et fragile, le pavot de Californie suppor-

Eschscholzia californica 'Apricot Flame'

te mal les manipulations et il est généralement semé en pleine terre, à une profondeur de 6 mm dans un emplacement très ensoleillé avec sol plutôt pauvre et sec, au tout début du printemps ou jusqu'à 2 semaines avant le dernier gel. Après la levée, éclaircissez à 15 ou 20 cm. Vous pouvez aussi le semer à l'intérieur, dans des godets de tourbe, 2 à 3 semaines avant le dernier gel... mais il est plus facile de le semer en pleine terre.

Bien qu'on puisse stimuler une floraison continuelle en supprimant les fleurs fanées avant qu'elles ne montent en graine, c'est un travail fastidieux. Mieux vaut sortir votre coupe-bordure ou taille-haie et rabattre les plantes à une hauteur 5 à 8 cm quand elles semblent épuisées car la reprise est très rapide.

Le pavot de Californie a la capacité de se ressemer, du moins dans les emplacements secs et ensoleillés. Bien que cette plante soit vivace dans son pays d'origine (avez-vous deviné lequel?), il est difficile de l'entrer pour une deuxième floraison, parce qu'elle ne se bouture pas et qu'il est à peu près impossible de l'empoter dans endommager ses racines fragiles.

Variétés recommandées:

❧ *Eschscholzia californica* (pavot de Californie): C'est de loin l'espèce la plus couramment cultivée et celle décrite ci-dessus. Il est inutile de vous suggérer des cultivars particuliers, chaque année apporte son lot de nouveautés. Et enfin, pour ceux qui ne l'ont pas encore trouvé, le pavot de Californie est originaire de l'état de Californie dont il est d'ailleurs l'emblème floral.

❧ *E. caespitosa* (pavot de Californie nain): Plus rare, mais néanmoins offerte dans certains catalogues de semences, cette plante naine de 15 cm de hauteur porte des fleurs parfumées jaune vif ou jaune citron.

195

Phacélie

Phacélie
(*Phacelia*)

Noms anglais:
California Bluebell

Hauteur: Variable, de
15 à 75 cm.

Espacement: Variable,
de 15 à 30 cm.

Emplacement:
Ensoleillé.

Sol: Bien drainé,
sablonneux.

Multiplication: Semis
au printemps ou à
l'automne.

Disponibilité: Sachet
de semences.

Floraison: Du début de
l'été à l'automne.

Utilisation: Plate-bande,
bordure, massif, panier
suspendu, bac, couvre-
sol, rocaille, muret, pré
fleuri, plante mellifère.

Phacelia campanularia

Dans mon esprit, une plante désertique possède des feuilles succulentes pruineuses et des fleurs jaunes, orange ou d'une autre couleur vive. Pourtant, bien qu'originaire du désert de Mojave des plateaux arides du Colorado, des déserts californiens, la phacélie produit des feuilles vert foncé minces et larges... et des fleurs bleues. Ceci s'explique du fait qu'elle ne pousse qu'après de rares périodes de pluie, ses graines pouvant rester enfouies dans le sol plus de 30 ans jusqu'à ce que des conditions propices se présentent. Cependant, bien que je comprenne son acclimatation aux conditions désertiques, j'ai du mal à me faire à l'idée d'un bleu gentiane aussi riche dans une région tellement désolée.

196

Les phacélies au port buissonnant étalé, forment des tapis de feuillage et de fleurs dans les emplacements ensoleillés et bien drainés. Leur croissance est rapide (elles mettent de 6 à 8 semaines pour fleurir) et leur vie brève, la première saison de floraison étant déjà terminée fin juin. Pour y remédier, on peut faire des semis successifs, un premier au milieu du printemps puis deux autres à quatre semaines d'intervalle, pour ainsi obtenir une floraison tout l'été. De plus, si vous rabattez les plantes de la première génération semées au printemps à 10 cm du sol, en les arrosant bien pour les repartir, elles refleuriront à l'automne.

Vous aurez deviné que l'on sème habituellement la phacélie en pleine terre. Il suffit d'éparpiller les graines au sol en grattant légèrement avec un râteau pour les faire pénétrer et d'arroser une fois. La nature se chargera du reste. Il est aussi possible de semer dans des godets de tourbe 4 semaines avant le dernier gel. Si vous semez dans un plateau, sachez qu'il faut repiquer au jardin très tôt après la germination, car seuls les tout petits semis tolèrent le repiquage.

Fidèles à la maxime voulant que nul ne soit prophète dans son pays, les phacélies sont plus populaires en Europe où elles sont intègrées aux «cottage gardens» si prisés (voir page 45). En Angleterre, le célèbre jardin Sissinghurst l'utilise comme élément de base de son non moins célèbre jardin bleu.

Aux États-Unis et au Mexique, on cultive cependant la phacélie... comme plante mellifère, pour la fabrication du miel de phacélie (bluebell honey). Tentez d'imaginer le spectacle offert par un champ de phacélies en pleine floraison... une splendeur!

Enfin, attention aux limaces: elles adorent cette plante.

Variétés recommandées:

❧ *Phacelia campanularia* (phacélie campanulaire): C'est l'espèce la plus couramment cultivée. Sur des tiges semi-rampantes, elle produit des feuilles parfumées vert émeraude, rondes ou en forme de coeur et des fleurs bleu vif, en forme de coupe, aux anthères contrastantes jaunes ou blanches. Ces petites fleurs de 2 à 2,5 cm de diamètre chacune croissent en bouquets lâches, ce qui en rehausse l'effet. La coloration de cette plante est si saisissante qu'elle ne passe pas inaperçue. De loin, on croirait voir une gentiane... mais elle se cultive beaucoup plus facilement. Attention: les poils courts qui recouvrent son feuillage provoquent des réactions cutanées chez les personnes qui y sont sensibles. Portez toujours des gants quand vous la manipulez. Hauteur: 15-45 cm. Espacement: 15 cm.

❧ *P. parryi* (phacélie de Parry): Ressemble à la phacélie campanulée, mais à fleurs violettes. Même culture, même hauteur et même espacement.

❧ *P. tanacetifolia* (phacélie à feuilles de tanaisie): Nettement plus dressée que les autres phacélies, elle porte des feuilles profondément découpées, comme des frondes de fougère, et des fleurs violettes. Cette phacélie préfère un sol moins sec que les autres. Hauteur: 45-75 cm. Espacement: 30 cm.

Pourpier

Portulaca grandiflora 'Sundial Cream'

Pourpier
(*Portulaca*)

Noms anglais: Portulaca, Moss Rose

Hauteur: Variable, 15-60 cm.

Espacement: Variable, 15-60 cm.

Emplacement: Ensoleillé.

Sol: Bien drainé, sablonneux, pauvre.

Multiplication: Semis au printemps, boutures de tiges en tout temps.

Disponibilité: Plants à repiquer, sachet de semences.

Floraison: Du début à la fin de l'été.

Utilisation: Plate-bande, bordure, massif, panier suspendu, bac, couvre-sol, rocaille, muret, pentes, feuillage comestible.

Les pourpiers portent des feuilles luisantes et succulentes sur des tiges rampantes au port étalé, charnues, rougeâtres ou vert clair. Dès le premier coup d'oeil, on les juge capables de survivre aux pires sécheresses, et c'est d'ailleurs le cas! Les boutons floraux, en forme de goutte d'eau inversée, s'ouvrent pour révéler des fleurs en forme de coupe peu profonde, simples ou doubles dans une vaste gamme de couleurs.

Bien que l'on puisse semer les pourpiers en pleine terre, leur floraison est tardive et on les achète généralement en caissette de plants à repiquer. On peut aussi les semer à l'intérieur, 6 à 8 semaines avant le dernier gel, sans recouvrir les graines de terreau car elles ont besoin de lumière pour germer, et repiquer les jeunes plants au jardin quand tout danger de gel est passé.

Les pourpiers fleurissent tout l'été sans soins particuliers. Il est même préférable de *ne pas* les fertiliser, ce qui stimulerait une belle végétation luxuriante au détriment des fleurs et en plus, il n'est pas nécessaire de supprimer leurs fleurs fanées.

Les pourpiers repoussent souvent à partir des graines tombées l'année précédente, surtout dans les sols secs. Ils peuvent d'ailleurs s'installer dans la plus petite fissure d'une terrasse, d'un mur, ou d'une entrée, créant un effet très joli... certainement meilleur que celui des mauvaises herbes qui s'y incrustent sans scrupule.

Peu de gens savent que l'on peut bouturer le pourpier ou l'empoter et l'entrer pour obtenir une floraison hivernale dans un emplacement ensoleillé.

On sait que le feuillage du pourpier potager (*P. oleracea*) est comestible et se mange en salade ou comme légume. Mais... saviez-vous que *tous* les pourpiers sont comestibles? Si vous avez produit trop de semis, rajoutez-les à votre lunch... à condition de ne pas les avoir traités avec un pesticide.

Variétés recommandées:

𖠿 *Portulaca grandiflora* (pourpier à grandes fleurs): C'est le pourpier le plus courant. Il porte des feuilles charnue et pointues, comme des aiguilles de sapin enflées. Les fleurs sont disponibles dans une vaste gamme de couleurs: rouge, magenta, blanc, jaune, orange, lavande, rose, abricot et plus encore. Si les fleurs des anciennes variétés se refermaient l'après-midi et par temps gris, celles de la plupart des lignées modernes restent cependant ouvertes toute la journée. Hauteur: 15-20 cm. Espacement: 10-15 cm.

𖠿 *Portulaca oleracea* (pourpier potager): C'est le pourpier comestible et aussi une mauvaise herbe envahissante. Ses feuilles charnues en forme de cuillère sont luisantes et ses petites fleurs jaunes de 9 mm de diamètre insignifiantes. Si vous le cultivez comme plante potagère, il faut le cueillir **avant** *qu'il ne monte en graines*, sinon votre jardin sera absolument envahi par ses semis car, prenez-en bonne note, chaque plant peut produire au-delà d'un million de graines en une seule saison! Cette plante n'est mentionnée ici que pour vous permettre de la distinguer de la plante suivante, aussi vendue sous le nom de *P. oleracea*.

𖠿 *Portulaca umbraticola* , vendu sous le nom de *P. oleracea* (pourpier rampant): Par son feuillage, cette plante ressemble beaucoup à la précédente, mais ses fleurs de 2,5-5 cm sont beaucoup plus grosses, presque 3 à 5 fois plus grosses. La gamme de couleurs est aussi plus étendue: rouge, rose, magenta, lavande, jaune, orange et pêche. Les pourpiers rampants retombent joliment autour d'un panier suspendu et sont principalement utilisés à cette fin.

Bien que le pourpier rampant ait été vendu autrefois en sachets de semence, il semble quasiment impossible d'en trouver aujourd'hui chez les grainiers. On ne vend que des cultivars brevetés multipliés par bouturage. Hauteur: 45-60 cm. Espacement: 60 cm.

Verveine des jardins

Verbena x *hybrida* 'Quartz Polka Dot Mix'

Verveine des jardins
(*Verbena*)

Nom anglais: Garden Verbena

Hauteur: 30-50 cm.

Espacement: 15-20 cm.

Emplacement: Ensoleillé.

Sol: Bien drainé.

Multiplication: Semis au printemps, boutures de tige à toute période.

Disponibilité: Plants à repiquer, sachet de semences.

Floraison: Du début à la fin de l'été.

Utilisation: Plate-bande, bordure, massif, bac, couvre-sol, rocaille, muret.

Il y a plusieurs sortes de verveine, dont des plantes hautes, presque rustiques, convenant au milieu du jardin ou à l'arrière-plan (voir Verveine de Buenos Aires à la page 338). La verveine décrite ici est cependant la petite verveine utilisée en bordure ou à l'avant-plan dans la plate-bande.

C'est une plante basse formant des touffes, à courtes tiges dressées ou à tiges plus lâches s'étalant quelque peu sur le sol. Ses feuilles vert foncé ou légèrement grisâtres sont entières, mais généralement dentées et rugueuses au toucher. Durant tout l'été se succèdent des ombelles bombées de 5 cm de diamètre, jonchées de fleurs parfumées dans une vaste gamme de couleurs: blanc, rose, rouge, pourpre, bleu et lavande, généralement avec un oeil blanc contrastant. Si vous examinez la plante de près, vous constaterez que chacune des petites fleurs (6-10 mm de diamètre) est en forme de trompette.

Semez la verveine du jardin à l'intérieur 8 à 10 semaines avant le dernier gel, en recouvrant les graines d'à peine un peu de terreau. Elles germeront à la noirceur à la température de la pièce, mais les petits plants exigeront un éclairage intense à la levée. Repiquez en pleine terre quand tout danger de gel est passé. Vous pouvez aussi vous procurer des plants en pépinière.

La verveine s'adapte à tous les sols bien drainés, mais produit du feuillage au détriment des fleurs dans les sols trop riches. Un sol ordinaire ou même pauvre convient mieux. Bien que la verveine se plaise dans un sol un peu humide en tout temps (et ne devrait donc pas paraître dans cette section de plantes aimant les sols secs), en réalité, elle se comporte mieux si on ne l'arrose pas une fois établie. En effet, des arrosages par le haut ont tendance à stimuler l'apparition du blanc. Il est en conséquence préférable de la soumettre à un régime sec plutôt que l'achever rapidement avec une maladie provoquée par des arrosages importants.

Parlant du blanc, c'est un véritable fléau chez la verveine, notamment dans les régions à atmosphère humide... en somme dans une bonne partie du Québec, notamment dans l'Est. Contrairement à d'autres plantes que le blanc ne fait qu'effleurer, laissant sa marque sur les feuilles sans nuire à la floraison, chez la verveine, il est souvent fatal. Au début le feuillage paraît grisâtre et la floraison n'est pas affectée, mais en quelques jours, la plante fond littéralement et devient un amas tordu brun. Une plate-bande de verveines attaquée par le blanc est désolante à voir! Fort heureusement, cette maladie apparaît rarement avant la fin de l'été, nous laissant deux bons mois pour apprécier les fleurs de la verveine.

Le problème du blanc chez la verveine est si grave au Québec que j'ai bien failli placer cette plante sur la liste des «Pensez-y bien». Elle a été sauvée par les nouveaux cultivars résistants au blanc. Plantez des verveines, mais exigez des plants résistants... et n'hésitez pas à demander une garantie écrite!

Pour une floraison plus durable, supprimez les fleurs fanées.

La verveine est une vivace tendre qui fleurit rapidement après l'ensemencement. Vous pouvez alors empoter des plants à l'automne ou prélever des boutures de tige et les entrer pour l'hiver.

Variétés recommandées:

🌿 *Verbena* x *hybrida*, anc. *V. hortensis* (verveine hybride): Il s'agit d'un hybride complexe entre plusieurs espèces sud-américaines. Description ci-dessus.

Les annuelles ne règnent habituellement pas dans l'ombre, leur domaine de prédilection étant, dans la nature, le plein soleil ou les emplacements très bien éclairés. La belle saison nordique étant courte et toute l'énergie dont une plante a besoin lui venant du soleil, il est logique qu'une plante éphémère tente d'en absorber une quantité maximale pour assurer sa survie. Les plantes à croissance lente jouissant d'une longue vie, comme les vivaces, les arbustes, les arbres, etc. tolèrent souvent un ensoleillement moindre car le temps joue en leur faveur pour leur permettre d'atteindre leur plein épanouissement. Pour une annuelle dont toute la stratégie de survie se résume à pousser, fleurir et produire des semences à l'intérieur d'une seule saison, qui en plus est courte, un peu moins d'énergie peut faire toute la différence entre la réussite et l'échec complet. Ne pas réussir à produire des graines pour sa reproduction signifie quasiment n'avoir jamais existé. Pour l'annuelle, le soleil est donc un partenaire essentiel.

Ceci dit, comment se fait-il que l'on arrive à cultiver des annuelles à l'ombre?

D'abord, parce qu'une des catégories d'annuelles d'ombre est une simulation. Ces plantes sont en réalité des vivaces tropicales, originaires des sombres forêts pluviales, qui fleurissent assez rapidement après l'ensemencement pour que l'on puisse faire des semis à l'intérieur et obtenir une floraison l'année même de la germination. Ces «vivaces tropicales d'ombre» sont parmi les plus ombrophiles de toutes les «annuelles pour lieux ombragés», mais ce ne sont pas des vraies annuelles.

Les autres «annuelles d'ombre» décrites ici sont plutôt des espèces de climat tempéré qui tolèrent la *mi*-ombre. Il ne faut pas les placer complètement à l'ombre où leur rendement serait faible. Mais à mi-ombre, dans un lieu éclairé directement par le soleil quelques heures chaque jour, ou encore là où quelques rayons percent un feuillage pas trop épais créant des puits de lumière qui se déplacent du soleil levant au soleil couchant, leur culture est possible.

En plus des annuelles d'ombre décrites ici, certaines annuelles tolérant une faible lumière paraissent ailleurs dans le livre, notamment parmi les annuelles cultivées pour leur feuillage et celles qui aiment le froid.

Aspérule azurée
Bégonia des plates-bandes
Bégonia tubéreux
Browallie
Impatiente des jardins
Lobélie érine
Mimule
Némophile
Torénia

Aspérule azurée

Asperula orientalis

Aspérule azurée
(*Asperula orientalis*)

Nom anglais: Oriental Woodruff

Hauteur: 30 cm.

Espacement: 7-10 cm.

Emplacement: Soleil à ombre assez profonde.

Sol: Bien drainé, humide, riche en humus.

Multiplication: Semis au printemps ou à l'automne.

Disponibilité: Sachet de semences.

Floraison: Du début à la fin de l'été.

Utilisation: Bordure, massif, panier suspendu, couvre-sol, rocaille, muret, sous-bois, naturalisation, pentes, coin humide, fleur coupée.

L'aspérule azurée est peu connue au Québec, mais que cela ne vous empêche pas de la découvrir car elle pousse à merveille dans nos sous-bois frais et humides, et c'est d'ailleurs l'une rares annuelles à le faire. Elle peut même se multiplier spontanément par semis dans les lieux ombragés, une belle réussite quand on sait que la plupart des annuelles exigent le plein soleil uniquement pour germer!

C'est une petite plante d'apparence délicate aux nombreuses tiges carrées et aux feuilles linéaires vert moyen en verticilles de 6 ou plus. Ses tiges dressées au début deviennent plutôt rampantes. Le sommet de chaque tige porte une ombelle de petites fleurs bleu moyen qui pâlissent en vieillissant. En forme de trompette et à quatre pétales, elles sont délicieusement parfumées. La floraison peut tarder lors de semis faits à l'extérieur, la plante ne fleurissant alors qu'au milieu de l'été, mais se poursuivra jusqu'à l'automne.

Parce qu'elle germe mieux à la fraîcheur, semez l'aspérule azurée en pleine terre tôt au printemps, dès que le sol peut être travaillé. Les semis tardifs, en mai par exemple, peuvent germer lentement ou avorter. Grattez un peu le sol dans un endroit frais, humide et ombragé, ou même au soleil dans un sol constamment humide, puis jetez les graines à la volée. Ensuite, râtelez légèrement et arrosez. Vous n'avez pas à éclaircir, les plantes entremêlées paraissant plus fournies.

On peut aussi semer l'aspérule à l'intérieur, de 10 à 12 semaines avant le dernier gel, dans des godets de tourbe et recouvrant à peine les graines de terreau. Scellez le plateau de semis dans un sac de plastique transparent et placez-le au réfrigérateur pendant trois semaines. Par la suite, posez le plateau dans un endroit éclairé et très frais (environ 10°C) pour stimuler la germination. Repiquez les plants au jardin quand tout danger de gel est passé. Gardez cependant quelques plants pour des potées fleuries pour la maison, car le parfum de l'aspérule azurée en pot est particulièrement séduisant.

L'aspérule fait une excellente fleur coupée durable.

Variétés recommandées:
Des quelque 200 espèces d'*Asperula*, seule celle décrite ci-dessus est couramment cultivée. Il existe une autre «aspérule» qui devient assez populaire au Québec comme couvre-sol dans les endroits ombragés, l'aspérule odorante, mais cette petite vivace à fleurs blanches, autrefois

Asperula odorata, n'est plus un *Asperula* au sens botanique, mais appartient au genre voisin *Galium*, sous le nom *G. odoratum*.

❧ *Asperula orientalis*, anc. *A. azurea-setosa* (aspérule azurée): Voir la description ci-dessus. Il ne semble exister aucun cultivar de cette plante.

Asperula orientalis

205

Begonia x *semperflorens-cultorum* 'Olympia Pink'

Bégonia des plates-bandes
(*Begonia* x *semperflorens-cultorum*)

Nom anglais: Wax Begonia

Hauteur: 15-30 cm.

Espacement: 20-30 cm.

Emplacement: Ensoleillé ou mi-ombragé.

Sol: Bien drainé, humide, riche en humus.

Multiplication: Semis au printemps; boutures de tiges ou division en toute période.

Disponibilité: Plants à repiquer, micromottes, sachet de semences.

Floraison: Du début de l'été jusqu'aux gels.

Utilisation: Plate-bande, bordure, massif, panier suspendu, bac, couvre-sol, rocaille, muret, sous-bois, pentes.

Il s'agit du petit bégonia si courant dans nos plates-bandes estivales, une petite plante courte aux tiges épaisses et aux feuilles succulentes, plus ou moins arrondies et luisantes, comme si on les avait trempées dans la cire. Elles peuvent être vertes, rougeâtres ou panachées vert et blanc. Les fleurs, petites mais nombreuses, avec des pétales en croix (deux grandes et deux petites) et un centre jaune viennent en blanc, rose, corail et rouge ainsi que bicolores. Elles sont généralement simples, mais des variétés doubles existent.

Le bégonia des plates-bandes que l'on achète sous forme de plants est une plante de culture extrêmement facile, poussant aussi bien au soleil, surtout les variétés à feuillage rougeâtre car leur pigmentation foncée contribue à les protéger du soleil, que sous une ombre assez profonde, dans presque tout sol un peu humide et convient aussi aux contenants de toutes sortes. Pour éclairer les coins sombres, plantez des variétés à fleurs blanches.

Par contre, produire ses propres bégonias à partir de semis exige du doigté et du temps car il faut commencer dès janvier ou février. Il est préférable d'acheter des plants ou mieux encore, des micromottes à finir soi-même à la maison.

Si vous tenez à faire vos propres semis, semez en surface, sans couvrir de terreau, la lumière étant essentielle pour la germination. Il est cependant valable de les saupoudrer d'une très mince couche de sable car ce dernier semble offrir aux jeunes semis une certaine protection contre les courants d'air. Les semis sont extrêmement petits (comparativement, une tête d'épingle semble gigantesque) et ne tolèrent aucun écart: température, taux d'humidité, circulation d'air; tout doit être parfait. Le terreau doit être humide en tout temps, mais jamais détrempé. Plus tard, les semis supportent peut-être un peu de sécheresse, mais pas à ce stade fragile. Repiquez-les dans des contenants communautaires de plus en plus gros chaque fois que les feuilles commencent à se toucher. Si vous avez semé des bégonias en mélange, assurez-vous de ne pas conserver uniquement les plants les plus forts, mais aussi des plants d'apparence chétive, car il arrive souvent que les différentes couleurs ne croissent pas avec une vigueur égale.

Attention: le bégonia ne tolère aucun froid et le moindre gel peut le tuer. Ne le repiquez pas en pleine terre avant que le sol soit réchauffé et que tout danger de gel soit passé, normalement 1 ou 2 semaines après le dernier gel dans votre région ou quand les températures nocturnes dépassent réguliè-rement 10°C. C'est à ce moment-là seulement que vous pouvez y aller!

Comme le bégonia est une vivace tropicale et non une véritable annuelle, il est possible de le maintenir pendant de nombreuses années en le rentrant à l'automne. Pour ce faire, bouturez des tiges à la fin août et quelques jours plus tard, quand la plante est bien enracinée, pincez l'extrémité de sa tige pour stimuler la ramification. Il est également possible d'empoter une plante avec sa motte, mais comme les plantes ainsi traitées sont déjà un peu fatiguées, rabattez-les à 3 cm du sol. Cela les force à se renouveler et elles produisent alors de jeunes plants qui ne tardent pas à fleurir. Veillez à donner du plein soleil aux bégonias durant leur séjour à l'intérieur.

Variétés recommandées:
Il existe plus de 900 espèces de *Begonia*, mais celle-ci et la suivante (voir Bégonia tubéreux) sont les seules couramment cultivées comme annuelles.

❧ *Begonia* x *semperflorens-cultorum* (bégonia des plates-bandes): Voir la description ci-dessus. Il est inutile de décrire différentes séries ou cultivars individuels, car le bégonia des plates-bandes est très prisé des hybrideurs qui introduisent des nouveautés régulièrement. Curieusement, cette plante n'existe nulle part au monde à l'état sauvage, c'est purement une création de l'homme. Elle est principalement issue des bégonias sud-américains *B. cucullata hookeri* et *B. schmidtiana*, plusieurs autres espèces comptant aussi parmi ses ascendantes.

Bégonia tubéreux

Begonia x *tuberhybrida* 'Non Stop Apricot'

Bégonia tubéreux
(*Begonia* x *tuberhybrida*)

Nom anglais: Tuberous Begonia

Hauteur: 20-60 cm.

Espacement: 25-30 cm.

Emplacement: Légèrement ombragé à ombragé.

Sol: Bien drainé, humide, riche en humus.

Multiplication: Semis à l'hiver; boutures de tige au printemps; tubercules.

Disponibilité: Plants à repiquer, micromottes, tubercules, sachet de semences.

Floraison: Du début de l'été jusqu'aux gels.

Utilisation: Plate-bande, bordure, massif, panier suspendu, bac, sous-bois, fleur comestible.

Il s'agit d'une plante aux grandes feuilles légèrement poilues, en forme d'oreille d'éléphant, vertes, bronzées ou bicolores, portées par d'épaisses tiges succulentes remplies d'eau. Ces dernières sont dressées ou, dans le cas des lignées développées pour panier suspendu, retombantes. Un tubercule difforme, de taille variable, se forme à la base des tiges et grossit durant toute la vie de la plante.

Durant l'été, le bégonia tubéreux produit des fleurs énormes de 8 à 15 cm, parfois plus, tant dans une vaste gamme de formes: simple, semi-double, double, de pivoine, de camélia ou même

208

de narcisse, frangées ou non, que dans une grande gamme de couleurs: blanc, jaune, orange, rose, rouge, bicolore ou tricolore... et de nombreuses autres possibilités. Les fleurs mâles étant plus grosses et plus belles que les fleurs femelles, par exemple seules les fleurs mâles sont doubles, on supprime habituellement les fleurs femelles dès leur apparition considérant que loin de rehausser l'apparence de la plante, elles la déprécient. De façon générale, les variétés à très grosses fleurs sont des plantes très délicates convenant surtout au jardiniers méticuleux: il faut les tuteurer, les fertiliser, les cajoler, les flatter, les bichonner, etc. pour obtenir de bons résultats... et encore, un bon coup de vent peut tout détruire car elles sont très fragiles. Les variétés «multiflores» produisent des fleurs plus petites d'environ 8-10 cm, mais beaucoup plus nombreuses, beaucoup plus faciles et qui s'adaptent à tout, sauf au plein soleil. De plus, elles fleurissent tôt en saison et le font jusqu'aux gels.

Il est préférable de considérer le bégonia tubéreux comme un bulbe à floraison estivale comme le glaïeul, le canna, ou le dahlia, ou encore comme une annuelle en caissette prête à repiquer, car sa culture à partir de semis est des plus délicates. Non seulement il faut commencer très tôt, entre le 1er décembre et le 15 janvier, mais sa culture est très compliquée.

Semez de préférence des graines enrobées en surface sans les recouvrir de terreau, et emballez le plateau ensemencé dans une feuille de plastique transparent. Comme elles exigent une luminosité et des températures égales pour germer, un éclairage artificiel, préférablement fluorescent, est quasiment essentiel. Réglez la minuterie de l'éclairage artificiel à moins de 15 heures par jour; des journées trop longues stimulent les jeunes plants à produire des tubercules plutôt que des feuilles et des fleurs, puis à entrer subitement et irrévocablement en dormance. Repiquez deux ou trois fois durant l'hiver et le printemps, à chaque fois que les plants commencent à se toucher. Leur culture, assez délicate au cours des premiers mois, est beaucoup moins risquée quand les plants commencent à pousser vigoureusement. Voilà pour le jardinier méticuleux!

Vous l'aurez deviné, la méthode de culture du bégonia tubéreux adoptée par le paresseux est beaucoup plus facile. Il laisse aux serriculteurs les semis compliqués et achète des plants en caissette au printemps, puis les repique au jardin quand les températures nocturnes dépassent 10°C. D'accord, c'est plus cher, mais beaucoup moins éreintant!

Pour économiser davantage sans trop d'efforts ou de complications, il existe cependant une méthode intermédiaire: acheter des jeunes plants en micromottes tôt au printemps et les repiquer vous-même en caissette à la maison (voir la page 67). À ce stade, le bégonia tubéreux est aussi facile que toute autre annuelle.

Une autre possibilité s'offre à vous, la plus traditionnelle de toutes: acheter des tubercules tôt au printemps, comme vous achetez des bulbes de tulipe à l'automne. C'est la méthode la plus coûteuse, chaque tubercule se vendant à l'unité, mais vous aurez alors le plus grand choix possible. Parmi les centaines de variétés de bégonias tubéreux, une infime minorité est

Photo: Sélections AH-America

Begonia x *tuberhybrida* 'PinUp Flame'

offerte en semences... et les trois autres méthodes ne vous offrent que cette minorité. La plupart des bégonias tubéreux, souvent les variétés aux fleurs les plus belles et les plus extravagantes, ne se multiplient commercialement que par bouturage et ne sont vendus que sous forme de tubercules. De plus, produire des plants de bégonia à partir de tubercules est très facile.

Il faut partir les tubercules à l'intérieur. La méthode classique pour le faire exige beaucoup d'efforts, dont plusieurs rempotages à mesure que les jeunes plants grossissent. Je vous suggère plutôt une méthode de paresseux pour partir vos bégonias dans un seul pot, ce qui élimine les empotages successifs et permet de les laisser dans ce même pot tout l'été, et même durant l'hiver.

Environ 2 à 3 mois avant le dernier gel, remplissez à mi-hauteur seulement un pot de 20 cm avec du terreau, mettez le tubercule au centre en prenant soin de placer le côté concave (la surface en creux) vers le haut. Vous pouvez peut-être vous fier aux nouvelles pousses qui apparaissent à cette même période, elles partent du côté qui doit être vers le haut. Ajoutez du terreau en recouvrant à peine le tubercule. Placez le pot dans un coin bien éclairé et frais (pas plus de 18°C) et arrosez légèrement, en prenant soin de ne pas laisser d'eau dans le «creux» du tubercule à ce stade. Lorsque le plant commence à produire des feuilles vertes, augmentez graduellement les arrosages, juste assez pour garder le sol humide. Si plusieurs tiges apparaissent, gardez la plus forte et supprimez toutes les autres en les cassant au niveau du tubercule. Ne jetez pas ces tiges, vous pouvez les bouturer pour faire d'autres plants. Au fur et à mesure que la tige monte, rajoutez du terreau dans le pot, jusqu'à ce qu'il soit rempli jusqu'au rebord: c'est l'un des secrets d'un bégonia solide et florifère.

À l'été, gardez la plante dans son pot que vous sortez à l'extérieur et placez dans un panier suspendu, dans un bac ou que vous enterrez tel quel dans un coin frais et ombragé. Si vous voulez garder la plante quelques années, attendez le début de l'automne et, de préférence après un léger gel, rentrez le tubercule toujours dans son pot. Laissez le tout sécher et une fois le feuillage complètement jauni, coupez-le et placez le pot au complet en repos dans un coin frais (12-18°C), au sec et à l'ombre. Attention! Plusieurs chambres froides sont trop glaciales pour les délicats tubercules de bégonia et peuvent provoquer la pourriture. Il est préférable de les conserver à la température de la pièce plutôt qu'à une température inférieure à 10°C! Au printemps, rempotez car le bégonia tubéreux épuise rapidement le sol dans lequel il pousse et le remplacer annuellement n'est pas exagéré. Procédez en reprenant toutes les étapes expliquées précédemment.

Le bégonia tubéreux ne fait pas une bonne fleur coupée, n'ayant pas une tige digne de ce nom pour permettre son utilisation en vase, mais vous pouvez couper une fleur et la laisser flotter dans un bol transparent, ce qui est très joli.

Vous pouvez aussi manger les fleurs de vos bégonias tubéreux. ...Épatez vos invités en ajoutant quelques pétales colorés de bégonia dans une salade ou les faisant flotter sur une soupe. Ces fleurs sont non seulement comestibles, mais délicieuses, un phénomène rare quand on sait que la plupart des fleurs «comestibles» ont un goût très fade. Le bégonia tubéreux a un goût surette qui plaît à presque tous. Toutefois, souvenez-vous que la modération a bien meilleur goût et ne mangez pas plus de deux fleurs par jour, car tel l'épinard qu'il faut aussi manger modérément, le bégonia tubéreux contient de l'acide oxalique qui peut irriter les muqueuses.

Variétés recommandées:

✺ *Begonia* x *tuberhybrida* (Bégonia tubéreux): Il s'agit d'une espèce hybride créée par l'homme à partir de bégonias tubéreux d'Amérique du Sud. Pour des détails sur sa sélection et sa culture, voir ci-dessus.

Begonia x *tuberhybrida*

211

Browallie

Browallia speciosa 'Blue Troll'

Browallie
(*Browallia*)

Noms anglais: Browallia, Bush Violet

Hauteur: 30-60 cm.

Espacement: 30-45 cm.

Emplacement: Mi-ombragé à ombragé.

Sol: Bien drainé, humide, riche en matière organique.

Multiplication: Semis au printemps; boutures de tige à toute période.

Disponibilité: Plants à repiquer, sachet de semences.

Floraison: Du début de l'été à l'automne.

Utilisation: Plate-bande, bordure, massif, panier suspendu, bac, couvre-sol, sous-bois, fleur coupée.

Je me souviens d'une époque où cette plante n'était qu'une vulgaire plante d'intérieur, mais depuis quelques années, on lui découvre des talents d'annuelle. Un bien belle découverte car il s'agit d'une plante magnifique qui fleurit abondamment tout l'été, même dans les emplacements les plus sombres.

La browallie est une plante au port buissonnant et aux multiples tiges. Certaines lignées produisent des tiges plus molles que les autres et font alors d'excellentes plantes pour panier suspendu. Ses feuilles vertes, ovales, lancéolées, aux nervures profondes cachent bien les tiges, mais son attrait réside principalement dans ses belles fleurs à cinq pétales, bleues et parfois blanches, souvent à oeil blanc, d'environ 5 cm de diamètre. Les nervures profondes des fleurs rehaussent leur belle apparence, leur donnant un aspect texturé très chic. Elles se succèdent tout l'été jusqu'aux gels, cette plante d'origine tropicale n'ayant pas l'instinct de freiner sa croissance à l'automne. En effet, un jour la browallie est toute fleurie et le lendemain, après un premier gel, elle est morte.

Vous pouvez acheter des plants de browallie au printemps ou la semer. Si vous procédez à des semis, commencez 6 à 8 semaines avant le dernier gel, en pressant les graines dans le terreau sans les recouvrir car elles exigent de la lumière pour germer. Une température normale d'intérieur convient parfaitement à la germination et à l'entretien des semis. Pincez les plants d'environ 10 cm de hauteur pour obtenir une meilleure ramification.

Il ne faut pas repiquer la browallie trop tôt au jardin. Sachant que la terre des coins ombragés se réchauffe moins vite au printemps que celle des emplacements en plein soleil, attendez qu'elle vous semble tiède au toucher, normalement quand les températures nocturnes dépassent régulièrement 10°C.

Surveillez les arrosages au cours de l'été. La browallie n'aime pas les sols secs, pas plus que les sols détrempés, et manifeste son mécontentement en fanant rapidement si le milieu ne lui convient pas. S'il est vrai qu'après avoir manqué d'eau elle récupère rapidement lorsqu'on l'arrose de nouveau, répéter ce manège trop souvent entraîne sa perte.

Si le coeur vous en dit, empotez une ou deux browallies à l'automne, les rabattant presque jusqu'au sol, et placez-les dans une fenêtre ensoleillée. Elles reprendront rapidement et fleuriront tout l'hiver. Vous pouvez aussi entrer des boutures à la même époque.

Variétés recommandées:

🌿 *Browallia americana*, anc. *B. elata* (browallie américaine): C'est une espèce aux fleurs plus grosses, jusqu'à 3 cm de diamètre, mais plus dissimulées par le feuillage. Ses tiges sont légèrement collantes. Fleurs bleues ou violettes. Hauteur: 30-60 cm.

🌿 *B. speciosa* (browallie remarquable): C'est l'espèce la plus courante et celle décrite plus haut. Elle se distingue des autres par ses tiges qui ne sont pas collantes. On trouve plusieurs variétés à fleurs bleues, violettes ou blanches. Hauteur: 30-60 cm.

🌿 *B. viscosa* (browallie visqueuse): Fleurs plus petites, mais dans la même gamme de couleurs que *B. speciosa*. Oeil particulièrement proéminent. Tiges très collantes, comme le suggèrent ses noms botanique et commun. Hauteur: 30-50 cm.

Impatiens wallerana

Impatiente des jardins
(*Impatiens wallerana*)

Noms anglais: Impatiens, Patience Plant, Busy Lizzie

Hauteur: 15-50 cm.

Espacement: 15-30 cm.

Emplacement: Ensoleillé à ombragé.

Sol: Bien drainé, humide, riche.

Multiplication: Semis au printemps, boutures de tige à toute période.

Disponibilité: Plants à repiquer, micromottes, sachet de semences.

Floraison: Du début de l'été à l'automne.

Utilisation: Plate-bande, bordure, massif, panier suspendu, bac, couvre-sol, sous-bois, pentes, coin humide, utilisation médicinale, attire les colibris.

L'impatiente des jardins est si populaire qu'on oublie que cette plante était absolument inconnue comme annuelle avant les années 1970. Elle forme un petit monticule de tiges ramifiées, succulentes, remplies d'eau, vertes ou rougeâtres, couvertes de feuilles pointues vertes, bronzées ou panachées qui laissent parfois échapper de petites gouttes de sève de leurs marges dentées ou sur le revers de la feuille, et non, ce n'est *pas* une maladie! La plante produit de nombreuses fleurs solitaires de 2,5 à 5 cm de diamètre dans une vaste gamme de couleurs. Elles sont larges et aplaties avec, si vous les regardez bien, un éperon courbé vers l'arrière. À l'opposé des fleurs à

214

surface aplatie, les variétés doubles produisent des fleurs plutôt bombées, en forme de rose.

L'impatiente des jardins doit sa grande popularité au fait qu'elle réussit si bien à l'ombre. En autant que son sol est maintenu humide, elle tolère très bien le plein soleil, notamment les variétés à feuillage bronzé. Peu de plantes peuvent fleurir aussi abondamment et aussi longtemps dans les emplacements où le soleil est rare ou absent.

D'un autre côté, l'impatiente ne doit sûrement pas sa popularité à la facilité de sa multiplication par semis. Je vous suggère de l'acheter tôt au printemps en caissette ou, si vous souhaitez économiser, en micromottes à empoter et entretenir vous-même par la suite (voir la page 67 pour de plus amples détails sur cette technique nouvelle). Sachez que plusieurs lignées, notamment celles à fleurs doubles et à feuillage panaché, ne se reproduisent pas par semences: il faut donc les acheter en contenant individuel, à très fort prix d'ailleurs. Il est heureux de constater que des lignées d'impatientes doubles qui *peuvent* être reproduites par semence commencent à apparaître, permettant aux serriculteurs de les produire et de nous les vendre en caissette à assez bon prix.

Vous tenez à tout prix à semer vos impatientes? Sachez cependant que cette plante mérite alors une mention parmi les plantes «Pensez-y bien» à la page 506. Non seulement elle germe difficilement et irrégulièrement, mais ses graines sont plus dispendieuses que les autres. Comparez: vous obtenez des centaines de graines dans un sachet d'alysse odorante ou de pétunias, mais habituellement seulement 20 à 35 dans un sachet d'impatiente presque vide qui ne se vend pas moins cher pour autant! Pour empirer la situation, leur taux de germination est particulièrement faible, sans des conditions parfaites, à peine 65 % dans la maison.

Si vous souhaitez quand même les semer, faites-le environ 8-10 semaines avant le dernier gel, sans recouvrir les graines de terreau car elles exigent de la lumière pour germer. Un petit truc cependant: les impatientes germent plus également et plus régulièrement si on leur fournit *2 jours de noirceur* avant de les exposer à la lumière. Une fois germées, leur culture est moins délicate: c'est le départ qui peut parfois être frustrant. Pincez les jeunes plants lorsqu'ils ont de six à huit feuilles, ce pincement retarde légèrement la floraison, mais donne des plants plus ramifiés.

Ne repiquez pas vos impatientes trop tôt au jardin, surtout si le printemps a été froid. Attendez que les températures nocturnes dépassent régulièrement 10°C.

N'hésitez pas à rabattre vos impatientes à la mi-été si elles commencent à devenir trop hautes ou trop chétives. Un petit coup de coupe-bordure et tout rentrera dans l'ordre, donnant des plantes pleinement fleuries et plus fournies qu'auparavant en seulement deux semaines. Plusieurs jardiniers font d'ailleurs ce travail juste avant leur départ pour les vacances; de cette façon, ils n'ont pas à endurer cette courte période moins attrayante et à leur retour, les impatientes sont plus belles que jamais!

215

Impatiens wallerana 'Fiesta Pink'

L'impatiente des jardins n'est pas une véritable annuelle, mais une vivace tendre. On peut donc empoter des plants auparavant rabattus à 7 cm ou prélever des boutures et les entrer pour l'hiver et ainsi conserver la plante pour l'année suivante. Par contre, il faut savoir qu'à l'intérieur, les impatientes sont *très, très* sujettes aux araignées rouges. Il est fortement recommandé de les passer sous le robinet toutes les semaines, dès le jour de la rentrée de la plante à l'automne jusqu'à son retour en pleine terre au printemps suivant, et en vous assurant que le filet d'eau atteigne les deux faces de la feuille. Un traitement aussi assidu aide à réprimer toute infestation avant qu'elle ne devienne sérieuse.

Personnellement, je considère que consacrer tant d'efforts à une plante qui sera facilement disponible le printemps suivant est une perte de temps. Je réserve mes forces pour les impatientes vendues en pot individuel, surtout celles à fleurs doubles et à feuillage panaché qui sont particulièrement coûteuses, à un coût d'environ 4 $ *le plant* au moment où j'écris ces lignes. Comme je réussis à produire une quarantaine de plants pour mon jardin estival à partir des boutures prélevées sur l'unique bouture que je rentre à l'automne, soit une valeur de plus de 160 $ si j'y ajoute les taxes, je peux me permettre de mettre mon côté paresseux de côté... temporairement.

En plus de son utilisation en plate-bande, l'impatiente des jardins fait des merveilles en pot et en panier suspendu. Placez une vingtaine de plants en pots de 15 à 20 cm autour d'un arbre à la base dénudée, où rien ne veut pousser, et vous aurez un tapis de fleurs en moins de temps qu'il faut pour le dire!

La sève de l'impatiente a des propriétés analgésiques, un peu comme la sève d'aloès médicinal: appliquez-en sur des surfaces de peau irritées venues

216

en contact avec l'ortie ou l'herbe à puce, la disparition de la douleur et de la démangeaison est quasiment instantanée!

Variétés recommandées:

Plusieurs autres impatientes peuvent servir dans les emplacements moins ombragés, notamment l'impatiente de Nouvelle-Guinée et la balsamine (page 286), mais à part les deux espèces citées ici, seule l'impatiente de l'Himalaya (page 490) convient à l'ombre.

🌿 *Impatiens wallerana*, anc. *I. sultana* et *I. holstii* (impatiente des jardins): C'est la plante décrite ci-dessus. On trouve des cultivars dans une vaste gamme de couleurs: blanc, rose, rouge, saumon, orange, lilas, pourpre, etc., et beaucoup de bicolores, il ne manque quasiment que les teintes de bleu! On trouve même quelques cultivars à fleurs jaunes (issus de croisements avec l'espèce suivante), bien qu'au moment où ce livre est écrit, le jaune a tendance à rosir si la plante reçoit trop de lumière et les fleurs de ces variétés s'ouvrent peu et sont plutôt dissimulées par le feuillage. On arrivera sans doute à perfectionner cette couleur dans les années à venir. Hauteur: entre 15 et 40 cm pour les variétés modernes.

🌿 *I. auricoma* (impatiente jaune): Relativement nouvelle sur le marché, cette impatiente africaine produit des fleurs jaune vif en forme de petite pantoufle et marquées de rouge à l'intérieur. De port plus rigide que l'impatiente des jardins et avec de grosses feuilles vert très foncé à nervure rouge. 'African Queen' est la forme habituellement vendue. Hauteur: 35-50 cm.

Impatiens auricoma 'African Queen'

Lobélie érine
(*Lobelia erinus*)

Nom anglais: Edging Lobelia.

Hauteur: 8-20 cm.

Espacement: 20-30 cm.

Emplacement: Ensoleillé à ombragé.

Sol: Bien drainé, humide, riche.

Multiplication: Semis au printemps.

Disponibilité: Plants à repiquer, sachet de semences.

Floraison: Du début à la fin de l'été.

Utilisation: Plate-bande, bordure, panier suspendu, bac, couvre-sol, rocaille, muret, sous-bois, pentes.

Lobelia erinus

La lobélie érine est petite sur tous les plans: petites tiges, petites feuilles, petites fleurs et, comme vous le découvrirez si vous les semez, petites graines. Ce ne sont donc pas des fleurs que l'on admire individuellement, tout l'effet de cette plante consistant dans la très grande quantité de ses minuscules fleurs sur ce qui semble être un nuage de tiges et de feuilles. En Afrique du Sud, d'où elle est originaire, cette plante est une petite fleur des champs très éphémère dont la floraison dure à peine quelques semaines. Elle a cependant été «améliorée» au tournant du siècle, ayant gagné une forme plus dense et compacte et une floraison plus durable, et a vécu ses premières heures de gloire dans les vases et les jardinières de l'Angleterre victorienne. La lobélie érine est de nouveau très populaire, surtout pour les boîtes à fleurs et les paniers suspendus.

La lobélie produit une masse échevelée de fines tiges vertes dressées ou retombantes et de feuilles étroites parfois dentées et relativement éparses. Les

218

fleurs sont cependant produites en quantités énormes tout l'été. Vue de près, la fleur tubulaire a vaguement l'air d'une gueule-de-loup, avec deux petits lobes sur sa partie supérieure et trois plus gros et beaucoup plus larges sur sa partie inférieure. Elle peut être de couleur uniforme ou porter un oeil blanc ou jaune. La gamme des couleurs comprend toutes les teintes de bleu et de violet, en plus du blanc, du rose et du rouge.

Pour une plante d'aspect aussi délicat, la lobélie est passablement résistante. Elle peut pousser au soleil ou à l'ombre, mais réussit probablement mieux à mi-ombre, où elle obtient à la fois le soleil, la fraîcheur et l'humidité qu'elle apprécie. Ce n'est pas une plante pour les emplacements chauds et secs où elle arrête temporairement de fleurir, ne recommençant qu'au retour du temps frais. Pour la garder en pleine floraison tout l'été, placez-la dans un endroit frais et humide. Au soleil, veillez à bien l'arroser car la plante fane rapidement si elle manque d'eau. Les arrosages sont critiques lorsqu'on la cultive en contenant; un arrosage quotidien est alors indiqué, du moins durant les périodes de grande chaleur.

Dans les emplacements plutôt chauds, la floraison de la lobélie diminue à la mi-été. Profitez-en pour la tailler sévèrement; il est surprenant de la voir repousser et refleurir vigoureusement par la suite, même si on l'a presque rasée.

Vous pouvez acheter de jeunes plants au marché ou les semer à l'intérieur 8-10 semaines avant le dernier gel. Mieux vaut les semer dans de la vermiculite plutôt que dans un terreau, car la lobélie est très sujette à la fonte des semis. Ne recouvrez pas les graines, elles ont besoin de lumière pour germer. Arroser par le fond du plateau contribue à réduire l'incidence de fonte des semis. Quand les petits plants, *réellement* minuscules, ont de 4 à 6 feuilles, repiquez-les par talles de 3 ou 4 dans des pots individuels de 6 cm, un seul plant étant trop mince pour créer beaucoup d'effet. Repiquez-les au jardin quand tout danger de gel est passé.

Variétés recommandées:

Il y a plusieurs lobélies vivaces, mais seule la lobélie décrite ici fait une petite plante de bordure ou de contenant pour les endroits mi-ombragés.

Lobelia erinus (lobélie érine): C'est l'espèce décrite ci-dessus. On le divise parfois en *L. erinus compacta* pour les cultivars à croissance plutôt dressée servant pour la plate-bande et *L. erinus pendula*, à tige plus longues et plus lâches, populaire en bac et en panier suspendu.

Mimule

Mimulus x *hybridus*

Mimule
(*Mimulus*)

Nom anglais: Monkey Flower

Hauteur: 15-60 cm.

Espacement: 15-20 cm.

Emplacement: Ensoleillé à ombragé.

Sol: Bien drainé, très humide, riche.

Multiplication: Semis au printemps.

Disponibilité: Plants à repiquer, sachet de semences.

Floraison: Du début à la fin de l'été.

Utilisation: Plate-bande, bordure, massif, panier suspendu, bac, couvre-sol, sous-bois, coin humide.

Le nom botanique «*Mimulus*» a la même racine que «mime» et signifie «clown», car les fleurs souvent bizarrement tachetées du mimule ressemblent parfois à un visage moqueur. La plante forme un dôme bas densément couvert de feuilles lisses ou poilues. Chez certaines espèces, les tiges sont rampantes. Les fleurs tubulaires, parfois à gorge jaune, s'ouvrent à l'extrémité pour révéler de larges lobes de couleurs diverses: jaunes, orange, crème, blancs, bourgogne ou rouges, et sont souvent légèrement ou fortement tachetées d'une couleur contrastante. On croirait voir des gloxinias jaunes mouchetés!

Le mimule pousse bien au soleil ou à l'ombre, à condition que son sol soit humide en tout temps. En autant que l'eau ne soit pas stagnante, il ne déteste pas que son sol soit carrément détrempé. La principale cause des difficultés dans la culture de cette plante vient d'un arrosage insuffisant et, malgré la grande beauté de cette plante aux tiges retombantes, on ne peut guère la conseiller pour les bacs et jardinières, car le terreau tend à s'y dessécher trop fréquemment sans l'utilisation d'un système assurant un arrosage adéquat.

Une telle soif est rare chez les annuelles et plutôt que d'avoir à l'arroser constamment pour la contenter, le jardinier paresseux évite de planter le mimule dans un sol sec et profite au contraire de ce défaut du mimule pour le planter dans les coins humides où toutes les autres annuelles meurent noyées! Ainsi le mimule se plaît en bordure des jardins d'eau, sous une gouttière qui fuit, sous l'appareil de climatisation, en bordure de la piscine et dans tout coin du terrain où l'eau perle à la surface. Et vous qui pensiez que *rien* ne pousserait dans des emplacements aussi boueux!

Comme beaucoup d'annuelles, le mimule peut cesser de fleurir à la mi-été, surtout planté au soleil. Au moment des grandes chaleurs, rabattez-le de moitié et une fois la canicule passée, il reprendra rapidement sa belle floraison jusqu'aux gels. Dans les endroits ombragés, humide, et frais, il continue de fleurir sans être dérangé.

Le mimule est souvent d'origine hybride et souvent son bagage génétique comprend des espèces originaires d'Alaska. Il ne faut donc pas se surprendre qu'il passe parfois l'hiver... mais sous notre climat, il ne faut pas trop miser là-dessus! Par contre, on peut l'empoter à l'automne, le rabattre sévèrement et le rentrer. Si on voit à ce qu'il ne manque jamais d'eau, il peut faire une excellente plante d'intérieur.

Variétés recommandées:

Mimulus x *hybridus* (mimule hybride): La grande majorité des mimules vendus comme plantes annuelles sont des hybrides que l'on peut placer dans cette catégorie. On y trouve toute la gamme des couleurs possibles et des fleurs à couleur unie ou maculées d'une ou de deux couleurs contrastantes. Pour d'autres détails, voir ci-dessus. Hauteur: 15-35 cm.

M. cardinalis (mimule rouge): Feuilles velues. Fleurs rouges à gorge jaune. Hauteur: 45-60 cm.

M. cupreatus (mimule cuivré): L'un des parents des mimules hybrides. Fleurs jaunes devenant rouge cuivré. Hauteur: 25-35 cm.

M. guttatus (mimule tigré): Un parent des mimules hybrides. Fleurs jaunes, oranges ou rouges, fortement tachetées de brun. Hauteur: 45-60 cm.

M. luteus (mimule jaune): Autre parent des mimules hybrides. Fleurs jaunes tachetées de marron. Port très variable: dressé à rampant. Hauteur: 10-60 cm.

Némophile

Nemophila menziesii

Némophile
(*Nemophila*)

Noms anglais: Baby-blue-eyes

Hauteur: 25-50 cm.

Espacement: 15-20 cm.

Emplacement: Ensoleillé ou mi-ombragé.

Sol: Bien drainé, humide, riche.

Multiplication: Semis au printemps.

Disponibilité: Sachet de semences.

Floraison: Du début à la fin de l'été.

Utilisation: Plate-bande, bordure, massif, panier suspendu, bac, couvre-sol, rocaille, muret, sous-bois, fleur coupée.

Parfois le nom d'une plante nous donne des indices sur sa forme, ses origines ou ses besoins. On comprend rapidement que le *Lunaria* fait des capsules de graines en forme de lune ou que l'*Iberis* provient de la péninsule ibérique. C'est également le cas de la némophile... si vous avez étudié le grec, vous aurez sans doute compris que la némophile se plaît dans les endroits boisés puisque «méno» veut dire bosquet et «phile» aimer. Avec un tel nom, est-ce surprenant que cette plante soit placée dans un chapitre intitulé *Des fleurs à l'ombre*?

Avec des feuilles de forme variable et des fleurs en coupe, la némophile est une petite plante rampante d'origine californienne qui pousse en talles basses. La couleur de base pour le genre est le bleu, mais il y a beaucoup de variantes. Les fleurs sont parfumées, surtout le soir.

Au moment où j'écris ces lignes, la némophile ne semble pas être disponible en plants. Il faut donc la semer, soit à l'intérieur ou en pleine terre. Dans le premier cas, faites-le 6 à 8 semaines avant le dernier gel, recouvrant à peine les graines de terreau. Semez-les dans des godets de tourbe ou en alvéoles, car la plante tolère difficilement le repiquage. Placez les plateaux de semis au frais, à environ 13°C. Repiquez au jardin quand tout danger de gel est passé.

Semez en pleine terre tôt au printemps, quand le sol est encore frais et qu'un risque de gel *n'est pas* écarté.

La némophile pousse mieux dans les endroits frais et assez humide, tolérant difficilement les emplacements secs. On peut la cultiver à mi-ombre ou au soleil, mais, dans ce dernier cas, dans des endroits ombragés en après-midi. Si vous ne pouvez pas lui assurer un sol quelque peu humide en tout temps, plantez autre chose, car elle ne récupère pas après même une brève période de sécheresse. Il est possible que vos némophiles cessent de fleurir au milieu de l'été. Si le cas se présente, comme il est superflu et même très fastidieux de supprimer toutes les petites fleurs fanées une à une, rabattez-les de moitié et elles refleuriront peu après.

Parfois la némophile repousse spontanément, mais c'est l'exception et non la règle. Si vous voulez la garder, cueillez ses graines à la fin de l'été et semez de nouveau le printemps suivant.

Les némophiles sont très jolies en panier suspendu et en bac, mais uniquement si elles sont arrosées régulièrement. Si vous les utilisez comme bordure, ne les placez pas trop près des limites du jardin, car ces plantes prennent une certaine ampleur après la plantation.

La némophile fait une fleur coupée attrayante, mais peu durable.

Variétés recommandées:

🌿 *Nemophila maculata* (némophile maculée) : Cette plante produit des tiges rampantes de près de 30 cm et des feuilles pennées légèrement poilues. Ses fleurs soyeuses en forme de coupe de 2 cm, d'un blanc bleu très pâle avec nervures plus foncées, présentent une tache bleu foncé à l'extrémité de chacun des cinq pétales. Hauteur: 10-15 cm.

🌿 *N. menziesii* (némophile ponctuée): Elle produit des tiges rampantes plus longues, atteignant jusqu'à 45 cm de longueur et des feuilles encore plus découpées que la précédente. Ses fleurs de 2,5 cm sont bleues avec centre blanc marqué de petits points bleus. On trouve aussi une forme à fleurs blanches joliment tachetées de noir, *N. m. atomaria*, à laquelle on a accolé le nom de cultivar 'Snow Storm' afin de mieux la vendre. *N. m. discoidalis*, aussi avec un faux nom de cultivar, 'Pennie Black', est une autre sous-espèce, cette fois d'une couleur fort surprenante: pourpre très foncé, presque noire au centre avec une bande d'un blanc pur qui entoure toute la fleur. Hauteur: 10-15 cm.

223

Torénia

Torenia fournieri 'Clown Mixture'

Torénia
(*Torenia*)

Noms anglais: Wishbone-Flower, Bluewings

Hauteur: 15-30 cm.

Espacement: 15-20 cm pour les variétés dressées; 30-40 cm pour les rampantes.

Emplacement: Mi-ombragé ou ombragé.

Sol: Bien drainé, humide, riche en matière organique.

Multiplication: Semis au printemps, boutures de tige à toute période.

Disponibilité: Plants à repiquer, sachet de semences.

Floraison: Du début à la fin de l'été.

Utilisation: Plate-bande, bordure, massif, panier suspendu, bac, couvre-sol, rocaille, muret, sous-bois, pentes.

Dans d'autres pays, le torénia est aussi populaire que la pensée chez nous, mais au Québec, nous commençons à le découvrir. Mais nous apprendrons rapidement à l'aimer car les annuelles qui poussent et fleurissent bien à l'ombre sont si peu nombreuses, qu'il faudrait bien tirer profit du peu de choix qui s'offre à nous.

Il y a deux formes de torénia, la plus courante au port dressé et plutôt buissonnant et la forme à tiges rampantes, cette dernière surtout utilisée pour les boîtes à fleurs. Les deux ont des feuilles lisses, vert pâle et dentées, des tiges nettement carrées, des boutons ailés en forme de lanterne et des fleurs assez semblables en forme de trompette de 2 à 3 cm de diamètre. La gamme des couleurs de base comprend le bleu, le violet, le rose, le rouge et le blanc, mais le pétale inférieur est souvent maculé de jaune et la gorge est blanche ou de teinte pâle à l'intérieur, donnant souvent une fleur tricolore.

On peut obtenir des plants à repiquer au printemps, mais il faut se garder d'acheter des plants trop avancés, le torénia ne tolérant plus de modifications à son environnement quand il arrive à maturité et acceptant encore moins que l'on dérange ses racines. Si les plants n'ont que quelques fleurs, supprimez-les et ils devraient alors pouvoir s'acclimater. S'ils sont très fleuris... voyez un autre marchand, car ils sont trop avancés! À tous égards, mieux vaut acheter des plantes en alvéoles que des plantes en caissette, on dérange moins les racines en repiquant.

Si vous faites vos propres semis, commencez-les à l'intérieur, 8 à 10 semaines avant le dernier gel, sans recouvrir les graines qui exigent de la lumière pour germer. Semez-les dans un pot communautaire au début, puis lorsque les plantules ont leur deuxième paire de vraies feuilles, repiquez-les sans tarder dans un godet de tourbe individuel car leurs racines encore courtes tolèrent des changements.

Choisissez un emplacement humide et peu ou pas exposé au soleil du midi, car le torénia souffre facilement de coups de soleil dans les endroits chauds et ensoleillés. Plante tropicale originaire du Viêt-nam, le torénia apprécie une bonne chaleur humide.

Gardez quelques plants de torénia pour des potées fleuries estivales que vous pouvez par la suite rentrer pour l'hiver, le torénia étant une excellente plante de maison. Si vous déterrez et empotez quelques plants à la fin de l'été... rabattez-les sévèrement de façon à les rajeunir, sinon les plantes adultes toléreront difficilement la transition.

Enfin, faites attention aux aleurodes ou mouches blanches: elles adorent les torénias.

Variétés recommandées:

Torenia fournieri (torénia de Fournier): C'est de loin l'espèce la plus couramment cultivée et sa gamme des couleurs semble s'élargir tous les ans: bleu, violet, rouge, rose, blanc et plus encore. Il s'agit d'une petite plante buissonnante au port dressé. Hauteur: 15-30 cm.

Torenia x *hybrida* (torénie hybride): Au moment où j'écris ce livre, cette plante est encore une grande nouveauté. 'Summer Wave Blue', aux fleurs violettes un peu plus pâles au centre, est d'ailleurs le seul et unique cultivar, mais d'autres couleurs devaient faire leur apparition sous peu. C'est une plante aux longues tiges rampantes ou retombantes, surtout recommandée pour les paniers suspendus et les contenants. Stérile, donc ne produisant pas de graines, cette plante n'est disponible qu'en plants bouturés, ce qui en augmente évidemment le coût. À l'automne, le jardinier sage et prévoyant la bouturera à son tour pour la conserver plutôt que de la laisser geler.

Des annuelles qui aiment le froid

Les plantes décrites dans ce chapitre sont toutes originaires de climats où le temps est plutôt frais durant leur période de croissance. Elles réussissent très bien au Québec, mieux que partout ailleurs dans l'est de l'Amérique du Nord, à condition de leur trouver un coin frais où pousser. C'est un problème minime et même inexistant dans le nord du Québec ou près du golfe Saint-Laurent. Le centre de la province profite parfois d'étés exceptionnellement chauds, mais cultivées dans un emplacement ombragé et frais, ces plantes n'ont aucun problème majeur. C'est dans la région montréalaise qu'elles ont le plus de difficulté. Dans une région métropolitaine où beaucoup de structures d'asphalte et de béton chauffées par le soleil réchauffent à leur tour l'atmosphère, avec peu d'arbres et de verdure pour la rafraîchir, la température estivale dépasse souvent de 2 ou 3°C celle des autres régions du Québec, et ces 2 ou 3 degrés constituent souvent une menace pour la survie de ces plantes. Cependant, même les Montréalais peuvent les cultiver, mais ils doivent être astucieux pour y parvenir.

Par exemple, là où les étés sont chauds, il faut s'assurer de toujours maintenir le sol humide, pas nécessairement détrempé, seulement un peu humide parce qu'un sol sec se réchauffe beaucoup plus qu'un sol humide.

Mieux encore, recouvrez *toujours* d'un bon paillis décomposable le sol au pied des annuelles recommandées ici. Il fait des merveilles à plusieurs égards: moins de mauvaises herbes, moins d'évaporation donc sol plus humide et surtout, il garde le sol plus frais de quelques degrés.

Enfin, évitez de placer ces plantes dans un endroit constamment exposé au plein soleil. Si plusieurs d'entre elles peuvent tolérer la mi-ombre, la plupart aiment le soleil... ce qu'elles craignent, c'est la chaleur. Il ne faut pas oublier que même les emplacements «ensoleillés» peuvent profiter d'un peu d'ombre dans la journée.

Buglosse du Cap

Clarkie

Cynoglosse

Godétie

Némésie

Niérembergie

Pensée

Pied-d'alouette annuel

Salpiglossis

Schizanthe papillon

Trachélie

Buglosse du Cap

Anchusa capensis 'Blue Angel'

Buglosse du Cap
(*Anchusa capensis*)

Noms anglais: Anchusa, Summer Forget-me-not

Hauteur: 20-15 cm.

Espacement: 10-15 cm.

Emplacement: Ensoleillé.

Sol: Bien drainé ou sablonneux, riche en matière organique.

Multiplication: Semis au printemps.

Disponibilité: Sachet de semences.

Floraison: Du début à la fin de l'été.

Utilisation: Plate-bande, bordure, massif, panier suspendu, bac, couvre-sol, rocaille.

La buglosse du Cap, aussi appelée myosotis d'été, surprend par ses belles fleurs d'un bleu très intense, couleur assez rare chez les fleurs. Comme son surnom le suggère, elle ressemble au myosotis par son port et ses fleurs, mais sa floraison est estivale plutôt que printanière. Si vous aimez le myosotis, une bisannuelle rustique dont on trouve la description à la page 458, vous pouvez en cultiver pour une floraison printanière et l'allonger en plantant des buglosses du Cap au pied des vrais myosotis!

C'est une petite plante buissonnante aux tiges raides et aux feuilles vert foncé, poilues, étroites, d'apparence rugueuse, réunies en verticille autour de la tige, comme les rayons d'une roue. Chaque tige porte à son extrémité des ombelles de petites fleurs parfumées à cinq pétales, bleues et souvent à centre blanc. Chacune ne mesure que 4 mm de diamètre, mais les fleurs sont produites en grande quantité tout l'été, du moins aussi longtemps que les températures demeurent fraîches. Curieusement, les boutons de ces fleurs bleues sont rouges et changent de couleur juste avant de s'ouvrir.

La culture du buglosse du Cap est très simple : semez à l'intérieur environ 6 à 8 semaines avant le dernier gel, recouvrant à peine les graines de terreau, puis repiquez les plants au jardin quand tout danger de gel est passé. On peut aussi la semer en pleine terre, tôt au printemps, mais alors sa floraison ne commence généralement que vers le mois d'août. Elle repousse parfois spontanément à partir de graines tombées au sol l'année précédente, mais ne persiste pas plus d'un an ou deux, ces plants spontanés n'ayant pas le temps de produire des graines à leur tour.

Si, malgré toute les précautions prises, la buglosse du Cap subit un coup de chaleur, attendez-vous à voir sa floraison diminuer ou même arrêter. Rabattez alors la plante de moitié et elle refleurira dès que la température baissera un peu.

Variétés recommandées:

Il existe plusieurs espèces de buglosse (*Anchusa*), mais la plupart sont des vivaces rustiques. On cultive d'ailleurs couramment la buglosse azurée (*A. azurea*) dans les plates-bandes québécoises. C'est une vivace beaucoup plus haute et aux fleurs plus grosses que l'espèce annuelle, mais de même couleur.

❧ *Anchusa capensis* (buglosse du Cap): C'est la plante de la description générale et la seule du genre qui soit cultivée comme annuelle. Ses noms commun et botanique font référence à son lieu d'origine, la région du cap de Bonne-Espérance en Afrique du Sud. Il ne s'agit pas d'une véritable annuelle, mais d'une bisannuelle peu rustique ne tolérant pas les hivers québécois. On ne la cultive chez nous que comme annuelle. On trouve plusieurs cultivars à fleurs bleues qui se distinguent surtout par leur hauteur, mais aussi d'autres à fleurs blanches, très rarement roses. Parmi les cultivars, 'Blue Bird' est remarquable par la grosseur de ses fleurs de à 8 à 12 mm de diamètre, deux ou trois fois plus grosses que les autres!

Clarkie
(*Clarkia*)

Noms anglais: Clarkia, Farewell-to-spring

Hauteur: 30-90 cm.

Espacement: 10-15 cm.

Emplacement: Ensoleillé ou légèrement ombragé.

Sol: Bien drainé, voire sablonneux, riche en matière organique.

Multiplication: Semis au printemps.

Disponibilité: Sachet de semences.

Floraison: Du début à la fin de l'été.

Utilisation: Plate-bande, bordure, massif, pré fleuri, sous-bois, naturalisation, fleur coupée, attire les colibris.

Clarkie élégante *Clarkia unguiculata*

La clarkie doit son nom au célèbre explorateur William Clark, de l'expédition Lewis et Clark, qui la rapporta de la côte ouest américaine au début du 19e siècle. On trouve différentes espèces de clarkies un peu partout dans le sud et le nord de l'Ouest américain, mais surtout en Californie qui en compte quelque 30 espèces, toutes annuelles.

Il s'agit d'une plante ramifiée à port très érigé, généralement cultivée si densément qu'elle donne l'impression d'une plante aux nombreuses tiges florales surmontant une masse de feuillage. Les tiges rougeâtres portent de nombreuses feuilles vertes, ovales et légèrement dentées, se faisant de plus en plus rares dans le haut de la tige où elles cèdent la place aux boutons de fleurs. La forme et la couleur des fleurs varient d'une espèce à l'autre, mais les teintes rosées dominent.

Il vaut mieux les semer en pleine terre, tôt au printemps ou à l'automne, sans recouvrir les graines qui ont besoin de lumière pour germer. On peut aussi les semer à l'intérieur, en godets de tourbe et à des températures plutôt fraîches (13-21°C), mais les plants sont alors plus chétifs. La clarkie tolérant difficilement le repiquage, éclaircissez plutôt que de repiquer, mais pas trop pour les laisser pousser assez rapprochées car les plants, croissant davantage à la verticale qu'à l'horizontale, créent un meilleur effet si regroupés.

Les clarkies fleurissent généralement tout l'été sans autre soin, mais peuvent dépérir à une trop grande chaleur. Si cela se produit, ressemez car les plants atteints par la chaleur sont moribonds et, contrairement à d'autres annuelles dans les mêmes circonstances, ils ne récupèrent pas, même si on les rabat. Toutefois, les clarkies tolèrent bien un peu d'ombre et là où les étés sont généralement chauds, semez-les dans un emplacement mi-ombragé pour éviter une déception.

Ne lui donnez pas d'engrais au cours de l'été. Cela favorise la croissance de tiges très hautes et peu fleuries. Les clarkies résistent bien aux légers gels et continuent parfois de fleurir très tard à l'automne. Elles repoussent souvent spontanément à partir de graines produites l'année précédente.

La clarkie est très prisée comme fleur coupée car elle est très belle en vase.

Variétés recommandées:

Il y a plusieurs espèces de *Clarkia*, mais trois surtout sont cultivées comme annuelles ornementales. D'autres *Clarkia* sont cependant encore populaires... sous leur ancien nom, *Godetia* ou godétie. Vous en trouverez la description à la page 234.

Clarkia concinna (clarkie laciniée): C'est la moins courante mais elle est néanmoins très jolie. Les fleurs portent des pétales roses, rouges, ou blancs bien espacés et découpés à l'extrémité. Les colibris l'adorent! Elle est plus basse que les autres clarkies et buissonnante plutôt qu'érigée. Espacez-la plus que les autres, de 20 à 25 cm. Hauteur: 30 cm.

C. pulchella (clarkie gentille): Elle produit des fleurs aux étamines proéminentes dont les pétales très minces à la base sont larges et lobés à l'extrémité. La plupart des cultivars couramment disponibles ont des fleurs semi-doubles. Couleurs: blanc, rose, lavande, violet, et pourpre. Hauteur: 30-45 cm.

C. unguiculata, anc. *C. elegans* (clarkie élégante): C'est la clarkie la plus courante et la plus grande. Ses fleurs de 5 cm de diamètre sont offertes dans une vaste gamme de couleurs: rose, rouge, pourpre, violet, lavande, blanc, saumon, orangé et même jaune crème. Elles sont inévitablement doubles, même très doubles, ressemblant à des gerbes de mousseline... à vous donner un coup de foudre au premier regard. Excellente fleur coupée. Hauteur: 60-90 cm.

Cynoglosse

Cynoglossum amabile

Cynoglosse
(Cynoglossum)

Nom anglais: Chinese Forget-me-not, Houndstooth

Hauteur: 45-60 cm.

Espacement: 23-30 cm.

Emplacement: Ensoleillé ou légèrement ombragé.

Sol: Bien drainé, sablonneux ou organique, humide ou sec.

Multiplication: Semis au printemps ou à l'automne.

Disponibilité: Sachet de semences.

Floraison: Du début de l'été aux gels.

Utilisation: Plate-bande, bordure, massif, panier suspendu, bac, couvre-sol, rocaille, muret, pré fleuri, naturalisation, fleur coupée, plante mellifère.

Après la description d'un «faux myosotis» (la buglosse du Cap) en voici un autre! La cynoglosse ressemble encore plus au myosotis que la buglosse du Cap, ses fleurs étant bleu ciel et non bleu azur comme celles de la buglosse. D'ailleurs, on l'appelle parfois «myosotis chinois».

Le nom *Cynoglossum*, qui signifie «langue de chien», lui vient de la forme de ses feuilles à la texture douce et soyeuse, couvertes d'un mince duvet. La cynoglosse forme un petit buisson aux multiples tiges violacées portant des feuilles étroites, vert moyen un peu grisâtre. Elle produit une quantité incroyable de petites fleurs bleues au centre rehaussé, comme une couronne, qu'on ne peut bien voir que de très près car les fleurs n'ont qu'un diamètre d'environ 8 mm. La plante fleurit absolument tout l'été, mais ses capsules de graines piquantes brunes dominent vers la fin de la saison. Les graines se détachent et s'accrochent à nos vêtements et aux poils des animaux, sans cependant causer de désagrément, et permettent ainsi à la plante de se multiplier spontanément partout dans la plate-bande... au grand désarroi du jardinier méticuleux qui désire voir chaque plante rester à sa place, mais au grand plaisir du jardinier paresseux qui adore les plantes qui se ressèment. Comme le myosotis, la cynoglosse produit des petites fleurs bleues qui se marient avec absolument tout, et le fait qu'elles apparaissent ici et là dans la plate-bande en rehausse l'apparence.

Il est inutile de semer la cynoglosse à l'intérieur. Elle germe rapidement dès le semis en pleine terre ou tôt au printemps, dès que le sol peut être travaillé, et fleurit donc *plus rapidement* semée en pleine terre qu'à l'intérieur. Comme certaines personnes insistent pour tout semer à l'intérieur, elles peuvent le faire 6 à 8 semaines avant le dernier gel, en gardant les graines à la noirceur jusqu'à leur germination. À l'intérieur ou en pleine terre, recouvrez les graines de 6 mm de terre.

Attention aux sols trop riches qui donnent des plantes hautes et sans consistance. Tous les sols conviennent à la cynoglosse, qu'ils soient secs ou humides. Il lui faut néanmoins un emplacement frais, comme toutes les plantes de ce chapitre.

Variétés recommandées:

🌿 *Cynoglossum amabile* (cynoglosse): C'est l'espèce décrite ci-dessus et la seule couramment disponible. C'est une bisannuelle dans sa Chine natale, mais au Québec, elle ne survit pas à l'hiver et se comporte comme une annuelle. Nous ne disposons que d'un nombre limité de cultivars, surtout dans les teintes de bleu, mais parfois aussi blanches ou roses.

Cynoglossum amabile

233

Godétie

Clarkia amoena

Godétie
(*Clarkia*)

Noms anglais: Godetia, Farewell-to-spring, Satin Flower

Hauteur: 20-45 cm.

Espacement: 15-25 cm.

Emplacement: Ensoleillé ou légèrement ombragé.

Sol: Bien drainé, plutôt pauvre.

Multiplication: Semis au printemps.

Disponibilité: Plants à repiquer, sachet de semences.

Floraison: Du début à la fin de l'été.

Utilisation: Plate-bande, bordure, massif, pré fleuri, sous-bois, naturalisation, fleur coupée.

La godétie partage avec la clarkie (page 230) le nom botanique *Clarkia*. Les botanistes ont décidé que les deux plantes étaient très proches parentes... mais à cause de leurs différences tant de forme que de culture, les jardiniers préfèrent continuer à les considérer séparément. Si vous comparez leurs photos, vous comprendrez pourquoi cette parenté ne saute pas aux yeux des profanes!

La godétie produit des fleurs en entonnoir aux larges pétales satinés et lisses, presque chatoyants, pouvant atteindre 5 cm de diamètre, dans une assez bonne gamme de couleurs: rose, rouge, saumon, blanc et lavande, souvent avec de grandes taches plus sombres à la base de pétales ou encore, avec une marge d'une couleur différente de celle du centre. Les fleurs n'ouvrant qu'au soleil, se refermant la nuit et les jours gris, sont réunies par petits groupes à l'extrémité des tiges. Le port de la plante varie de buissonnant et élancé à plutôt rampant. Les feuilles, sont toujours oblongues ou lancéolées, vert moyen parfois un peu grisâtre.

Beaucoup de jardiniers ont été déçus par la godétie après l'avoir achetée en caissette, pleinement fleurie. La godétie tolère plutôt difficilement le repiquage et la transplanter alors qu'elle est en fleurs lui porte souvent le coup de grâce! Elle réussit à survivre quelques semaines, les boutons déjà formés s'épanouissent, mais même la rabattre pour la rajeunir n'aide pas. Vous vous retrouvez assez vite avec une plante morte... et un trou béant dans votre plate-bande.

Vous obtiendrez de meilleurs résultats en la semant en pleine terre tôt au printemps, ou même à l'automne, recouvrant à peine les graines. En plus de prendre les précautions recommandées au début de ce chapitre, dans les régions à étés chauds, faites un deuxième ensemencement à la mi-juin pour jouir d'une floraison *après* la canicule.

Les semis à l'intérieur donnent rarement des plants aussi beaux et florifères que les semis en pleine terre, mais il faut admettre qu'ils fleurissent plus tôt en saison, dès le dernier gel plutôt qu'à la mi-juin. Si vous désirez tenter l'expérience, semez dans des godets de tourbe environ 6 à 8 semaines avant le dernier gel, sans couvrir les graines qui ont besoin de lumière pour germer. Une température de 12 à 21°C convient parfaitement.

Quant aux plants offerts sur le marché, trouvez ceux qui sont très jeunes, sans fleurs et en alvéoles car les racines seront peu dérangées au repiquage. Autrement... mieux vaut les laisser là!

Attention aux sols trop riches et aux applications fréquentes d'engrais: la godétie les aime trop, au point de produire de magnifiques feuilles à profusion et bien peu de fleurs!

Enfin, si malgré tous vos efforts pour bien traiter la godétie sa floraison ne dure que ce que dure une rose... plantez autre chose, il fait trop chaud pour elle dans votre patelin. Allez plutôt la voir là où la température est vraiment fraîche durant l'été, lui permettant de fleurir abondamment durant toute la belle saison! Dans ces endroits, la godétie revient d'une année à l'autre par semis spontanés.

Si la vie de chaque fleur est plutôt brève, la godétie fait néanmoins une bonne fleur coupée, car même après avoir connu le sécateur, ses fleurs se succèdent pendant une semaine ou plus. Idéalement, prélevez une tige comportant une ou deux fleurs ouvertes et plusieurs boutons près de s'épanouir. C'est d'ailleurs uniquement lorsqu'elle est en vase que l'on remarque le doux parfum mielleux de la godétie.

Variétés recommandées:

❧ *Clarkia amoena whitneyi* , anc. *C. grandiflora* (godétie à grandes fleurs): C'est la godétie typique des plates-bandes, au port plutôt bas et étalé. Fleurs simples, doubles ou semi-doubles, parfois frangées ou ondulées. Hauteur: 20-45 cm.

Photo: Norseco

Nemesia strumosa 'Danish Flag' (rouge et blanc) et 'KLM' (bleu et blanc)

Némésie
(Nemesia)

Nom anglais: Nemesia

Hauteur: 30-60 cm.

Espacement: 12-15 cm.

Emplacement: Ensoleillé ou légèrement ombragé.

Sol: Bien drainé, humide.

Multiplication: Semis au printemps.

Disponibilité: Plants à repiquer, sachet de semences.

Floraison: Du début de l'été au début de l'automne.

Utilisation: Plate-bande, bordure, massif, panier suspendu, bac, couvre-sol, rocaille, muret, fleur coupée.

La némésie préfère en tout temps des températures inférieures à 18°C. Même des températures de 24 ou 25°C lui nuisent, et bien qu'elle aime la fraîcheur, elle ne tolère pas le gel. Elle convient donc mieux aux régions à climat frais profitant d'une longue période sans gel. C'est le choix idéal pour les propriétaires de terrains en bordure de l'eau. Quant aux autres, un essai vaut le coup, mais uniquement dans la partie la plus fraîche de votre jardin.

La némésie est une plante buissonnante, au port étalé, aux nombreuses tiges minces et lâches, carrées et rainurées portant des feuilles sans pétiole, vert vif, lancéolées et dentées, plus grosses à la base qu'au sommet. Les fleurs nombreuses sont portées en bouquets terminaux. Elles porte un petit éperon dissimulé à l'arrière et sont petites et tubulaires, leur extrémité s'ouvrant pour former deux lèvres. La lèvre est supérieure plus petite et divisée en quatre segments et la lèvre inférieure est beaucoup plus grosse et plus large, souvent incisée au milieu. L'ensemble suggère une petite orchidée... l'imitant encore plus chez de nombreux cultivars dont les lèvres supérieure et inférieure sont de couleurs nettement différentes: bleu royal et blanc, ou rouge vif et blanc, par exemple. D'autres ont les lèvres d'une même couleur de base, mais avec des taches contrastantes dans la gorge. Toutes les couleurs sont possibles, peut-être à l'exception du vert qui manque pour que la gamme des couleurs de la némésie soit complète!

Le port ouvert et diffus de la némésie et ses tiges lâches ne rendent guère cette plante impressionnante lorsque cultivée isolément; il faut la planter en massif d'au moins une dizaine de sujets, et assez serrés, de façon à ce qu'ils s'entremêlent et s'appuient les uns sur les autres. C'est dans la nature de la némésie de s'étaler un peu sur le sol; si cela vous déplaît, fixez parmi les jeunes plants de courts rameaux qui seront utilisés comme tuteurs.

Achetez la némésie en caissette lors du dernier gel et, s'il y en a, supprimez les fleurs pour assurer une meilleure reprise, ou semez-la à l'intérieur 6 à 8 semaines avant le dernier gel. La solution idéale consiste à semer les très petites graines dans de la vermiculite, sans les recouvrir et de n'arroser que par le fond pour empêcher la fonte des semis, assez courante chez cette plante. Une température de 12 à 21°C donnera une germination rapide, entre 5 et 21 jours. Lorsque les plants ont quatre vraies feuilles, repiquez dans du terreau plus conventionnel. Deux semaines plus tard, pincez pour stimuler une bonne ramification et repiquez ensuite en pleine terre quand tout danger de gel est passé, au soleil dans les régions à étés frais et à la mi-ombre ailleurs.

Il est aussi possible de semer la némésie en pleine terre, mais uniquement dans les régions à climat frais, deux semaines avant le dernier gel, dans un sol qui n'est pas encore réchauffé et sans recouvrir les petites graines.

Même dans les régions à étés frais, la némésie subit parfois un petit déclin au milieu de l'été. Sortez alors votre coupe-bordure et rabattez-la d'un tiers. Elle refleurira peu après.

Enfin, la némésie repousse rarement par semis spontanés; il faut la semer tous les ans.

Variétés recommandées:

🌿 *Nemesia strumosa* (némésie d'Afrique): C'est la némésie de la description générale. On trouve des variétés à petites et à grosses fleurs dont plusieurs sont bicolores. L'espèce atteint de 30-60 cm de hauteur, mais la grande majorité des hybrides modernes sont des variétés naines, mesurant généralement 18-30 cm de hauteur.

🌿 *N. versicolor* (némésie à fleurs changeantes): Une espèce naturellement naine à petites fleurs, généralement unicolores et à gorge blanche. Couleurs: bleu, jaune, et blanc. Hauteur: 18-30 cm.

Niérembergie

Nierembergia hippomanica 'Purple Robe'

Niérembergie
(*Nierembergia*)

Noms anglais: Nierembergia, Cup Flower

Hauteur: 10-30 cm.

Espacement: 15-20 cm.

Emplacement: Ensoleillé ou légèrement ombragé.

Sol: Bien drainé, humide.

Multiplication: Semis au printemps; boutures à l'automne.

Disponibilité: Plants à repiquer, sachet de semences.

Floraison: Du début de l'été aux gels.

Utilisation: Plate-bande, bordure, massif, panier suspendu, bac, couvre-sol, rocaille, pentes.

La niérembergie est une plante étalante aux nombreuses tiges fortement ramifiées et aux petites feuilles étroites. Elle forme un dôme parfait dans le jardin, souvent entièrement recouvert de fleurs à cinq pétales en forme de coupe et à centre jaune. Elle est très populaire pour les rocailles, les bordures et les paniers suspendus.

Notre belle saison est trop courte pour semer la niérembergie en pleine terre car c'est une vivace trop gélive pour notre climat. On peut cependant la semer à l'intérieur, la niérembergie offrant une culture particulièrement facile avec cette méthode. Parce que la niérembergie *tolère* le repiquage, mais seulement lorsqu'elle est encore très jeune, il est préférable d'y aller prudemment et de semer 10 à 12 semaines avant le dernier gel, dans des godets de tourbe, recouvrant à peine les graines de terreau. Que sa lenteur à germer ne vous désespère pas. Elle germe sans difficulté, mais peut vous faire attendre près d'un mois avant de donner le moindre signe de vie! On peut repiquer les jeunes plants au jardin deux ou trois semaines *avant* le dernier gel, si on les a bien acclimatés auparavant car ils tolèrent un léger gel.

Vous pouvez aussi acheter la niérembergie en pépinière sous forme de plants à repiquer. Évitez cependant les plants en caissette traditionnelle. Au stade avancé auquel on vend habituellement cette plante, ses racines sont fragiles et dans ce cas, on ne peut se permettre d'acheter sans crainte que des plants en alvéole qui se repiquent à peu près sans déranger les racines. D'ailleurs, de «quasiment introuvable» qu'elle était il y a peu de temps, la niérembergie devient plus disponible sur le marché, peut-être pas autant que le pétunia et l'impatiente, mais les marchands importants l'offrent de plus en plus souvent.

Plantez la niérembergie dans un emplacement ensoleillé dans les régions à étés frais, ou mi-ombragé dans les régions à étés chauds.

Supprimer une à une les fleurs fanées de la niérembergie, c'est un gros travail... mais elle fleurit nettement mieux si on l'empêche de produire des graines. Au moment de tondre sa pelouse, le jardinier paresseux en profite donc pour passer sur les niérembergies en bordure de la plate-bande, ou les rabat environ de moitié avec le coupe-bordure ou le taille-haie. La plante récupère rapidement et refleurit de plus belle en moins de deux semaines.

Pour prolonger le plaisir de la culture de la niérembergie, rentrez quelques boutures à l'automne pour les placer au plein soleil dans un emplacement frais.

Variétés recommandées:

Nierembergia hippomanica violacea, anc. *N. hippomanica caerulea* (niérembergie bleue): C'est l'espèce la plus couramment cultivée et elle correspond à la description ci-dessus. Les fleurs sont bleues, violettes ou blanches. Hauteur: 10-30 cm.

N. repens, anc. *N. rivularis* (niérembergie rampante): Elle ressemble beaucoup à la plante précédente, mais sa croissance est encore plus basse, ses tiges courant sur le sol. C'est évidemment un excellent choix pour les paniers suspendus et les bacs... à condition de les garder au frais. Les fleurs sont blanches au centre jaune. Hauteur: 10-15 cm.

239

Pensée

Viola x *wittrockiana*
'Cassis Shades Picotee'

Pensée
(*Viola*)

Nom anglais: Pansy

Hauteur: 12-25 cm.

Espacement: 15-20 cm.

Emplacement: Ensoleillé ou légèrement ombragé.

Sol: Bien drainé, humide, riche en matière organique.

Multiplication: Semis à l'hiver et au printemps.

Disponibilité: Plants à repiquer, sachet de semences.

Floraison: Du début du printemps jusqu'aux premières neiges.

Utilisation: Plate-bande, bordure, massif, panier suspendu, bac, couvre-sol, rocaille, muret, naturalisation, pentes, fleur comestible.

240

La pensée est si populaire dans nos jardins qu'une description est presque superflue. Elle a cependant certains côtés insoupçonnés qui méritent d'être connus de tous les jardiniers.

La pensée produit des feuilles rondes ou en forme de coeur à sa base et des feuilles oblongues, plus petites et crénelées, sur ses tiges lâches. Elle forme une touffe plutôt évasée que l'on peut raffermir par le pinçage. Les fleurs sont larges et aplaties, à cinq pétales et de taille variant de 2,5 à 6 cm de diamètre. À part le vert, elles sont offertes dans toutes les couleurs de l'arc-en-ciel. Ses coloris sont si originaux que je crois que cette plante a élaboré de nouvelles couleurs qui n'ont jamais existé dans la nature. Toutefois, si certaines pensées produisent des fleurs unicolores ou presque, il leur reste souvent un petit oeil jaune ou blanc contrastant au centre de la fleur et elles portent généralement, surtout sur les trois pétales inférieurs, de larges macules foncées ainsi que des nervures contrastantes elles aussi. L'ensemble suggère un visage quelque peu clownesque, une image qui émerveille toujours les enfants.

L'une des premières choses qu'il faut retenir, c'est que la pensée n'est pas vraiment une annuelle mais plutôt une vivace de courte vie. Contrairement aux «vivaces tendres» qui composent en bonne partie la gamme connue des «annuelles» qui ne survivent pas à l'hiver du Québec, la pensée est rustique... du moins suffisamment pour survivre assez souvent à l'hiver dans plusieurs de nos régions. En zones 4 et 5, on estime son taux de survie pour une deuxième année de floraison à 20 % pour les plantes provenant de graines ou plants achetés, grimpant à près de 60 % pour les plants issus de semis spontanés dans le jardin au cours de l'été. Il n'est pas rare non plus que la pensée survive à l'hiver en zones 1, 2 et 3 si elles sont bien paillées ou protégées par une épaisse couche de neige. Par contre, partout au Québec, il est rare qu'un plant de pensée fleurisse une troisième année. On peut donc, à la rigueur, les considérer comme des bisannuelles, mais des bisannuelles peu fiables.

Pourquoi est-il important que la pensée puisse être considérée comme bisannuelle? C'est que, ce concept peut influencer notre façon de la cultiver. On peut la traiter comme une véritable annuelle, l'achetant en caissette ou la semant à l'intérieur, à temps pour une floraison estivale, ou la cultiver comme une bisannuelle apte à fleurir la première année, en la semant très hâtivement à l'intérieur en hiver ou même à l'extérieur à la fin de l'été pour profiter d'une floraison très hâtive. À cette fin, j'ai divisé sa culture en deux sections: *La pensée comme «pré-annuelle»* et *la floraison estivale*.

La pensée comme «pré-annuelle»

Habituellement les pépinières nous vendent les pensées à la période de plantation des annuelles, soit vers la mi-mai alors que, selon le climat, elles auraient déjà pu égayer nos jardins depuis presque six semaines, car cette plante a la capacité de fleurir dès la fonte des neiges et même celle de disparaître sous une bordée tardive pour réapparaître, parfois une semaine plus tard, encore entièrement fleurie! Je lui crée donc une catégorie bien à elle,

241

Viola x *wittrockiana* 'Accord Yellow/Red Blotch'

comme seule et unique «pré-annuelle», c'est-à-dire un végétal à croissance annuelle que l'on plante très, très tôt en saison en vue d'une floraison *printanière.*

Le climat aidant, en Europe, on plante souvent les pensées dès février ou mars, ce que l'on peut rarement faire au Québec avant avril, pour les arracher en mai afin de les remplacer par des annuelles tolérant mieux les températures estivales. Avec les bulbes à floraison printanière, elles comptent parmi les primeurs. Je n'ai jamais compris pourquoi on n'agit pas plus souvent de la même façon au Québec. Considérant qu'elles font si bon ménage avec les bulbes printaniers, crocus, narcisses, tulipes, etc., il me semble que, si j'étais marchand de plantes, je m'efforcerais d'offrir des pensées dès le début d'avril dans les régions plus chaudes, peut-être un peu plus tard dans les régions au printemps tardif, et je songerais même à lancer une campagne du genre «Le printemps commence avec une pensée!», pour inciter les gens à les planter dès la fonte des neiges. Planter des pensées à la fin mai, quand le gros de leur floraison est déjà terminé, me semble un véritable gaspillage!

Il est parfois même possible d'obtenir des plants de pensée tôt en saison sans devoir les produire vous-même... directement d'un serriculteur professionnel de votre région à qui vous demandez d'en produire pour vous une certaine quantité pour le début ou la mi-avril. Si c'est impossible, vous devrez produire les pensées pré-annuelles vous-même.

La pensée n'est pas l'annuelle la plus facile à partir à l'intérieur en vue d'une floraison printanière, une raison de plus de souhaiter une meilleure participation des marchands de plantes! Pour avoir des fleurs très tôt au printemps, il faut les semer fin décembre ou début janvier... et les semis intérieurs au début de l'hiver sont les plus difficiles à réussir (pour en savoir plus, voir *Des «Sème-moi-tôt» pour les jardiniers pas pressés*). Recouvrez les graines de 6 mm de terreau et placez les contenants de semis au réfrigérateur pendant une semaine pour ensuite les garder à la noirceur à une température de 18-21°C. Après la germination, exposez-les à un éclairage intense, pour lequel une lampe fluorescente serait très appropriée car la lumière naturelle est très faible à cette époque de l'année, et si possible, en maintenant la température ambiante inférieure à 18°C. Dès que le point de congélation est régulièrement dépassé durant la journée, il est important de commencer à acclimater les jeunes plants au froid et au soleil de l'extérieur, quelques heures les premiers jours, puis de plus en plus longtemps à mesure que les journées se réchauffent. Plantez-les en pleine terre dès que les premiers crocus sont en fleurs.

Il y a cependant une autre façon de cultiver les pensées comme des pré-annuelles, à condition de posséder l'équipement nécessaire: semez-les en caissette ou en pots en couche froide à la fin août. N'oubliez pas de leur donner un pré-traitement au froid et à la noirceur pour la germination, comme indiqué ci-dessus, pour ensuite placer les contenants de semis frais germés *dans une couche froide*. Exposez les plants à l'air au début, mais refermez les panneaux de la couche froide dès que la température commence à descendre sous le point de congélation, en maintenant cependant les arrosages jusqu'à ce que le sol gèle, généralement pas avant décembre. Vos pensées seront probablement déjà en fleurs avant l'hiver... et le resteront, mais bien endormies, jusqu'au printemps. Ensuite, à la fonte des neiges, repiquez-les au jardin.

Vous avez une troisième option, mais elle est plus risquée sous notre climat. Il s'agit de semer les pensées à la fin août en pleine terre, ou de profiter des pensées qui germent spontanément dans votre jardin l'été pour les repiquer dans des emplacements bien en vue à l'automne. Il est alors important de bien les protéger avec un paillis épais pour l'hiver. Dans certaines régions, la couche de neige fera ce travail pour vous. Le défaut de cette troisième technique vient du taux élevé des pertes au cours de l'hiver. Que pouvons-nous y faire? Le Québec n'est pas la Floride, où on plante d'ailleurs les pensées en novembre pour une floraison... hivernale, les arrachant au printemps à l'arrivée des grandes chaleurs!

Les pensées traitées en pré-annuelles ne dépérissent pas au début de l'été comme en Europe car nos étés plus frais leur permettent de fleurir tout l'été, et souvent jusqu'en automne, comme toute autre pensée (voir ci-dessous, *La pensée au jardin*).

La floraison estivale

Il est certainement moins compliqué de cultiver des pensées en vue d'une floraison estivale. La première option est la plus simple: vous achetez des plants en caissette le plus tôt possible, les premières annuelles étant généralement offertes dans les jardineries dans la première quinzaine de mai, pour les repiquer dans un emplacement frais et humide. Vous pouvez aussi les semer à l'intérieur comme toute autre «vraie annuelle», 10 à 12 semaines avant le dernier gel, en suivant la technique décrite ci-dessous pour la culture à l'intérieur des pensées pré-annuelles (traitement au froid, germination à la noirceur, températures les plus fraîches possibles après la floraison, etc.). Repiquez-les au jardin trois ou quatre semaines *avant* le dernier gel.

La pensée au jardin

La pensée fleurit en abondance au printemps et au début de l'été, mais s'arrête souvent de fleurir à l'arrivée de la canicule. Si on la rabat d'un tiers, elle refleurira généralement de la fin de l'été jusqu'aux gels... et même au-delà des premiers gels, car la pensée résiste très bien au froid. Dans les régions aux étés frais, elle fleurit sans arrêt de la plantation jusqu'à l'arrivée des premières neiges. Bien qu'il existe des lignées de pensée «résistantes à la chaleur» susceptibles de fleurir tout l'été dans les régions à étés chauds, leur floraison estivale déçoit généralement, même dans un emplacement mi-ombragé.

La pensée a la réputation d'«annuelle qui aime l'ombre», mais fleurit beaucoup mieux au soleil, ne tolérant tout au plus que la mi-ombre. Cette réputation est due au fait que la fraîcheur est plus fréquente à l'ombre et que le sol s'y assèche rarement, car il ne faut jamais laisser le sol de la pensée s'assécher. Si vous la plantez au soleil, pailler sa base pour assurer une humidité constante est toujours une bonne idée, encore plus dans les régions où la température risque de trop monter, sans oublier que les paillis organiques gardent aussi le sol plus frais.

Pour aider à maintenir une bonne floraison chez les pensées, supprimez les fleurs avec un coupe-bordure ou rabattez la plante d'un tiers quand elle donne des signes de fatigue.

Si vous n'arrachez pas vos pensées à l'automne, attendez-vous à ce que certaines survivent à l'hiver pour fleurir le printemps suivant. Cependant, cette deuxième saison de floraison dépasse rarement la première canicule. Il est de plus très courant que la pensée se ressème, fleurissant alors assez tard en saison la première année, et si elle survit à l'hiver, refleurissant dès le printemps et durant tout l'été la deuxième année. Vous remarquerez cependant que les pensées issues de semis spontanés dégénèrent au cours des années, donnant des fleurs de plus en plus petites et reprenant graduellement les macules qui décorent les pensées sauvages. Pour maintenir les lignées modernes, presque toutes des plantes F_1, il ne faut n'utiliser que des semences achetées sur le marché.

La fleur de la pensée est comestible et vous pouvez en ajouter aux salades, aux sandwichs et aux soupes, en plus de les utiliser comme crudité pour des trempettes estivales. En plus de son bon goût, elle aurait des effets toniques sur le corps humain. Imitez aussi les Allemands qui perpétuent une ancienne recette des Romains, mettez-en dans un vin blanc fruité et servez-le comme punch. Ils donnent à ce breuvage le nom de «Maiwein» (vin de mai).

La prochaine fois que vous verrez des pensées blanches ou jaunes, penchez-vous pour les sentir. Les pensées de couleur foncée ne dégagent généralement que peu ou pas de parfum, mais beaucoup de variétés de couleur pâle ont un parfum marqué, rappelant celui de la violette odorante.

Variétés recommandées:

La majorité des *Viola* sont des plantes vivaces que l'on cultive sous le nom de violettes s'il s'agit d'une variété à petites fleurs, ou de petites pensées si les fleurs sont plus grosses. Vous trouverez plus de détails à ce sujet dans le livre intitulé *«Le jardinier paresseux: Les vivaces»*. Seules les deux espèces suivantes sont couramment cultivées comme annuelles:

🐛 *Viola tricolor* (petite pensée, petite pensée tricolore, en anglais, Johnny-jump-up): C'est la forme originale de la pensée de jardin, aux petites fleurs tricolores (bleu, jaune et blanc) formant un petit visage. Bien qu'il s'agisse d'une vivace rustique jusqu'en zone 2, la petite pensée fleurit dès la première année et vit peu longtemps, c'est pour cette raison qu'on la cultive souvent comme annuelle. Après une première plantation, elle lance ses graines partout et germe spontanément comme bon lui semble, au grand plaisir du jardinier paresseux comblé par une plante qui voit à son propre entretien et sa reproduction. Certaines lignées cultivées offre une vaste gamme de couleurs, mais comme chez la grande pensée, au bout de quelques années de semis spontanés, elles dégénèrent et reprennent généralement le visage souriant de la petite pensée sauvage. Hauteur: 15-20 cm.

🐛 *V.* x *wittrockiana* (pensée, grande pensée): C'est la pensée typique de nos jardins et celle décrite dans la rubrique générale. Il s'agit d'un hybride

complexe impliquant *V. tricolor* et d'autres espèces. Hauteur: 12-25 cm.

Viola tricolor

Pied-d'alouette annuel

(*Consolida*)

Noms anglais: Larkspur, Annual Delphinium

Hauteur: 30-150 cm.

Espacement: 15-60 cm.

Emplacement: Ensoleillé ou légèrement ombragé.

Sol: Bien drainé, fertile, riche en matière organique.

Multiplication: Semis au printemps ou à l'automne.

Disponibilité: Sachet de semences.

Floraison: Du début à la fin de l'été.

Utilisation: Plate-bande, arrière-plan, pré fleuri, naturalisation, fleur coupée, fleur séchée, attire les papillons et les colibris.

Consolida ambigua

Vous ne pouvez plus souffrir les pieds-d'alouette vivaces et tous leurs problèmes, tiges qui cassent au vent, insectes et maladies, plantes qui meurent sans raison apparente, et tout le reste? Remplacez-les par les pieds-d'alouette annuels ou dauphinelles. Ils sont plus faciles à cultiver. Vous lancez quelques graines au sol et vous arrosez, c'est tout! Étant annuels, ils ne vivent pas assez longtemps pour présenter des problèmes d'insectes et de maladies. Quant au tuteurage, il en faut moins souvent que pour son grand cousin vivace.

Le pied-d'alouette annuel ressemble à s'y méprendre au pied-d'alouette vivace: mêmes épis dressés mais un peu plus courts, nombreuses fleurs simples ou doubles dans la même gamme de couleurs. Même le feuillage est semblable, celui de la dauphinelle étant cependant beaucoup plus découpé, comme une fronde de fougère. Ils partageaient même autrefois le même nom botanique, mais là c'était trop! Aujourd'hui, on donne le nom de *Delphinium* aux espèces vivaces, et celui de *Consolida* aux espèces annuelles.

Comment expliquer le manque actuel de popularité des pieds-d'alouette annuels? Sans doute uniquement à cause de la grande vogue des vivaces en général: partout en Europe et en Amérique du Nord, elles sont plus demandées que les annuelles. Curieusement, environ jusqu'aux années 1950, la situation était exactement à l'opposé: tout le monde connaissait le pied-d'alouette annuel alors que le pied-d'alouette vivace était pratiquement inconnu.

Le pied-d'alouette annuel se comporte mieux lorsqu'il est semé en pleine terre à l'automne. Dans la nature, ses graines tombent au sol à l'automne, subissent les pires intempéries de l'hiver et germent tôt au printemps, bien avant le dernier gel. Dans la plate-bande, il apprécie le même régime. Cependant, on peut aussi le semer au printemps, dès que la terre peut être labourée. On peut même faire des semis tardifs, jusqu'à deux semaines avant le dernier gel, à condition que le sol soit encore frais car le pied-d'alouette ne germe pas dans un sol chaud. Dans les trois cas, lancez les graines au sol, grattez légèrement avec un râteau, puis arroser. La nature s'occupe du reste.

Les masochistes tenteront peut-être de cultiver le pied-d'alouette à l'intérieur. De 10 à 12 semaines avant le dernier gel, semez les graines dans des godets de tourbe, recouvrant à peine les graines de terreau, puis placez ces godets au réfrigérateur pendant deux semaines. Ensuite, retirez-les du frigo et placez-les à la noirceur, à environ 10-12°C. Quand les graines germent, exposez-les à une lumière intense tout en maintenant des températures fraîches. Repiquez-les au jardin deux semaines avant le dernier gel. Les plants partis à l'intérieur seront plus faibles et exigeront un tuteur.

L'espacement des pieds-d'alouette annuels peut varier selon vos besoins. Pour la fleur coupée ou pour un effet de masse, éclaircissez à un pour un espacement de 15 à 30 cm. Vous obtiendrez des plantes plus petites, mais un plus grand nombre de tiges florales. Pour imiter les pieds-d'alouette vivaces et obtenir leurs touffes massives avec des épis hauts, donnez-leur plus d'espace, de 45 à 60 cm. Ne déplacez pas les pieds-d'alouette annuels car leurs longues racines pivotantes ne tolèrent aucun dérangement. Si vous laissez les pieds-d'alouette annuels produire des graines, ils repousseront spontanément d'une année à l'autre.

Attention, tout comme le pied-d'alouette vivace, le pied-d'alouette annuel est toxique si avalé. Ses graines sont spécialement dangereuses: ne laissez pas les enfants s'en approcher de trop près.

Variétés recommandées:

Les deux espèces de pied-d'alouette annuel couramment cultivées sont souvent confondues sur le marché des semences. Vous pouvez d'ailleurs les planter indifféremment car leurs différences sont minimes. Les deux paraissent aussi dans les catalogues sous leur ancien nom, *Delphinium*.

❧ *Consolida ambigua*, anc. *Delphinium ajacis* ou *C. ajacis* (pied-d'alouette des jardins): C'est la variété la plus répandue, souvent à fleurs doubles. Couleurs: bleu, violet, lavande, blanc, rose et rouge. Hauteur: 30-60 cm pour les variétés naines; 75-150 cm pour les variétés standard.

❧ *C. regalis*, anc. *Delphinium consolida* (pied-d'alouette des blés): Cette plante a une base plus ramifiée que l'espèce précédente, donnant plusieurs épis de bonne hauteur.

247

Salpiglossis

Salpiglossis sinuata

Salpiglossis
(*Salpiglossis*)

Noms anglais: Painted Tongue, Velvet Flower

Hauteur: 60-90 cm.

Espacement: 25-30 cm.

Emplacement: Ensoleillé.

Sol: Bien drainé, frais, humide.

Multiplication: Semis au printemps.

Disponibilité: Plants à repiquer, sachet de semences.

Floraison: Du début de l'été au début de l'automne.

Utilisation: Plate-bande, massif, bac, fleur coupée.

Je ne vois qu'une explication à la faible popularité de la salpi-glossis: son nom plutôt rébar-batif. Si approprié que soit son nom botanique («salpinx» qui signifie trompette, à cause de la forme de sa fleur, et «glossa» qui veut dire langue, à cause de sa texture feutrée), il n'est pas assez imagé ou évocateur. Je trouve que le nom «fleur de velours» (de l'anglais, Velvet Flower) convient mieux à une si jolie fleur, mais mon travail consiste plutôt à vous indiquer les noms existants qu'à les créer, et je n'en connais aucun autre en français.

Sans fleurs, le salpiglossis a peu de charme. Ses tiges rami-fiées sont minces et assez fai-bles, il est même fortement suggéré d'insérer des ramilles parmi les jeunes plants qui les utiliseront comme tuteurs naturels. Ses feuilles poilues, dentées et lobées à la base, étroites au sommet, ont peu d'attrait. De plus, toute la plante a une texture gluante. Mais... quand il fleurit, quelle splendeur! Ses fleurs d'environ 5 cm de diamètre, en forme de trompette, sont produites en bouquets lâches aux extrémités des tiges. Leur couleurs sont remarquables, dans de riches teintes de rouge, rose, violet, bleu, jaune or et acajou, rehaussées de reflets dorés métalliques et d'une texture séduisante. Les pétales légèrement duveteux, aux nervures profondément enfoncées, semblent être de velours somptueux digne d'une cape royale.

Les hautes tiges du salpiglossis font d'excellentes fleurs coupées et si, comme tous les végétaux de ce chapitre, son besoin primordial n'avait pas été un emplacement frais, j'aurais placé cette plante sous la rubrique «*Pour le jardin de fleurs coupées*» . En effet, dans les régions à étés chauds, le salpiglossis commence la saison en lion, offrant une belle floraison au début de l'été... puis arrête net dès la première canicule. Si on le rabat d'un tiers, il refleurit un peu à la fin de l'été, sans jamais égaler la profusion de fleurs qu'il offre tout l'été et jusqu'à l'automne sous un climat frais.

Le développement du salpiglossis étant assez lent, on ne peut guère le semer en pleine terre. S'il est vrai que des graines tombées l'année précédente produisent parfois des plants spontanés, ils n'arrivent souvent à fleurir qu'à la toute fin de l'été. Il faut donc l'acheter en caissette au printemps... ou le partir soi-même à l'intérieur.

Semez le salpiglossis à l'intérieur 8 à 10 semaines avant le dernier gel. Pressez tout simplement les graines à la surface du terreau pour les enfoncer légèrement sans les recouvrir, car elles sont très fines et les jeunes plants trop faibles pour traverser un terreau croûté. Placez le plateau à l'ombre jusqu'à la germination qui peut exiger de 8 à 30 jours. Une bonne chaleur ambiante gardée entre 21 et 24°C accélérera la germination. Quand les plants atteignent environ 20 cm de hauteur, pincez-les pour stimuler une bonne ramification. Repiquez en pleine terre dès que tout danger de gel est écarté.

Sachant que cette plante aime la fraîcheur, c'est une bonne idée de pailler abondamment sa base pour garder ses racines au frais. Supprimer les fleurs fanées aide à stimuler une floraison constante, mais cet entretien sera sans doute bien léger car ses fleurs sont si jolies en bouquet, que personne n'y résiste et qu'en conséquence elles restent rarement longtemps au jardin. Cueillies lorsqu'elles commencent à s'entrouvrir, elles durent de 7 à 10 jours. Quant à planter des salpiglossis en pleine terre, gardez un plant ou deux en contenant pour les entrer à l'automne. À l'intérieur, un emplacement frais et en plein soleil lui convient parfaitement.

Variétés recommandées:

❧ *Salpiglossis sinuata* (salpiglossis à fleurs changeantes): La plante décrite ci-dessus correspond à cette espèce. La plante ne semble offerte qu'en mélange de couleurs et c'est quelque peu regrettable.

249

Schizanthe papillon

Schizanthe papillon
(*Schizanthus*)

Noms anglais: Butterfly Flower, Poor Man's Orchid, Fringe Flower.

Hauteur: 30-60 cm.

Espacement: 150-30 cm.

Emplacement: Ensoleillé ou légèrement ombragé.

Sol: Bien drainé, humide, riche.

Multiplication: Semis au printemps.

Disponibilité: Plants à repiquer, sachet de semences.

Floraison: Du début de l'été au début de l'automne.

Utilisation: Plate-bande, bordure, massif, panier suspendu, bac, fleur coupée.

Photo: Norseco

Schizanthus pinnatus 'Royal Pierrot Mixed'

Encore une plante dont le nom peu attrayant évoque pour moi un éternuement! Schizanthe se prononce «ski-zant» et non «chi-zant». Au moins le qualificatif qu'on lui a accolé, papillon, l'atténue. On ne lui a pas donné ce surnom parce qu'il *attire* les papillons, il est en fait plutôt pollinisé par les abeilles, mais parce que les lobes bien déployés des fleurs rappellent un papillon. Le nom *Schizanthus* fait référence à ses fleurs, «anthos», aux pétales profondément découpés, «schizo» qui veut dire divisé. J'aime particulièrement l'un de ses noms anglais, Poor Man's Orchid (orchidée du pauvre), car effectivement, la fleur rappelle celle d'une orchidée, surtout vue de près. Elle est essentiellement tubulaire, mais a deux lèvres divisées en lobes, la lèvre supérieure en deux lobes et la lèvre inférieure en trois lobes plus gros. Largement tachée de jaune, la base de la lèvre supérieure est aussi marquée d'un réseau complexe de points servant à diriger les insectes vers le pollen. De plus, le centre de la fleur présente une projection qui rappelle le labelle des orchidées et qui sert de «plate-forme» ou d'appui aux insectes.

Non seulement la fleur du schizanthe ressemble a une orchidée, elle fonctionne comme certaines d'entre elles. Tout est soigneusement aménagé pour assurer la pollinisation croisée. Les anthères, retenues au fond de la fleur et comme mues par un ressort, sont propulsées vers l'insecte et déposent leur pollen sur son dos dès qu'il se pose sur la «plate-forme». Les réseau de points le dirige ensuite vers le nectaire. Le pistil ne mûrissant qu'après le prélèvement du pollen, tout danger d'autofécondation est écarté. Quand l'insecte s'arrête sur une fleur mûre pour la fécondation, ce n'est plus une «plate-forme» qui le reçoit mais un stigmate collant qui ramasse le pollen qu'il transporte sur son corps. Fascinant, n'est-ce pas?

La fleur vient dans une vaste gamme de couleurs: rouge, magenta, rose, bleu, pourpre, jaune et blanc, toujours avec un centre jaune tacheté d'une teinte plus foncée. La plante est bien ramifiée, avec une abondance de petites feuilles découpées à la manière d'une fronde de fougère. Bien que généralement dressée, son port est plutôt lâche et retombant facilement, cette plante est parfaite pour les bacs et les paniers suspendus, mais moins intéressante en pleine terre. Au printemps, insérez dans la plantation de courtes ramilles qui serviront de tuteur pour corriger ce défaut.

On trouve parfois le schizanthe en pépinière, mais il est rarement offert. Il est souvent nécessaire de le semer soi-même. Pour une floraison hâtive, faites-le à l'intérieur 8 à 10 semaines avant le dernier gel. Pressez les graines sur le terreau sans les recouvrir, et placez le contenant à l'ombre à environ 15-24°C jusqu'à la germination. Après la germination, des températures plus fraîches, avec des nuits de 12°C, sont préférables. Pour stimuler une croissance ramifiée et compacte, pincez la plante une première fois quand elle est d'environ 8 cm de hauteur, puis une deuxième fois quand elle atteint 15 cm. On peut aussi le semer en pleine terre deux semaines avant le dernier gel pour une floraison qui débutera en juillet.

Sous un climat frais, le schizanthe fleurira sans arrêt tout l'été. Sous un climat aux étés chauds, sa floraison sera de plus courte durée car il préfère des températures nocturnes de 18°C ou moins. Dans ce cas, semer en pleine terre deux semaines avant le dernier gel puis ressemer au début de juillet.

Le schizanthe a besoin d'un sol humide et frais. Il faut donc parfois l'arroser. Dans les régions chaudes, un paillis organique le rafraîchira.

Le schizanthe fait une excellente plante d'intérieur. Vous pouvez empotez des plants du jardin à la fin de l'été, mais il est plus facile de semer des potées dans ce but précis au commencement de l'été pour une floraison qui dure tout l'hiver.

Variétés recommandées:

🌿 *Schizanthus* x *wisetonensis* (Schizanthe hybride): Il s'agit d'un hybride issu de *Schizanthus pinnatus* et de *S. retusus* 'Grahamii', cette dernière étant rarement cultivée. Son port nettement plus bas et compact ainsi que sa gamme agrandie de couleurs en font le schyzanthe le plus couramment cultivé. Hauteur: 30-40 cm.

251

Trachélie
(*Trachelium*)

Nom anglais: Throatwort

Hauteur: 20-90 cm.

Espacement: 25-30 cm.

Emplacement: Ensoleillé ou légèrement ombragé.

Sol: Très bien drainé, humide, riche; tolère les sols calcáires.

Multiplication: Semis au printemps.

Disponibilité: Sachet de semences.

Floraison: Du milieu à la fin de l'été.

Utilisation: Plate-bande, plant isolé, bac, fleur coupée, fleur séchée, plante mellifère, attire les papillons.

La trachélie, peu connue des amateurs de plates-bandes mais beaucoup plus des fleuristes, est une fleur coupée de plus en plus populaire. Pourquoi payer le gros prix pour cette fleur «exotique» quand on peut si facilement la cultiver soi-même.?

La trachélie est en réalité une plante vivace, originaire de la région méditerranéenne, qui ne survit pas à nos hivers froids. Fort heureusement, elle fleurit facilement la première année à partir de semis intérieurs, ce qui nous permet de la cultiver comme annuelle.

Il s'agit d'une plante touffue et très robuste, aux tiges dressées, ramifiées et abondamment couvertes de feuilles vert foncé, étroitement lancéolées et fortement dentées. À l'extrémité de chaque tige se développe une énorme ombelle en forme de dôme de 10 à 20 cm de diamètre, composée de centaines de petites fleurs étoilées aux étamines et aux styles proéminents qui lui donnent une apparence particulièrement vaporeuse, ce qui la démarque de la plupart des annuelles aux fleurs plus denses. On pourrait décrire cette plante en la comparant à une agérate géante aux fleurs diaphanes.

Le nom *Trachelium*, d'où son nom commun trachélie, lui a été donné parce que cette plante était autrefois utilisée pour traiter des problèmes de la trachée, dont la trachéite.

La trachélie étant peu connue des producteurs d'annuelles, il faut la produire soi-même. Il est cependant important de la semer assez tôt à l'intérieur, environ 10 à 12 semaines avant le dernier gel, sinon elle ne fleurira pas, attendant l'année suivante comme dans son pays d'origine. Mais, sous notre climat, il n'y a *pas* d'année suivante!

Ne recouvrez pas les graines de terreau: elles ont besoin de lumière pour germer. La germination exige 15 à 21 jours et une température fraîche de 12-15°C facilite ce processus. Assurez-vous que tout danger de gel est définitivement écarté avant de la repiquer en pleine terre car la trachélie n'en tolère aucun. Au jardin, c'est une plante sans problème, n'exigeant que des arrosages occasionnels. Malgré sa taille assez importante, ses tiges sont très solides et n'exigent pas de tuteur.

Variétés recommandées:

⚘ *Trachelium caeruleum* (trachélie bleue): C'est l'espèce décrite ci-dessus. Les fleurs sont généralement bleu violet, mais il existe aussi des cultivars à fleurs blanches. 'Passion in Violet', bleu violet, est une variété naine de seulement 35-40 cm de hauteur comparativement aux 60-90 cm de l'espèce. Les deux sont très prisées comme fleur coupée.

⚘ *T. rumelianum*, anc. *Diosphaera dubia* (trachélie rampante): Passablement différente de l'espèce précitée, la trachélie rampante est une plante dense et compacte, formant un tapis de feuilles oblongues et pointues surmonté de dizaines de tiges dressées portant des ombelles arrondies de fleurs étoilées bleues aux étamines et aux styles proéminents. La trachélie rampante est décorative avant même que la première fleur ne soit ouverte, car ses boutons verts et d'allure épineuse ne sont pas dénués d'intérêt. Ses ombelles étant beaucoup plus denses que celles de la trachélie bleue, elle n'a pas l'apparence vaporeuse de cette dernière. Hauteur: 20-30 cm.

Si une place est réservée aux annuelles dans la plate-bande mixte, c'est en bordure. En effet, rien de mieux pour mettre en valeur un jardin de vivaces, bulbes, arbustes et autres végétaux: des plantes basses, constamment en fleurs, qui en rehaussent l'apparence durant toute la saison.

Il ne faut cependant pas croire que les plantes décrites dans ce chapitre sont strictement réservées aux bordures. Si elles n'ont pas la hauteur requise pour le fond du jardin ou pour se défendre dans le milieu très compétitif d'un pré fleuri, et qu'à part la confection de petites boutonnières leurs tiges sont généralement trop courtes ou trop molles pour des fleurs coupées, elles peuvent quand même être utilisées à presque toutes les sauces.

Les plantes de bordure font aussi d'excellents tapis dans le jardin si on en plante un grand nombre en quinconce. Elles peuvent alors rivaliser avec les meilleurs arbustes ou vivaces couvre-sol, car exigeant d'être plantées tous les ans, leur manque de durabilité, est compensé par une floraison plus dense et plus abondante.

Quant à la plate-bande en mosaïque (voir à la page 41), il est inutile d'élaborer. Généralement, ils sont composés essentiellement d'annuelles de bordure, leurs deux plantes vedettes étant l'alternanthéra et la santoline, décrites dans ce chapitre.

Enfin, il faut dire que vous ne trouverez pas des plantes de bordure uniquement dans ce chapitre, mais dans la plupart des autres de la Section II. Si les horticulteurs qui recherchent activement des plantes plus compactes travaillent en hybridation les plantes géantes ou grimpantes qui produisent parfois des mutations naines, ces dernières peuvent un jour aboutir en bordure du jardin. Un exemple parfait de cette «évolution contrôlée» est la capucine. Aujourd'hui, nous la connaissons avant tout comme plante de bordure mais c'était autrefois une plante grimpante de très grande taille. Même l'annuelle la plus haute qui soit, le tournesol (page 336), existe dans des formes naines, mais aucune n'est encore assez dense et fournie pour servir dans la bordure.

Agérate

Alternanthéra

Capucine naine

Diascia

Félicie ou marguerite bleue

Gypsophile annuelle

Linaire

Marguerite annuelle

Pervenche de Madagascar

Santoline

Tagète

Zinnia rampant

Agérate

Ageratum houstonianum 'Blue Hawaii'

Agérate
(*Ageratum*)

Noms anglais: Ageratum, Flossflower

Hauteur: 15-30 cm pour les variétés basses; 45-75 cm pour les variétés hautes.

Espacement: 10-15 cm pour les variétés basses; 30 cm pour les variétés hautes.

Emplacement: Ensoleillé ou légèrement ombragé.

Sol: Bien drainé, humide.

Multiplication: Semis au printemps, boutures de tige en toute période.

Disponibilité: Plants à repiquer, sachet de semences.

Floraison: Du début de l'été jusqu'aux gels.

Utilisation: Plate-bande, bordure, massif, bac, couvre-sol, rocaille, muret, pentes, fleur coupée pour les variétés hautes, fleur séchée.

Pratiquement inconnu jusqu'aux années 1950, l'agérate est devenu l'une des annuelles à repiquer parmi les plus populaires. D'ailleurs, quiconque verrait l'agérate sauvage avec ses hautes tiges florales aux fleurs bien espacées, aurait de la difficulté à reconnaître l'agérate d'aujourd'hui, compact, dense, presque couvert de fleurs. Il reste encore quelques lignées «anciennes» servant de fleurs coupées, mais même là, les bouquets de fleurs sont maintenant bien tassés et non épars, tout cela grâce à l'hybridation et à la sélection d'une mauvaise herbe centraméricaine. Il fallait le faire!

L'agérate se reconnaît immédiatement à ses fleurs duveteuses en boule, véritables petits pompons, massées en bouquets denses. En plus de leur couleur normale bleu violacé, on trouve toute la gamme des bleus ainsi que des lignées à fleurs blanches, lavandes, roses ou bicolores. Ses feuilles vert moyen et légèrement duveteuses sont en forme de coeur et de formes variables, les variétés très compactes ne produisant que de petites feuilles. Sa forme originale de plante haute aux grosses feuilles bien espacées, correspondant encore un peu aux variétés hautes modernes, a été modifiée pour devenir un petit monticule dense. De toutes les annuelles de bordure, l'agérate est la plus symétrique.

Comme l'agérate exige de la chaleur pour bien croître, il n'est pas un bon sujet pour les semis en pleine terre. Achetez-le en caissette au printemps ou semez-le à l'intérieur. Les variétés naines sont aisément disponibles sur le marché sous forme de plants, mais les variétés hautes y sont quasi inexistantes; vous devez les semer.

Semez l'agérate à l'intérieur 6 à 8 semaines avant le dernier gel, sans recouvrir les graines qui ont besoin de lumière pour germer. Repiquez les plants au jardin quand tout danger de gel est écarté. L'agérate est plus luxuriant si on lui procure une légère protection contre le soleil ardent du midi et de l'après-midi, mais croît quand même très bien en plein soleil ou à mi-ombre. Tout sol lui convient, mais un sol riche l'aide à fleurir davantage. Ce qu'il n'aime pas, ce sont les sols secs: veuillez à garder son sol légèrement humide en tout temps.

Le nom *Ageratum* veut dire «sans vieillir», car la plante peut fleurir sans arrêt. En réalité, sa floraison ralentit vers le milieu de l'été. Plutôt que de supprimer les fleurs une à une pour stimuler sa reprise, rabattez la plante d'un tiers au coupe-bordure. Elle reprendra vite sa belle forme et sera encore plus florifère.

Variétés recommandées:

🌿 *Ageratum houstonianum*, *A. mexicanum* (agérate bleu, agérate du Mexique): C'est la seule espèce couramment cultivée et elle correspond à la description ci-dessus.

🌿 *Lonas annua*, anc. *L. inodora* (agérate jaune): Cette plante n'a d'agérate que son nom commun. Son bas tapis de feuilles fortement découpées et ses tiges élevées regroupant plusieurs boules duveteuses jaunes, très serrées les unes sur les autres, me fait davantage penser à une achillée annuelle! Semez l'agérate jaune en pleine terre ou à l'intérieur 6 à 8 semaines avant le dernier gel. Recouvrez à peine les graines et placez-les à la noirceur jusqu'à la germination. L'agérate jaune pousse en plein soleil et, sans que cela soit une exigence, elle tolère les sols pauvres et secs. C'est une excellente fleur coupée qui sèche très bien. D'ailleurs, n'eut été son nom commun, j'aurais placé cette plante dans le chapitre *Des annuelles qui durent et durent*, consacré aux immortelles. Malgré l'une de ses épithètes botaniques, *inodora*, la tige florale coupée est aromatique. Hauteur: 30 cm. Espacement: 15 cm.

Alternanthéra

Alternanthera ficoidea 'Bettzickiana'

Alternanthéra
(*Alternanthera*)

Noms anglais: Garden Alternanthera, Joseph's Coat, Copperleaf

Hauteur: 15-30 cm.

Espacement: 10-12 cm.

Emplacement: Ensoleillé.

Sol: Bien drainé, pas trop riche.

Multiplication: Boutures de tige ou division à toute période de l'été.

Disponibilité: Plants à repiquer.

Utilisation: Plate-bande, bordure, massif, bac, couvre-sol, mosaïculture, rocaille, muret.

Cette petite plante de bordure n'est pas une annuelle et n'est jamais offerte sous forme de semences. Cette vivace tropicale a été fidèlement multipliée par bouturage des tiges de génération en génération, ce qui n'est pas peu dire puisqu'elle nous vient directement des jardins des années 1910 et 1920!

Peu connue du jardinier amateur comme plante de plate-bande, tout le monde l'a sûrement vue au moins une fois car, avec la santoline, c'est LA plante des mosaïques. Quand vous voyez le nom d'une municipalité et d'une société reproduit avec des végétaux, ou des dessins abstraits ou symboliques faits de plantes taillées court, les rouges ou et les jaunes du dessin proviennent des alternanthéras alors que les argentés ou vert tendre sont donnés par des santolines. Évidemment, parce que vous êtes un jardinier paresseux ou en voie de le devenir, loin de moi l'idée de vous encourager à faire une mosaïque dans votre jardin, mais pour le jardinier méticuleux, rien de mieux qu'une petite mosaïque pour occuper son été!

Cependant, cette jolie plante paraît très bien en bordure d'une plate-bande où elle atteint deux ou trois fois la hauteur des plants constamment taillés et bichonnés des mosaïques et, vous l'aurez deviné, son port est normalement plutôt dense et arrondi, et non parfaitement plat comme celui obtenu par une taille minutieuse. Si vous tenez à le garder bas, je vous conjure d'utiliser une méthode de paresseux et de planter l'alternanthéra en bordure du jardin de façon à vous faciliter la tâche avec une tondeuse!

L'alternanthéra sauvage a de larges feuilles ovales vert moyen, mais les formes cultivées sont presque toutes à petites feuilles ovales, spatulées ou étroites et fortement colorées: rouges, roses, pourpres, jaunes, vert tendre, bicolores, tricolores, etc. Les fleurs sont insignifiantes et naissent à l'aisselle des feuilles sur les plantes non taillées.

Inutile de chercher, l'alternanthéra n'est pas offert sous forme de semences mais seulement de boutures enracinées. Il est rarement vendu en caissette, du moins dans les pépinières traditionnelles, mais peut être obtenu chez les spécialistes des plants pour la mosaïculture, souvent dans de larges plateaux de 72 plants ou plus, car il en faut beaucoup pour faire une mosaïque! On peut aussi conserver cette plante d'une année à l'autre à l'intérieur, en prélevant ses propres boutures à la fin de l'hiver pour le jardin estival. Traditionnellement, à l'automne on entre quelques plants que l'on fait hiverner dans des couches chaudes ou des serres à peine chauffées, puis on procède au bouturage des tiges 12 à 16 semaines avant le dernier gel, pinçant fréquemment pour obtenir les plants denses nécessaires à la mosaïculture.

Variétés recommandées:

🌿 *Alternanthera ficoidea*, anc. *A. amoena*, *A. bettzickiana*, *A. brilliantissima*, *A. rosea nana*, *A. versicolor* (alternanthéra élégant, alternanthéra changeant): Cette espèce a produit de nombreuses mutations en culture et presque toutes les formes ornementales, autrefois classifiées en plusieurs espèces différentes, sont maintenant considérées comme faisant partie d'*Alternanthera ficoidea*. Parmi les nombreux cultivars que l'on maintient par bouturage d'année en année, parfois depuis plusieurs générations, on trouve 'Amoena', très nain, à feuilles ovales rouges et orange; 'Aurea Nana', minuscule, à petites feuilles jaune verdâtre; 'Bettzickiana', hauteur moyenne, à feuilles spatulées rouges et jaunes; 'Brilliantissima', hauteur moyenne, à feuilles spatulées rouge vif; 'Häntze's Red Sport', à feuilles roses, jaunes et vert; 'Magnifica', nain, rouge bronzé; 'Parrot Feather' à larges feuilles vertes veinées rose et tachetées de jaune; 'Prospect Park', à feuilles pourpres; 'Rosea Nana', nain, à feuilles ovales roses et 'Versicolore', le cultivar le plus haut, aux feuilles plus larges quasiment arrondies, de couleur rouge ou jaune.

Capucine naine

Tropaeolum majus 'Alaska'

Capucine naine
(*Tropaeolum majus*)

Nom anglais: Dwarf Nasturtium

Hauteur: 20-35 cm.

Espacement: 15-20 cm.

Emplacement: Ensoleillé ou légèrement ombragé.

Sol: Bien drainé, pauvre, frais.

Multiplication: Semis au printemps; boutures de tige en toute période.

Disponibilité: Plants à repiquer, sachet de semences.

Floraison: Du début de l'été jusqu'au début de l'automne.

Utilisation: Plate-bande, bordure, massif, panier suspendu, bac, couvre-sol, rocaille, muret, pentes, fleur coupée, fleur comestible, attire les colibris.

La capucine était autrefois très populaire mais a perdu des plumes avec l'arrivée des annuelles en caissette, car elle se repique moins bien que les autres. Par contre, elle renaît depuis que les fleurs comestibles sont à la mode. L'une des rares fleurs comestibles ayant vraiment du goût, elle entre maintenant dans les salades estivales de tous les restaurants chics, ce qui renouvelle l'intérêt pour sa culture. Toute la plante est comestible, tant ses fleurs que ses jeunes feuilles, dont le goût piquant rappelle celui du cresson, et même ses boutons floraux marinés qui constituent un excellent substitut aux câpres.

La capucine naine est issue de la capucine grimpante (page 346) et ne dépasse pas 30 cm de hauteur. Ses tiges lâches vert pâle courent sur le sol, ou retombent si cultivées en suspension, produisant de curieuses feuilles en forme de bouclier. Ses fleurs atteignant de 2,5 à 6 cm de diamètre se composent de larges pétales orange, jaunes, rouges, écarlates, saumon ou crème, parfois avec nervures contrastantes.

L'abondance de la floraison des capucines dépend de deux facteurs: un sol pauvre et des températures fraîches. Plantes en or pour le jardinier paresseux, les capucines développent surtout du feuillage dans un sol trop riche, souvent fertilisé et arrosé régulièrement. Pour ce qui est de la température, la capucine aurait bien mérité une place dans le chapitre précédent, *Des annuelles qui aiment le froid*. Sa floraison diminue quand les températures se réchauffent, ce qui en fait un bon sujet pour les régions à climat frais!

Tolérant très peu le repiquage, il est préférable d'acheter des capucines en caissette à alvéoles, mais on obtient de meilleurs résultats lorsqu'on la sème en pleine terre à une profondeur de 6 mm, dès que le sol commence à se réchauffer, soit normalement une semaine avant le dernier gel. Leurs grosses graines sont faciles à manipuler et germent rapidement, donc une plante excellente pour initier les enfants à l'horticulture. Si vous tenez à les semer à l'intérieur, faites-le dans des godets de tourbe, 2 à 4 semaines avant le dernier gel. Placez les contenants à la noirceur jusqu'à la germination.

La capucine ayant tendance à se «fatiguer» au milieu de l'été, rabattez-la d'un tiers pour stimuler sa reprise.

La rapidité de croissance de cette plante dès l'ensemencement élimine quasiment le besoin de la rentrer pour l'hiver. Si vous désirez en cultiver sur le rebord d'une fenêtre, vous n'avez qu'à semer, c'est tout! Plusieurs lignées à fleurs doubles sont stériles et ne produisent donc pas de graines. On les multiplie alors par boutures de tige, à la fin de l'été.

Attention! Les capucines attirent les pucerons comme le miel attire les mouches. Sa capacité d'attirer les pucerons lui a d'ailleurs mérité une place dans les potagers biologiques, où elle est une plante de compagnonnage fort populaire. Malheureusement, les gens oublient qu'il ne faut pas se contenter de tout simplement *planter* des capucines dans le potager, mais qu'il faut aussi les *arracher et les détruire quand les pucerons y apparaissent*. Si vous négligez de le faire, les pucerons s'y multiplieront et vous aurez encore plus!

Variétés recommandées:

🌿 *Tropaeolum majus* (capucine naine): Seule cette espèce est couramment cultivée comme plante de bordure. Il existe une foule d'hybrides aux couleurs et aux fleurs différentes. Une lignée très populaire, 'Alaska', offre un feuillage panaché de crème. Autrefois, les variétés à fleurs doubles étaient toutes stériles et disponibles seulement en boutures. Cependant, quelques capucines doubles sont maintenant offertes en semences.

Diascia

Diascia barbarae

Diascia
(*Diascia*)

Nom anglais: Twinspur

Hauteur: 25-60-cm.

Espacement: 30-cm.

Emplacement: Ensoleillé.

Sol: Bien drainé, humide, riche en matière organique.

Multiplication: Semis au printemps, bouturage des tiges en toute saison.

Disponibilité: Boutures enracinées, pots individuels, sachet de semences.

Saison d'intérêt: Du début de l'été jusqu'aux gels.

Utilisation: Plate-bande, bordure, massif, panier suspendu, bac, couvre-sol, rocaille, muret, pentes.

À l'aube du nouveau millénaire, le diascia est encore nouveau au moment où j'écris ces lignes, mais sa disponibilité s'accroît. Il s'agit d'une plante formant une touffe arrondie de tiges d'abord dressées, puis souvent arquées ou rampantes. La base des tiges est couverte de petites feuilles vert sombre, dentées, ovales ou lancéolées, dont l'extrémité se recouvre de nombreuses petites fleurs en forme de cloche évasée, généralement roses, portant souvent derrière les pétales deux petits éperons dirigés vers le bas. Vues de face, les fleurs ressemblent quelque peu à une digitale miniature.

Quand le diascia est apparu sur le marché nord-américain il y a quelques années, il n'était disponible que sous forme de plants, normalement issus de boutures enracinées. J'ai donc présumé qu'il ne se multipliait que par bouturage et j'ai pris l'habitude de bouturer mes plantes annuellement. J'ai constaté que cette plante était annoncée comme nouveauté dans certains catalogues de semences. J'ai donc décidé de l'essayer par voie de semis. Comme personne ne l'avait offerte sous cette forme auparavant, je craignis toutefois qu'elle fût de culture lente ou difficile. Au contraire, le diascia s'est montré aussi facile à cultiver, à partir de semences, qu'un oeillet d'Inde.

Semez le diascia à l'intérieur 6 à 8 semaines avant la date du dernier gel, recouvrant à peine les graines de terreau. La germination est assez lente, 14 à 30 jours, mais sa culture est très facile par la suite. On peut aussi le semer en pleine terre après la date du dernier gel pour une floraison à la mi-été.

Vous pouvez vous procurer des plants de diascia en pépinière au printemps. Jusqu'à maintenant, ils ne sont vendus qu'en pot individuel, non en caissette, ce qui en augmente considérablement le prix. Étant donné son faible coût et sa facilité de culture à partir de semis, je vous suggère cette méthode.

Quand la première floraison est terminée, supprimez les épis fanés ou rabattez la plante à 15 cm du sol pour stimuler une reprise de la floraison. Quand elle s'affaiblit de nouveau au début de l'automne, recommencez. Si l'automne est assez doux, la plante fleurira jusqu'aux premières neiges.

A l'automne, n'oubliez pas de rentrer un plant ou des boutures. Inutile de penser à récolter des semences: Pour sa pollinisation la fleur complexe du diascia exige une abeille vivant uniquement dans sa région d'origine, l'Afrique du Sud. Par conséquent, la plante ne produit pas de graines sous notre climat.

Variétés recommandées:

🐛 *Diascia barbarae* (diascia de Barbera): C'est l'espèce la plus courante. Il en existe plusieurs cultivars dans différentes teintes de rose. Hauteur: 25-30-cm.

🐛 *D. rigescens* (diascia rigide): Comme son nom le suggère, cette espèce produit des tiges plus rigides et plus dressées. Il en existe plusieurs cultivars de couleur rose. Hauteur: 45-60-cm.

Felicia amelloides

Félicie ou marguerite bleue
(*Felicia*)

Noms anglais: Blue Daisy, Kingfisher Daisy, Blue Marguerite

Hauteur: 15-45 cm.

Espacement: 15 cm pour les variétés basses; 30 cm pour les variétés hautes.

Emplacement: Ensoleillé.

Sol: Bien drainé, voire même sablonneux, frais.

Multiplication: Semis au printemps, boutures de tige à l'automne.

Disponibilité: Plants à repiquer, sachet de semences.

Floraison: Du début de l'été jusqu'au début de l'automne.

Utilisation: Plate-bande, bordure, massif, panier suspendu, bac, couvre-sol, rocaille, muret, fleur coupée, attire les papillons.

La félicie est originaire d'Afrique du Sud dont elle est en quelque sorte la marguerite. Elle lui ressemble d'ailleurs beaucoup, mais avec rayons bleus au lieu de blancs. En saison, les pâturages de ce pays se couvrent de ces belles inflorescences bleues à centre jaune.

La forme de la plante varie selon l'espèce, certaines formant des rosettes au sol, d'autres produisant des petits buissons de tiges feuillues. Dans tous les cas, les feuilles sont oblongues et au moins légèrement poilues.

Sous notre climat, les félicies manquent de rusticité pour être semées en pleine terre. On doit les acheter en caissette ou les semer à l'intérieur. Par contre, les plants achetés en caissette déçoivent souvent, trop avancés au moment de l'achat pour bien se repiquer au jardin. Il en résulte une plante qui fleurit un peu, puis se dessèche. Achetez donc des jeunes plants non fleuris ou, si c'est impossible, rabattez la plante d'un tiers après l'achat et supprimez boutons et fleurs. Ce procédé suffit parfois pour lui redonner une nouvelle vie.

Évidemment, si vous les semez à l'intérieur, faites-le 10 à 12 semaines avant le dernier gel pour obtenir des plants bien fournis, non encore fleuris, au moment de la plantation. Recouvrez à peine les petites graines, puis placez les semis au réfrigérateur pendant deux ou trois semaines avant de les exposer à des températures de 15-20°C. Comme les félicies sont gélives, ne les repiquez pas en pleine terre avant que tout danger de gel soit écarté.

Plantez toujours la félicie en plein soleil dans un sol très bien drainé: elle ne tolère pas d'eau stagnante près de ses racines. Il est important de lui fournir un emplacement frais car, comme bien des plantes originaires d'Afrique du Sud, elle cesse de fleurir dès que les températures commencent à grimper. D'ailleurs, cette plante aurait facilement pu aller dans le chapitre *Des annuelles qui aiment le froid*.

Si vos félicies fleurissent moins vers la fin de l'été, supprimez les fleurs fanées pour l'empêcher de produire des graines ou, dans le cas des formes buissonnantes, rabattez-les d'un tiers pour stimuler une reprise.

Certaines félicies sont des vivaces tendres que vous pouvez entrer pour profiter de leur floraison tout l'hiver. Dans ce but, empotez des plants du jardin en les rabattant de moitié avant de les entrer, ou prélevez des boutures à la fin de l'été ou au début de l'automne.

Variétés recommandées:

🌿 *Felicia amelloides, Agathaea coelestis* (félicie bleue, marguerite bleue ou agathée bleue): C'est l'espèce la plus haute et en réalité une vivace quasi arbustive. Même dans la nature, elle n'atteint que 45 à 60 cm de hauteur et les cultivars couramment vendus ne dépassent pas 45 cm. Les rayons des fleurs de 2 à 4 cm sont habituellement bleu ciel, mais on trouve des cultivars dans d'autres teintes de bleu, ainsi que des roses et des blancs. *F. amelloides* se bouture bien et fait une excellente plante d'intérieur.

🌿 *F. bergeriana* (félicie annuelle, marguerite bleue annuelle): Comme ses noms communs l'attestent, cette espèce est annuelle et meurt à la fin de la saison. Il est donc impossible de la prolonger en la bouturant. C'est une plante plus petite formant une rosette basse de feuilles poilues et des fleurs semblables à celles de la plante précédente, mais plus petites, de 1 à 2 cm de diamètre. Hauteur: 15 à 25 cm.

Gypsophile annuelle

Gypsophila muralis 'Gypsy'

Gypsophile annuelle
(*Gypsophila*)

Noms anglais: Annual Baby's Breath, Annual Gypsophila

Hauteur: 25-30 cm pour la gypsophile des murailles; 45-60 cm pour la gypsophile élégante.

Espacement: 15-25 cm pour la gypsophile des murailles; 30-40 cm pour la gypsophile élégante.

Emplacement: Ensoleillé ou légèrement ombragé.

Sol: Bien drainé, plutôt sec, tolère les sols alcalins.

Multiplication: Semis au printemps ou à l'automne.

Disponibilité: Plants à repiquer, sachet de semences.

Floraison: Du début de l'été jusqu'au milieu de l'automne.

Utilisation: Plate-bande, bordure, massif, panier suspendu, bac, couvre-sol, rocaille, muret, pré fleuri, fleur coupée, fleur séchée.

Vous connaissez le «souffle de bébé» comme fleur coupée aux tiges ramifiées et minces, agrémentée ça et là de toutes petites fleurs blanches ou roses. C'est le souffle de bébé vivace (*Gypsophila paniculata*, décrit dans *Le jardinier paresseux, Les vivaces*) qui a aussi des petites cousines annuelles.

Même si les deux plantes décrites ci-après diffèrent passablement par leur utilisation et leur entretien, différences expliquées sous la rubrique *Variétés recommandées*, elles ont pourtant certaines points communs.

Premièrement, toutes deux produisent d'innombrables tiges frêles et minces et des feuilles éparses leur conférant une forme très légère et aérée. Toutes deux forment aussi de nombreuses petites fleurs sur toute leur surface, assez pour donner l'impression d'un nuage blanc ou rose. En plus, les deux sont très intéressantes en bacs et en paniers suspendus.

Deuxièmement, les deux plantes exigent à peu près les mêmes conditions de culture: plein soleil et sol bien drainé, plutôt pauvre, de préférence quelque peu calcaire. De plus, toutes deux se ressèment abondamment.

Enfin, si on les sème à l'intérieur, il vaut mieux le faire dans des godets de tourbe car leurs racines sont fragiles.

Variétés recommandées:

🌿 *Gypsophila muralis* (gypsophile des murailles, souffle de bébé des murailles): Il s'agit d'une plante de bordure extraordinaire, malheureusement trop peu connue. Elle forme un monticule de tiges et de feuilles minces, abondamment couvert de petites fleurs simples, doubles ou semi-doubles, roses ou blanches, qui fleurissent très longtemps, du début de l'été jusqu'à la fin de l'automne.

Pour profiter d'une durée maximale de floraison, il faut acheter des plants de gypsophile des murailles ou les partir à l'intérieur, 6 à 8 semaines avant le dernier gel, en recouvrant à peine les graines. Repiquez-les au jardin quand tout danger de gel est écarté.

On peut aussi la semer en pleine terre deux ou trois semaines avant le dernier gel, ou encore à l'automne pour une floraison l'année suivante. Hauteur: 25-30 cm. Espacement: 15-25 cm.

🌿 *G. elegans* (gypsophile élégante, souffle de bébé élégant, brouillard): Il s'agit d'une plante à port plus haut et plus diffus que la gypsophile des murailles, d'une forme arbustive fort légère. Ses fleurs simples de 12 mm de diamètre sont blanches ou roses et, malgré leur petite taille, deux fois plus grosses que celles du souffle de bébé vivace. Un tuteur est souvent nécessaire.

La gypsophile élégante est surtout utilisée comme fleur coupée et séchée, mais aussi pour créer dans le jardin des massifs diffus parmi des végétaux de taille similaire, créant un nuage blanc ou rose pâle entourant d'autres fleurs plus massives, ce qui est très élégant et original. Je l'ai placée dans la catégorie *Des plantes basses pour de belle bordures* seulement pour accompagner sa soeur des murailles, car elle n'est pas une bonne plante de bordure.

Un plant de gypsophile élégante ne fleurit que pendant cinq ou six semaines. Pour obtenir une floraison durable, il faut ressemer aux trois ou quatre semaines, de la mi-avril à la mi-juin. On peut aussi la semer à l'automne. Hauteur: 45-60 cm. Espacement: 30-40 cm.

Linaria maroccana 'Fantasia Blue'

Linaire
(*Linaria*)

Noms anglais: Toadflax, Baby Snapdragon, Butter and Eggs, Spurred Snapdragon

Hauteur: 20-40 cm.

Espacement: 15 cm.

Emplacement: Ensoleillé ou légèrement ombragé.

Sol: Bien drainé, humide, frais.

Multiplication: Semis au printemps ou à l'automne.

Disponibilité: Plants à repiquer, sachet de semences.

Floraison: De la fin du printemps à la fin de l'été.

Utilisation: Plate-bande, bordure, massif, panier suspendu, bac, couvre-sol, rocaille, muret, pré fleuri, naturalisation, fleur coupée, plante mellifère.

Les linaires sont des plantes touffues et basses, aux feuilles très minces, presque graminiformes, portant à l'extrémité de leurs tiges des petits épis de fleurs multicolores. Le lien de parenté des linaires avec les gueules-de-loup (*Antitrrhinum*, page 420) saute aux yeux à l'examen de leurs fleurs qui ont en commun la caractéristique de présenter deux lèvres avec une tache jaune gonflée sur la lèvre inférieure et, sous une pression, d'ouvrir bien grand la «gueule» pour exposer l'intérieur tacheté. Par contre, la linaire se distingue de la gueule-de-loup par le long éperon qu'elle porte à l'arrière et les deux lobes de la lèvre supérieure qui se terminent en pointe, comme des antennes.

La linaire résiste très bien au froid. On peut même la semer en pleine terre tôt à l'automne, en septembre, où en quelques semaines elle germe et commence à pousser, et quand arrivent les froids de l'hiver, s'endort pour reprendre sa croissance au printemps. C'est la meilleure méthode pour obtenir des fleurs très tôt en saison.

On peut aussi la semer en pleine terre tôt au printemps, dès que le sol peut être travaillé, pour une floraison tardive. Par contre, si vous la semez plus tard, lors du dernier gel, réfrigérez auparavant les petites graines pendant trois semaines, sinon elles ne germeront peut-être pas.

Enfin, il est possible de les semer à l'intérieur 8 à 10 semaines avant le dernier gel, plaçant les contenants de semis au réfrigérateur pendant trois semaines, puis les exposant à des températures de 13 à 15°C jusqu'à leur plantation dans la plate-bande ou en pot. Repiquez les jeunes plants au jardin en petites talles espacées de 15 cm et comptant chacune quatre ou cinq plantes, car la linaire est plus belle plantée densément. Que vous les semiez à l'intérieur ou à l'extérieur, recouvrez à peine les graines.

La linaire préfère la fraîcheur et aurait donc pu se trouver dans le chapitre *Des annuelles qui aiment le froid*, mais elle fleurira tout l'été, même dans les régions aux étés chauds, si on la place dans un coin un peu ombragé, si on la garde un peu humide et si on la paille abondamment. À tout moment lors d'une diminution de la floraison, rabattez la plante d'un tiers. Elle aurait vite fait de refleurir.

En plus de faire une très belle bordure, la linaire est superbe en panier et en bac et fait une excellente fleur coupée durable.

Variétés recommandées:

❧ *Linaria maroccana* (linaire du Maroc): Originaire d'Afrique du Nord, c'est de loin l'espèce la plus répandue en culture et celle qui est décrite ci-dessus. La forme sauvage, aux fleurs pourpres avec tâche jaune sur la lèvre inférieure, mesure jusqu'à 40 cm de hauteur, mais les cultivars modernes sont souvent beaucoup plus bas et viennent dans une vaste gamme de couleurs: jaune, bleu, lavande, rose, rouge, saumon, bronze et, bien sûr, pourpre, toujours avec leur tâche jaune bouffie caractéristique. Hauteur: 20-40 cm.

❧ *L. anticaria* (linaire antique): Cette espèce ressemble beaucoup à l'espèce précitée, mais au feuillage bleuté et aux fleurs jaune citron et crème, rappelant, en plus pâle, la linaire commune si répandue chez nous. Hauteur: 15-20 cm.

❧ *L. reticulata aureo-reticulata* (linaire réticulée): À l'origine, une plante haute de 120 cm, elle a été si bien domestiquée qu'aucun des cultivars modernes ne dépasse 23 cm! Elle ressemble à la linaire du Maroc, mais avec un feuillage bleuté et des fleurs marron, rouges, dorées ou orange, portant toujours la tâche jaune typique des linaires. Sa saison de floraison est plus courte mais elle refleurira si rabattue d'un tiers. Hauteur: 15-23 cm.

Marguerite annuelle

Chrysanthemum multicaule

Marguerite annuelle
(*Chrysanthemum*)

Nom anglais: Annual Daisy

Hauteur: 18-25 cm.

Espacement: 15-20 cm.

Emplacement: Ensoleillé ou légèrement ombragé.

Sol: Bien drainé, voire même sablonneux.

Multiplication: Semis au printemps.

Disponibilité: Plants à repiquer, sachet de semences.

Floraison: Du début à la fin de l'été.

Utilisation: Plate-bande, bordure, massif, panier suspendu, bac, couvre-sol, rocaille, muret, pré fleuri, attire les papillons.

La différence entre un chrysanthème et une marguerite a toujours été très vague, mais elle m'est fort utile ici, car elle permet d'établir la distinction entre les espèces qui réussissent mieux semées directement dans le jardin et appelées traditionnellement «chrysanthèmes annuels» (voir à la page 156) et les espèces à croissance plus lente, à port plus bas, normalement semées à l'intérieur, appelées depuis toujours «marguerites annuelles». Ce sont ces dernières qui sont l'objet de la description de cette page.

Les deux espèces décrites ici sont des plantes basses, aux feuilles vert foncé et dentées formant de beaux dômes de verdure dans le jardin. Cependant, leur feuillage est peu remarqué, étant presque caché sous une abondance d'inflorescences simples, jaunes ou blanches, à coeur jaune, rappelant en plus petit les marguerites des champs.

Semez les marguerites annuelles à l'intérieur, 10 à 12 semaines avant le dernier gel. Recouvrez les graines de 3 mm de terreau, les laissant germer à la noirceur à environ 16°C. Pincez les semis quand quatre à six feuilles se sont développées pour stimuler une meilleure ramification. Repiquez-les au jardin un peu avant ou lors du dernier gel, car les deux tolèrent une gelée printanière.

Il est possible de les acheter en caissette au printemps, mais pour des raisons que j'ai du mal à comprendre, le prix de ces deux annuelles est souvent un peu plus élevé que celui des autres. Pourtant, elles ne sont pas plus difficiles à produire, du moins selon l'expérience que j'en ai.

Les marguerites fleurissent bien même si on ne supprime pas leurs fleurs fanées, ce qui plaira aux véritables jardiniers paresseux, mais c'est vrai qu'elles fleurissent un peu plus si on le fait. Comme les fleurs sont tenues bien au-dessus du feuillage, il suffit de passer rapidement avec le coupe-bordure.

Les deux plantes peuvent parfois survivre à l'hiver sous des climats plus doux, mais c'est peu probable au Québec. Quand elles y arrivent, elles se comportent alors en bisannuelles, non comme des plantes permanentes. Dans la nature, elles germent souvent à la fin de l'été, passent l'hiver sous forme de petits plants, puis fleurissent massivement la deuxième année, dès le printemps. Si vous les laissez germer dans votre plate-bande, il est possible qu'elles croissent de la même façon.

Variétés recommandées:

🌼 *Chrysanthemum multicaule* (marguerite annuelle, marguerite jaune):
Comme beaucoup d'anciens *Chrysanthemum*, la marguerite jaune porte depuis peu un nouveau nom botanique, *Coleostephus myconis*, mais je préfère utiliser son ancien nom, car je n'arrive pas à trouver son nouveau nom dans quelque catalogue que ce soit. Elle produit des inflorescences de petites fleurs jaunes simples, sur des tiges de 15 à 20 cm, au-dessus d'un tapis de feuilles charnues vert vif. Plusieurs cultivars diffèrent surtout par l'intensité du jaune de la fleur, allant du jaune vif au jaune citron.

🌼 *C. paludosum* (marguerite annuelle, marguerite à petites fleurs): Encore un nouveau nom, maintenant *Leucanthemum paludosum*, qui rapproche cette espèce de la vraie marguerite des champs, *Leucanthemum vulgare*, à laquelle elle ressemble beaucoup, mais en miniature. Les petites fleurs blanches à coeur jaune de 2,5 à 3 cm de diamètre sont produites sur des tiges de 20 à 25 cm de hauteur. Les feuilles fortement dentées sont vert sombre. 'Snowland' est le seul cultivar disponible au moment où j'écris ces lignes et il ne diffère de l'espèce que par sa forme encore plus compacte.

Pervenche de Madagascar

Catharanthus roseus

Pervenche de Madagascar
(*Catharanthus roseus*)

Noms anglais: Madagascar Periwinkle, Vinca

Hauteur: 25 à 60 cm.

Espacement: 30 à 60 cm.

Emplacement: Ensoleillé.

Sol: Bien drainé, voire même sablonneux, plutôt sec.

Multiplication: Semis au printemps; boutures de tige à toute période de l'année.

Disponibilité: Plants à repiquer, sachet de semences.

Floraison: Du début de l'été jusqu'au début de l'automne.

Utilisation: Plate-bande, bordure, massif, panier suspendu, bac, couvre-sol, rocaille, muret, pentes, plante médicinale.

Le nom commun, pervenche de Madagascar, suggère une parenté avec la petite pervenche (*Vinca minor*), une plante vivace populaire qui tapisse les endroits ombragés au sud du Québec... et c'est effectivement le cas. Mais plusieurs différences existent entre les deux, la plus frappante étant que la pervenche de Madagascar est une vivace tropicale ne tolérant aucune froidure, alors que la petite pervenche est absolument inapte à pousser sous un ciel tropical!

La pervenche de Madagascar était, à l'origine, nettement arbustive. C'est grâce à une sélection et une hybridation poussée que l'on a développé les lignées denses et compactes que nous connaissons aujourd'hui. La pervenche de Madagascar moderne forme une dôme parfait de feuilles luisantes vert foncé qui se recouvre tout l'été de belles fleurs aplaties de 3 à 5 cm de diamètre, aux larges pétales arrondis, pointus à l'extrémité. Bien qu'elle convienne parfaitement aux bordures et aux massifs, c'est aussi une plante de choix pour les paniers suspendus et les bacs.

La meilleure façon d'obtenir la pervenche de Madagascar est sans doute d'acheter des plants au printemps, car ses semis sont quelque peu difficiles à réussir. Par contre, si vous avez acquis de l'expérience avec d'autres semences, vous n'aurez pas trop de problèmes. Semez très tôt au printemps, 12 à 16 semaines avant le dernier gel, à une profondeur de 6 mm. Placez le contenant de semis à la noirceur et sous une bonne chaleur jusqu'à la germination, puis en plein soleil et à une température normale d'intérieur. Par la suite, la réussite repose entièrement sur l'arrosage. La pervenche de Madagascar préfère un terreau plutôt sec. Il faut l'arroser seulement quand son terreau est presque sec au toucher, et juste assez pour à peine l'humidifier. Le grand secret de la réussite consiste à se retenir... trop d'eau lui est toujours fatal!

N'oubliez pas que cette plante est d'origine tropicale et attendez que le sol soit bien réchauffé et qu'il n'y ait plus aucun, mais vraiment *aucun* danger de gel avant de la repiquer. Si le printemps est tardif, retardez sa plantation de deux ou même quatre semaines après le dernier gel. Un transfert trop rapide au jardin est très risqué.

Une fois en pleine terre, en plein soleil et dans un sol bien drainé, la pervenche de Madagascar est beaucoup plus facile et s'accommode de la pluie comme du beau temps, car dans le jardin, où l'air circule librement, elle est beaucoup moins sujette à la pourriture qu'à l'intérieur. Elle supporte très bien la chaleur et constitue donc un excellent choix pour les emplacements chauds où rien d'autre ne pousse. Bien qu'elle tolère la sécheresse, il est préférable de l'arroser régulièrement, gardant son sol toujours un peu humide.

Cette plante vit de nombreuses années si vous la traitez comme plante d'intérieur. Entrez des boutures de tige à l'automne ou empotez un plant du jardin.

Attention, la pervenche de Madagascar est toxique si ingérée. C'est une plante médicinale qui entre dans la composition du vincristine, un médicament utilisé pour traiter le cancer. Utilisé à tort et à travers, ce produit est vraiment très dangereux. Il ne faut donc, en aucun cas, tenter de fabriquer quelque remède maison que ce soit avec cette plante.

Variétés recommandées:

❧ *Catharanthus roseus*, anc. *Vinca rosea* (pervenche de Madagascar): C'est la seule espèce couramment cultivée. Autrefois disponible seulement en rose ou en blanc, parfois avec un oeil contrastant, elle est maintenant offerte dans une gamme croissante de couleurs, dont le rouge, le saumon et la lavande.

Santoline

Santolina chamaecyparissus

Santoline
(*Santolina*)

Noms anglais: Lavender Cotton

Hauteur: 10-60 cm.

Espacement: 10 cm pour utilisation en mosaïque; 30 cm pour un effet arbustif.

Emplacement: Ensoleillé.

Sol: Bien drainé, voire presque sec.

Multiplication: Boutures de tige en toute période, semis au printemps.

Disponibilité: Plants à repiquer, plus rarement en sachet de semences.

Floraison: Milieu de l'été.

Utilisation: Plate-bande, bordure, massif, bac, couvre-sol, mosaïculture, parterre de broderie, rocaille, muret, fleur coupée, fleur séchée.

La santoline est, avec le buis nain, l'élément de base des parterres à la française et aussi, avec l'alternanthéra (page 41), l'élément de base des mosaïques, ces jardins à angle permettant de mieux voir des mots ou dessins réalisés avec des végétaux. Sa très grande tolérance à une taille sévère de même que sa croissance lente permettent de la maintenir à seulement 10 cm ou moins par une taille assidue, alors que normalement cette plante atteint 60 cm de hauteur et 90 cm et plus de diamètre, formant un globe dense de petites feuilles finement divisées. On l'utilise aussi pour la réalisation de mini-haies très géométriques.

La santoline est en fait un arbuste aromatique traité comme vivace dans les zones 6 à 8, ses branches mourant en entier l'hiver et repartant toujours du pied. Cependant, dans les zones 1 à 5, il faut la considérer comme annuelle, donc à remplacer tous les ans. Il lui arrive parfois de survivre à l'hiver, surtout protégée par une bonne couche de neige, mais sa survie n'est pas fiable, même si on se donne du mal pour la garder. Si votre santoline passe l'hiver, taillez-la sévèrement au printemps pour éliminer les rameaux morts. Elle repoussera alors en beauté.

Cet arbuste d'origine méditerranéenne est surtout cultivé pour la belle forme symétrique obtenue en le taillant et pour son beau feuillage argenté ou vert tendre, selon l'espèce. Mais il peut aussi fleurir au milieu de l'été, produisant des inflorescences jaunes dressées sur des tiges solides. Dans les milieux très structurés que sont les parterres de broderie et les mosaïques, la plante est taillée trop sévèrement pour fleurir et si parfois des fleurs surgissent, on les supprime dès leur apparition car elles détruisent la symétrie artificielle parfaite du jardin. Par contre, le jardinier paresseux qui laissera davantage la plante pousser à sa guise et former un petit buisson arrondi, ne sera que plus heureux de constater que cet arbuste lui fournit d'excellentes fleurs coupées et séchées.

Peu disponible dans les pépinières non spécialisées, on achète généralement la santoline sous forme de plants au printemps chez un spécialiste en mosaïculture. Repiquez-la en pleine terre une ou deux semaines avant ou lors du dernier gel si le printemps est hâtif, car elle peut tolérer plusieurs degrés de gel. À l'automne, prélevez des boutures que vous rentrez pour l'hiver et que vous pourrez acclimater pour le jardin le printemps suivant.

Il est aussi possible de cultiver la santoline à partir de semis intérieurs. Semez les graines 12 à 14 semaines avant le dernier gel, les recouvrant de 3 mm de terreau, puis placez les semis au réfrigérateur pendant deux à quatre semaines avant de les exposer à une température normale d'intérieur. Autrefois la santoline était une plante médicinale qui servait à traiter les morsures de serpents venimeux. Vous n'aurez guère l'occasion de la mettre à l'épreuve au Québec où les serpents venimeux sont aussi rares que les santolines centenaires!

Variétés recommandées:

Deux espèces de santoline sont couramment cultivées et sont essentiellement identiques, sauf pour ce qui est de la couleur de leur feuillage.

❧ *Santolina chamaecyparissus*, anc. *S. incana* (santoline argentée): C'est l'espèce la plus aromatique à feuillage argenté.

❧ *Santolina virens* (santoline verte): Feuillage vert tendre.

Tagète

Tagetes tenuifolia 'Lulu'

Tagète
(*Tagetes*)

Nom anglais: Marigold

Hauteur: 13-90 cm.

Espacement: 15-20 cm pour les variétés basses; 30-45 cm pour les variétés hautes.

Emplacement: Ensoleillé ou légèrement ombragé.

Sol: Bien drainé.

Multiplication: Semis au printemps.

Disponibilité: Plants à repiquer, sachet de semences.

Saison d'intérêt: Du début jusqu'à la fin de l'été.

Utilisation: Plate-bande, bordure, massif, panier suspendu, bac, couvre-sol, rocaille, muret, plante utile, fleur coupée.

Quelle confusion! L'usage commun donne non pas un, mais *trois* noms différents à cette plante. En effet, une espèce est appelée oeillet d'Inde, une autre rose d'Inde et toutes les autres tagètes! Je suis désolé pour les personnes qui préfèrent «oeillet d'Inde» et «rose d'Inde» car j'ai choisi «tagète» pour décrire le groupe, le seul nom qui s'applique à l'ensemble des végétaux du genre.

Les tagètes sont des plantes à feuillage vert sombre très découpé, comme une fronde de fougère. Leurs feuilles sont souvent aromatiques, d'une odeur agréable et citronnée comme chez *T. tenuifolia,* ou plutôt médicinale et même déplaisante chez *T. patula* et *T. erecta,* parfois appelées «vieux garçons» à cause de leur odeur de renfermé. Autrefois, l'inflorescence des différentes espèces était en forme de marguerite, avec des rayons jaunes ou orange assez larges et des fleurs fertiles regroupées au centre. La plupart des cultivars modernes étant pleinement doubles, notamment dans le cas de *T. patula* et de *T. erecta*, la forme d'origine est souvent peu apparente.

Les tagètes sont des plantes de culture particulièrement facile et furent longtemps les annuelles les plus populaires de la plate-bande, à l'époque où les jardiniers amateurs semaient leurs propres plants. Même s'ils sont moins populaires qu'auparavant, ils font encore partie des annuelles les plus connues et les plus faciles à trouver sur le marché.

On peut acheter des tagètes en caissette au printemps, mais pourquoi? Il s'agit de plantes si faciles à semer qu'on les offre aux enfants de la maternelle pour leurs premières expériences de semis. De plus, leur croissance est si rapide que leur prix devrait être beaucoup moindre que celui de la plupart des autres annuelles. Pourquoi le tagète est-il au même prix que le pétunia, alors que son coût de production est quatre à six fois moindre? Je vous suggère de le semer vous-même car vous économiserez beaucoup.

Vous pouvez semer le tagète à l'intérieur ou à l'extérieur, recouvrant à peine les graines de terreau. À l'intérieur, semez les graines 3 à 4 semaines (5 à 6 semaines pour la rose d'Inde) avant le dernier gel en vous assurant que la température du sol est d'environ 24 à 27° C dans le cas de la rose d'Inde. Après la germination, abaissez la température à environ 21° C le jours et à 15° C la nuit. Les autres espèces germent mieux à une température normale, soit de 15 à 24° C. Dans le jardin, semez en pleine terre vers la date du dernier gel, légèrement plus tard si le sol est encore frais. Dans tous les cas, les plants seront en boutons, sinon en fleurs, dans cinq à huit semaines. Il peut être utile de pincer les variétés hautes pour stimuler une meilleure ramification.

L'odeur des tagètes a la réputation d'éloigner les insectes du jardin et ils sont souvent incorporés au potager pour cette raison. Aussi, on sait qu'il est possible de nettoyer les sols infestés de nématodes nuisibles en le recouvrant entièrement de tagètes: l'année suivante, plus de nématodes! Voilà sans doute un détail intéressant, mais peu utile pour le jardinier car ces parasites ne représentent pas un problème courant dans nos régions. Au contraire, la plupart des nématodes des régions nordiques sont *bénéfiques*, des prédateurs redoutables des insectes du sol. On peut alors se demander si planter des tagètes aide le potager ou lui nuit!

Variétés recommandées:

🌿 *Tagetes erecta* (rose d'Inde): C'est le géant du groupe, souvent avec des fleurs de 10 à 13 cm de diamètre, jaunes, orange ou, plus récemment, blanches tirant davantage sur le crème. Malheureusement, on ne voit plus que des formes très doubles, en pompon, qui m'apparaissent comme le

summum de l'artifice chez les végétaux. Il serait intéressant de retrouver quelques variétés anciennes car la fleur d'origine était sûrement plus jolie! À l'origine, une plante de très grande taille de presque 120 cm de hauteur, les cultivars des variétés standard actuelles ont de 55 à 90 cm, les semi-naines 35 à 50 cm, et les naines 25 à 35 cm. Pour une floraison très hâtive, gardez les semis sous éclairage artificiel 9 heures par jour durant les deux semaines précédant leur repiquage au jardin car les jours courts stimulent la floraison de cette plante, ou recherchez des lignées spécifiques à jours neutres. Supprimez les fleurs fanées pour maintenir une floraison incessante.

❧ *T. patula* (oeillet d'Inde): C'est le tagète le plus populaire, formant de petits plants buissonnants de 15-45 cm de hauteur et portant de nombreuses fleurs de rarement plus de 5 cm de diamètre, souvent doubles ou semi-doubles mais parfois simples, jaunes, orange, rouge orangé, acajou ou bicolores. Heureusement que ses fleurs sont rarement aussi doubles que les pompons artificiels des roses d'Inde! Naturellement ramifiés, les plants d'oeillet d'Inde n'ont pas besoin de pinçage, mais il peut être utile de supprimer leurs fleurs fanées pour stimuler une meilleure floraison.

❧ *T. erecta* x *patula* (rose d'Inde triploïde): Il s'agit d'un croisement F_1 entre la rose d'Inde et l'oeillet d'Inde, donnant des plants de taille intermédiaire, de 30 à 45 cm de hauteur et aux fleurs de 7,5 à 8 cm de diamètre. La gamme des couleurs, jaune, orange, acajou, etc., rappelle l'oeillet d'Inde, mais les fleurs sont souvent en forme de pompon comme celles de la rose d'Inde. La rose d'Inde triploïde offre une floraison ininterrompue durant tout l'été, même sans suppression des fleurs fanées, car elle est stérile et ne produit pas de graines. Par contre, ses graines sont très coûteuses puisqu'il faut la polliniser manuellement et que sa germination est faible, souvent de seulement 50 %.

❧ *T. tenuifolia*, anc. *T. signata* (tagète moucheté): Il s'agit d'une plante buissonnante au feuillage finement découpé, presque plumeux qui froissé, dégage un parfum délicieux rappelant le citron. Ses fleurs simples, jaunes ou oranges, sont très petites mais produites en profusion et sa floraison incessante durant tout l'été, sans suppression des fleurs fanées, est remarquable. Hauteur: 30-45 cm.

Tagetes patula 'Jolly Jester'

Zinnia rampant

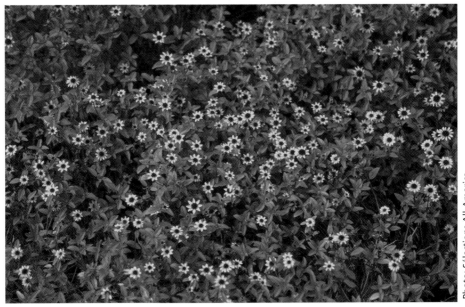

Sanvitalia procumbens 'Gold Brand'

Zinnia rampant
(*Sanvitalia*)

Noms anglais: Creeping Zinnia, Trailing Sanvitalia

Hauteur: 12-20 cm.

Espacement: 15-30 cm.

Emplacement: Ensoleillé.

Sol: Bien drainé, voire même sec.

Multiplication: Semis au printemps.

Disponibilité: Plants à repiquer, sachet de semences.

Floraison: Du début à la fin de l'été.

Utilisation: Plate-bande, bordure, massif, panier suspendu, bac, couvre-sol, rocaille, muret, pentes, fleur séchée, attire les papillons.

Le zinnia rampant n'est pas un véritable zinnia, mais lui ressemble assez pour confondre le profane. La différence majeure se trouve dans le port. Les vrais zinnias ont un port buissonnant ou dressé, mais ne sont jamais rampants. Le zinnia rampant produit des tiges qui courent sur le sol, ne se redressant qu'à leur extrémité. En isolé, il forme un monticule verdoyant pouvant atteindre 60 cm de diamètre, mais on le plante surtout en groupe de plusieurs plants qui s'entremêlent pour créer un effet de tapis. Les feuilles ressemblent à des feuilles de zinnia miniatures, opposées, ovales, entières, aux marges lisses et recouvrent complètement la plante. Elle produit à l'extrémité de ses tiges des inflorescences composées de 2 à 3 cm de diamètre, au cen-

280

tre noir ou pourpre et aux rayons jaunes ou oranges, rappelant des petites marguerites ou évidemment, des petits zinnias.

Tolérant très mal le repiquage, le zinnia rampant est peu disponible en pépinière. Cependant, l'arrivée sur le marché des contenants à alvéoles flexibles, permettant de sortir la plante sans abîmer les racines, amènera sans doute les producteurs d'annuelles à l'essayer de nouveau. Toutefois, c'est une plante très facile à cultiver à partir de semis, à l'intérieur comme à l'extérieur, que vous pouvez donc produire sans trop d'efforts.

Semez-le à l'intérieur 6 à 8 semaines avant le dernier gel, dans des godets de tourbe. Ne recouvrez pas les graines car elles ont besoin de lumière pour bien germer. Une bonne chaleur ambiante peut hâter la germination mais les graines germent très bien à la température de la pièce. À l'extérieur, semez-les en place en pleine terre, 1 ou 2 semaines avant le dernier gel.

Le zinnia rampant préfère le plein soleil et tolère bien la chaleur et la sécheresse. Néanmoins, il fleurira mieux si on évite de le laisser se dessécher. Originaire du Mexique, il ne tolère absolument pas un sol détrempé et un bon drainage est donc primordial.

Bien que les tiges du zinnia rampants soient trop courtes pour que cette plante soit très utile comme fleur coupée, en séchant sur place, ses fleurs, brunissent et deviennent papyracées. On peut alors les prélever et avec un ruban de fleuriste, remplacer sa tige trop courte par une tige de métallique pour faire de jolis petit bouquets.

Variétés recommandées:

⚘ *Sanvitalia procumbens* (zinnia rampant): C'est la seule espèce couramment cultivée et la description précédente vous résume ses traits et ses besoins. Plusieurs cultivars sont offerts en jaune et en orange, à fleurs simples ou doubles.

Sanvitalia procumbens 'Mandarin Orange'

Au centre de la plate-bande

Quelle définition peut-on donner à une «annuelle pour centre de plate-bande»? Aucune. Tout dépend de la taille de la plate-bande et de celle des autres plantes qui l'habitent. Ce que l'on peut dire, c'est que les annuelles pour centre de plate-bande doivent être plus hautes que celles de bordure et plus petites que celles d'arrière-plan. Cela nous laisse beaucoup de jeu, même énormément. Dans une plate-bande très profonde, ayant en arrière-plan des plantes de 1,5 m ou 2 m de hauteur, on peut véritablement utiliser des annuelles de toutes tailles, des plantes naines aux plantes géantes. Dans les plates-bandes plus petites ou plus jeunes, il faut rechercher des plantes dépassant à peine celles de la bordure, mais certainement plus basses que les végétaux d'arrière-plan qui n'ont peut-être atteint que 20 à 45 cm. Il faut donc alors rechercher des plantes «intermédiaires», mais intermédiaires entre quoi et quoi, c'est le contenu de la plate-bande qui le détermine.

En réalité, quelle que soit la situation, *toutes* les annuelles peuvent servir au centre de la plate-bande. J'aurais pu présenter dans ce chapitre toutes les plantes de ce livre! J'ai choisi de vous en présenter de taille relativement basse, pouvant même servir de bordure dans certains cas, mais un peu plus hautes et alors utilisables derrière la bordure, donc des plantes de deuxième plan! Comme c'est le cas pour plusieurs annuelles dans ce livre, vous constaterez qu'elles offrent même un certain choix de hauteur car la plupart comportent des lignées basses, moyennes et hautes. Vous pourriez jouer avec ces hauteurs pour créer un joli dégradé dans un massif ne comprenant qu'une seule couleur, espèce ou forme. Par exemple, des célosies ou des phlox de Drummond de différentes tailles mais de mêmes teintes, allant de la variété la plus basse à la variété la plus haute de l'avant vers le fond de la plate-bande, comme des marches ou des plans horizontaux, garantiront un effet de profondeur, croyez-moi!

Abelmoschus

Balsamine

Célosie

Mélinet

Oeillet de Chine

Pétunia

Phlox annuel

Piment d'ornement

Sauge

Abelomoschus moschatus

Abelmoschus
(*Abelmoschus moschatus*)

Noms anglais: Musk Mallow

Hauteur: 30-40 cm.

Espacement: 30-45 cm.

Emplacement: Ensoleillé ou légèrement ombragé.

Sol: Bien drainé, humidité moyenne, chaud.

Multiplication: Semis au printemps.

Disponibilité: Sachet de semences.

Floraison: Du début à la fin de l'été.

Utilisation: Plate-bande, bordure, plant isolé, massif, bac, attire les colibris.

Bien que l'abelmoschus (se prononce a-bel-mos-kus) semble une grande nouveauté, il a été cultivé au siècle dernier puis a sombré dans l'oubli.

C'est une plante au bord buissonnant, aux feuilles vert foncé, un peu pourprées, généralement trilobées, rappelant vaguement une feuille d'érable. Elle ressemble à un arbuste arrondi. Ses grandes fleurs en forme de coupe ouverte de 8 à 11 cm de diamètre, blanches, roses ou rouges, souvent à coeur blanc, munies d'une colonne jaune très visible au centre, rappellent son très proche parent, l'hibiscus, une populaire plante d'intérieur. Vous trouverez d'autres hibiscus annuels aux pages 164 et 322.

Le nom anglais «musk mallow» ne peut que semer la confusion, les anglophones donnant aussi ce nom commun à la mauve musquée (*Malva moschata*), aussi apparentée à l'hibiscus. En français, nous avons gardé le nom latin comme nom commun et c'est très bien, car l'imbroglio règne déjà suffisamment dans les noms communs sans ajouter deux mauves musquées différentes! Les noms botaniques de la plante, *Abelmoschus* et *moschatus,* font d'ailleurs référence à l'odeur musquée de ses graines.

Semez l'abelmoschus à l'intérieur 12 à 14 semaines avant le dernier gel si vous souhaitez une floraison hâtive. 14 semaines, c'est *très* tôt! Pour travailler moins fort, si vous savez patienter quelques semaines avant de voir les premières fleurs, vous pouvez le semer 6 à 8 semaines avant le dernier gel. Laissez tremper les graines dures dans de l'eau tiède pendant 24 heures avant l'ensemencement, puis semez-les en recouvrant légèrement de terreau. La germination est généralement très rapide, les premiers plants apparaissant en seulement quatre ou cinq jours.

L'abelmoschus aime la chaleur. Plantez-le à l'abri du vent, dans un sol bien drainé qui se réchauffe rapidement au printemps. Arrosez-le bien tout l'été, sans excès, et il fleurira constamment jusqu'aux gels. Tout comme les fleurs de l'hibiscus, même si chacune ne dure qu'une journée, elles se succèdent régulièrement tout l'été. L'abelmoschus ne se ressème pas spontanément sous notre climat.

Sachez que l'abelmoschus est une excellente plante d'intérieur, aussi bonne que l'hibiscus (*Hibiscus rosa-sinensis*) qu'il peut facilement remplacer. Il suffit de le semer à cette fin ou d'empoter des plants à l'automne.

Variétés recommandées:

❧ *Abelmoschus moschatus*, anc. *Hibiscus moschatus* (abelmoschus): C'est la plante décrite ci-haut. Elle est parfois vendue sous le nom *A. manihot*, une plante pourtant très différente par ses fleurs jaunes, et non rouges ou roses.

❧ *A. esculentus* (okra, gombo): Peu connue au Québec, cette plante fournit un légume populaire dans les régions chaudes. Ses fruits immatures ajoutés aux soupes, ragoûts et autres mets, leur donnent une consistance plus gélatineuse. Les Cajuns de la Louisiane le connaissent bien, le gombo étant un ingrédient de base dans plusieurs de leurs recettes. Si on sème l'okra à l'intérieur, 6 à 8 semaines avant le dernier gel, on peut le cultiver au Québec. Par leur port arbustif et leurs grosses fleurs jaunes à oeil rouge, les variétés légumières sont fort décoratives dans la plate-bande. Certaines variétés ornementales ont un feuillage pourpré ou des fleurs rouges. Dans les catalogues, vous les trouverez sans doute plus facilement dans la section «Légumes» que dans la section «Fleurs annuelles». Hauteur: 90-140 cm.

❧ *A. manihot* , *H. manihot* (manihot): Un véritable géant parmi les abelmoschus, le manihot peut atteindre 270 cm de hauteur, mais 180 cm est plus habituel. Il ressemble à *A. moschatus*, mais avec des feuilles plus étroites et d'impressionnantes fleurs jaunes ou blanches au coeur marron, pouvant atteindre 23 cm de diamètre.

285

Balsamine

Impatiens balsamina

Balsamine
(*Impatiens balsamina*)

Noms anglais: Balsam, Lady Slipper, Touch-Me-Not

Hauteur: 20-75 cm.

Espacement: 20-30 cm.

Emplacement: Ensoleillé ou partiellement ombragé.

Sol: Bien drainé, frais, humide, riche en matière organique.

Multiplication: Semis au printemps.

Disponibilité: Plants à repiquer, sachet de semences.

Floraison: Du début à la fin de l'été.

Utilisation: Plate-bande, bordure, massif, bac, sous-bois.

C'est la véritable «impatiente» ou «impatience» de nos aïeuls, appelée plus couramment «impatiente» de nos jours. L'impatiente des jardins (*I. wallerana*) est une nouvelle venue qui s'est approprié la place de la balsamine vers les années 1970. Ce n'est pas sans raison que nos grands-parents plantaient la balsamine plutôt que l'impatiente des jardins. La balsamine est très facile à cultiver alors que l'on réussit plus facilement l'impatiente à partir de plants achetés, et la popularité des caissettes d'annuelles est assez récente.

Par son port, la balsamine ressemble quelque peu à un arbre de Noël arrondi, large à sa base et plus mince vers le sommet. Elle pousse d'abord en hauteur, puis émet successivement des branches de moins en moins longues produites de la base vers le sommet. Cette forme a cependant été légèrement modifiée par l'homme, les cultivars nains ont un port davantage buissonnant et arrondi. Toutes les balsamines produisent des tiges très épaisses, gorgées d'eau, et de longues feuilles pointues et dentées, vert foncé à nervures plus pâles.

Les fleurs, partiellement cachées par le feuillage chez les anciens cultivars, plus en évidence chez les cultivars modernes, apparaissent à l'aisselle des feuilles. À l'origine, la fleur des balsamines avait une forme d'entonnoir recouvert d'un capuchon muni d'un éperon. Presque tous les cultivars modernes produisent des fleurs ouvertes et doubles que, non sans raison, l'on appelle «balsamines à fleurs de camélia». La gamme des couleurs est assez vaste: rouge, rose, pourpre, et blanc, plusieurs cultivars offrant des fleurs bicolores.

On peut acheter les balsamines en caissette ou les semer à l'intérieur ou en pleine terre. À l'intérieur, semez les graines 4 à 6 semaines avant le dernier gel, sans les recouvrir car elles ont besoin de lumière pour germer. Au jardin, faites-le après le dernier gel, quand le sol est bien réchauffé. D'ailleurs, attendez avant de les repiquer que le sol soit bien réchauffé car la balsamine tolère mal le froid, et pas du tout le gel. La balsamine préfère le plein soleil mais s'accommode d'un peu d'ombre, pas autant cependant que sa cousine, l'impatiente des jardins. Un sol riche et meuble ne s'asséchant jamais lui convient parfaitement. Elle ne se ressème pas spontanément sous notre climat.

La balsamine est une charmante plante pour le jardinage des enfants. Ses grosses graines sont faciles à manipuler, elles germent rapidement et arrivent vite à la floraison, même semées en pleine terre. Ses fleurs peuvent se décortiquer pour prélever le capuchon qui fournit gracieusement un petit sabot ou un petit chapeau, selon l'utilisation que l'enfant souhaite en faire. Ma soeur en coiffait ses poupées Barbie. Ce qui fascine le plus, c'est sa grosse capsule de graines qui éclate au toucher et lance ses graines dans tous les sens. Enfant, je prenais plaisir à actionner le mécanisme des capsules de balsamine et à tenter d'attraper leurs graines en plein vol. Je dois admettre que je ne réussissais pas souvent car elles sont expulsées très rapidement.

Cette capsule explosive, une caractéristique du genre *Impatiens*, lui a d'ailleurs mérité son nom, les capsules étant si «impatientes» de libérer leurs graines.

Variétés recommandées:

Impatiens balsamina (balsamine): C'est l'espèce décrite ci-dessus. Pour d'autres impatientes, consulter les pages 214 et 490.

Célosie à panache *Celosia cristata plumosa*

Célosie
(*Celosia cristata*)

Noms anglais: Feathered Amaranth, Prince's Feather (*C. cristata plumosa*); Cockscomb, Woolflower (*C. cristata childsii*)

Hauteur: 20-90 cm.

Espacement: 15-20 cm pour les variétés naines, 30-40 cm pour les variétés hautes.

Emplacement: Ensoleillé ou légèrement ombragé.

Sol: Bien drainé, riche en humus, plutôt humide.

Multiplication: Semis au printemps.

Disponibilité: Plants à repiquer, sachet de semences.

Floraison: Milieu de l'été jusqu'à l'automne.

Utilisation: Plate-bande, bordure, massif, bac, arrière-plan, fleur coupée, fleur séchée.

La célosie est une plante tropicale aux couleurs flamboyantes. Les variétés hautes produisent une tige dressée alors que les variétés naines ont des tiges ramifiées. Dans les deux cas, elles sont couvertes de feuilles vertes ou bronzées, lisses et luisantes, simples ou parfois lobées.

Les inflorescences sont denses et composées de nombreux petits fleurons individuels. La gamme des couleurs comprend le rouge, l'orange, le rose, le jaune, le crème et le pourpre. Chaque inflorescence dure au moins huit semaines.

Si vous achetez des célosies en caissette, il est de toute première importance de les prendre jeunes, sinon le résultat est décevant, les plants dont la floraison est trop avancée vivotent souvent tout l'été. Les pépinières ont malheureusement tendance à nous les vendre à un stade trop avancé alors qu'elles devraient être achetées jeunes, avant de fleurir. Ce qui est encore plus grave, c'est que la célosie tolèrent très mal le repiquage, et encore moins au stade adulte. On peut arriver à un compromis en les achetant au tout début de leur floraison et en supprimant toute inflorescence. Le plus simple consiste à semer vous-même la célosie, à intérieur ou à l'extérieur.

Vous pouvez faire les semis intérieurs en caissette, les recouvrant à peine de terreau, mais il faut les repiquer assidûment dans des contenants plus gros dès qu'ils commencent à se toucher, car la célosie n'accepte pas de compétition racinaire. Il est plus facile de les semer dans des godets de tourbe, en mettant trois graines par godet et en éliminant ensuite les plants plus faibles pour n'en garder qu'un seul. Arrosez toujours avec de l'eau tiède et, lors d'un repiquage, veuillez à ne pas recouvrir la motte de racines, lui conservant le niveau qu'elle avait dans le pot.

En pleine terre, semez la célosie dans un sol réchauffé, deux semaines avant le dernier gel si le printemps est hâtif, sinon après le dernier gel. La floraison est plus lente pour les semis en pleine terre, mais les plants sont généralement plus beaux qu'après un repiquage.

Les deux sortes de célosie font d'excellentes fleurs coupées et des fleurs séchées magnifique car elles conservent très bien leurs couleurs. N'eut été de l'impact de la célosie au jardin, je l'aurais placée dans le chapitre *Des annuelles qui durent et durent*, comme fleur à sécher. Suspendez les inflorescences la tête en bas dans un emplacement particulièrement bien aéré ou chaud, car leurs fleurs denses absorbent facilement l'eau et peuvent moisir avant de sécher si l'humidité ambiante est trop élevée.

Vous pouvez aussi cultiver la célosie comme plante d'intérieur pour les emplacements ensoleillés.

Variétés recommandées:

Celosia cristata cristata (célosie crête de coq, crête-de-coq): À l'origine, sa tête florale était plumeuse, mais à la suite d'une mutation, son inflorescence s'est rabougrie et tordue. Selon les points de vue individuels, certaines personnes aiment beaucoup cette forme et d'autres la détestent; cet amas rappelle de la cervelle, du corail ou encore, comme son nom le laisse entendre, une crête de coq! Les variétés naines (15-30 cm) ont tendance à ne former qu'une seule crête-de-coq, mais les variétés hautes (40 à 60 cm) font une première crête en début de saison, suivie de crêtes secondaires tout l'été. Les variétés hautes sont spécialement intéressantes comme fleur coupée.

C. cristata plumosa (célosie à panache): N'ayant pas subi de mutation, c'est la forme normale de la plante précédente, avec des inflorescences plumeuses hautes de 15 à 30 cm. La première inflorescence de l'été est généralement la plus haute, suivie de panaches plus bas, lui donnant une forme pyramidale. Comme chez la célosie crête-de-coq, les variétés de taille intermédiaire (40 à 60 cm) et hautes (75 à 90 cm) font de meilleures fleurs coupées et séchées que les variétés basses (25 à 35 cm).

Mélinet

Cerinthe major 'Purpurascens'

Mélinet
(*Cerinthe major*)

Nom anglais: Honeywort

Hauteur: 15-50 cm.

Espacement: 23-30 cm.

Emplacement: Ensoleillé.

Sol: Bien drainé.

Multiplication: Semis au printemps.

Disponibilité: Plants à repiquer, sachet de semences.

Saison d'intérêt: Milieu de l'été.

Utilisation: Plate-bande, bac, pré fleuri, plante mellifère.

Le mélinet est une plante curieuse qui, avec son feuillage bleu gris, rappelle l'eucalyptus. Il ne ressemble à aucune autre annuelle et son apparence différente est davantage responsable de sa popularité grandissante que ses autres qualités. Longtemps cultivé en Europe comme plante mellifère, il attire des abeilles dans votre plate-bande grâce à son nectar sucré et abondant. À vous de juger si leur présence vous convient ou non; personnellement, j'apprécie la vie et le mouvement que les abeilles apportent au jardin et je trouve leur présence absolument charmante. De plus, contrairement aux guêpes, elles ne sont pas agressives et ne nous piquent que si elles sont menacées. Cependant, si vous en avez peur, ne plantez pas des mélinets!

Les multiples tiges d'abord dressées de cette plante se recourbent et se terminent en petits bouquets de fleurs tubulaires retombantes, chocolat à la base et jaune vif aux extrémités, entourées de bractées bleu vert ou pourpres. Les tiges sont densément couvertes de feuilles cordiformes gris vert d'apparence cirée. Comme chez l'eucalyptus, la tige passe carrément à travers la feuille, alors dite «perfoliée», très différente de la plupart des feuilles.

Semez le mélinet à l'intérieur 10 à 12 semaines avant le dernier gel, recouvrant à peine les graines. Repiquez au jardin quand tout danger de gel est passé. On peut aussi le semer en pleine terre tôt au printemps, dès que le sol peut être travaillé. Depuis peu, il est également possible de les obtenir sous forme de plants.

Variétés recommandées:

❧ *Cerinthe major* (mélinet): C'est la seule espèce couramment cultivée. On le cultive surtout sous sa forme pourprée, le mélinet pourpre (*C. major purpurescens*), facile à reconnaître car les fleurs pourpres sont entourées de bractées bleu violacé.

Photo: Thompson & Morgan

Cerinthe major

291

Oeillet de Chine

Dianthus chinensis 'Ideal Raspberry'

Oeillet de Chine
(*Dianthus chinensis*)

Noms anglais: Chinese Pink, Annual Pink, Rainbow Pink

Hauteur: 15-45 cm.

Espacement: 20-35 cm pour les variétés basses.

Emplacement: Ensoleillé.

Sol: Bien drainé, de préférence un peu alcalin.

Multiplication: Semis au printemps ou à l'automne.

Disponibilité: Plants à repiquer, sachet de semences.

Floraison: Fin du printemps jusqu'à la fin de l'automne.

Utilisation: Plate-bande, bordure, massif, bac, couvre-sol, rocaille, muret, pentes, fleur coupée, fleur comestible, attire les papillons.

L'oeillet de Chine est l'annuelle offrant la plus longue floraison. Si planté en pleine terre très tôt au printemps, car il tolère très bien le gel même en pleine floraison, vous pouvez profiter de ses fleurs de la fin du printemps jusqu'à la première neige et même plus, car si la neige fond immédiatement, les fleurs de l'oeillet de Chine demeurent souvent en parfait état.

Bien qu'annuel à l'origine, l'oeillet de Chine a souvent été croisé avec d'autres *Dianthus* vivaces et bisannuels, ce qui a modifié son comportement. Non seulement la plante survit souvent à l'hiver, surtout bien paillée, mais elle peut même parfois revenir une troisième année. Même s'il ne faut pas trop y compter, n'arrachez pas vos oeillets de Chine à l'automne, attendez le printemps suivant pour voir comment ils se comportent.

L'espèce d'origine, sans parfum, aux fleurs rose lilas à oeil plus sombre, avec marges lisses ou à peine frangées, n'est presque plus cultivée. Les oeillets de Chine modernes, hybrides complexes ayant des ancêtres très variables, ont acquis une gamme de couleurs plus vaste, rouge, rose ou blanc, presque toujours avec l'oeil contrastant qui leur a donné leur nom commun, des pétales fortement frangés et parfois, un léger parfum. Les fleurs simples à cinq pétales, plus rarement semi-doubles ou doubles, présentées seules ou en bouquets lâches, mesurent de 3 à 5 cm de diamètre. Elles sont comestibles et vous pouvez en ajouter à vos salades d'été.

Les variétés hautes ont un port plutôt dressé, mais de plus en plus, ce sont des variétés naines de 15-25 cm de hauteur, au port plutôt arrondi, que l'on nous offre. Les feuilles étroites sont vertes ou légèrement bleutées. Là où la plante survit à l'hiver, elles sont persistantes.

Achetez l'oeillet de Chine en caissette ou semez-le à l'intérieur ou en pleine terre. À l'intérieur, semez-le 8 à 10 semaines avant le dernier gel, recouvrant à peine les graines. Si c'est possible, gardez le thermostat à 10°C après la germination, ou placez les plants dans une couche froide, l'oeillet de Chine préférant des températures fraîches. Pincez les jeunes plants pour stimuler la ramification. Attention lors du repiquage, l'oeillet de Chine préférant son collet à fleur de sol, il ne faut donc pas le recouvrir.

Semez-le en pleine terre très tôt au printemps, quatre ou cinq semaines avant le dernier gel, ou à l'automne.

Au jardin, l'oeillet de Chine se comporte mieux dans les régions aux étés frais, mais fleurira quand même tout l'été dans les régions aux étés chauds, si on supprime ses fleurs fanées. On peut aussi le rabattre d'un tiers à la mi-été si sa floraison diminue, il refleurira rapidement au retour des températures plus fraîches.

Il arrive souvent que l'oeillet de Chine se reproduise par semis spontanés, mais presque toutes les variétés offertes sur le marché étant hybrides, il n'est pas assuré que les plantes ainsi obtenues se comporteront comme les plantes de la première génération.

Variétés recommandées:

🌿 *Dianthus chinensis* (oeillet de Chine): C'est la plante décrite ci-dessus. Par suite des croisements entre les deux espèces, il n'est guère aisé aujourd'hui de distinguer l'oeillet de Chine de l'oeillet des poètes (voir à la page 478). On peut y parvenir en vérifiant le regroupement des fleurs. Les fleurs de l'oeillet de Chine sont plutôt éparpillées alors que celles de l'oeillet des poètes sont regroupées en bouquets denses.

🌿 *D. barbatus* (oeillet des poètes annuel): Bien que la plante soit habituellement bisannuelle, certains cultivars nains se comportent comme des annuelles. Pour de plus amples renseignements, voir à la page 478.

293

Petunia x *hybrida*

Pétunia
(*Petunia* x *hybrida*)

Noms anglais: Petunia

Hauteur: 15-45 cm.

Espacement: 20-50 cm.

Emplacement: Ensoleillé ou légèrement ombragé.

Sol: Bien drainé, léger, humide.

Multiplication: Semis au printemps, boutures de tige en tout moment.

Disponibilité: Plants à repiquer, boutures (certaines variétés), sachet de semences.

Floraison: De la fin du printemps jusqu'au début de l'automne.

Utilisation: Plate-bande, bordure, massif, panier suspendu, bac, couvre-sol, rocaille, muret, pentes, fleur coupée.

Presqu'à égalité avec l'impatiente, le pétunia est une plante fort populaire, toujours en tête de liste des annuelles les plus vendues, et ce depuis les années 1930. Il était d'ailleurs mieux connu à cette époque sous le nom de saint-joseph car par tradition, il était semé le 19 mars.

Le pétunia produit des plants au port buissonnant ou rampant, dont les feuilles sont vert moyen, ovales et simples. Les tiges et les feuilles sont couvertes de courts poils collants rendant sa manipulation assez désagréable. Heureusement que l'on n'a pas à le faire souvent! Selon le cultivar, les fleurs en forme de trompette peuvent avoir de 2,5 à 10 ou même 12 cm

Photo: National Garden Bureau

de diamètre. La gamme des couleurs est très vaste, essentiellement toutes les teintes sauf le bleu véritable, l'orange et le vert, et beaucoup de pétunias sont bicolores, soit à oeil ou à marge de couleur contrastante, ou soit striées ou veinées d'une teinte différente. De plus, les fleurs peuvent être simples ou doubles.

Les pétunias de toutes les catégories sont abondamment offerts en caissette et il n'est pas nécessaire de les semer, sauf pour économiser. Si tel est le cas, je vous suggère malgré tout d'acheter en plants les variétés doubles, plus lentes et plus difficiles à réussir que les autres pétunias et exigeant 12 à 14 semaines de culture. Habituellement, on sème les pétunias à l'intérieur 8 à 10 semaines avant le dernier gel, sans recouvrir les semences qui exigent de la lumière pour germer à des températures de 21-24°C. Ensuite, baissez la température à 13-15°C pour obtenir des plants plus compacts. Si vos plants commencent à trop monter (plus de 15 cm) avant que soit venu le moment de les repiquer en pleine terre, n'hésitez pas à les pincer. Le faire vous permettra non seulement d'en contrôler la hauteur, mais stimule aussi la ramification.

Il ne faut pas craindre de repiquer les pétunias en pleine terre une ou deux semaines *avant* le dernier gel, surtout si le printemps est hâtif, car ils tolèrent un peu de gel. Souvent, ils survivent aux premières gelées de l'automne pour fleurir jusqu'au début novembre, selon la région, bien sûr!

Si les pétunias sont si populaires, ils le doivent en bonne partie à leur adaptabilité, croissant bien dans presque tous les sols, au soleil comme à l'ombre. Toutefois, vous obtiendrez de meilleurs résultats dans un sol assez riche retenant bien l'humidité et dans un emplacement peu ombragé, car lorsque l'ombre est trop forte, les pétunias produisent surtout du feuillage! Par temps de sécheresse, arrosez-les par le bas au moyen d'un boyau suintant. Les gouttes d'eau des arrosoirs brisent leur fleurs. L'utilisation d'un paillis est toujours recommandé, notamment pour les pétunias à fleurs doubles, car la terre projetée par la pluie se loge dans les fleurs.

Les pétunias à fleurs doubles ont besoin d'attention non seulement au moment des semis, mais durant toute leur période de croissance. Ils semblent souvent en piteux état en caissette car les premières fleurs sont plus petites et parfois simples ou semi-doubles. Elles prendront leur forme normale ou définitive une fois au jardin. Pour rester en fleurs, ces pétunias exigent aussi des apports d'engrais au cours de l'été. Enfin, renoncez à ces pétunias dans les régions très pluvieuses; les fleurs pleines d'eau s'aplatissent et ne reprenent jamais leur forme, il faut sans cesse attendre de nouveaux bourgeons pour que la plante se refasse une beauté.

Les autres pétunias sont aussi fragiles aux intempéries, surtout les grandifloras. Comme la pluie écrase et déchire les fleurs, pendant plusieurs jours, toute la plante est pitoyable à voir après un gros orage. Heureusement le pétunia récupère très rapidement. Aujourd'hui, de plus de plus de cultivars sont «résistants aux intempéries» («weather resistant» comme les annoncent les catalogues anglais), notamment chez les multifloras, les floribundas et les couvre-sol. Les pétunias millifloras sont cependant ceux qui résistent le mieux au mauvais temps.

La chaleur aussi peut accabler les pétunias, notamment les grandifloras. Rabattez alors la plante d'un tiers et elle reprendra de plus belle. L'utilisation d'un paillis aidera à réduire les effets négatifs de la chaleur. Encore une fois, les pétunias millifloras sont ceux qui résistent le mieux à la chaleur.

Parlons de la suppression des fleurs fanées. C'est vrai que le pétunia fleurit beaucoup plus si on supprime ses fleurs fanées, mais quel travail désagréable! Non seulement faut-il travailler à quatre pattes, mais en plus, la plante produit des fleurs partout sur sa surface et il faut les enlever une à une, ce qui est fastidieux. Encore plus désagréable, les plantes sont collantes au toucher et simplement d'y penser, je ressens du dégoût! Je vous suggère d'utiliser le coupe-bordure et de tout simplement rabattre la plante d'un tiers quand elle commence à donner des signes de fatigue. C'est beaucoup moins fatiguant et aussi efficace. L'autre solution consiste à planter des pétunias millifloras ou des pétunias couvre-sol: les deux sortes n'exigent ni taille, ni suppression de leurs fleurs fanées.

En grande majorité, les pétunias modernes sont des hybrides dont il est inutile de récolter les graines pour l'année suivante, car ils ne donneront pas des plants fidèles au type. Par contre, il est facile de rentrer quelques plants ou boutures pour l'hiver. Au mois de mars, prélevez des boutures sur les plants rentrés à l'automne et vous pourrez alors produire assez de pétunias pour toute votre plate-bande, et à très bon prix!

Saviez-vous que les pétunias sont parfumés? C'est le cas des pétunias à fleurs bleues et violettes, mais les cultivars à fleurs blanches et roses ont parfois aussi une légère fragrance. Vous l'apprécierez plus facilement en panier suspendu puisque les fleurs seront alors davantage au niveau de votre nez, et également quand vous en récolterez comme fleurs coupées. Elles font d'excellentes fleurs coupées, à condition de garder la tige aussi longue que possible. Parce que plus vous en cueillerez, plus les pétunias fleuriront, ne vous privez pas et faites-en de jolis bouquets.

Attention, même si vous trouvez les pétunias «beaux à croquer», ils sont légèrement toxiques! N'en mettez pas dans vos salades pour épater les convives si vous désirez éviter de les revoir tous à l'hôpital!

Variétés recommandées:

🍂 *Petunia* x *hybrida* (pétunia hybride): Aucune espèce de pétunia, plante non modifiée par l'homme, n'est couramment cultivée. Toutes les variétés offertes appartiennent à cette espèce hybride. Depuis deux siècles que l'on cultive cette plante, sa forme a été tellement modifiée que pour bien la comprendre, on doit maintenant la classer dans différentes catégories selon son apparence et son comportement.

Les **grandifloras** sont actuellement les plus populaires et produisent les plus grosses fleurs, de 8 à 10 cm de diamètre, parfois 12 cm. Leur port plutôt lâche est semi-buissonnant et les variétés à fleurs doubles, aux fleurs plus

Petunia x *hybrida* multiflora 'Primet Pink Morn'

lourdes, sont presque rampantes. Les grandifloras ont tendance à s'écraser sous la chaleur ou la pluie. Il vaut mieux les réserver aux climats plutôt frais bien que, dans les régions aux étés chauds, il soit possible de les rabattre à la mi-été pour les aider à reprendre une forme plus intéressante. Malgré leur grande popularité, ils ne constituent pas le meilleur choix pour le jardinier amateur. Hauteur: 35-45 cm. Espacement: 25-30 cm.

Les **cascades** forment une sous-catégorie des pétunias grandifloras. De port encore moins rigide, si cultivés en panier ou en bac, les pétunias cascades retombent sur 30 cm ou plus, et conviennent aussi très bien aux rocailles et aux pentes. Hauteur: 30 cm. Espacement: 30-40 cm.

Les **multifloras** produisent plus de fleurs que les grandifloras, sur des plants plus compacts conservant mieux leur forme au cours de l'été, même durant la canicule. De plus, leurs fleurs résistent mieux aux intempéries, mais elles sont plus petites à environ 4 à 7,5 cm de diamètre. Ils sont plus faciles que les grandifloras à tous égards et conviennent donc mieux au jardinier paresseux. Les variétés doubles demeurent toutefois un peu plus compliquées à entretenir. Hauteur: 25-30 cm. Espacement: 25-30 cm.

Les **floribundas** forment une nouvelle catégorie qui n'est toutefois pas acceptée par tous les producteurs. En réalité, on peut les considérer comme des multifloras aux fleurs un peu plus grosses, avec les mêmes qualités. Il y a des floribundas simples et doubles. Hauteur: 25-30 cm. Espacement: 25-30 cm.

Tous acceptent les **millifloras** comme étant une nouvelle catégorie parce que leurs fleurs sont nettement plus petites que celles de tout autre pétunia, mesurant seulement 2,5 à 4 cm de diamètre. Il faut avoir la plante devant soi pour voir la différence, les feuilles proportionnelles aux fleurs, plus petites que celles des autres pétunias, ne permettent pas de distinguer sur une photo le milliflora d'un autre pétunia, sauf si les deux plantes sont photographiées côte à côte. Les millifloras sont sans aucun doute les plus faciles des pétunias: la plante forme un dôme parfait dans la plate-bande, n'exige jamais de taille, et n'exige aucune suppression des fleurs fanées pour fleurir constamment. Par contre, il faut les rapprocher davantage, les espacer d'environ 15-20 cm. Hauteur: 20-30 cm. En plus des variétés couramment disponibles, on attend l'arrivée de millifloras rampants promis à un brillant avenir, avec de séduisantes fleurs doubles qui, contrairement à celles de tout autre pétunia double, résistent à la pluie. Reste à savoir si ces plantes nous seront offertes en semences, donc à bon prix, ou si elles ne seront disponibles qu'en boutures, à des prix exorbitants comme ceux de nombreux pétunias couvre-sol. Hauteur: 25-30 cm.

Enfin, il y a les **pétunias couvre-sol** qui n'atteignent que 15 cm de hauteur. Le marché actuel offre surtout les variétés dispendieuses, uniquement en boutures, décrites à la page 518. Il existe cependant une série offerte en semences, 'Wave', à des prix plusieurs fois supérieur à celui des pétunias plus «orthodoxes». Il s'agit en réalité de pétunias multifloras au port beaucoup plus rampant, chaque tige pouvant atteindre 120 cm de long, qui s'emploient surtout pour les massifs et les jardins en pente et bien sûr, dans les paniers suspendus et les bacs où leur capacité de retomber sur une bonne longueur est fort appréciée. Hauteur: 15-20 cm. Espacement: 40-50 cm.

Petunia x *hybrida* milliflora 'Fantasy Salmon

Phlox annuel

Phlox drummondii

Phlox annuel
(*Phlox*)

Noms anglais: Annual Phlox, Drummond Phlox, Texas Pride

Hauteur: 15-45 cm.

Espacement: 15-30 cm.

Emplacement: Ensoleillé ou légèrement ombragé.

Sol: Bien drainé, humide.

Multiplication: Semis au printemps ou à l'automne.

Disponibilité: Plants à repiquer, sachet de semences.

Floraison: Début de l'été jusqu'à l'automne.

Utilisation: Plate-bande, bordure, massif, bac, couvre-sol, rocaille, muret, pré fleuri, naturalisation, fleur coupée, attire les papillons et les colibris.

Le phlox des jardins (*Phlox paniculata*) et le phlox mousse (*P. subulata*), deux espèces vivaces décrites en détail dans le livre *Le jardinier paresseux: Les vivaces*, sont de loin les plus connues. Cependant, certains phlox annuels sont très beaux et leur floraison est beaucoup plus longue que celle des formes vivaces. Les variétés hautes de phlox annuel ressemblent à s'y méprendre au phlox vivace et en plus, le phlox annuel en général est rarement attaqué par le blanc qui défigure tellement les phlox vivaces.

Le phlox annuel est une plante dressée et peu ramifiée, mais les variétés cultivées sont généralement plutôt basses et fournies. Son feuillage est lancéolé et vert moyen. Chaque tige produit un bouquet terminal de fleurs tubulaires dont les pétales sont si larges qu'elles semblent aplaties. Jusqu'à tout récemment, elles étaient surtout de couleur vive, rouges, magenta, pourpres, rose vif et blanc pur, souvent à oeil contrastant, mais l'arrivée sur le marché de la lignée 'Phlox of Sheep' a modifié cela, car elle ne contient que des pastels: rose pâle, abricot, jaune doux, crème, etc. On trouve aussi des lignées à fleurs doubles. Les pétales des phlox sont généralement arrondis, mais certaines lignées offrent des pétales très frangés, ce qui leur confère une allure étoilée.

Vous pouvez acheter des phlox en caissette au printemps, mais recherchez de préférence des plants en alvéoles car le phlox annuel se repique difficilement. Vous pouvez aussi les semer vous-même, à l'intérieur ou en pleine terre. Pour les semis intérieurs, commencez 6 à 8 semaines avant le dernier gel, dans des godets de tourbe, recouvrant les graines d'une très mince couche de terreau. Ils se sèment également en pot communautaire, mais il faut alors les repiquer dans des godets de tourbe ou dans un contenant à alvéoles lorsque les plants sont encore jeunes, environ 30 jours après la germination, car les racines des plants plus avancés sont fragiles. Exposez les graines à la noirceur durant la période de germination, puis à un éclairage intense. Le phlox annuel préfère des températures fraîches pour sa germination et sa croissance, idéalement 15-18°C.

Pour une floraison particulièrement hâtive, avant même que le danger de gel soit écarté, semez les graines plus tôt, 10-12 semaines avant le dernier gel, mais repiquez les plants au jardin, environ trois semaines avant cette date, car ils tolèrent très bien le gel.

Semez les graines en pleine terre, tôt au printemps, dès que le sol peut être travaillé jusqu'à quatre semaines avant le dernier gel, ou à l'automne. Les semis faits lors du dernier gel risquent de ne pas germer si la température est trop chaude.

Plantez le phlox dans un endroit ensoleillé ou partiellement ombragé, dans un sol bien drainé mais humide. Faites tout en votre pouvoir, emplacement ombragé en après-midi, paillis, etc., afin d'aider cette plante à affronter son pire ennemi, la chaleur estivale. Il ne faut surtout pas combiner chaleur et sécheresse, car leur arrivée lui indique qu'il est temps de partir! Si vos plants semblent dépérir malgré vos efforts, taillez-les à 8 cm du sol. Très souvent, à la fin de la canicule, ils reprennent vie. Dans les régions aux étés frais, vous n'aurez pas ces problèmes.

Comme il n'est pas toujours facile ou possible de trouver des phlox annuels en couleurs séparées, il faut parfois semer des mélanges la première année afin de sélectionner des couleurs intéressantes dont on récolte les graines. Vous pouvez également faire cette sélection en supprimant les fleurs fanées des couleurs que vous plaisent moins, pour que les semis spontanés de l'année suivante soient dans les couleurs que vous préférez!

Le phlox annuel fait une excellente fleur coupée, à condition de trouver une lignée haute.

Variétés recommandées:

🍃 *Phlox drummondii* (phlox de Drummond): C'est la seule espèce annuelle qui est couramment disponible, et celle décrite ci-dessus.

Piment d'ornement

Capsicum annuum 'Fiesta'

Piment d'ornement
(*Capsicum*)

Noms anglais: Ornamental Pepper, Christmas Pepper

Hauteur: 20-75 cm.

Espacement: 20-40 cm.

Emplacement: Ensoleillé.

Sol: Bien drainé, humide, riche en matière organique.

Multiplication: Semis au printemps.

Disponibilité: Plants à repiquer, sachet de semences.

Fructification: Du milieu jusqu'à la fin de l'été.

Utilisation: Plate-bande, bordure, bac, rocaille, muret, condiment.

Piment ornemental, piment d'agrément, piment décoratif, piment de Noël, piment fort, poivre d'Espagne, poivre d'Inde, cerisier d'amour, tant de noms pour une si petite plante! Mais il faut comprendre que le piment est une plante servant autant de condiment que de plante d'intérieur ou de plante annuelle. D'ailleurs, le poivron ou piment doux de nos jardins, provient de la même plante, mais d'une lignée plus grosse aux fruits plus gros et moins piquants.

Il s'agit d'un arbuste tropical aux nombreuses petites feuilles elliptiques, normalement vertes mais pourpre très sombre chez certains cultivars, ou fortement panachées de blanc, de pourpre et de vert chez d'autres. Il produit de nombreuses petites fleurs blanches étoilées à centre jaune. On ne le cultive pas pour ses fleurs assez insignifiantes, mais pour les fruits qui se forment par la suite, ronds, coniques, longs et minces, etc., dans une grande variété de formes. Verts au début, ils changent graduellement du blanc verdâtre, au jaune et à l'orange avant de devenir, selon le cultivar, rouge vif ou pourpre à maturité. Leur taille varie aussi, mais les fruits des variétés ornementales dépassent rarement 5 cm de longueur ou de diamètre et peuvent être beaucoup plus petits. Ils restent sur le plant jusqu'au gel, ou jusqu'au milieu de l'hiver si on cultive la plante dans la maison, à l'abri du froid.

La culture de cette plante ornementale est identique à celle du poivron de nos potagers. Semez les graines à l'intérieur 8 à 10 semaines avant le dernier gel pour une fructification à la mi-été. Recouvertes de 6 mm de terreau et placées à la chaleur, les graines germent en 10-12 jours. Il est impossible de semer le piment ornemental en pleine terre au Québec, notre belle saison est trop courte.

Le piment aime la chaleur. Attendez pour le repiquer que le sol soit bien réchauffé et que les nuits soient plus chaudes, habituellement deux ou trois semaines après le dernier gel. Plantez-le dans un emplacement chaud pour avoir des fruits en abondance.

Les fruits du piment ornemental sont non seulement décoratifs, mais comestibles. La plupart sont très piquants, du genre «Appelez les pompiers!», donc prenez garde! Vous pouvez les utiliser frais, séchés ou marinés.

Lavez-vous les mains après avoir manipulé des piments ornementaux, car même une infime quantité de sève en contact avec les yeux vous laissera un souvenir cuisant, car certaines personnes éprouvent une sensation de brûlure aux doigts simplement en les manipulant! Il va sans dire qu'il faut toujours placer cette plante hors de portée des enfants.

Comme la plupart des plantes comestibles, le piment décoratif attire les insectes, notamment les aleurodes (mouches blanches) et les pucerons. Pour des suggestions de traitement, voir à la page 132.

Si vous souhaitez cultiver le piment comme plante d'intérieur pour voir ses fruits à Noël, piment de Noël étant un autre nom donné au piment décoratif, semez-le à l'intérieur 8 semaines avant le dernier gel et cultivez-le devant une fenêtre très ensoleillée ou sous une lampe de quatre tubes fluorescents. La plante étant à l'intérieur, il vous faudra cependant la polliniser vous-même car sans pollinisation manuelle, la fructification sera faible. Il suffit en somme de butiner comme un papillon de fleur en fleur, en insérant la pointe d'un pinceau dans chaque fleur ouverte, déposant ainsi un peu de pollen sur le stigmate de la fleur. Il n'en faut pas plus pour obtenir de beaux fruits colorés quelques mois plus tard.

Variétés recommandées:

🍂 *Capsicum annuum* (piment d'ornement): C'est l'espèce la plus fréquemment cultivée sous ce nom, et celle décrite ci-dessus.

🍂 *C. frutescens* (piment fort): Les plantes vendues sous ce nom sont presque toutes des *C. annuum*. La véritable espèce *C. frutescens*, produisant des fruits minuscules d'au plus 3 mm de diamètre, est rarement cultivée dans le nord. Ses fruits servent à la fabrication des sauces piquantes, comme la sauce Tabasco bien connue.

Salvia splendens 'Fire-Star'

Sauge
(*Salvia*)

Noms anglais: Salvia, Sage

Hauteur: 20-120 cm.

Espacement: 15-20 cm pour les variétés basses; 25-30 cm pour les variétés hautes.

Emplacement: Ensoleillé ou légèrement ombragé.

Sol: Bien drainé, humide, fertile.

Multiplication: Semis au printemps, boutures de tiges.

Disponibilité: Plants à repiquer, sachet de semences.

Saison d'intérêt: Du début de l'été jusqu'aux gels.

Utilisation: Plate-bande, bordure, massif, bac, arrière-plan, attire les colibris.

Le genre *Salvia* est très vaste et comprend des vivaces, des bisannuelles et, bien sûr, la sauge officinale (*S. officinalis*), une fine herbe. Les trois espèces décrites ici sont toutes des vivaces tendres cultivées comme annuelles ornementales sous notre climat. Vous trouverez, à la page 454, des renseignements sur la sauge hormin (*S. viridis*), surtout cultivée comme fleur séchée.

De façon générale, les sauges dites annuelles sont des plantes formant des touffes basses de feuilles coiffées d'épis floraux très colorés. La fleur se compose de deux parties, des corolles tubulaires à deux lèvres avec des bractées colorées à leur base.

Curieusement leur tige est carrée, une caractéristique commune à presque toutes les plantes de la famille de la sauge.

À part ces caractéristiques communes, chacune des sauges ornementales a une apparence bien à elle. Pour les descriptions individuelles, voyez *Variétés recommandées*.

Les sauges sont offertes sous forme de semences ou de plants. Assurez-vous d'obtenir des semences fraîches, car les graines de sauge ne sont viables qu'environ un an. Semez-les à l'intérieur 6 à 8 semaines avant le dernier gel (10 à 12 semaines pour la sauge farineuse), sans les couvrir. Celles de la sauge écarlate et de la sauge éclatante ont besoin de lumière pour germer. Pincez les plants pour stimuler une bonne ramification à la base, ce qui assure une floraison durable aux épis multiples. Repiquez les semis au jardin quand le danger de gel est écarté.

Si vous préférez acheter des plants à repiquer, recherchez de préférence des plants en vert, sinon, n'oubliez pas qu'il est vital de supprimer tout épi floral car le choc de la transplantation laisse les plants rabougris.

Vous pouvez aussi rentrer des plants ou des boutures de sauge annuelle à l'automne pour égayer vos fenêtres hivernales.

Variétés recommandées:

Il y a une foule de sauges ornementales que l'on pourrait cultiver comme annuelles sous notre climat, mais la plupart n'ont pas encore percé au Québec au moment où j'écris. Je ne serais donc pas surpris de voir d'autres espèces intéressantes augmenter la liste des sauges annuelles populaires.

Salvia coccinea (sauge écarlate, anglais: Red sage): On aurait pu donner à cette plante le nom de sauge pagode, car les fleurs sont regroupées en verticilles bien distinctes sur l'épi, lui conférant une allure de pagode. Sa tige est beaucoup plus apparente que celle des autres sauges qui poussent en touffe. Ses larges feuilles vert moyen, plutôt cordiformes, sont aussi plus espacées. Ce port plus ouvert lui donne une apparence de grande légèreté, contrastant ainsi avec les autres sauges plus ramassées. Les fleurs tubulaires sont longues et délicates. La lèvre inférieur retombante est beaucoup plus large que la lèvre supérieure horizontale. La gamme des couleurs comprend des teintes très vives de rouge ainsi que le rose, le blanc et le bicolore. Les colibris l'adorent! Hauteur: 30-60 cm.

S. farinacea (sauge farineuse; anglais: Mealy sage): Cette sauge est devenue l'une des annuelles les plus populaires de nos plates-bandes, sortant d'une obscurité encore récente. Elle forme une touffe assez basse de feuillage lancéolé gris vert, coiffée de plusieurs épis minces souvent deux fois plus hauts que le feuillage. Les fleurs sont petites mais nombreuses, et chaque épi demeure fleuri tout l'été. Les fleurs sont bleues, pourpres ou blanches. Le petit calice bleu ou blanc à la base de chaque fleur semble couvert de farine, d'où les noms botaniques et communs. Semez la sauge farineuse plus tôt que les autres, environ 10 à 12 semaines avant le dernier

gel. Il arrive parfois que la sauge farineuse survive à l'hiver, mais il est quand même préférable de la considérer comme une annuelle. Hauteur: 35-90 cm.

❧ *S. splendens* (sauge éclatante, salvia; anglais: Scarlet sage): Cultivée dans les plates-bandes depuis plusieurs générations, c'est la sauge ornementale la plus connue. Si la plante que l'on connaît aujourd'hui a un port compact, l'espèce d'origine était une grande plante de 120 cm. Parfois on voit une des variétés plus hautes, de 90 à 120 cm, et l'effet est vraiment saisissant. Toutefois, la sauge éclatante moderne forme une rosette basse de feuilles larges et dentées d'un vert très sombre, coiffée d'un épi dense de fleurs. Autrefois, on ne la trouvait qu'en rouge écarlate, mais aujourd'hui des cultivars aux fleurs roses, saumon, blanches, ou pourpres, voire même orange saumoné, sont disponibles. La base de la fleur est entourée de bractées colorées, généralement de la couleur de la fleur mais parfois contrastantes. Pour obtenir un plus grand nombre d'épis et donc une apparence plus impressionnante, supprimez le premier épi dès son apparition. Hauteur: 20-120 cm.

Salvia farinacea 'Strata'

Des géantes à croissance rapide

Les grandes annuelles occupent presque d'office l'arrière-plan de la plate-bande. On peut en planter deux ou trois rangs comme brise-vent ou les regrouper en talles éparses dans la plate-bande. Votre plate-bande manquait de relief l'an dernier? Deux ou trois ricins lui en donneront, c'est garanti!

Vous désirez un écran pour soustraire au regard le cabanon rouge à pois jaunes du voisin qui s'est découvert le talent d'un Salvador Dali? Une clôture d'arbustes ou d'arbres jouera ce rôle à coup sûr, mais dans combien d'années? Par contre, une plantation de grandes annuelles vous le fournira dès la première année, et à petit prix. Envisagez une solution à long terme en combinant les deux, une haie permanente d'arbres et d'arbustes et un écran temporaire de grandes annuelles jusqu'à ce que les végétaux permanents assument ce rôle.

Parce que plusieurs de ces plantes ont un port arbustif, elles peuvent remplacer arbustes et conifères dans les emplacements où leur culture est risquée, comme au point de chute d'un toit où des amas importants et subits de neige et de glace écrasent tout, près des sentiers nettoyés par une souffleuse où les cristaux de neige qu'elle propulse lacèrent leur écorce et enfin, dans les lieux où les embruns salins des routes endommagent les conifères. On peut même utiliser les grandes annuelles pour border temporairement une haie permanente à croissance lente.

Amarante

Canna

Cléome

Datura

Gaura

Hibiscus

Lavatère

Malope

Nicandre

Renouée orientale

Ricin

Tithonia

Tournesol

Verveine de Buenos Aires

Toujours fascinés en voyant la petite graine mise en terre produire une plante plus haute qu'eux en quelques semaines, les enfants aiment beaucoup les grandes annuelles qui sont indispensables dans un jardin d'enfant.

Cependant, la domestication a un effet pervers sur les plantes géantes. L'homme, en fait l'hybrideur, aime bien «améliorer» tout et quoi de mieux que de «domestiquer» des plantes géantes. Il miniaturise des annuelles qui, de véritables géantes qu'elles étaient, sont devenues de plus en plus petites dans la plate-bande. Efforcez-vous de vous procurer certaines de ces grandes annuelles pendant qu'elles sont encore disponibles, car l'engouement pour tout ce qui est nain et compact conduira sans doute à leur disparition.

Amarante
(*Amaranthus*)

Noms anglais: Amaranth, Prince's Feather

Hauteur: 60-240 cm.

Espacement: 15-60 cm.

Emplacement: Ensoleillé.

Sol: Bien drainé, plutôt pauvre.

Multiplication: Semis au printemps.

Disponibilité: Plants à repiquer, sachet de semences.

Floraison: Du début de l'été jusqu'au début de l'automne.

Utilisation: Plate-bande, plant isolé, arrière-plan, écran, haie temporaire, pré fleuri, fleur coupée, fleur séchée, plante comestible, attire les oiseaux.

Amaranthus caudatus

De port arbustif, ces grandes plantes peuvent parfois remplacer les arbustes dans un aménagement paysager. Leurs feuilles plus ou moins ovales se terminent en pointe et varient, du vert tendre, au bronze et jusqu'au rouge sombre selon l'espèce et le cultivar. Les épis floraux, pyramidaux ou pleureurs selon l'espèce, se composent de nombreuses et minuscules fleurs rouges, beiges, ou vertes.

Semez l'amarante à l'intérieur 6 à 8 semaines avant le dernier gel, de préférence dans des pots de tourbe car les racines n'aiment pas être dérangées. Recouvrez à peine de terreau et placez les pots dans un emplacement chaud à environ 21-24°C. Après la germination, abaissez la température à 15-18°C pour empêcher une croissance trop rapide. Les jeunes semis sont très faciles à cultiver et poussent rapidement. Cependant, si vous la cultivez sous des tubes fluorescents, limitez la durée d'éclairage à 12 heures par jour parce que, plante de jours longs, l'amarante peut fleurir prématurément, encore minuscule et beaucoup trop jeune, si on l'expose à des jours de 14, 16 ou 18 heures. Ne la repiquez au jardin que lorsque le sol est bien réchauffé et que tout danger de gel est écarté. On peut aussi semer l'amarante en place quand le sol est bien réchauffé. Généralement, elle repousse spontanément à partir de graines tombées l'année précédente.

Lors de l'achat d'amarantes en caissette, il faut trouver des plants *très jeunes* car une fois la floraison commencée, la plante accepte difficilement le repiquage et peut stagner tout le reste de l'été. Entre les plants maigrichons garnis d'à peine quelques épis floraux que sont les plants achetés à prix fort, et les magnifiques plants bien fournis offrant des dizaines d'épis colorés obtenus en semant soi-même, je choisis ces derniers. Par contre, si vous trouvez des plants en vert, non fleuris, vous pouvez les acheter sans crainte.

Toutes les amarantes décrites ici sont comestibles. Leurs jeunes feuilles tendres se servent cuites comme des épinards. En fin de saison, récoltez les épis chargés de grains, laissez-les sécher quelques jours, puis battez-les au-dessus d'une moustiquaire pour séparer les grains de la bale. Très riches en protéines, consommés cuits, éclatés ou germés, en Amérique les grains de maïs et d'amarante ont contribué à l'alimentation de base de plusieurs civilisations précolombiennes et amérindiennes. Fraîches ou séchées, toutes les amarantes font d'excellentes fleurs coupées.

Variétés recommandées:
En plus des amarantes cultivées pour leurs fleurs, les amarantes élevées pour leur feuillage sont décrites à la page 392.

❧ *Amaranthus caudatus* (amarante queue-de-renard; en anglais: Love-lies-bleeding, Tassel Flower, Chenille Plant): Grande plante à feuilles vert tendre et à tiges vertes ou rougeâtres dont l'extrémité se termine en épis pleureurs rouges ou verts, selon le cultivar. Les cultivars modernes «améliorés» n'ont que 90 à 120 cm de hauteur, mais on trouve encore des vieilles lignées atteignant près de 240 cm. Espacement: 45-60 cm.

❧ *A. cruentus* (amarante à grain; en anglais: Grain Amaranth, Red Amaranth, Prince's Feather): Toutes les amarantes produisent des grains comestibles, mais celle-ci est la plus utilisée en agriculture. Elle compte plusieurs lignées ornementales par leurs feuilles vertes, rouges, bicolores ou multicolores, mais aussi et surtout par leurs immenses épis dressés rouges, dorés ou verts. Hauteur: 120-200 cm. Espacement: 45 cm.

❧ *A. hypochondriacus*, anc. *A. hybridus erythrostachys* (amarante élégante; en anglais: Prince's Feather): Cette plante beaucoup plus basse que l'amarante à grain lui ressemble passablement, sauf pour ce qui est de ses épis plus dressés, nettement pyramidaux. Son feuillage et ses épis peuvent être rouges, pourpres ou verts. Dans l'ensemble, elle rappelle beaucoup une célosie à panache (page 288). Sa croissance est si rapide qu'il est inutile de la semer à l'intérieur, il suffit de lancer des graines en pleine terre pour qu'elles fleurissent en quelques semaines. Hauteur: 60-90 cm. Espacement: 15 à 20 cm.

Canna

Canna
(Canna)

Nom anglais: Canna

Hauteur: 60-180 cm.

Espacement: 45-90 cm.

Emplacement: Ensoleillé.

Sol: Bien drainé, humide, riche.

Multiplication: Semis à la fin de l'hiver.

Disponibilité: Rhizomes, plants à repiquer, sachet de semences.

Saison d'intérêt: Du début de l'été jusqu'à l'automne.

Utilisation: Plate-bande, en isolé, massif, bac, arrière-plan, écran, coin humide.

Photo: Norseco

Canna generalis

Le canna, une annuelle? On n'y songeait même pas il y a quelques années, mais avec l'arrivée de nouvelles variétés qui croissent plus rapidement à partir de semis, c'est maintenant possible. Par contre, j'espère que vous ne laisserez pas cette belle plante tropicale geler à l'automne et que vous la maintiendrez en dormance au cours de l'hiver pour égayer de nouveau votre plate-bande de l'an prochain!

Le canna est toujours une plante imposante, même les variétés naines ont au moins 60 cm de hauteur et de grandes feuilles. Comme le bananier dont il est un lointain parent, le canna produit des feuilles larges et lisses, vertes ou bronzées, qui sortent enroulées sur une pseudo-tige composée de pétioles imbriqués. Vers le milieu ou la fin de la saison, une véritable tige s'élève du centre et un épi terminal de grandes fleurs jaunes, orange, rouges, roses, saumon ou ivoire se déploie. La floraison peut parfois continuer tout le reste de l'été, mais la plante est attrayante avec ou sans fleurs. Les fleurs sont un peu comme la cerise sur le gâteau.

Vous pouvez acheter des rhizomes de canna au printemps ou des plants en pot déjà en croissance, mais il est très facile de cultiver cette grande plante à partir de semences. Comme leur germination est parfois irrégulière, faites tremper pendant 48 heures, dans un thermos contenant de l'eau tiède, les grosses graines rondes et si dures qu'il semblerait qu'elles ont déjà été utilisées comme balles de fusil! Vous pouvez aussi limer la graine pour l'entamer et laisser entrer l'humidité nécessaire à sa germination. Plantez chaque graine dans son propre pot de 10 cm, la recouvrant de 1 cm de terreau, puis placez le pot dans un sac en plastique dans un endroit chaud à une température de 21 à 24 °C. Ainsi traitées, les graines germeront en seulement 7 à 14 jours et non 270 à 365 jours sans trempage ni limage.

Repiquez les plants dans le jardin deux semaines après le dernier gel, quand le sol est bien réchauffé. Le plein soleil est de rigueur. Le canna pousse dans presque tous les sols, même détrempés.

À la fin de l'été, quand le gel a détruit le feuillage, déterrez le canna qui a alors formé de gros rhizomes épais. Coupez la pseudo-tige à 5 cm de la base, placez les rhizomes dans un sac ou boîte de tourbe ou de vermiculite et remisez-les dans un lieu frais et sec pour l'hiver, comme pour un tubercule de glaïeul. En mars, divisez les rhizomes au besoin, prenant soin de laisser au moins deux yeux à chaque morceau, empotez-les et recommencez les arrosages. Mettez-les dans un emplacement ensoleillé, les acclimatant à l'extérieur en mai. Votre canna est prêt pour un nouvel été au soleil!

Photo: Norseco

Variétés recommandées:

❧ *Canna generalis* (canna hybride): Pour des résultats assez rapides, choisissez l'un des cannas vendus comme «annuelles», donc des variétés basses à croissance particulièrement rapide. Au moment où j'écris ce livre, il n'y en a que deux, 'Tropical Rose' (rose saumon) et 'Tropical Red' (rouge). Les deux atteignent 60 à 75 cm de hauteur.

Canna generalis 'Tropical Rose'

Cléome

Cleome hasslerana

Cléome
(*Cleome*)

Noms anglais: Cleome, Spider Flower

Hauteur: 120-150 cm.

Espacement: 45-90 cm.

Emplacement: Ensoleillé ou légèrement ombragé.

Sol: Bien drainé, légèrement humide.

Multiplication: Semis au printemps.

Disponibilité: Plants à repiquer, sachet de semences.

Floraison: Du début de l'été jusqu'aux gels.

Utilisation: Plate-bande, massif, arrière-plan, pré fleuri, bac, fleur coupée.

Le cléome est une annuelle fort inhabituelle. Contrairement à la plupart des plantes produisant des fleurs multiples sur une tige unique, il ne forme pas d'épi dressé déterminé, dont tous les boutons appelés à s'ouvrir l'un après l'autre sont déjà présents et permettent de définir sa hauteur finale peu après la plantation. L'épi du cléome est indéterminé, c'est-à-dire qu'il s'allonge tout l'été, produisant continuellement de nouveaux boutons à son extrémité. Ainsi, si une plante commence à fleurir à environ 60 cm de hauteur et atteint 90 cm au milieu de la saison, elle grandira encore jusqu'à ce que les gels l'arrêtent.

Parfois, lorsque les premières gelées automnales sont tardives, elle peut atteindre près de 150 cm!

Le port du cléome est nettement dressé, ses tiges rigides se ramifient très peu. Il produit des feuilles vert foncé, palmées à cinq à sept folioles lancéolés qui se joignent au centre, suggérant vaguement des feuilles de cannabis. Ces grandes feuilles sont reliées à la tige par un long pétiole, mais de petites feuilles s'attachent aussi directement sur la tige. De près, elles dégagent une odeur musquée, jugée douce et agréable par certaines personnes, intolérable par d'autres. La tige étant épineuse et collante au toucher, il est heureux que la plante exige peu d'entretien car la manipuler est désagréable!

Par contre, on lui pardonne ses défauts en voyant ses belles fleurs, portées en verticilles au sommet de la plante. Si les quatre pétales donnent la couleur d'ensemble, ce sont les nombreuses étamines qui captent l'oeil. Minces et très allongées, elles créent une dentelle qui a valu à la plante le nom de «fleur-araignée». Quand les fleurs inférieures fanent, des capsules allongées sur de minces tiges aussi longues les remplacent, perpétuant l'effet «araignée» de la fleur.

Achetez des plants de cléome au printemps ou semez-les à l'intérieur, 8 à 10 semaines avant le dernier gel, sans les recouvrir. Insérez le bac de culture dans un sac de plastique scellé et gardez le tout au réfrigérateur pendant deux semaines avant de l'exposer à des températures de 21-24°C. Bien qu'il soit possible de semer en pleine terre puisque le cléome produit souvent des semis spontanés, les plants ainsi produits fleurissent tard. Mieux vaut acheter le cléome en caissette ou le semer à l'intérieur.

Plantez le cléome en pleine terre après le dernier gel, quand les températures nocturnes dépassent régulièrement 4°C. Il préfère un emplacement ensoleillé ou peu ombragé et un sol bien drainé. Une fois bien établi, le cléome tolère bien sécheresse et chaleur. Évitez cependant les endroits très venteux car un tuteur devient nécessaire.

Comme ce sont les feuilles du cléome qui dégagent une odeur désagréable et non les fleurs, il ne faut pas se gêner pour prélever des tiges comme fleur coupée.

Variétés recommandées:

Il y a quelque 200 espèces de cléome, mais seule la suivante est couramment cultivée comme annuelle ornementale.

❧ *Cleome hasslerana, syn. spinosa* (cléome épineux, fleur-araignée): Il s'agit de l'espèce décrite ci-dessus. Différents cultivars sont disponibles, aux fleurs blanches, roses, cerise ou pourpres.

Datura

Datura
(*Datura*)

Noms anglais: Datura, Angel's Trumpet, Thorn Apple.

Hauteur: 60-300 cm.

Espacement: 45-60 cm.

Emplacement: Ensoleillé.

Sol: Bien drainé, également humide.

Multiplication: Semis au printemps; boutures de tige à tout moment.

Disponibilité: Plants, sachet de semences.

Floraison: Du début à la fin de l'été; à tout moment de l'année si cultivé comme plante d'intérieur.

Utilisation: Plate-bande, en isolé, bac, arrière-plan, écran, haie temporaire, attire les papillons de nuit.

Datura inoxia inoxia

Le genre *Datura* comprend à la fois une espèce véritablement annuelle formant un buisson et des arbustes et arbres tropicaux cultivés comme annuelles sous notre climat. La plante produit des tiges épaisses et dressées, peu ou très ramifiées, et de larges feuilles ovales vert moyen ou bleutées, souvent munies de larges dents.

Personne n'achète le datura pour son feuillage. Les gens l'achètent plutôt pour ses énormes fleurs en forme de trompette de près de 20 cm de longueur, agréablement parfumées le soir. Autrefois on établissait une distinction entre *Datura* , aux fleurs dressées plus ou moins à l'horizontale et de croissance plutôt arbustive, et *Brugmansia*, aux fleurs retombantes et à croissance généralement arborescente. De nos jours, les deux genres ont été fusionnés, mais plusieurs horticulteurs continuent de parler de daturas et de brugmansies. À vous de décider si cela clarifie une nomenclature compliquée ou augmente la confusion.

Il y a trois catégories de culture chez les daturas et elles diffèrent considérablement selon leur adaptation à un climat dont la saison est courte. La stramoine (*Datura stramonia*), la seule espèce véritablement annuelle à croissance très rapide, peut être semée en pleine terre lors du dernier gel. Si on la sème à l'intérieur, on peut attendre et ne commencer que 4 à 6 semaines avant le dernier gel.

Les véritables daturas, les plantes aux fleurs dressées comme *D. metel* et *D. inoxia*, ont une croissance trop lente pour une floraison la première année si on les sème en pleine terre. Ils doivent donc être semés à l'intérieur bien avant la stramoine, environ 12 semaines avant le dernier gel. Ils fleuriront abondamment dès la première année, mais sont souvent vendus sous forme de plants et maintenus d'une année à l'autre par bouturage.

Enfin, les anciens *Brugmansia* sont très longs à cultiver à partir de semences et il vaut mieux les considérer comme des plantes tropicales placées au jardin pour l'été et multipliées uniquement par bouturage. Si on les sème, le faire l'été pour une floraison l'année suivante. Généralement, on les achète au printemps sous forme de plants.

Semez la stramoine en pleine terre à 3 mm de profondeur lors du dernier gel. Pour les semis intérieurs de tous les daturas, placer trois graines de datura par godet de tourbe, les recouvrir de 3 mm de terreau et les exposer à des températures de 18 à 21°C. Après la germination qui peux parfois exiger plus d'un mois, éliminez les deux pousses les plus faibles pour ne garder que la plus forte dans chaque godet. On peut aussi prélever des boutures de tige en tout temps à condition que la température dépasse 15°C. Il est aussi possible d'empoter et de rentrer des plants pour l'hiver, mais il faut alors les tailler sévèrement en réduisant toutes leurs branches au moins du tiers, sinon leur adaptation à la maison est pénible, les feuilles jaunissent et tombent à une vitesse folle!

Vous pouvez évidemment considérer tous les daturas comme plantes annuelles et les abandonner au froid. Jusqu'à un certain point, c'est le point de vue le plus logique, car ils sont très sujets aux aleurodes et aux pucerons et le contrôle de ces bestioles rentrées dans la maison par accident n'est pas aisé. Par contre, il s'agit de plantes souvent vendues à l'unité, donc dispendieuses. Si vous tenez à les conserver, suivez l'une ou l'autre des deux méthodes suivantes.

La première consiste à les maintenir en pleine croissance tout l'hiver. Cette méthode a l'avantage de convenir tant aux boutures prélevées qu'aux plantes déjà enracinées. Placez les plantes dans une pièce chauffée, sous un fort ensoleillement ou un éclairage artificiel et maintenez les arrosages, comme pour toute autre plante d'intérieur.

La deuxième méthode exige de les mettre en dormance pour l'hiver. Cependant, seules les plantes matures d'un an ou plus peuvent passer

Des géantes à croissance rapide

317

Datura inoxia inoxia

l'hiver de cette façon. Pour provoquer la dormance, cessez les arrosages lors de la rentrée, taillez les plantes sévèrement en ne laissant que les tiges principales, puis remisez vos plantes dans une pièce non éclairée, à peine chauffée et maintenue à une température de 5 à 10°C pour l'hiver. Vérifiez leur état de temps en temps et si les tiges semblent ratatiner, arrosez le terreau un tout petit peu. En février, ramenez les plantes à la température normale de la pièce et sous une lumière vive, puis recommencez les arrosages. Pour plus de renseignements sur cette technique, consultez un livre sur les plantes d'intérieur.

Il est souvent plus facile de cultiver les daturas que l'on veut conserver d'une année à l'autre dans des contenants. Il est alors plus facile de les rentrer à l'automne, n'ayant pas à les déterrer. Même si le plant est encore très petit, empotez-les dans un grand contenant au printemps car sa croissance à l'extérieur est fulgurante et il arrive à remplir le contenant avant la fin de la saison.

Enfin, il est important de savoir que toutes les parties de *tous* les daturas sont toxiques, surtout les semences. Ne les laissez jamais à la portée des enfants.

Variétés recommandées:

La confusion est presque totale chez les daturas pour ce qui est de déterminer à quel genre une plante appartient. Si toutefois vous tenez à les démêler un peu, voici quelques lignes directrices. Plusieurs daturas sont des hybrides complexes que personne n'arrive à classer taxonomiquement!

318

🌿 *Datura arborea*, anc. *B. arborea* (brugmansie en arbre, datura en arbre, stramoine en arbre): Petit arbre tropical généralement cultivé comme arbuste, aux trompettes blanches ou jaunes. Hauteur: 90-300 cm.

🌿 *D. x candida*, anc. *B. x candida* (brugmansie candide, datura candide, stramoine candide): Grand arbuste tropical aux trompettes retombantes blanches, parfois rose pâle, doubles, semi-doubles ou simples. Hauteur: 90-120 cm et davantage.

🌿 *D. inoxia*, anc. *D. meteloides* (datura duveteux, stramoine duveteuse): Arbuste à croissance rapide, fleurissant dans les trois mois suivant le semis. Feuillage gris vert. Trompettes dressées roses ou lavande. Hauteur: 90 cm.

🌿 *D. metel*, anc. *D. fastuosa* et *D. chlorantha* (datura metel, stramoine d'Égypte, datura fastueux): Arbuste à croissance rapide, fleurissant dans les trois mois suivant le semis. Trompettes dressées blanches, jaunes ou pourpres, simples ou semi-doubles. La plupart des daturas à fleurs dressées appartiennent à cette espèce. Hauteur: 90 cm.

🌿 *D. stramonium*, *D. tatula* (stramoine, ange de la mort): Seule espèce suffisamment rustique pour s'acclimater au Québec, on la trouve parfois près des anciens jardins car elle fut autrefois une plante ornementale très appréciée. Fleur dressées blanches, port arbustif, feuillage bleuté répandant une odeur désagréable lorsque froissé. Capsules de graines très épineuses. Elle se ressème spontanément, sans vraiment devenir une mauvaise herbe sous notre climat. Dans d'autres pays, on la considère cependant comme indésirable. La stramoine est strictement annuelle, elle ne se bouture pas. Hauteur: 60-150 cm.

🌿 *D. sanguinea*, anc. *B. sanguinea* (brugmansie sanguine, datura sanguin, stramoine sanguine): Arbuste tropical aux trompettes retombantes orange or rouge orangé. Hauteur: 120-180 cm.

🌿 *D. suaveolens*, anc. *B. suaveolens* (brugmansie odorante, datura odorant, stramoine odorante): Grand arbuste tropical aux trompettes blanches retombantes. Le plus parfumé des daturas. Hauteur: 150-300 cm.

Datura x candicans
'Grand Marinier'

Photo: Johnny's Selected Seeds

Gaura lindheimeri 'The Bride'

Gaura
(*Gaura*)

Noms anglais: Gaura

Hauteur: 90-150 cm.

Espacement: 30-45 cm.

Emplacement: Ensoleillé.

Sol: Bien drainé, voire même sec.

Multiplication: Semis au printemps.

Disponibilité: Plants par la poste, sachet de semences.

Floraison: Du milieu l'été jusqu'aux premiers gels.

Utilisation: Plate-bande, arrière-plan, fleur coupée.

Le gaura est l'une des grandes découvertes horticoles de la fin de ce millénaire, sortant en moins de dix ans de l'obscurité totale où elle vivotait comme mauvaise herbe dans le Texas, pour se classer au rang convoité de grande star en vogue dans les jardins américains. Bien connu de l'Ouest canadien jusqu'en Ontario, il tarde cependant à faire son entrée au Québec, sans doute à cause d'un manque de rusticité appréhendé. C'est une opinion valable uniquement si on le cultive comme vivace. Cependant, si on l'utilise comme une annuelle, on peut en profiter autant que les Américains ou les Ontariens. D'ailleurs, dans le nord-est des États-Unis, où sa rusticité n'est pas meilleure qu'au Québec, on le vend en caissette comme plante annuelle. Pourquoi pas ici?

Le gaura a un port très diffus, presque aérien, ajoutant une note de douceur et allégeant les plates-bandes très denses. Le plant en soi est plutôt insignifiant, quelques tiges partant du sol, quelques feuilles étroites, rien d'excitant qui nous incite à mettre la plante en évidence, il n'y a strictement rien à voir. Par contre, ses tiges s'allongent tout l'été, portant sur toute leur surface de petites fleurs blanches qui rosissent en vieillissant. Même si chacune est très mince et ne porte que deux ou trois fleurs à la fois, les tiges poussent en grand nombre et bougent doucement au vent, donnant l'impression d'une nuée de petits papillons blanc rosé. L'effet est tout à fait charmant, je vous l'assure!

Malgré une hauteur impressionnante, le gaura trouve sa place au deuxième plan de la plate-bande où il rompt avec l'ordre établi, plantes basses en avant, moyennes au milieu et hautes en arrière, en brisant cette monotonie. On peut se permettre cette fantaisie car la plante est si diffuse qu'elle ne cache pas vraiment les autres plantes, elle en atténue plutôt l'effet en donnant l'impression de les admirer à travers un voilage.

On peut cultiver le gaura à partir de plants achetés. Cependant, à ma connaissance, aucune pépinière au Québec ne le vend à l'heure actuelle. On peut toutefois facilement en commander par la poste en Ontario ou en Colombie-Britannique. Une fois les frais de livraison répartis sur plusieurs plants, il revient à quelques dollars le plant. Il est moins cher et fleurit tout autant que les Surfinias qui n'offrent qu'une seule saison de floraison et que l'on accepte pourtant d'acheter.

On peut le cultiver à partir de semences qui, à défaut d'être disponibles dans les pépinières, le sont dans plusieurs catalogues de semences. Semez les graines à l'intérieur 8 à 10 semaines avant le dernier gel, les recouvrant à peine de terreau. À la température de la pièce, elles mettront de 14 à 30 jours pour germer. Repiquez les plants au jardin quand le danger de gel est écarté. Le gaura préfère les emplacement chauds et secs ou, du moins très bien drainé. Il réussira donc mieux dans les sols sablonneux, les plans surélevés et les contenants. Le plein soleil est de rigueur. Le gaura se ressème abondamment, mais la saison étant trop courte, les plants ainsi obtenus n'ont pas le temps de fleurir au Québec.

Considérant son port très diffus, pour un meilleur effet plantez ensemble cinq gauras ou plus espacés de 20-30 cm, de façon à ce qu'ils se fusionnent et marquent leur présence.

Enfin, le gaura fait un excellente fleur coupée.

Variétés recommandées:

🌢 *Gaura lindheimeri* (gaura de Lindheimer): C'est l'espèce qui crée tant d'émoi aux États-Unis et à l'ouest du Québec, la seule d'ailleurs qui est couramment cultivée. En sachet de semences, seule l'espèce aux feuilles vertes et fleurs blanches devenant roses est disponible. En achetant des plants, vous avez la possibilité d'essayer différents cultivars, certains à feuillage panaché, certains à fleurs rose pur et d'autres de taille plus compacte.

Hibiscus moscheutos

Hibiscus
(*Hibiscus*)

Noms anglais: Perennial Hibiscus, Rose Mallow

Hauteur: 60-180 cm.

Espacement: 60-90 cm.

Emplacement: Ensoleillé.

Sol: Riche, humide, bien drainé.

Multiplication: Semis au printemps, boutures de tiges à l'été, division.

Disponibilité: Plants à repiquer, sachet de semences.

Saison d'intérêt: Du milieu de l'été jusqu'à l'automne.

Utilisation: Plate-bande, en isolé, arrière-plan, écran, haie temporaire, coin humide.

Quelle déception si vous cultivez cette variété d'hibiscus! Sous notre climat, il sort de terre en juillet seulement, et ne commence à fleurir que lorsque le gel le fauche. Sa fleur est magnifique, en forme d'assiette de près de 30 cm de diamètre, mais comparativement aux résultats obtenus dans des régions plus chaudes, où l'hibiscus fleurit *tout l'été*, vous aurez envie de pleurer... à moins d'oublier que l'hibiscus est une vivace et que vous le cultivez alors comme une annuelle.

En effet, en le partant tôt à l'intérieur, vous pouvez avoir un hibiscus aussi florifère que ceux du Sud, de juillet jusqu'aux gels. Chaque plante produit des centaines de fleurs sur un plant arbustif aux tiges semi-ligneuses et aux grandes feuilles cordiformes vert pâle. Ses fleurs sont roses, rouges ou blanches et souvent à oeil contrastant. Quel spectacle!

Commencez tôt, environ 14 à 16 semaines avant le dernier gel. Faites tremper les grosses graines dures dans un thermos contenant de l'eau tiède pendant 24 heures, puis semez-les, sans les couvrir, dans des godets de tourbe car l'hibiscus n'apprécie pas que ses racines soient dérangées. Transplantez au jardin quand tout danger de gel est écarté et il sera bientôt en pleine floraison!

Variétés recommandées:

❧ *Hibiscus moscheutos* (hibiscus vivace): Pour les besoins de notre climat, recherchez l'un des cultivars nains de 60 à 75 cm de hauteur, car ils sont à floraison plus hâtive que les géants de près de 180 cm.

❧ *H. acetosella* (hibiscus rouge): Cet hibiscus, parfois vendu sous le nom erroné de *H. sabdariffa,* est une autre plante, cultivée uniquement pour son beau feuillage, ses fleurs rouges ou jaunes à oeil sombre étant penchées, peu visibles, et assez rares. Mais ses feuilles lisses, brillantes, rouge pourpré sombre, en forme de feuilles d'érable, sont magnifiques et méritent une plus

grande popularité. Bien que facile à cultiver à partir de graines semées à l'intérieur 6 à 8 semaines avant le dernier gel, il ne semble plus disponible sous cette forme. Fort heureusement, on le vend sous forme de bouture enracinée. Pincez-le souvent pour obtenir un port plus dense, et n'oubliez pas de rentrer un plant ou une bouture pour l'hiver!

Hibiscus moscheutos

323

Lavatère

Lavatère
(*Lavatera*)

Noms anglais: Tree Mallow, Annual Mallow, Rose Mallow

Hauteur: 60-150 cm.

Espacement: 45-60 cm.

Emplacement: Ensoleillé.

Sol: Bien drainé et plutôt pauvre.

Multiplication: Semis au printemps ou à l'automne.

Disponibilité: Plants à repiquer, sachet de semences.

Floraison: Du début de l'été jusqu'à l'automne.

Utilisation: Plate-bande, en isolé, massif, arrière-plan, écran, haie temporaire, pré fleuri, naturalisation, fleur coupée.

Lavatera trimestris 'Beauty Salmon'

Il est difficile de distinguer la lavatère annuelle de la mauve musquée (*Malva moschata*). Bien sûr l'une est annuelle et l'autre une populaire vivace, (voir *Le jardinier paresseux: Les vivaces* pour de plus amples détails sur ce dernier). Les deux plantes sont étroitement apparentées et se ressemblent comme deux gouttes d'eau par leurs nombreux rameaux verts assez ligneux, leurs feuilles lobées et duveteuses en forme de feuille d'érable, leurs fleurs en entonnoir évasé, roses ou blanches, etc. Ce qui les distingue, c'est d'abord et avant tout que la lavatère a des feuilles entières et légèrement lobées alors que celles de la mauve musquée sont très découpées. Enfin, la lavatère est généralement plus haute que la mauve musquée qui ne dépasse guère 60 cm.

Vous pouvez vous procurer des plants de lavatère en pépinière au printemps, mais il est préférable de les acheter dans des caissettes à alvéoles car la lavatère tolère très mal le repiquage. Toutefois, la cultiver à partir de semences est un jeu d'enfant. Si vous disposez d'un peu de temps, la semer vous-même est préférable. Faites-le 6 à 8 semaines avant le dernier gel, dans des godets de tourbe, recouvrant à peine les graines. Vous pouvez également semer la lavatère à l'extérieur, de préférence à l'automne, mais aussi tôt au printemps, dès que le sol peut être travaillé. Cependant, sa floraison sera alors tardive, vers la mi-été. La lavatère se ressème spontanément quand les conditions lui plaisent.

La lavatère croît bien en plein soleil dans les sols pauvres ou ordinaires. Dans les sols trop riches, ses plants sont plus hauts, plus fournis et plus verts, mais peu florifères. Dans les régions plus chaudes, elle dépérit un peu et se fatigue vers la fin de l'été; rabattez-la alors de moitié, elle repoussera rapidement et il n'est pas rare qu'après ce traitement elle continue à fleurir bien au delà des premières gelées.

La lavatère annuelle qui a un port réellement arbustif peut facilement remplacer un arbuste dans un aménagement et pour cette raison, constituer une excellente haie temporaire.

Bien que chaque fleur ne dure que quelques jours, une tige pleine de boutons fait une excellente fleur coupée, les fleurs se succédant pendant une dizaine de jours.   •

Variétés recommandées:
Il y a plusieurs lavatères vivaces, mais, parmi les espèces couramment cultivées, seule la suivante est une véritable annuelle.

🌱 *Lavatera trimestris* (lavatère à grandes fleurs): C'est l'espèce décrite ci-dessus, aux grandes fleurs satinées atteignant 10 cm de diamètre. On l'offre dans une gamme de plus en plus vaste de teintes blanches et rosées. Par hybridation et sélection, la plante devient de plus en plus compacte et arrondie, plusieurs cultivars ne dépassant guère 60 cm de hauteur alors qu'à l'origine, elle atteignait jusqu'à 150 cm. Il faudra peut-être un jour retirer la lavatère de la liste des géantes à croissance rapide, car elle rapetisse rapidement! Saviez-vous que *trimestris* signifie trois mois? Ce nom est une référence à la durée de sa floraison.

🌱 *Malva sylvestris* (mauve sylvestre, grande mauve; en anglais: Hollyhock Mallow, Tree Mallow): Cette plante très proche des lavatères est, souvent vendue à tort comme vivace ou bisannuelle au Québec où elle survit rarement à l'hiver. Comme elle fleurit abondamment l'année même du semis, je vous suggère de la traiter comme annuelle. À l'origine, la fleur était rose à oeil plus sombre. Tous les cultivars présentement vendus ont des fleurs bicolores, généralement à cause d'un oeil ou de nervures foncées sur fond plus pâle. C'est le cas de 'Bibor Felho', rose pourpré aux nervures sombres, 'Brave Heart', rose pâle marqué de violet et 'Zebrina' (anc. *Alcea zebrina* et *Malva zebrina*), blanc à rose très pâle avec nervures et coeur rouge pourpré. La mauve sylvestre est physiquement très semblable à la lavatère, mais son port est plus étroit et son feuillage plus découpé. Sa culture est identique. Hauteur: 90-150 cm.

Malope

Malope trifida 'Vulcan'

Malope
(*Malope*)

Noms anglais: Malope

Hauteur: 90 cm.

Espacement: 30 cm.

Emplacement: Ensoleillé ou légèrement ombragé.

Sol: Bien drainé, léger, et plutôt pauvre.

Multiplication: Semis au printemps ou à l'automne.

Disponibilité: Sachet de semences.

Floraison: Du début de l'été jusqu'aux premiers gels d'automne.

Utilisation: Plate-bande, arrière-plan, écran, haie temporaire, pré fleuri, naturalisation, fleur coupée.

En regardant les photos de la malope, de la lavatère et de la mauve, sans doute voyez-vous une ressemblance entre ces fleurs. C'est bien normal, ce sont de proches parentes.

La malope fait partie des belles d'autrefois, ces plantes que nos aïeuls connaissaient bien mais que nous avons quasiment oubliées. Sa dernière grande popularité remonte à l'époque où chacun semait ses propres annuelles en pleine terre, lorsque l'achat de plants en caissette était réservé aux gens aisés. Parce que semée en caissette, la malope pousse en orgueil, prend une allure chétive difficile à vendre, et qu'en plus elle tolère difficilement le repiquage, elle est devenue rare, maintenant connue surtout par les amateurs de jardins à l'ancienne et les jardiniers avant-gardistes. Échappée de culture autour des vieux jardins des anciens presbytères et des couvents, elle a été récupérée et vole maintenant la vedette en Europe où elle fait fureur. Il appartient maintenant aux jardiniers nord-américains de la redécouvrir!

Comme la lavatère, la malope est une plante à port arbustif et aux tiges presque ligneuse, mais dont la croissance est plus pyramidale qu'arrondie. Ses feuilles cordiformes vert foncé et dentées rappellent celles de l'érable de maison (*Abutilon*), un autre proche parent. Les fleurs plates aux pétales soyeux ont de 5 à 7 cm de diamètre. Leurs pétales roses, pourpres ou blancs, souvent marqués de lignes plus foncées, se rétrécissent à la base, pour former un coeur qui laisse voir le calice vert de la fleur, ce coeur que Claude Monet comparait à une rosace de cathédrale. Le peintre affectionnait cette plante et la plantait en abondance dans son jardin de Giverny.

La malope est totalement absente dans les pépinières, il vous faudra la semer. La méthode la plus facile et la plus traditionnelle consiste à la semer en pleine terre en recouvrant à peine les graines, à l'automne ou tôt au printemps alors que le sol est encore froid. La plante ne fleurira alors qu'en août, mais prendra la relève de nombreuses annuelles fatiguées à cette date. Ou encore, semez-la à l'intérieur dans des godets de tourbe, 6 à 8 semaines avant le dernier gel. Enfermez les godets dans un sac de plastique et placez-les au réfrigérateur pendant trois semaines afin de donner aux graines la période de stratification au froid qui leur est indispensable. Par la suite, les graines germeront facilement à la température de la pièce. Repiquez les plants au jardin quand tout danger de gel est disparu. Les jeunes plants poussent lentement au début, mais leur croissance s'intensifie à l'arrivée des températures chaudes qui les feront s'épanouir pleinement.

Plantez la malope dans un emplacement ensoleillé ou peu ombragé, dans un sol ordinaire ou pauvre, les sols riches donnent des plants géants et verdoyants, mais presque sans fleurs. Parfois la malope exige un tuteur, mais à un espacement de 30 cm, les branches des différents plants s'entremêleront et s'appuieront les uns sur les autres.

Comme toutes les «mauves», la malope fait une excellente fleur coupée. Prélevez une tige complète portant une ou deux fleurs ouvertes et de nombreux boutons pour la garder une dizaine de jours.

On peut aussi cultiver la malope à l'intérieur, de préférence dans une pièce fraîche ou une serre. N'essayez cependant pas de déterrer une plante du jardin car elle ne résistera pas à la transplantation, la malope n'aimant pas être repiquée. À la place, semez des graines en pot spécialement pour cette fin.

Variétés recommandées:

Malope trifida (malope à trois lobes): C'est l'espèce la plus courante et celle décrite ci-dessus. Depuis quelques années, de nouveaux cultivars européens aux couleurs plus intenses commencent à remplacer les malopes de couleur pâle, les seules disponibles auparavant.

Des géantes à croissance rapide

327

Nicandre

Nicandre
(*Nicandra*)

Noms anglais: Apple-of-Peru, Shoofly Plant

Hauteur: 90-250 cm.

Espacement: 45-120 cm.

Emplacement: Ensoleillé ou partiellement ombragé.

Sol: Bien drainé, riche.

Multiplication: Semis au printemps.

Disponibilité: Sachet de semences.

Floraison: Du début de l'été jusqu'au début de l'automne.

Utilisation: Plate-bande, plant isolé, arrière-plan, écran, haie temporaire, fleur séchée, insectifuge.

Nicandra physaloides

La mode étant aux petites annuelles basses, on découvre sans surprise que les annuelles géantes sont des plantes d'antan. Comme d'autres plantes décrites dans ce chapitre, la nicandre est une de ces belles d'autrefois que l'on commence à redécouvrir.

Pour être géante, la nicandre l'est, véritable monstre s'étendant tant à la verticale qu'à l'horizontale. Donnez-lui de l'espace, il lui en faut! En retour, elle vous témoigne sa gratitude en devenant un gros «arbuste» annuel aux ramifications multiples, avec d'énormes feuilles ovales grossièrement dentées mesurant 30 cm de longueur, et vous offre ses fleurs en forme de coupe profonde, solitaires et portées sur des tiges recourbées, généralement bleu violet à gorge blanche, parfois pourpres et blanches chez certaines lignées, entièrement blanches chez d'autres.

Le parfum musqué des fleurs serait insectifuge, éloignant les mouches et aleurodes du jardin, du moins selon la croyance populaire et le nom anglais «Shoofly Plant», plante chasse-mouches. Ma mère me racontait que son grand-père, fleuriste, cultivait la nicandre dans ses serres pour éloigner les insectes indésirables. Tout récemment, j'ai pu constater de visu qu'elle est toujours cultivée pour éloigner les mouches blanches (aleurodes) dans des serres en Californie.

Après la floraison, apparaît un gros fruit vert entouré d'un calice jaune papyracé, ensemble qui rappelle le coqueret, aussi appelé amour en cage ou lanterne chinoise (*Physalis*), d'où le nom de faux-coqueret aussi donné à la nicandre. On peut aussi prélever et faire sécher le calice pour les arrangements de fleurs séchées, comme on le fait avec le vrai coqueret, mais contrairement à lui, la nicandre n'est pas envahissante sous notre climat. Elle se ressème un peu, mais les plants spontanés n'ont pas le temps de produire des graines et l'invasion s'arrête là. Dans d'autres parties du monde, et notamment au sud des États-Unis, la nicandre est une mauvaise herbe redoutable.

Si la nicandre est disponible en caissette au Québec, je dois avouer ne l'avoir jamais trouvée. Il faut donc la semer soi-même, à l'intérieur car les semis en pleine terre n'ont pas le temps de mûrir sous notre climat. Faites l'ensemencement 6 à 8 semaines avant le dernier gel, recouvrant à peine les graines d'un peu de terreau. La germination a lieu en 15 à 20 jours à la température de la pièce.

Pour permettre à la nicandre d'atteindre sa pleine taille, laissez 120 cm entre les plants. Si une annuelle de 250 cm est une plante trop imposante dans votre jardin, tassez-la davantage. Avec un espacement de 45 à 90 cm, vous obtiendrez des mini-nicandres d'au plus 90 à 120 cm de diamètre. La cultiver en pot réduit encore sa taille, elle n'atteint que 60 cm dans un pot de 20 cm, et fait d'ailleurs une excellente plante d'intérieur.

Variétés recommandées:

Nicandra physaloides (nicandre faux-coqueret, faux-coqueret): L'espèce décrite précédemment est la seule de son genre. En plus des formes à feuillage vert, on trouve parfois des cultivars à feuilles panachées de jaune.

Renouée orientale
(*Persicaria orientale*)

Noms anglais: Prince's Feather, Kiss-me-over-the-garden-gate

Hauteur: 120-250 cm.

Espacement: 60-90 cm.

Emplacement: Ensoleillé ou légèrement ombragé.

Sol: Bien drainé, humide.

Multiplication: Semis au printemps.

Disponibilité: Sachet de semences.

Floraison: Du milieu à la fin de l'été.

Utilisation: Plate-bande, arrière-plan, écran, haie temporaire, pré fleuri, naturalisation, fleur coupée.

Polygonum orientale

Une autre plante qui redevient populaire. Le catalogue Thompson & Morgen 1999 ose même la présenter comme «nouveauté» alors qu'elle apparaît dans leur catalogue depuis plus d'un siècle. Puisque «everything old is new again», comme disent les Anglais, la renouée orientale que votre arrière-grand-mère et grand-mère chérissaient sans doute, et que l'on retrouve encore échappée de culture autour d'anciens jardins du Québec, revient donc à la mode.

Très grande plante aux tiges poilues vertes ou rougeâtres et aux larges feuilles vertes plus ou moins cordiformes, comme toutes les renouées, ses tiges sont nettement enflées au point de jonction des feuilles, ces enflures ou noeuds lui ayant valu le nom de «renouée». Toutefois, son charme ne lui est donné ni par sa grande taille ni par ses feuilles, mais par ses longs épis pleureurs composés de minuscules fleurs roses à rouges. Si elle vous rappelle l'amarante queue-de-renard, il faut reconnaître qu'elle lui ressemble, la renouée orientale conserve une apparence plus délicate, malgré une constitution de fer. Ses épis rouges retombant de si haut ont sûrement inspiré le nom le plus merveilleux qui soit pour une annuelle, «Kiss-me-over-the-garden-gate», soit «embrasse-moi-par-dessus-la-clôture-du-jardin». Il est aisé d'imaginer ses fleurs se penchant par-dessus une clôture pour rejoindre l'amoureux plein d'ardeur de l'autre côté.

Comme nos aïeuls, nous pouvons semer la renouée en pleine terre, deux semaines avant le dernier gel, ou encore à l'intérieur, 4 à 6 semaines plus tôt, recouvrant à peine de terreau. La germination est rapide à la température de la pièce. Repiquez les plants en pleine terre dans un sol réchauffé quand tout danger de gel est passé. La renouée orientale repoussera spontanément à partir de graines produites l'année précédente, mais sans vraiment devenir envahissante. Si jamais un semis s'aventure dans un lieu interdit, il est facile de s'en débarrasser en le tirant simplement hors du sol.

Bien que vivace dans les régions relativement chaudes, cette renouée se comporte comme une annuelle sous notre climat.

La renouée orientale fait une fleur coupée très jolie, élégante et durable.

Variétés recommandées:

Persicaria, anciennement *Polygonum*, est un genre comportant plusieurs plantes vivaces ornementales et aussi plusieurs mauvaises herbes annuelles. En effet, quel jardinier ne reconnaît pas la renouée persicaire avec ses épis floraux roses et ses feuilles marquées d'un chevron rouge! Seules les deux espèces suivantes sont cultivées comme annuelles ornementales.

🍂 *Persicaria orientale* , mieux connue sous le nom *Polygonum orientale* (renouée orientale, bâton de Saint-Joseph, monte-au-ciel): Il s'agit de la plante géante décrite ci-dessus.

🍂 *Persicaria capitatum*, anc. *Polygonum capitatum* (renouée tapissante, tapis magique): Quel contraste avec la plante précédente! Loin d'être une géante, la renouée tapissante est un petit couvre-sol que l'on sème à l'intérieur ou en pleine terre, comme la renouée orientale, pour obtenir un véritable tapis de belles petites feuilles vertes marquées d'un chevron rouge et de petites inflorescences globulaires composées de minuscules fleurs roses. Elle est aussi excellente pour les pentes, les rocailles et les paniers suspendus. Elle se ressème abondamment, assez pour laisser croire qu'elle est vivace, car elle repousse tous les ans à peu près aux mêmes emplacements. Hauteur: 10-15 cm. Espacement: 15 cm.

Ricin
(Ricinus communis)

Noms anglais: Castor Bean, Castor Oil Plant

Hauteur: 90-300 cm.

Espacement: 60-90 cm.

Emplacement: Ensoleillé.

Sol: Bien drainé, fertile, riche en matière organique.

Multiplication: Semis au printemps.

Disponibilité: Plants à repiquer, sachet de semences.

Floraison: Du début à la fin de l'été.

Utilisation: Plate-bande, plant isolé, bac, arrière-plan, écran, haie temporaire.

Ricinus communis 'Zanzibarensis'

Si vous désirez donner une allure tropicale à votre jardin sans importer des cocotiers, rien ne vous comblera autant que le ricin! À partir d'une seule graine, vous obtenez en peu de temps une plante gigantesque dont les énormes feuilles palmées, en forme d'étoile, semblent venir tout droit de la jungle africaine. Ses feuilles peuvent être vertes ou rouges, selon le cultivar, et la tige, elle aussi souvent colorée, est grosse et épaisse comme une véritable tronc. Par contre, les fleurs qui forment plus ou moins un amas brun roux sont plutôt insignifiantes, bien que certains cultivars, comme 'Carmencita Pink', ont des fleurs roses qui se détachent davantage du feuillage. Si les fleurs sont peu impressionnantes, les capsules de graines sont en revanche attrayantes ou intéressantes. Fortement épineuses et regroupées en bouquets, elles sont rouges, vertes, jaunes ou roses, selon le cultivar.

Ce dur à cuire, ce gros monstre d'apparence si solide s'effondre littéralement dès le premier gel automnal! En bonne plante tropicale, il ne tolère aucune gelée.

On peut acheter des plants de ricin au printemps, à des prix très élevés car on les vend individuellement et non en caissette. Comme les plants semblent avancés, le prix semble raisonnable. Cependant, comme le ricin pousse très rapidement, les plants sont à peine vieux de quelques semaines au moment de la vente. Vous réussirez aussi bien, sinon mieux à la maison, au dixième du prix demandé, car le ricin est très facile à cultiver à partir de semis.

Pour une germination plus rapide, faites tremper les grosses graines marbrées pendant 24 heures dans l'eau tiède, dans un thermos si possible, avant de semer. Les jardiniers méticuleux préfèrent les limer une à la fois pour se sentir utiles, mais le trempage est tout aussi efficace et moins fatiguant. Ensuite, placez les graines individuellement dans des godets de tourbe de 10 cm, les recouvrant de 6 mm de terreau. La germination exige 2 ou 3 semaines mais la croissance est très rapide par la suite. Repiquez les plants en pleine terre dans un emplacement chaud quand il n'y plus de danger de gel. Si le printemps est frais, retardez la transplantation. On peut aussi les cultiver en bacs mais uniquement de grande taille, car les plants seront rabougris dans des contenants trop petits puisque leur croissance s'arrête lorsque les racines ont envahi tout l'espace.

Planter des ricins demande une certaine réflexion. Toute la plante est très toxique, surtout les graines qui, pour les enfants, ressemblent à des bonbons car elles sont joliment colorées. Ne les laissez *jamais* à leur portée. Fort heureusement pour nous, sous notre climat les capsules de graines n'ont généralement pas le temps de mûrir et de produire leurs graines, réduisant ainsi ce risque en fin de saison. Cependant, si vous constatez que les capsules commencent à brunir, signe qu'elles libéreront bientôt leurs graines mûres, coupez les capsules et détruisez-les.

Certaines personnes sont allergiques au ricin et ont des réactions cutanées simplement en touchant le feuillage ou les capsules. Si vous avez ce genre de problème, portez toujours des gants quand vous travaillez le ricin.

Au cas où vous vous poseriez la question, l'huile de ricin qui déplaisait tellement aux enfants autrefois provient bel et bien des graines de cette plante, mais sans les propriétés toxiques dangereuses quand une partie quelconque du ricin est ingérée.

Enfin, uniquement pour votre édification, *Ricinus* est un mot latin qui signifie tique, les graines dodues de ricin ressemblant aux corps arrondis des tiques gonflées de sang.

Variétés recommandées:

❧ *Ricinus communis* (ricin): C'est la seule espèce de *Ricinus*, mais il existe un assez grand nombre de cultivars qui diffèrent les uns des autres par leur taille, leur coloration, etc.

Tithonia

Tithonia rotundifolia

Tithonia
(Soleil de Californie)

Noms anglais: Mexican Sunflower.

Hauteur: 120-200 cm.

Espacement: 60-75 cm.

Emplacement: Ensoleillé.

Sol: Bien drainé, voire même sec.

Multiplication: Semis au printemps.

Disponibilité: Plants à repiquer, sachet de semences.

Floraison: Du début de l'été jusqu'au début de l'automne.

Utilisation: Plate-bande, en isolé, arrière-plan, écran, haie temporaire, fleur coupée, attire les papillons, les abeilles et les colibris.

Pour égayer nos jardins, le soleil de Californie peut facilement rivaliser avec le tournesol, notre «soleil». Grande plante de port quasiment arborescent et recouverte de grandes feuilles ovales, grossièrement lobées ou dentées, veloutées et vert foncé, on a l'impression qu'elles ont été spécialement conçues pour dramatiser l'aspect visuel des grandes inflorescences orange, tellement feuilles et fleurs font bon ménage. Les inflorescences de près de 8 cm sont typiques de toutes les marguerites, oeil composé de nombreux fleurons fertiles jaunes, entouré de fleurs stériles aplaties, appelées rayons, servant d'appui aux insectes, ou si on veut être fantaisiste, de salon de thé où ils se reposent tranquillement en sirotant du nectar.

Rarement offert en caissette, le soleil de Californie exige que vous le semiez. Compte tenu de nos étés courts, il vaut mieux le faire à l'intérieur, 6 à 8 semaines avant le dernier gel, sans recouvrir les graines. La germination est rapide, de 5 à 15 jours à la température de la pièce. Ne repiquez les plants au jardin qu'une fois tout danger de gel écarté et lorsque les températures se sont réchauffées.

Le nom que les Anglais lui donnent nous amène à penser au Mexique. Vous savez alors qu'il lui faut un emplacement chaud, ensoleillé et un sol parfaitement drainé. Une fois remis du repiquage, le soleil de Californie tolère les pires canicules et sécheresses. Votre municipalité défend l'arrosage? D'autres plantes en souffriront, mais pas le soleil de Californie! Évitez cependant de le planter dans un emplacement trop venteux car ses tiges creuses cassent facilement, et en bon jardinier paresseux, vous éviterez le dur labeur du tuteurage!

Les experts recommandent de supprimer les fleurs séchées du soleil de Californie pour stimuler une floraison maximale. Comme jardinier paresseux, je juge les capsules de graines en forme d'artichaut suffisamment intéressantes pour remettre tout effort de nettoyage aux calendes grecques. De toute façon, même en ne le faisant pas, la plante fleurit jusqu'à la fin de l'été.

Le soleil de Californie fait une excellente fleur coupée, à condition de plonger le bout sectionné de tige dans l'eau bouillante pendant quelques secondes avant de la mettre en vase, sinon la fleur ne dure pas.

Variétés recommandées:

❧ *Tithonia rotundifolia*, anc. *T. speciosa* et *T. tagetiflora* (soleil de Californie , soleil de Mexique, tithonie, soleil à fleurs de tagète): Seule cette espèce, une vivace subtropicale, se cultive comme annuelle ornementale. On trouve parfois des cultivars qui se distinguent de l'espèce surtout par leur coloration jaune abricot à rouge orangé et par leur taille. En effet, les soleils de Californie de 2 m de hauteur sont presque chose du passé, les plants offerts aujourd'hui atteignant rarement plus de 120 à 180 cm de hauteur.

Tithonia rotundifolia

335

Helianthus annuus

Tournesol
(*Helianthus*)

Noms anglais: Sunflower, Common Sunflower

Hauteur: 60-300 cm.

Espacement: 40-50 cm pour les variétés basses; 60-75 cm pour les variétés hautes.

Emplacement: Ensoleillé ou très légèrement ombragé.

Sol: Bien drainé.

Multiplication: Semis au printemps.

Disponibilité: Plants à repiquer (à l'occasion), sachet de semences.

Floraison: Du milieu de l'été jusqu'aux gels.

Utilisation: Plate-bande, bac, arrière-plan, écran, haie temporaire, naturalisation, fleur coupée, fleur séchée, graines comestibles, attire les oiseaux.

Le tournesol ne doit pas son nom à la forme de sa fleur, mais bien à sa tendance à suivre le soleil. Le matin, le tournesol fait face à l'est, il suit le soleil en le regardant bien en face toute la journée pour se retrouver, en fin d'après-midi, tourné vers l'ouest. Ne plantez pas de tournesols si votre jardin est exposé au nord, les fleurs vous tourneraient toujours le dos! Même le nom botanique lie le tournesol au soleil, *helios* veut dire soleil, *anthos* fleur. Cette plante nord-américaine cultivée par les Amérindiens fut remarquée par Jacques Cartier lors d'une visite à Stadacona. À l'époque, on faisait de la farine en broyant ses graines, et on le fait toujours. On trouve des champs de tournesol dans l'Ouest canadien et en Europe mais de nos jours, les graines servent surtout à produire de l'huile en plus de nourrir le bétail et les oiseaux... et l'homme aime encore grignoter ses graines crues ou rôties.

Si pour vous, le tournesol est une plante strictement rectiligne, soldat au garde-à-vous de 3 m ou plus, avec une unique inflorescence penchée jaune et énorme, c'est que le seul tournesol que vous connaissez est le tournesol agricole, conçu pour une production maximale de graines dans un minimum d'espace. On peut toujours le faire pousser. Le cultivar 'Mammoth', appelé aussi 'Mammoth Russian' ou 'Giant Mammoth', demeure toujours populaire dans les foires agricoles et les jardins d'enfant, quand vient le temps de concourir pour le tournesol le plus haut ou la fleur la plus grosse. Les variétés ornementales quant à elles, sont généralement plus basses, entre 120 et 150 cm, chaque plante produisant plusieurs fleurs, de couleurs variées, telles le jaune bien entendu, le blanc, l'orange, le rouge, l'acajou, le pourpre et certaines sont même bicolores. Il y aussi des tournesols à fleurs doubles dont le centre est couvert de rayons. On trouve aussi des variétés naines ne dépassant pas 60 cm qui conviennent aux bordures et à la culture en contenant.

Le tournesol est spécialement facile à cultiver. Comme les jeunes semis tolèrent le gel, semez-le en pleine terre deux à trois semaines avant la dernière gelée printanière, recouvrant les graines de 6 mm de terre, et c'est fait. Il ne vous reste qu'à éclaircir, la plante s'occupe du reste! Dans les régions aux étés très courts, on peut aussi le semer dans des godets de tourbe, mais seulement 2 à 3 semaines avant le dernier gel car les semis commencés hâtivement montent trop et sont dégarnis. Vous pouvez acheter des tournesols en pot, mais c'est du gaspillage, un peu comme habiter Mont-Joli et se rendre à Paris pour ses achats d'épicerie, de l'argent jeté par les fenêtres!

Tous les tournesols font de bonnes fleurs coupées, fraîches ou séchées, mais les variétés à petites fleurs, moins lourdes, sont plus faciles à placer. D'ailleurs, il existe des lignées mâles stériles ne produisant ni pollen ni graines. On les offre aux fleuristes, car leurs fleurs légères se placent particulièrement bien dans un arrangement. Récoltez les tournesols pour la fleur coupée, fraîche ou séchée, quand les fleurs centrales sont encore fermées alors que tous les rayons sont épanouis.

Variétés recommandées:

🌿 *Helianthus annuus* (tournesol, soleil): C'est la seule espèce annuelle couramment cultivée, et elle offre une si vaste gamme de variétés hautes ou basses, simples ou doubles, jaunes ou colorées, que la plupart des catalogues lui consacrent maintenant une ou deux pages tellement le choix est grand.

Verbena bonariensis

Verveine de Buenos Aires
(*Verbena bonariensis*)

Noms anglais: Brazilian Verbena, Tall Verbena

Hauteur: 90-120 cm.

Espacement: 45 cm.

Emplacement: Ensoleillé.

Sol: Bien drainé, de fertilité moyenne.

Multiplication: Semis au printemps.

Disponibilité: Plants à repiquer difficiles à trouver, sachet de semences.

Floraison: Du début de l'été jusqu'aux gels.

Utilisation: Plate-bande, arrière-plan, pré fleuri, fleur coupée, attire les papillons.

Si populaire ailleurs, notamment en Europe et aux États-Unis, cette plante ne saurait tarder à faire son entrée au Québec où elle n'est pas encore disponible. Elle domine les marchés américains et européens où on la voit dans presque toutes les plates-bandes. Il est surprenant que personne ici n'ait encore réalisé sa valeur, sauf le Jardin botanique de Montréal où les visiteurs demeurent bouche bée devant la verveine de Buenos Aires. Oui, il s'agit d'une de *ces* plantes dont on parle!

Pourtant, en isolé la verveine de Buenos Aires n'impressionne pas. Elle forme une touffe assez dense de feuilles étroites à sa base, mais devient vite très ouverte et aérée, avec de hautes tiges carrées, presque sans feuilles, et coiffées d'ombelles de 5-10 cm de petites fleurs pourpres. Telle quelle, elle ne crée pas une révolution dans le jardin. Cependant, dans un massif de 15 plantes ou plus qui s'entrecroisent, ou par plus petits groupes parmi des plantes plus hautes, de peu remarquable elle devient grande star. Sa grande légèreté rehausse l'aspect de toutes les autres plantes vues à travers les tiges et fleurs de la verveine de Buenos Aires comme à travers un voilage pourprée, des petites plantes de bordure jusqu'aux plantes d'arrière-plan.

La verveine de Buenos Aires est vivace dans les zones 7-10, mais se cultive surtout comme annuelle même dans les climats où elle est rustique. Semez-la à l'intérieur 8 à 10 semaines avant le dernier gel. Recouvrez à peine de terreau, scellez les contenants de graines dans un sac de plastique et placez le tout au réfrigérateur pendant deux semaines. Ensuite, mettez-les à la chaleur pour la germination.

Cette plante se plaît dans les sols bien drainés voire même secs, de fertilité moyenne ou même pauvre. Dans les sols trop riches ou trop humides, elle se transforme en monstre de 180 cm de hauteur et s'écrase rapidement au sol. Corrigez ce problème en la rabattant de moitié quand elle commence à fleurir, elle repoussera plus compacte.

Bien que non disponible au Québec, la verveine de Buenos Aires est facile à trouver dans les catalogues de semences.

Variétés recommandées:
Vous trouverez une autres verveine à la pages 200.

🌿 *Verbena bonariensis* (verveine de Buenos Aires): C'est l'espèce décrite ci-dessus. Un petit truc mnémotechnique, ou truc pour vous souvenir du nom botanique de cette plante. Dites qu'il s'agit de verveine «bonne à rien» et *bonariensis* vous reviendra immédiatement à l'esprit.

🌿 *V. canadensis* (verveine du Canada): Cette plante n'est pas originaire du Canada mais du sud des États-Unis. Ce nom est dû à une confusion remontant à l'époque de Linné, comme quoi même les taxonomistes ne sont pas parfaits! C'est en somme la version quelque peu rampante et à feuillage découpé de la verveine de Buenos Aires, avec un vaste choix de cultivars de différentes couleurs dont le pourpre, le rouge, le rose, et le blanc. Le cultivar 'Homestead Purple', formant un dôme parfait et portant, comme son nom le suggère, des fleurs pourpres, est le plus couramment disponible. Sa culture ressemble à celle de la verveine de Buenos Aires, mais placez les plateaux de semis à la noirceur plutôt qu'au réfrigérateur pour stimuler la germination. Hauteur: 15-45 cm. Espacement: 45-90 cm.

🌿 *V. rigida* (verveine rigide): Cette espèce est une version réduite de la verveine de Buenos Aires, mais aux feuilles dentées. Elle a le même port dressé et diffus, la même teinte de pourpre et se cultive de la même façon. C'est l'espèce de choix pour recréer le même effet que la verveine de Buenos Aires dans un jardin de petite taille. En plus du pourpre, on trouve aussi des cultivars à fleurs rouges. Hauteur: 30-60 cm. Espacement: 45 cm.

Chaque plante doit capter assez d'énergie pour fleurir et produire des graines. Ce besoin est plus pressant pour les annuelles qui n'ont qu'une seule saison pour se reproduire.

La solution la plus simple pour absorber rapidement du soleil, c'est de croître vers le haut en formant une tige solide, ce que font les plantes du chapitre précédent, *Des géantes à croissance rapide*. Certaines plantes ont cependant appris à tricher pour y parvenir. Plutôt que d'utiliser leurs maigres ressources pour dominer le panorama et atteindre le soleil le plus rapidement possible, elles utilisent les fortes tiges d'autres plantes pour grimper au sommet. Les plantes grimpantes sont donc des profiteuses, des fainéantes qui laissent le travail le plus ardu aux autres. À bien y penser, elles agissent passablement comme le jardinier paresseux qui utilise tous les moyens à sa disposition pour avoir un beau jardin, sans lever le petit doigt. C'est peut-être pour cette raison que j'aime tellement les annuelles grimpantes!

Mais comment les plantes grimpantes parviennent-elles à se hisser sur d'autres plantes ou sur des supports? À l'origine, toutes les plantes grimpantes s'appuyaient sans doute simplement sur les plantes voisines, comme certaines le font encore, notamment la capucine grimpante. Cependant, au cours de leur évolution, plusieurs ont développé des moyens plus sûrs et plus sophistiqués pour y arriver… en somme, une nouvelle technologie!

Chez les vivaces et les arbustes grimpants, les plantes s'accrochent au moyen d'aiguilles crochues ou de racines adhésives, méthodes convenant à des espèces qui ont du temps pour les élaborer. Chez les grimpantes annuelles, des méthodes plus expéditives sont nécessaires.

Plusieurs annuelles ont développé des tiges volubiles, c'est-à-dire des tiges qui s'enroulent autour de tout appui rencontré. La plante pousse alors en spirale, de sorte que tout en montant elle se tourne dans tous les sens. Quand elle rencontre un objet, elle s'efforce de l'encercler. Comme les grimpantes volubiles ne peuvent s'enrouler autour d'objets d'un diamètre supérieur à 8 ou 10 cm , si l'objet rencontré est trop gros, la tige continue sa quête d'un objet de taille appropriée et lorsqu'elle le trouve, elle l'enserre et continue de monter le plus rapidement possible en s'enroulant toujours autour de lui jusqu'à son sommet. Une fois au sommet, la plante grimpante produit une autre longue tige qui tourne dans tous les sens à la recherche d'un nouvel appui.

D'autres plantes utilisent des méthodes plus raffinées. Ce n'est plus leur tige qui est volubile; elles ont développé un organe spécial, la vrille. La vrille est souvent une feuille modifiée ou une partie de feuille qui s'enroule autour d'un objet. Chez certaines espèces, la feuille semble parfaitement normale, limbe large et pétiole mince comme la majorité des feuilles, jusqu'à ce qu'elle rencontre un objet. Le pétiole devient alors une vrille, encerclant trois ou quatre fois le support. Chez d'autres, c'est la tige florale et non le pétiole qui sert de vrille, tandis que la feuille est partiellement modifiée chez d'autres espèces. Par exemple, les feuilles du pois de senteur sont composées de plusieurs folioles dont les premières sont normales. Par contre, celles de l'extrémité de la feuille ont perdu leur lame et ne sont plus que de minces fils verts dont le seul et unique rôle est d'attacher la plante en s'entortillant autour d'objets minces. D'autres plantes vont encore plus loin, produisant des feuilles opposées, deux par deux, dont l'une est normale, large et verte pour capter la lumière, mais l'autre mince et filiforme est une véritable vrille aidant la plante à grimper. Par contre, les vrilles sont plus courtes que les tiges volubiles et souvent inaptes à s'entortiller autour d'un support de plus de 1 ou de 2 cm de diamètre.

Dans la nature, les plantes grimpantes trouvent leurs propres appuis. Dans le jardin, c'est généralement le jardiner qui doit les fournir. Vous trouverez quelque exemples de supports pour plantes grimpantes à la page 89: tuteurs, treillis, pergolas, etc. Il suffit de savoir que le support doit être assez mince pour que la plante s'y accroche d'elle-même, sinon il faut y ajouter un grillage ou des fils sur lesquels les plantes peuvent s'agripper. Contrairement à certaines grimpantes permanentes, comme les rosiers grimpants, vous n'aurez presque jamais à attacher les grimpantes annuelles sur leur support, elles s'en chargent seules.

Comme les annuelles de grande taille, les annuelles grimpantes servent souvent à maquiller ou embellir un cabanon, un grand mur nu, une clôture trop longue, etc. Elles peuvent aussi soustraire à la vue ce qui la blesse, comme le cabanon rouge feu à gros points jaunes du voisin. Il suffit d'installer une pergola ou un treillis devant la vue offensante et de laisser les plantes grimpantes faire leur travail.

Comme beaucoup d'annuelles, les grimpantes constituent souvent le soutien temporaire du jardin. On les emploient lors de l'aménagement d'une plate-bande ou d'un site pour obtenir rapidement un décor, comptant les faire disparaître lorsque la végétation permanente devient plus efficace. On les plante donc en même des temps que les plantes permanentes à croissance plus lente qui régneront éventuellement. Par exemple, il faut parfois cinq ou six ans avant qu'une clématite, grimpante vivace, couvre un treillis. Installez-la donc à son emplacement permanent le plus tôt possible pour qu'elle commence à s'établir et évitez de voir aussi longtemps un treillis à demi nu en y faisant pousser des grimpantes annuelles, toujours à croissance rapide. Vous pouvez même pousser l'audace jusqu'à imiter la couleur de votre clématite. Si elle doit donner des fleurs pourpres, plantez des gloires du matin de même teinte et si elles sont roses, pourquoi pas des pois de senteur, etc.

Enfin, un dernier détail: les plantes grimpantes sont des végétaux très «élastiques», c'est-à-dire qu'elles n'ont pas de forme propre mais adoptent celle de leur support. Vous pouvez donc faire monter une plante en ligne droite jusqu'à 3 ou 4 m ou seulement jusqu'à 30 cm, la faire courir en largeur, l'enrouler sur une tige pour prendre une forme très mince ou sur un treillis en éventail de 2 m de largeur. Vous pouvez même créer une forme grillagée représentant un éléphant ou reproduire la tour Eiffel grandeur nature si le coeur vous en dit! J'aimerais d'ailleurs semer quelques gloires du matin à sa base lors de ma prochaine visite à Paris! Profitez donc de cette élasticité surprenante, la plante prendra la forme que vous lui fournirez. Laissez-vous aller, la plante obéira et se pliera à vos fantaisies les plus originales. Après tout, c'est votre jardin!

En plus de faire grimper ces annuelles sur des supports ou des objets, on peut aussi les laisser retomber. Les plantes grimpantes n'ont aucun tonus et si on ne leur donne pas d'appui pour grimper, elles ramperont sur le sol. Par contre, si leur emplacement est surélevé, elles retomberont. Ainsi, on peut les planter dans des paniers suspendus et des boîtes à fleurs, ou au sommet d'un muret, etc. et profiter de la beauté de leurs tiges retombantes. On peut aussi les utiliser comme couvre-sol car elles font de beaux tapis sur une surface plane.

Vous remarquerez que les pépinières offrent peu de caissettes d'annuelles grimpantes. On les trouve parfois en gros pots de 4 litres, munies d'un petit tuteur chétif, à des prix exagérés. Toutes les plantes décrites ici sont faciles à produire par semis et généralement aisées à trouver en sachet. C'est souvent la meilleure façon de les obtenir, surtout si vous en désirez plusieurs.

Belle-de-nuit

Capucine grimpante

Cobée grimpante

Dolique

Gloire du matin

Gourde ornementale

Haricot d'Espagne

Houblon du Japon

Ipomée écarlate

Mina

Pois de coeur

Pois de senteur

Thunbergie

Ipomoea alba

Belle-de-nuit
(*Ipomoea alba*)

Noms anglais: Moonflower, Moon Vine

Hauteur: 2-5 m.

Espacement: 30-45 cm.

Emplacement: Ensoleillé.

Sol: Bien drainé, humide, riche mais sans excès.

Multiplication: Semis au printemps.

Disponibilité: Sachet de semences.

Floraison: Du milieu jusqu'à la fin de l'été.

Utilisation: Panier suspendu, bac, couvre-sol, muret, écran, treillis, pergola, fleur coupée, attire les papillons de nuit.

Belle-de-nuit: un joli nom très approprié. Cette grande grimpante, très proche parente de la gloire du matin, produit des fleurs délicieusement parfumées qui s'ouvrent à la tombée de la nuit, grosses trompettes d'un blanc pur de 10 à 15 cm de diamètre. Elles sont très éphémères, se refermant au matin, très tôt par temps ensoleillé, parfois près de midi les jours gris. Chacune ne dure qu'une nuit, mais les fleurs se succèdent régulièrement. La blancheur de la fleur éclate au moindre rayon de la lune et semble luire dans la nuit. Il est regrettable qu'elles s'épanouissent durant notre sommeil car c'est une des plus belles fleurs de la plate-bande.

On peut couper une fleur épanouie et la placer dans une coupe remplie d'eau pour la soirée afin de profiter de son charme, de son parfum suave et de sa belle forme.

Même si durant la journée la belle-de-nuit n'est pas en fleurs, c'est un écran formidable, car ses tiges volubiles, légèrement épineuses et remplies de sève laiteuse, montent jusqu'à 5 m et portent d'énormes feuilles de 20 cm de diamètre en forme de coeur. Vous avez un truc à cacher? Elle le fera disparaître!

Pour épater vos amis, placez-vous devant votre belle-de-nuit en début de soirée, la veille de leur visite quand le soir tombe et notez l'heure à laquelle la fleur commence à ouvrir. Le lendemain, juste au bon moment, invitez vos invités à admirer l'un des beaux boutons spiralés blancs. En moins d'une minute, sous leurs regards étonnés l'énorme bouton se détord, la fleur blanche se déploie très rapidement et son parfum suave se répand. Ne vous gênez pas, ouvrez votre bouteille de champagne, c'est un moment magique qui mérite d'être fêté dignement!

Vous pourriez semer les graines de belle-de-nuit en pleine terre, mais sa floraison serait si tardive que ce serait presque peine perdue. Semez plutôt les graines à l'intérieur, environ 8 à 10 semaines avant le dernier gel, dans de gros godets de tourbe. Faites d'abord tremper les grosses graines pendant 24 heures dans de l'eau tiède pour les ramollir, ou limez-les pour permettre une infiltration d'eau à travers leur épiderme. Semez à 2 cm de profondeur, deux graines par godet, et placez les contenants dans un emplacement chaud et fortement éclairé. À la germination, environ une semaine plus tard, supprimez le plant le plus faible. Quand tout danger de gel est écarté et que le sol est bien réchauffé, repiquez en pleine terre à l'espacement suggéré. Un support très solide est nécessaire car c'est une plante *très* volumineuse.

La belle-de-nuit ne résiste aucunement au gel et noircit dès que la température descend à 0°C l'automne. Au Québec, rares sont les graines qui mûrissent, il faut donc en racheter.

Vous pouvez cultiver la belle-de-nuit en bac, à l'intérieur, sur un balcon ou une terrasse. C'est une vivace grimpante tropicale que vous pouvez garder des années dans la maison... si l'espace vous le permet!

Variétés recommandées:

❧ *I. pomoea alba* , anc. *Calonyction aculeatum, I. bona-nox, I. grandiflora, I. noctiflora* (belle-de-nuit, ipomée bonne-nuit, fleur de lune): Malgré tous ces noms, il n'y qu'une seule espèce, celle décrite précédemment.

Photo: Norseco

Tropaeolum majus

Capucine grimpante
(*Tropaeolum*)

Noms anglais: Canary Creeper, Canarybird Vine, Climbing Nasturtium

Hauteur: 2-3 m.

Espacement: 30-45 cm.

Emplacement: Ensoleillé ou légèrement ombragé.

Sol: Bien drainé, plutôt pauvre

Multiplication: Semis au printemps, boutures de tige en toute saison.

Disponibilité: Sachet de semences.

Floraison: Du début de l'été jusqu'aux gels.

Utilisation: Panier suspendu, bac, couvre-sol, muret, écran, treillis, pergola, pentes, fleur coupée, fleur, feuille et graine comestibles, attire les colibris.

Autrefois toutes les capucines étaient grimpantes. La capucine naine (page 260) est récente et a été créée par hybridation intense. C'est la forme la plus connue aujourd'hui, et pour plusieurs, elle est devenue la forme normale de la plante.

On décrit ci-dessous deux espèces très différentes de capucine grimpante. Leurs seuls points communs sont leur feuillage d'apparence cirée et leurs longues tiges. Leur culture aussi est semblable.

Les capucines croissent si rapidement qu'il n'est vraiment pas nécessaire de les semer à l'intérieur. Vous les semez en pleine terre à 6 mm de profondeur, dans un sol bien réchauffé, environ une semaine après le dernier gel. Pour une légère avance sur la saison, il est possible de les semer à l'intérieur 3 ou 4 semaines avant le dernier gel. Faites-le dans des godets de tourbe, car les semis tolèrent difficilement le repiquage. Ne les repiquez en pleine terre qu'environ deux semaines après le dernier gel.

Tout emplacement ensoleillé convient aux capucines, mais pas les sols trop riches qui stimulent une croissance abondante des parties vertes au dépens des fleurs. Palissez les tiges sur un support pour les faire grimper ou alors laissez-les retomber d'un contenant.

Les jeunes feuilles, les fleurs et les graines des capucines sont comestibles, avec un goût piquant rappelant le cresson d'eau. On sert les feuilles et les fleurs en salade et les graines sont marinées comme des câpres. À l'automne, vous pouvez entrer des boutures de capucine et la maintenir comme plante d'intérieur grimpante ou retombante jusqu'au printemps. Faites cependant attention de ne pas inviter des pucerons en même temps, car ils sont très friands de capucines.

Les fleurs de capucine font de très intéressantes fleurs coupées.

Variétés recommandées:

🌿 *Tropaeolum peregrinum* , anc. *T. canariensis* (capucine des Canaries): Non, elle n'est pas originaire des îles Canaries, mais du Mexique. C'est cependant dans les Canaries qu'elle a été acclimatée pour la première fois et le nom lui est resté. C'est une plante grimpante aux feuilles bleu vert, profondément découpées en cinq lobes. Le pétiole de la feuille s'enroule autour d'objets minces lui permettant de grimper. Le gros bouton ressemblant à une tête de licorne s'ouvre pour exposer une curieuse fleur jaune de 2 à 3 cm de diamètre, comportant deux gros pétales supérieurs dressés, frangés et tachetés de rouge à leur base, et trois pétales inférieurs presque cachés entourant les anthères et le stigmate.

🌿 *Tropaeolum majus* (capucine grimpante): Cette plante est identique à la capucine naine, décrite à la page 260, fleurs simples ou doubles dans une vaste gamme de couleurs, feuillage vert ou panaché, etc., mais celle-ci est grimpante. Elle grimpe d'ailleurs difficilement, étant plutôt sarmenteuse, c'est-à-dire qu'elle grimpe en s'appuyant sur une autre plante. Ses feuilles tentent parfois de vriller autour d'un objet, comme celles de la capucines des Canaries, mais sans grand succès. Il faut donc l'aider de temps en temps en faisant passer une ou deux tiges de l'autre côté du treillis ou en tressant quelques tiges autour du support de façon à ce que la plante reste debout. Curieusement, la capucine grimpante est moins attaquée par les pucerons que la forme naine, car elle attire davantage les colibris qui dédaignent les fleurs trop près du sol mais aiment les pucerons autant que le nectar!

Cobée grimpante
(*Cobaea scandens*)

Noms anglais: Cup-and-saucer Vine, Cathedral Bells

Hauteur: 4-9 m.

Espacement: 30-60 cm.

Emplacement: Ensoleillé.

Sol: Bien drainé, sablonneux, pas trop riche.

Multiplication: Semis au printemps.

Disponibilité: Potées, sachet de semences.

Floraison: Du milieu de l'été jusqu'aux gels.

Utilisation: Panier suspendu, bac, couvre-sol, muret, écran, treillis, pergola, pentes.

Photo: Johnny's Selected Seeds

Cobaea scandens 'Cathedral Bells'

La cobée est une plante grimpante spectaculaire, d'abord par les hauteurs inouïes qu'elle peut atteindre mais aussi par ses très belles et très curieuses fleurs. D'abord cachée dans un bouton papyracé vert à cinq ailes, la fleur s'ouvre en coupe profonde. Elle change de couleur, passant d'abord du vert pâle au mauve verdâtre et enfin au violet sombre à gorge blanche. Le large calice entourant la base de la plante ressemble vaguement à une soucoupe, d'où le nom anglais «cup-and-saucer vine», vigne tasse et soucoupe. L'odeur de la fleur est désagréable lorsqu'elle vient d'ouvrir, mais devient un doux parfum de miel quelques jours plus tard. Dans la nature, cette plante sud-américaine est pollinisée par des chauves-souris frugivores. N'attendez pas la visite de chauves-souris québécoises dans vos cobées, car au Québec, elles sont toutes insectivores.

Quand le fruit a le temps de mûrir, il ressemble à un petit melon caché par le calice replié.

Le feuillage de la cobée est encore plus remarquable que sa fleur. Composée de deux ou trois paires de folioles vert foncé et ovales, la feuille se termine par des vrilles multiples qui non seulement s'agrippent aux objets minces, mais cachent des petits crochets aigus permettant à la plante de grimper sur toute surface rugueuse en briques ou en pierres.

La cobée est parfois vendue en pot, à gros prix d'ailleurs. Généralement, il faut la semer soi-même. Notre saison étant trop courte pour permettre à cette tropicale grimpante de fleurir à partir de semis en pleine terre, semez à l'intérieur, 10 à 12 semaines avant le dernier gel pour une floraison hâtive, 6 à 8 semaines avant le dernier gel pour une floraison à la mi-juillet. Limez ou entaillez légèrement les graines avant de les semer dans de gros godets de tourbe. Placez les contenants dans un emplacement chaud et bien ensoleillé. La germination est lente, exigeant deux ou trois semaines, et parfois davantage. Pincez les jeunes plants quand ils ont quatre vraies feuilles pour stimuler la ramification et donnez-leur un petit tuteur jusqu'à ce qu'ils soient mis en pleine terre. On peut aussi cultiver la cobée dans un bac, surtout si on pense la rentrer à l'automne.

La cobée préfère une bonne chaleur et ne fleurira que peu ou pas dans les emplacements frais et venteux. Ainsi, même si théoriquement on peut la planter à l'extérieur une ou deux semaines après le dernier gel, il est préférable d'attendre si le temps est encore frais. Dans les régions aux étés frais, il faut la planter dans un coin chaud et la protéger du vent, peut-être par un mur orienté au sud ou au sud-ouest. Par contre, ailleurs au Québec, elle n'aura pas de problème en plein vent, mais un ensoleillement maximal est toujours recommandé. Évitez les sols trop riches qui poussent la cobée à réaliser des exploits d'escalade incroyables aux dépens de la floraison. Pour que les fleurs soient à la hauteur des yeux et non au sommet du poteau de téléphone, pincez de temps en temps l'extrémité des tiges pour obtenir une plante plus fournie et moins haute.

Malgré son aversion pour le froid en début de saison, la cobée ne sait pas s'arrêter à l'automne et si les premiers gels sont légers, elle continue parfois de fleurir jusqu'en octobre. Vous pouvez tailler sévèrement les cobées cultivées en contenant et les rentrer pour l'hiver, les traitant comme plante d'intérieur de plein soleil. Par contre, il est difficile d'entrer les sujets plantés dans le jardin car ils ne tolèrent pas que leurs racines soient dérangées.

Variétés recommandées:

Cobaea scandens (cobée grimpante): C'est l'unique espèce cultivée. Voir sa description ci-dessus. Il y a aussi un cultivar à fleurs blanc verdâtre, 'Alba'.

Dolique
(*Dolichos*)

Nom anglais: Hyacinth Bean

Hauteur: 3-9 m.

Espacement: 60-90 cm.

Emplacement: Ensoleillé.

Sol: Bien drainé, humide, riche en matière organique.

Multiplication: Semis au printemps.

Disponibilité: Sachet de semences.

Floraison: Du début jusqu'à la fin de l'été.

Utilisation: Panier suspendu, bac, couvre-sol, muret, écran, treillis, pergola, pentes, fleurs, feuilles et gousses comestibles.

Dolichos lablab

Est-ce une plante ornementale ou un légume? Le dolique s'utilise des deux façons.

Comme plante ornementale, le dolique est une jolie grimpante aux tiges violettes, au feuillage trifolié, souvent bronzé ou bleuté, ressemblant à celui du haricot, et aux petites fleurs elles aussi violettes, dont la forme rappelle le pois. Ses fruits, des cosses aplaties pourpre rosé de 7 à 13 cm de longueur sont fort décoratives.

Utilisées comme légumes, les cosses du dolique sont cueillies immatures et cuites comme les haricots verts. À maturité, on retire la cosse devenue trop fibreuse, et on utilise les graines comme les haricots secs, cuites dans deux eaux ou germées. Les fleurs et les jeunes feuilles du dolique sont également comestibles, servies comme les épinards. Les graines très riches en protéines constituent un aliment de base dans plusieurs pays d'Asie, d'Afrique et d'Amérique. Le dolique produit aussi une racine tubéreuse comestible. Dans les pays chauds, le dolique vit plusieurs années et devient même ligneux. Enfin, ce qui n'est pas consommé par l'homme devient fourrage pour les animaux. On cultive le dolique depuis si longtemps que son origine a été oubliée. On croît cependant qu'il nous est venu de l'Inde.

Dans le potager, le dolique peut se cultiver comme un haricot grimpant: semis en pleine terre dès que le sol se réchauffe, généralement une ou deux semaines après le dernier gel. Dans la plate-bande, pour des résultats plus rapides, semez à l'intérieur 6 à 8 semaines avant le dernier gel, dans des godets de tourbe. Dans les deux cas, faites tremper les graines dans de l'eau tiède pendant 24 heures pour hâter la germination. Recouvrez à peine de terreau lors de l'ensemencement.

Pour une production abondante de fleurs ou de cosses, plantez le dolique dans un emplacement chaud, à l'abri du vent et en plein soleil. Il apprécie un sol meuble mais comme toutes les légumineuses, il peut croître dans des sols assez pauvres parce qu'il se forme sur ses racines des nodules dans lesquels des bactéries extraient l'azote de l'air et le rendent à la plante. Pour aider ce processus, ajoutez au sol un inoculant conçu spécialement à cette fin (voir à la page 361) lors de l'ensemencement ou du repiquage.

Le dolique peut grimper par enroulement sur des treillis ou des fils, ou servir de couvre-sol. Il existe aussi des cultivars non grimpants de dolique.

Variétés recommandées:

Dolichos lablab (dolique d'Égypte, lablab à fleurs violettes): On utilise plusieurs doliques comme légumes ou comme fourrage pour les animaux dans les pays tropicaux, mais seule l'espèce *D. lablab* est aussi utilisée à des fins ornementales. On compte plusieurs cultivars du dolique d'Égypte aux fleurs de couleurs variées: violettes, roses, blanches, bicolores, etc. Lablab est le nom hindou de la plante.

Dolichos lablab

351

Gloire du matin
(*Ipomoea*)

Nom anglais: Morning Glory

Hauteur: 2-5 m.

Espacement: 30-45 cm.

Emplacement: Ensoleillé.

Sol: Bien drainé, pas trop riche.

Multiplication: Semis au printemps.

Disponibilité: Sachet de semences.

Floraison: Du milieu jusqu'à la fin de l'été.

Utilisation: Panier suspendu, bac, couvre-sol, muret, écran, treillis, pergola, pentes.

Ipomoea tricolor 'Pearly Gates'

Le genre *Ipomoea* est vaste et varié, comptant plus de 500 espèces, la plupart des grimpantes tropicales. Les plantes couramment considérées comme «gloires du matin», et dont il est question ici, sont celles aux grosses fleurs en forme de trompette qui s'ouvrent le matin pour se refermer l'après-midi. Cependant, le terme «gloire du matin» est sans doute un régionalisme, une traduction littérale du nom anglais «morning glory». En Europe, on les appelle belles-de-jour.

Les ipomées de type gloire du matin sont les grimpantes annuelles les plus populaires. On les apprécie pour leur croissance rapide, leur culture facile, leur vaste gamme de couleurs et leur capacité de soustraire à la vue les objets indésirables. Elles comportent plusieurs espèces différentes décrites ci-dessous dans les *Variétés recommandées*. Elles ont en commun des tiges volubiles, des grosses feuilles cordiformes, parfois lobées et des fleurs qui s'ouvrent le matin pour se refermer l'après-midi. Autrefois, les fleurs des espèces d'origine s'ouvraient au petit matin et se refermaient au cours de l'avant-midi, deux ou trois heures plus tard, mais les cultivars modernes restent ouverts jusqu'en après-midi. Grâce à la sélection et l'hybridation, on a réussi à prolonger la floraison à tel point que, du moins par temps gris, les fleurs des cultivars modernes restent souvent ouvertes jusqu'en fin de journée. Les Japonais donnent à la gloire du matin le nom de «sourire matinal»; dans leur pays, où sa culture est une passion nationale, certaines lignées portent des fleurs qui demeurent ouvertes deux jours, du jamais vu en Amérique du Nord.

La culture de toutes les gloires du matin est semblable. Vous pouvez les semer en pleine terre lors du dernier gel si le printemps a été assez chaud ou une semaine ou deux plus tard dans le cas contraire. Laissez tremper les graines à épiderme dur dans l'eau tiède pendant 24 heures, puis semez-les à 6 mm de profondeur, espacées d'environ 15 cm dans un sol chaud. Un emplacement ensoleillé est de rigueur, mais évitez les sols trop riches qui stimulent davantage la production des feuilles que celle des fleurs. Après la germination, éclaircissez à 30 cm. Si cela vous semble un peu serré pour de si grosses plantes, il ne faut pas oublier que les gloires du matin ne produisent pas beaucoup de tiges secondaires; si elles le peuvent, elles poussent droit vers le haut. Pour bien couvrir une surface, il faut donc plusieurs plants.

Il est aussi possible de semer les gloires du matin à l'intérieur dans des godets de tourbe, environ 3 à 4 semaines avant le dernier gel. Il est inutile de le faire plus tôt, car non seulement les plants deviennent trop hauts et difficiles à repiquer, mais la floraison de la plupart des gloires du matin est initiée par le raccourcissement des jours à compter de la fin juin. Chaque cultivar possède sa propre horloge biologique, et les plants partis très tôt dans la maison ne fleurissent pas nécessairement avant ceux semés en pleine terre.

Toutes les gloires de matin peuvent grimper par leurs tiges volubiles et exigent un treillis ou des fils pour les palisser. Par contre, certaines lignées «naines» grimpent si faiblement qu'on les emploie surtout dans des paniers ou des bacs comme plantes retombantes.

Il ne faut pas trop s'inquiéter quand les grosses feuilles des gloires du matin fanent en après-midi pendant une période de canicule, car c'est leur façon de réduire leur perte d'eau par évaporation. Il est sage de vérifier leur sol et d'arroser s'il est très sec. Comme la plante le fait aussi quand son sol est humide, une vérification est nécessaire pour éviter de la noyer.

Pour conserver une lignée spécialement intéressante de gloire du matin, récoltez les graines et conservez-les à l'intérieur parce que seules les graines de l'ipomée pourpre résistent suffisamment au froid pour permettre à la plante de se ressemer spontanément pour une deuxième année. Vous pouvez cultiver les différentes gloires de matin dans la maison comme plantes d'intérieur, mais à part l'ipomée tricolore, leur floraison demeure surtout estivale.

Enfin, il est important de souligner que les graines de gloire du matin sont toxiques et doivent être gardées hors de la portée des enfants en tout temps.

Variétés recommandées:

Tentons de démêler l'imbroglio concernant les relations très complexes entre les différentes gloires du matin.

🌿 *Ipomoea* x *imperialis* (ipomée impériale): Ce genre artificiel très populaire au Japon résulte de croisements entre l'ipomée japonaise, l'ipomée commune et d'autres espèces. Les feuilles sont très variables, ayant souvent de trois à cinq lobes. Les fleurs peuvent être rouges, roses, blanches, pourpres ou bleues. Ce groupe comprend les variétés aux caractéristiques les plus spectaculaires, feuillage panaché, fleurs doubles, fleurs laciniées, fleurs striées ou ourlées d'une couleur secondaire, fleurs de 20 cm de diamètre, etc., mais elles manquent fréquemment de vigueur et fleurissent plutôt tard. La photo du catalogue est souvent supérieure au résultat dans la plate-bande! Vivace tropicale, l'ipomée impériale produit une racine enflée qui peut se conserver à l'intérieur durant l'hiver comme un bulbe. Son nom, ipomée impériale, tient au fait que, selon une loi très stricte, sa culture fut longtemps réservée à la cour impériale du Japon, les contrevenants payant très cher leur curiosité botanique, car c'était un crime entraînant la peine de mort!

🌿 *I. nil*, syn. *Pharbitis nil* (ipomée japonaise): Cette espèce comprend des variétés à feuilles trilobées d'environ 15 cm de diamètre, en forme de coeur, et aux fleurs dans des gamme de rouge, rose, pourpre, bleu et blanc, ainsi que certaines bicolores. Pour sa culture au Québec, recherchez les cultivars reconnus comme hâtifs, dont 'Scarlet O'Hara', rouge et 'Early Call', en mélange, car autrement la floraison ne débute qu'à la fin de l'été. Comme la plante précédente, on peut la conserver à l'intérieur l'hiver grâce à sa racine tubéreuse.

🌿 *Ipomoea purpurea* (ipomée commune): En fait, l'ipomée commune n'est plus aussi commune ou répandue que l'ipomée japonaise ou l'ipomée tricolore. Il s'agit pourtant de l'espèce la mieux adaptée à notre climat, fleurissant rapidement à partir de semis en pleine terre et la seule à se ressemer spontanément. Ses semences se trouvent surtout en mélange. Elle ressemble beaucoup à l'ipomée japonaise, mais toujours à feuilles en forme de coeur, jamais lobées. L'espèce originale était pourpre sombre à gorge blanche, mais on trouve maintenant des formes rouges, roses, bleues et aussi blanches. C'est une véritable annuelle, ne vivant qu'une seule année même sous les tropiques.

🌿 *Ipomoea tricolor*, *I. rubrocaerulea* (ipomée tricolore): Cette espèce ne se confond avec aucune autre. Elle porte de grosses feuilles cordiformes de 20-25 cm de diamètre, des fleurs d'un bleu véritable et particulièrement grosses de 10 à 13 cm de diamètre. Ses tiges et son feuillage sont entièrement dépourvus de poils alors que toutes les autres gloires du matin sont au moins légèrement velues. Le bouton floral porte à son extrémité une macule rouge qui disparaît quand la fleur s'épanouit. Le cultivar 'Heavenly Blue', aux fleurs bleu ciel à l'extérieur et à gorge blanche marquée de jaune à l'intérieur, est identique à l'espèce sauvage, mais fleurit plus rapidement, en 90 jours plutôt que 120. 'Pearly Gates', blanc et 'Flying Saucers', blanc strié de bleu, sont des mutations de 'Heavenly Blue'. Contrairement à la plupart des gloires du matin, l'ipomée tricolore est à jours neutres. On peut donc la semer dans la maison à l'automne pour une floraison hivernale! Il s'agit d'une vivace tendre ne survivant à l'hiver que sous les tropiques.

Ipomoea tricolor
'Heavenly Blue'

355

Gourde ornementale

(*Curcubita*, *Lagenaria*, *Luffa*)

Nom anglais: Ornamental Gourd

Hauteur: 1,5-3 cm.

Espacement: 25-30 cm.

Emplacement: Ensoleillé.

Sol: Bien drainé, meuble, riche en matière organique.

Multiplication: Semis au printemps.

Disponibilité: Sachet de semences.

Floraison: Du milieu jusqu'à la fin de l'été.

Utilisation: Potager, couvre-sol, écran, treillis, pergola, pentes, fruit comestible, fruit séché.

Curcubita pepo

Qu'est-ce une gourde? C'est un fruit à écorce dure qui a une utilité quelconque une fois séché. On peut en faire des instruments de musique, des calebasses pour transporter de l'eau, des bols, des maisons d'oiseaux, des louches, des massues ou des matraques et, dans notre culture, des objets ornementaux. À épiderme lisse ou verruqueux, les formes des gourdes varient énormément, longues, rondes, en forme de poire, d'amphore, de turban ou de matraque, en col de cygne, en bonnet d'électeur, et j'en passe. D'autres comportent même des projections bizarres, notamment la gourde couronne d'épine. Elles couvrent tout la gamme des blancs, jaunes, orange, bleus, gris et verts, et plusieurs sont striées, tachetées ou bigarrées de deux, trois ou même quatre couleurs.

Sous notre climat, les plantes qui produisent des gourdes sont toutes des grimpantes annuelles à croissance rapide, à tiges épaisses et à grandes feuilles, généralement duveteuses, plus ou moins cordiformes, dentés ou lobées. Elles grimpent au moyen de longues vrilles. Les fleurs sont jaunes ou blanches, parfumées ou non, selon l'espèce. Les fleurs mâles et femelles sont produites séparément sur la même plante. Devenus des gourdes coriaces en fin de saison, ces fruits sont immangeables mais peuvent servir de courges d'été si cueillies jeunes, même celui du luffa, qui s'écrit aussi loofa!

Il est possible de semer les gourdes ornementales en pleine terre, surtout les petites, *Cucurbita pepo*. Faites-le une ou deux semaines après le dernier gel, en faisant préalablement tremper les graines dans de l'eau tiède pendant 48 heures. Semez-les à 6 mm de profondeur dans un sol bien réchauffé. On peut semer toutes les gourdes à l'intérieur, mais pour les plus grosses qui demandent une saison plus longue, ce n'est pas tant un choix qu'une obligation si on veut des fruits. Semez-les à l'intérieur, 3 à 4 semaines avant le dernier gel, dans des godets de tourbe car les gourdes n'apprécient pas que l'on dérange leurs racines au repiquage. Attendez une ou deux semaines *après* le dernier gel pour les transplanter en pleine terre.

Les gourdes ornementales vont dans le potager ou servent de couvre-sol, mais on les fait généralement grimper sur des treillis ou une pergola. Attention, le support doit être très solide car les fruits sont très lourds!

Récoltez les fruits pour la conservation le plus tard possible à l'automne, juste avant les premières gelées. Lavez-les dans une eau additionnée d'eau de Javel et laissez-les sécher quelques semaines. Après avoir éliminé les fruits pourris qui sont toujours présents, il faut cirer ceux qui restent avec une cire à plancher ou les laquer pour faciliter leur conservation.

Variétés recommandées:
On peut acheter des semences de gourdes ornementales en mélange ou en variétés séparées.

Curcubita pepo (courge, coloquinte, gourde): La plupart des petites gourdes, notamment celles à fleurs jaunes, appartiennent à cette espèce. De saison courte, c'est l'espèce la plus facile à cultiver dans nos régions. On peut la semer en pleine terre, mais il est préférable de la partir à l'intérieur 3 ou 4 semaines avant le dernier gel.

Lagenaria siceraria, anc. *L. vulgaris* (gourde, calebasse): Cette espèce produit des fleurs blanches parfumées le soir et des fruits généralement plus gros. Il faut la semer à l'intérieur.

Luffa aegyptica, anc. *L. cylindrica*, *L. gigantea* et *L. macrocarpa* (loofa, luffa, éponge végétale, courge éponge): Il faut partir cette espèce à croissance plus lente à l'intérieur 7 ou 8 semaines avant le dernier gel. Pour préparer la célèbre éponge végétale, pelez l'écorce du fruit mûr et laissez-le pourrir dans de l'eau, je ne blague pas il faut le laisser pourrir, pendant deux ou trois semaines. Ensuite, après un bon rinçage et un séchage, vous obtenez une éponge très durable.

Haricot d'Espagne
(*Phaseolus coccineus*)

Nom anglais: Scarlet Runner Bean

Hauteur: 2-3 m.

Espacement: 10-20 cm.

Emplacement: Ensoleillé.

Sol: Bien drainé, meuble.

Multiplication: Semis au printemps.

Disponibilité: Sachet de semences.

Floraison: Du milieu jusqu'à la fin de l'été.

Utilisation: Potager, panier suspendu, couvre-sol, écran, treillis, pergola, cosse comestible, attire les colibris.

Phaseolus coccineus 'Painted Lady'

Quasiment inconnu au Québec il n'y a pas si longtemps, le haricot d'Espagne s'est taillé une place de choix parmi les annuelles grimpantes, bon deuxième derrière la gloire du matin. Si on le connaît surtout comme plante ornementale, beaucoup de gens ignorent que, frais ou séché, c'est aussi un haricot comestible fort intéressant.

La plante ressemble beaucoup à son proche parent, le haricot à rames. Ses tiges volubiles grimpent sur n'importe quel support assez mince, produisant des feuilles larges et pointues à trois folioles. La plante produit ça et là sur ses tiges des épis de fleurs rouge flamboyant qui attirent les colibris. Comme tous les haricots, ces fleurs ont la forme de celles des pois. Après la floraison, des cosses vert foncé, longues, épaisses et rugueuses se forment. Si vous les cueillez jeunes, elles s'utilisent comme tout autre haricot vert. Plus tard, quand

358

la cosse devient coriace, les graines servent dans les soupes et les ragoûts comme tout légume sec.

Semez le haricot d'Espagne en pleine terre une ou deux semaines après le dernier gel, dans un sol bien réchauffé. Faites préalablement tremper les graines dans de l'eau tiède pendant 24 heures afin de hâter la germination. Semez les graines à 3 à 5 cm de profondeur. Pour une production massive de cosses dans un sol n'ayant jamais servi à la culture des haricots, versez dans le trou de plantation un peu d'inoculant à haricots offert en pépinière et dans les catalogues. Le haricot a la capacité de produire son propre azote et utilise à cette fin des bactéries vivantes qui fixent l'azote présent dans l'air. Comme ces bactéries sont absentes dans certains sols, il faut les ajouter sous forme d'inoculant.

Pour des résultats plus rapides, semez le haricot d'Espagne à l'intérieur 3 ou 4 semaines avant le dernier gel, dans des godets de tourbe. J'y vois cependant peu d'avantage pour une plante à croissance aussi rapide que celle du haricot d'Espagne qui croît de 15 cm par jour.

Vous pouvez palisser le haricot d'Espagne sur un treillis ou tout autre support, le laisser courir au sol ou retomber d'un panier suspendu. L'une des plus belles utilisations que j'en ai vu était une culture en bac sur un balcon. Après quelques semaines seulement, le balcon complet était recouvert de vert et de rouge!

Pour amuser les enfants, plantez trois ou quatre longues perches dans le potager ou leur aire de jeu, liez-les ensemble au sommet pour en faire un cône ou un tipi, puis semez des haricots d'Espagne à la base de chaque montant. Au début, il faut parfois aider les plants à grimper sur les perches généralement plus larges que les rameaux sur lesquels le haricot se fixe habituellement. En peu de temps, le tipi est entièrement couvert de feuilles et de fleurs, fournissant une maisonnette aux enfants. Ne comptez toutefois pas sur sa récolte une fois qu'ils auront découvert que même crues, les jeunes cosses sont sucrées et délicieuses!

Variétés recommandées:

❧ *Phaseolus coccineus* (haricot d'Espagne): C'est la seule espèce couramment cultivée. En plus de la variété la plus habituelle à fleurs rouges, on trouve aussi des cultivars à fleurs blanches, roses et bicolores. Il y a même des haricots d'Espagne nains qui peuvent servir dans la plate-bande comme annuelle de bordure ou de deuxième plan.

Humulus japonica 'Variegata'

Houblon du Japon
(*Humulus japonica*)

Nom anglais: Japanese Hop

Hauteur: 3-6 m.

Espacement: 30-45 cm.

Emplacement: Ensoleillé.

Sol: Bien drainé, humide.

Multiplication: Semis au printemps ou à l'automne.

Disponibilité: Sachet de semences.

Floraison: Sans intérêt.

Utilisation: Panier suspendu, bac, couvre-sol, écran, treillis, pergola, naturalisation, pentes.

Si vous désirez cacher rapidement un objet ou une vue indésirable derrière un écran de verdure, c'est la plante à choisir. En seulement deux mois, un seul pied de houblon du Japon peut couvrir une surface de 65 m², l'équivalent du côté d'une maison unifamiliale typique. Bien sûr, Il lui faut un support approprié, très résistant compte tenu du poids d'une plante de cette ampleur. Il suffit de fixer solidement un grillage à une clôture ou un mur, et de semer des graines de houblon du Japon espacés de 45 cm pour le faire disparaître moins d'un mois après sa germination. Encore aujourd'hui, cette plante est employée à certains endroits pour cacher des carcasses d'auto, voire même d'autobus.

Cette couverture n'est pas mince. Le houblon produit de nombreuses tiges volubiles qui s'entortillent autour de tout objet fixe, y compris d'autres tiges de houblon, et ses grosses feuilles à cinq lobes, en forme de feuille de vigne, dissimulent vraiment tout, on ne voit que du vert!

On ne voit même pas ses fleurs cachées par le feuillage. D'ailleurs, elles n'ont rien pour émouvoir. Chez le houblon, les fleurs mâles et femelles poussent sur des plantes différentes. Les fleurs mâles ressemblent à des chatons de saule verdâtres. Les fleurs femelles sont cachées par des bractées vertes dans une inflorescence ressemblant vaguement à un cône de conifère retombant. Les bractées brunissent un peu à l'automne rendant les inflorescences un peu plus visibles mais assez banales. Si au moins on pouvait en faire de la bière... mais ce rôle revient au houblon européen (*H. lupulus*), une grimpante vivace! Si c'est une plante grimpante fleurie que vous recherchez, plantez autre chose!

Le houblon du Japon s'adapte très bien au climat du Québec où il se ressème d'ailleurs spontanément sans difficulté. Il n'est donc pas surprenant que l'on puisse le semer en pleine terre à l'automne ou tôt au printemps quand un risque de gel existe encore. Il importe cependant de ne pas trop retarder l'ensemencement printanier car malgré la croissance fulgurante du houblon après la levée, la graine prend près d'un mois pour germer. Semez les graines à 6 mm profondeur dans un emplacement ensoleillé. Si sa croissance est plus que satisfaisante dans un sol pauvre, elle est particulièrement vigoureuse dans un sol fertile et riche en matières organiques. À cause de sa grande vigueur, le houblon exige cependant un sol toujours quelque peu humide. Avec autant de grosses feuilles à fournir en eau, le houblon *n'est pas* un bon sujet pour un emplacement sec!

Si vous le désirez, vous pouvez semer le houblon à l'intérieur 6 à 8 semaines avant le dernier gel. Cependant cet effort non négligeable n'avance la saison que de deux ou trois semaines parce que la graine prend quand même un mois pour germer.

Variétés recommandées:

❧ *Humulus japonica*, anc. *H. scandens* (houblon du Japon): C'est la seule espèce annuelle de houblon couramment cultivée. La forme entièrement verte est moins populaire que le cultivar à feuillage irrégulièrement panaché de blanc, 'Variegata' qui, à l'encontre de nombreuses plantes panachées, se reproduit fidèlement par semis, comme c'est aussi le cas pour la forme 'Aurea', à feuillage doré, ou jaune devenant vert tendre, beaucoup moins disponible sur le marché.

Ipomée écarlate
(*Ipomoea*)

Noms anglais: Cardinal Climber, Cypress Vine

Hauteur: 2-6 m.

Espacement: 30-45 cm.

Emplacement: Ensoleillé.

Sol: Bien drainé, humide, pas trop riche.

Multiplication: Semis au printemps.

Disponibilité: Sachet de semences.

Floraison: Du milieu jusqu'à la fin de l'été.

Utilisation: Panier suspendu, bac, couvre-sol, treillis, pergola, écran, haie temporaire, pentes, attire les colibris.

Ipomoea quamoclit

Encore des ipomées! On en trouve déjà deux fiches dans ce seul chapitre (belle-de-nuit, page 344, et gloire du matin, page 352). Considérant que le genre comprend quelque 500 espèces différentes réparties sur tous les continents à l'exception de l'Antarctique, le genre *Ipomoea* offre une vaste gamme de formes très différentes dont plusieurs se cultivent comme annuelles.

Ce que les ipomées écarlates ont en commun, c'est leur pollinisateur. Les autres ipomées sont pollinisées par différents insectes et sont en conséquence de couleurs variées, mais l'ipomée écarlate ne se laisse polliniser que par le colibri. Ses fleurs tubulaires rouge vif, plus petites que celles des gloires du matin proprement dites, répondent exactement aux élans du colibri. Ainsi, on ne trouve les différentes espèces d'ipomées écarlates que dans les zones tropicales de l'Amérique et pas ailleurs car les colibris sont spécifiquement américains.

À part leurs fleurs tubulaires rouges et leurs tiges volubiles, les différentes ipomées écarlates ont peu de caractéristiques communes. Pour distinguer les différentes espèces, voyez *Variétés recommandées*.

Par contre, leur culture, est identique. Après avoir fait tremper les graines dans de l'eau tiède pendant 24 heures, semez-les à l'intérieur 4 à 6 semaines avant le dernier gel, à 6 mm de profondeur dans des godets de tourbe. Ne repiquez les plants au jardin que deux ou trois semaines après le dernier gel, quand le sol est bien réchauffé et que les nuits deviennent moins fraîches.

Les ipomées écarlates aiment un sol meuble ordinaire pas trop riche, car tout élément nutritif en excès stimule une belle croissance des feuilles aux dépens des fleurs. Le plein soleil est important et elles fleurissent davantage dans un emplacement à l'abri du vent, du moins dans les régions aux étés frais. Palissez-les sur un support quelconque. Si elles sont plantées dans un panier, une boîte à fleurs ou un bac, laissez les tiges retomber. Les fleurs sont à leur apogée en matinée et en fin de journée, ayant tendance à se fermer en après-midi, surtout durant la canicule.

Variétés recommandées:

Les ipomées écarlates étaient autrefois regroupées dans le genre *Quamoclit*, le nom indigène mexicain de cette plante. Elles font maintenant officiellement partie du vaste genre *Ipomoea*, sous-section *Quamoclit*.

🍃 *Ipomoea coccinea*, syn. *Quamoclit coccinea* (ipomée écarlate; en anglais: Star ipomoea, Red Morning-glory): C'est l'espèce qui ressemble le plus aux gloires de matin. Comme elles, ses feuilles sont cordiformes et ses fleurs en forme d'entonnoir. Toute la plante, des feuilles aux fleurs, est cependant de plus petite taille. Les fleurs rouge écarlate à une gorge jaune mesurent environ 4 cm de long.

🍃 *I.* x *multifida*, syn. *Quamoclit* x *sloteri* (ipomée cardinale, ipomée hybride; en anglais: Cardinal Climber, Hearts-and-honey Vine): C'est un hybride intermédiaire de *I. coccinea* et de *I. quamoclit*. Elle a des feuilles généralement en forme de coeur tout comme *I. coccinea*, mais fortement découpées comme *I. quamoclit*. La fleur en entonnoir cramoisie à oeil blanc, sans lobes pointus, ressemble davantage à celles de *I. coccinea*.

🍃 *I. quamoclit*, syn. *Quamoclit pennata* (ipomée quamoclit, jasmin rouge de l'Inde; en anglais: Cypress Vine, Cardinal Climber, Star-glory): Sa parenté avec les gloires du matin est moins évidente. La fleur est habituellement écarlate et bien que généralement en forme de trompette, les lobes normalement arrondis et à peine visibles sont très nettement pointus, lui conférant l'apparence d'une fleur étoilée plutôt qu'en entonnoir. Ses feuilles, fortement laciniées en segments très minces, ne ressemblent pas à des coeurs comme celles des autres gloires du matin, mais davantage à des frondes de fougère, voire même à des aiguilles de pin. On trouve aussi un cultivar, 'Alba', à fleurs blanches.

Mina lobata

Mina
(Mina)

Nom anglais: Flag of Spain

Hauteur: 4-6 m.

Espacement: 30-45 cm.

Emplacement: Ensoleillé ou légèrement ombragé.

Sol: Bien drainé, humide.

Multiplication: Semis au printemps.

Disponibilité: Sachet de semences.

Floraison: Du milieu jusqu'à la fin de l'été.

Utilisation: Panier suspendu, bac, couvre-sol, écran, treillis, pergola, pentes, attire les colibris.

Qui croirait que cette plante est apparenté à la gloire du matin? La gloire du matin produit de grosses fleurs en forme d'entonnoir et le mina ne produit que de petites fleurs qui s'ouvrent à peine. Malgré cette différence, les deux genres sont cependant si étroitement apparentés que *Mina* fut autrefois classifié comme *Ipomoea*. Ses feuilles cordiformes ressemblent beaucoup à celles des véritables ipomées et leur façon de grimper est identique, les deux s'agrippant par leurs tiges volubiles.

Les fleurs du mina sont curieuses. Le bouton à cinq côtés d'abord rouge écarlate devient orange en se développant, puis jaune, et presque crème en s'épanouissant. Dire qu'il s'épanouit est quasiment exagéré en parlant de la petite ouverture par laquelle s'exhibent le pistil et les étamines plus longues à l'extrémité de la fleur. Comme toute gloire du matin qui se respecte, la fleur tombe rapidement. Ce n'est donc pas la fleur même qui attire notre attention, mais *l'ensemble* de la fleur ouverte et les nombreux boutons de couleurs différentes selon leur développement. Cet effet d'ensemble est d'autant plus intéressant que les fleurs regroupées en épis axillaires se lancent vers le ciel en s'arquant légèrement. Comme toutes les fleurs de l'épi penchent du même côté et que les couleurs rouge, orange et jaune s'y combinent, l'effet d'ensemble suggère un feu d'artifice.

La feuille vert moyen du mina est cordiforme et fortement lobée, avec trois lobes principaux et parfois deux autres à son sommet. Globalement, la feuille ressemble un peu à une feuille de vigne ou à une feuille d'érable.

Semez les graines de mina en pleine terre à 6 mm de profondeur, ou à l'intérieur, dans des godets de tourbe, 6 à 8 semaines avant le dernier gel. Faites auparavant tremper les graines dans de l'eau tiède pendant 24 heures pour une germination plus rapide. Les graines germent cependant assez lentement, donnant rarement signe de vie avant 20 à 25 jours.

Son emplacement idéal est chaud et en plein soleil, dans un sol ordinaire pas trop sec. Comme pour toutes les plantes apparentées de près ou de loin aux ipomées, évitez les sols trop riches pour éviter de voir des belles feuilles en quantité mais très peu de fleurs!

Variétés recommandées:

❧ *Mina lobata*, syn. *Ipomoea lobata*, *Quamoclit lobata* (mina lobé): Le genre *Mina* est monotypique, ce qui signifie qu'il ne comprend qu'une seule espèce, celle décrite ci-dessus. Il y a cependant quelques cultivars de *Mina lobata*, notamment 'Citronella', dont les boutons ne sont pas rouges, mais jaunes, donnant des inflorescences unicolores plutôt que multicolores.

Mina lobata

Cardiospermum halicabrum

Pois de coeur
(*Cardiospermum halicacabrum*)

Noms anglais: Balloon Flower, Love-in-a-puff, Heart-seed.

Hauteur: 3 m.

Espacement: 30 cm.

Emplacement: Ensoleillé.

Sol: Bien drainé.

Multiplication: Semis au printemps.

Disponibilité: Sachet de semences.

Floraison: Du début jusqu'à la fin de l'été.

Utilisation: Panier suspendu, bac, écran, treillis, pergola, pentes, feuilles comestibles.

Le pois de coeur est l'une des rares plantes grimpantes annuelles cultivées surtout pour ses fruits décoratifs. Regroupés à deux ou trois, ils sont ronds et gonflés, ressemblent à des ballons de basket, et se détachent bien du feuillage vert plus sombre de la plante. De plus, tout comme un ballon de basket, les fruits très légers bougent constamment au vent, descendent, montent, redescendent encore et encore, comme si le vent pratiquait le dribble.

Inutile de vous dire que le pois de coeur a tout ce qu'il faut pour plaire aux enfants. Facile à cultiver, avec de grosses graines que les petites mains manient aisément, il pousse rapidement et devient énorme, s'attirant les soins des jeunes et évitant leur désintérêt pour une plante qui semble figée. Non seulement les fruits qui bougent constamment intriguent les enfants, mais ils peuvent les ouvrir pour en extraire trois grosses graines noires qu'ils utilisent ensuite pour enfiler des colliers décoratifs sans crainte, car ces graines sont inoffensives.

Curieusement, chaque graine porte une marque blanche en forme de coeur. Selon la Doctrine des signatures très en vogue au Moyen Âge, tout ce qu'il y avait sur la terre y avait été placé par Dieu pour servir l'homme. Évidemment, le coeur sur la graine constituait la preuve que ces graines devaient servir pour soigner le coeur. Aujourd'hui, on sait très bien que le pois de coeur n'est aucunement efficace pour les maladies cardiaques, mais c'est toujours une belle histoire à raconter. Par contre, dans les pays chauds, on utilise encore les jeunes feuilles comme légume.

Si les fruits sont intéressants, que faut-il penser du reste de la plante? Côté feuillage, c'est bien, le pois de coeur pousse rapidement et ses feuilles vert foncé, quelque peu reluisantes, sont joliment découpées. Comme la plante pousse densément et rapidement, elle fait un excellent écran.

Et les fleurs? C'est moins intéressant. Bien que nombreuses et jolies, les fleurs blanches sont trop petites pour attirer le regard. Elles ont cependant un aspect intrigant, un petit quelque chose de spécial. Chez le pois de coeur, ce sont les tiges florales qui se transforment en vrilles pour attacher la plante et la faire grimper, ce qu'elles parviennent facilement à faire sur un treillis ou un autre tuteur.

Avant de semer les graines à l'intérieur, 6 à 8 semaines avant le dernier gel, faites-les tremper dans de l'eau tiède pendant 24 heures pour ramollir leur épiderme épais et hâter la germination. Semez les pois à 1 cm de profondeur. La levée est lente et demande de 25 à 30 jours mais par la suite, les plantes croissent rapidement et solidement. Repiquez-les dans une terre à jardin ordinaire en plein soleil, quand il n'y a plus de danger de gel.

Variétés recommandées:

❧ *Cardiospermum halicacabrum* (pois de coeur): C'est la seule espèce couramment cultivée. Voir la description ci-dessus pour plus de détails sur son apparence, son utilisation et sa culture.

Cardiospermum halicabrum

Lathyrus odoratus

Pois de senteur
(*Lathyrus odoratus*)

Nom anglais: Sweet Pea

Hauteur: 30-300 cm.

Espacement: 15-20 cm pour les variétés basses; 20-35 cm pour les variétés hautes.

Emplacement: Ensoleillé.

Sol: Bien drainé, humide, frais, plutôt alcalin si possible.

Multiplication: Semis au printemps ou à l'automne.

Disponibilité: Sachet de semences.

Floraison: De la fin du printemps jusqu'à la fin de l'été.

Utilisation: Plate-bande, bordure, massif, couvre-sol, muret, écran, treillis, pergola, pentes, fleur coupée.

Le pois de senteur est exactement ce que son nom suggère, un pois ornemental aux fleurs typiques du genre, soit en forme de papillon, mais très parfumées. Il croît aussi comme un pois, à partir de semis très tôt en saison, il forme des tiges lâches qui se tiennent grâce à des vrilles formées à l'extrémité de ses feuilles bleu vert, lui permettant de monter sur le tuteur qu'on lui fournit. Comme le vrai pois que l'on cueillait plus tôt que les autres légumes avant les grosses chaleurs, le pois de senteur atteint sa plus belle forme avant que ne débute la canicule. Alors qu'autrefois on arrachait le pois de senteur à la mi-juillet pour faire place aux autres grimpantes qui commencent à prendre de l'ampleur à cette date, il est possible d'étirer sa floraison jusqu'à l'automne.

Le pois de senteur préfère la fraîcheur. J'aurais pu le placer dans le chapitre *Des annuelles qui aiment le froid* si la plante n'avait pas été grimpante, parce qu'alors elle aurait été toute la seule de sa catégorie. Sa culture doit en tenir compte. Les conseils suivants sont différents des recommandations que l'on trouve dans n'importe quel livre de jardinage. Ces conseils visent la culture de cette plante dans l'est du Canada afin de réussir vos pois de senteur malgré un printemps court et une canicule importante.

Pour commencer, achetez non pas *un* sachet de pois de senteur, mais deux, et de deux lignées différentes. Il faut un sachet de pois de senteur ordinaires, dits «à floraison printanière». Si la description sur le sachet ne mentionne aucunement sa résistance à la chaleur, vous savez qu'il s'agit d'un cultivar de cette catégorie. Il faut également un sachet de pois de senteur qui résistent à la chaleur, comme 'Old Spire', appelés aussi «à floraison estivale». Vous pouvez les acheter de couleur identique si vous désirez une teinte précise. En semant, alternez de trou en trou: graine ordinaire dans un trou, graine thermorésistante dans le trou suivant, graine ordinaire, graine thermorésistante, et ainsi de suite jusqu'à la fin du rang. Planter uniquement des pois de senteur ordinaires vous donne une floraison hâtive qui s'arrête tôt; planter seulement des variétés thermorésistantes vous donne des fleurs l'été mais quasiment aucune au printemps, car on ne vous dit pas que les lignées qui résistent à la chaleur fleurissent très, très tard. En mélangeant les deux, vous aurez à la fois des fleurs hâtives et tardives, donc une période de floraison ininterrompue, débutant tôt au printemps pour se prolonger jusqu'à l'automne.

Vous avez le choix entre semer le pois de senteur tard à l'automne ou tôt au printemps. Si vous le semez à l'automne, faites-le assez tard, au moment où les nuits sont suffisamment fraîches pour que les graines ne puissent germer. Si les températures nocturnes se maintiennent à 5°C ou moins, c'est parfait. Semez-le à 1,5 cm de profondeur et espacé de 10 cm, dans un sol meuble et bien drainé, en versant un peu d'inoculant azoté (voir la description du haricot d'Espagne à la page 361) dans chaque trou, de préférence dans un emplacement relativement frais en été. Au printemps, semez-le dans les mêmes conditions, dès que le sol peut être travaillé, et même fin mars si la température le permet. Ce qui compte, c'est qu'il soit en terre très, très tôt. Dame Nature s'en occupera le moment venu.

Quand les plants lèvent, éclaircissez à 15-20 cm pour les variétés basses, à 20-35 cm pour les variétés hautes. Lorsque les plants atteignent environ 15 cm de hauteur, pincez-les pour stimuler la ramification. Offrez un tuteur quelconque aux variétés grimpantes. Votre tâche est terminée et vos plantes grimperont sans autre effort de votre part.

Il est possible que le pois de senteur soit en fleurs deux ou trois semaines avant le dernier gel, ou peu après, selon le climat. Au début de la floraison, paillez abondamment le sol pour qu'il conserve sa fraîcheur durant l'été. Le

pois de senteur fleurira abondamment, ce qui est fort intéressant car aucune autre annuelle grimpante n'est en fleurs à ce moment-là.

À l'arrivée des chaleurs, il est important de veiller à ce que votre pois de senteur ne manque pas d'eau, la première cause de son dépérissement estival. Taillez-le sévèrement, rabattant chaque tige d'un tiers, ce qui provoque généralement un temps d'arrêt suffisamment long pour que la canicule terminée, il recommence à pousser. Il reprendra sa floraison, même en l'augmentant, à l'arrivée de la fraîcheur automnale.

Si vous ne réussissez pas à faire fleurir vos pois de senteur après la fin juillet, ce qui est possible dans les régions les plus chaudes de la province, dites-vous que vous avez quand même eu droit à votre lot de fleurs si le pois de senteur fleurissait déjà un mois et demi avant les autres annuelles. S'il arrête de fleurir six semaines plus tôt que les autres n'amoindrit pas une performance si remarquable.

Enfin, le pois de senteur fait une excellente fleur coupée, notamment les lignées aux tiges particulièrement longues et solides, comme 'Cuthbertson' et 'Spencer'.

Cependant soyez vigilants. Le pois de senteur n'est pas comestible et, bien que plus indigeste que toxique, il vaut mieux ne pas le planter si vous avez des jeunes enfants susceptibles de confondre ses cosses aplaties avec celles du pois des neiges qui sont sucrées et très semblables.

Variétés recommandées:

🌸 *Lathyrus odoratus* (pois de senteur, gesse odorante): C'est le seul pois ornemental annuel couramment cultivé. À sa gamme de couleurs presque complète, il ne manque que le jaune. Il offre une variété de types de croissance et de formes de fleurs, aux pétales frangés ou flûtés, de couleur unie ou bicolores, etc. Vous trouverez des pois de senteur de presque toutes les hauteurs, de 30 cm à plus de 3 m. Retenez cependant que les variétés basses ont perdu leur capacité de grimper, n'ayant que peu ou pas de vrilles. Si elles vous semblent intéressantes, rappelez-vous que, avec ou sans vrilles, leurs tiges sont tout aussi lâches que celles des variétés hautes qui peuvent s'agripper pour monter. Les variétés dites naines sont la plupart du temps écrasées dans la boue, comme si un éléphant s'était assis sur la plate-bande, au point de se demander si le développement d'un pois de senteur nain a constitué un pas en avant ou un recul.

Un dernier détail à noter: le pois de senteur a toujours été fortement parfumé, jusqu'à tout dernièrement. Les hybrideurs se sont concentrés sur la couleur, la durée et la forme de la fleur, oubliant le parfum, et il en résulte que plusieurs pois «de senteur» n'ont plus de parfum. Si vous voulez un parfum, achetez un cultivar ou un mélange recommandé à cette fin.

Lathyrus odoratus 'Boquet Pink'

Thunbergia alata

Thunbergie
(*Thunbergia*)

Noms anglais: Black-eyed Susan Vine, Clock Vine

Hauteur: 1,5-3 m.

Espacement: 30-40 cm.

Emplacement: Ensoleillé ou légèrement ombragé.

Sol: Bien drainé, humide, riche en matière organique.

Multiplication: Semis au printemps.

Disponibilité: Plants à repiquer, sachet de semences.

Floraison: Du début de l'été jusqu'au début de l'automne.

Utilisation: Panier suspendu, bac, couvre-sol, muret, écran, treillis, pergola, pentes.

Le genre *Thunbergia* comprend surtout des plantes grimpantes tropicales, de véritables lianes aux tiges massives, aux feuilles énormes et à grosses fleurs violettes, bleues ou rouge sang. Ce ne sont guère des plantes qui peuvent se cultiver comme annuelles sous un climat froid, d'autant plus qu'elles prennent souvent des années à se développer. Cependant, il existe chez les thunbergies à liane un sous-groupe de plantes plus petites, des miniatures comparativement à leurs parentes, le plus souvent à tiges minces, à petites feuilles et à fleurs jaunes ou orange, qui croissent rapidement à partir de semis sans être menaçantes. C'est dans ce groupe que l'on trouve les deux seules espèces couramment cultivées comme grimpantes annuelles.

Même si ce sont en réalité des grimpantes vivaces dans leur Afrique natale, les thunbergies annuelles, si on peut les appeler ainsi, croissent assez rapidement, mais sans atteindre de grandes hauteurs au cours de nos étés. Le 3 m mentionnés dans l'introduction ne sont qu'un maximum possible, une hauteur de 1,5 m se rapprochant davantage de la réalité. Avec leur tiges minces, leurs petites feuilles et leur croissance plutôt limitée, ces thunbergies appartiennent, avec le muflier grimpant et le rhodochiton, au groupe sélect des annuelles grimpantes de taille modeste, servant moins fréquemment d'écran dans le jardin que de plantes rampantes et grimpantes pour les paniers suspendus, les boîtes à fleurs et les contenants.

Les deux espèces décrites ci-dessous ont des feuilles vert moyen, dentées, velues, en forme de pointe de flèche. Leur pétiole curieux est toujours ailé, une caractéristique qui trahit leur proche parenté, car la plupart des autres thunbergies ont des pétioles ordinaires. Les fleurs en forme d'entonnoir ont cinq lobes égaux.

On ne peut se procurer que des plants de thunbergie ailée en pépinière. Cependant, on peut cultiver les deux espèces par semis à l'intérieur, 6 à 8 semaines avant le dernier gel. Semez les graines en godet de tourbe, les recouvrant à peine avec du terreau. Il est aussi possible de semer les graines de thunbergie en pleine terre, dans un sol bien réchauffé, lors du dernier gel.

Comme les thunbergies n'aiment pas le froid, attendez que les nuits dépassent régulièrement 10°C avant de les sortir. Attention cependant aux emplacements trop chauds car la thunbergie préfère des températures modérées. Un emplacement quelque peu ombré en après-midi serait idéal.

Les thunbergies dites annuelles sont fort intéressantes en panier suspendu, car non seulement elles retombent très agréablement autour du pot, mais elles grimpent sur les supports du crochet, les cachant à la vue. On les utilise aussi très souvent dans les jardins en contenant en les laissant retomber autour du bac. Une fertilisation assez généreuse stimulera une floraison abondante tout l'été, même sans supprimer les fleurs fanées.

On peut rentrer les thunbergies annuelles pour l'hiver comme plantes d'intérieur. Si l'éclairage est assez intense, elles fleuriront tout l'hiver.

Variétés recommandées:

🍃 *Thunbergia alata* (thunbergie ailée): C'est de loin l'espèce la plus courante, aux fleurs habituellement jaunes avec un oeil très sombre, presque noir. En culture, on a développé des lignées à fleurs crème ou blanches, avec ou sans oeil sombre. Certains cultivars sont légèrement parfumés.

🍃 *T. gregorii* (thunbergie orange): C'est une plante très semblable à la précédente, mais dont les fleurs et les feuilles sont plus arrondies et légèrement plus grosses. La différence majeure vient des fleurs orange vif, sans oeil foncé. Actuellement, cette espèce n'est disponible qu'en semences qu'il faut commander à l'étranger par la poste, mais elle est si facile à cultiver que les choses devraient changer éventuellement.

373

Juste pour le parfum

La plupart des fleurs de ce chapitre dégagent, même à une certaine distance, un parfum appréciable, et on peut toujours l'intensifier. Par exemple, une fleur parfumée çà et là dans la plate-bande embaumera très peu. Cependant, si des fleurs parfumées sont regroupées en talles de 5 à 7 plants à deux, trois, ou quatre points stratégiques, on ne peut que remarquer leur parfum. Plus un arôme est à la hauteur du nez, plus il est facile de le détecter. Autant que possible, cultivez des variétés hautes plutôt que des cultivars modernes artificiellement nains. Donnez de la hauteur aux variétés basses en les cultivant en rocaille, sur un muret, dans un panier, une boîte à fleurs, etc. Placez aussi les plantes parfumées à l'abri du vent, dans un emplacement assez chaud afin de mieux concentrer leur parfum. Sachant que de nombreuses plantes parfumées le sont surtout le soir, aménagez des plantations près des lieux fréquentés à ce moment-là de la journée, comme au bord ou sur une terrasse où vous vous détendez en soirée, près d'une fenêtre souvent ouverte ou en bordure d'un sentier que vous aimez longer le soir. Enfin, n'hésitez pas à placer des bouquets parfumés dans la maison où vous pouvez en profiter. Vous pouvez même concevoir des bouquets de couleur discrète pour parfumer la maison uniquement en soirée, permettant au nez de les découvrir avant les yeux, une idée tout à fait charmante!

Moins une fleur est parfumée, plus les trucs du paragraphe précédent sont utiles pour en profiter. Une plante qui semble peu parfumée peut enchanter votre odorat si vous en plantez plusieurs dans un espace à la hauteur du nez et à l'abri du vent.

Chaque médaille a son revers. Si plus de 95 % de vos parents et amis sont susceptibles d'apprécier vos efforts pour créer un jardin d'arômes, un faible pourcentage d'entre eux sont cependant allergiques ou sensibles. Pour cette raison, il est préférable de ne pas utiliser trop de fleurs parfumées à l'entrée de votre demeure. Mais si par malheur un des occupants de votre maison souffre d'allergie, vous saurez au moins quelles plantes éviter!

Nous présumons ici que tous les membres de votre famille apprécient les parfums et que vous désirez profiter davantage des fleurs parfumées. Si c'est le cas, n'attendez pas trop pour vous procurer ces plantes. C'est bien triste, mais au rythme où vont les choses, les fleurs perdent de plus en plus leur parfum au lieu de l'intensifier. Les hybrideurs travaillent d'arrache-pied à concocter de nouvelles variétés à fleurs plus grosses, plus nombreuses, plus colorées et à réduire des plantes pour les rendre de plus en plus basses. Dans ces recherches, le parfum est grandement délaissé, l'oublié de cette désolation, presque devenu une «espèce en voie de disparition». La liste des annuelles «autrefois parfumées» s'allonge rapidement. Plusieurs pois de senteur et oeillets n'ont plus d'odeur, et certains tabacs odorants modernes n'ont d'odorant que le nom. Même l'héliotrope au parfum si typique, dont le parfum a marqué toute une époque à la fin du 19e siècle, n'a presque plus de fragrance. Dans le domaine de l'odeur, je crains fort que les choses aillent en empirant plutôt qu'en s'améliorant.

Giroflée annuelle

Héliotrope

Mignonnette

Quatre-heures

Tabac d'ornement

Thlaspi

Matthiola incana 'Legacy'

Giroflée annuelle
(*Matthiola*)

Nom anglais: Stock

Hauteur: 20-75 cm.

Espacement: 8-15 cm.

Emplacement: Ensoleillé ou légèrement ombragé.

Sol: Bien drainé, pas trop fertile, frais.

Multiplication: Semis au printemps.

Disponibilité: Plants à repiquer, sachet de semences.

Floraison: Du début de l'été au début de l'automne.

Utilisation: Plate-bande, bordure, massif, bac, couvre-sol, naturalisation, fleur parfumée, fleur coupée, fleur séchée, attire les papillons.

Il existe deux giroflées annuelles différentes de bien des façons, mais partageant au moins une caractéristique, elles sont fortement parfumées. Toutes deux ont de longues feuilles gris vert étroites et un épi floral dressé. Les deux réussissent mieux dans les régions aux étés frais. Cependant, pour leur culture respective, il est préférable de vérifier les *Variétés recommandées*, car malgré leur appartenance au même genre, leurs besoins sont très différents.

Variétés recommandées:

🌿 *Matthiola incana* (giroflée des jardins; en anglais: Common Stock, Gillyflower): La giroflée des jardins étant une bisannuelle trop gélive pour nos hivers, on la cultive comme annuelle. L'hybridation a cependant permis de créer des lignées qui fleurissent de plus en plus rapidement à partir de semis, de sorte qu'on peut maintenant espérer voir ses fleurs en aussi peu que 10 semaines. Cette plante aux feuilles gris vert, oblongues ou lancées, est généralement dressée, certaines lignées extra naines ont un port plutôt buissonnant. Elle forme de denses épis de fleurs généralement doubles, parfois simples, dans des teintes de blanc, crème, jaune, rose, rouge, pourpre et bleu. Les fleurs sont fortement parfumées le jour, mais moins la nuit. Hauteur: 20-75 cm.

Cette giroflée est assez compliquée à cultiver à partir de semis. Il est souvent préférable d'acheter des plants en caissette. Si vous tenez à la semer vous-même, faites-le à l'intérieur, 6 à 8 semaines avant le dernier gel, sans les recouvrir, les laissant germer à la température de la pièce. Quand les semis lèvent, gardez-les à une température de 13-18°C. Lorsque les jeunes plants ont de quatre à huit feuilles, repiquez les plants à feuillage vert pâle ou de croissance chétive dans des godets individuels. Vous pouvez éliminer les semis à feuillage vert foncé car ils donneront des plants à fleurs simples. Repiquez au jardin quand tout danger de gel est écarté. Faites des plantations assez serrées pour stimuler une floraison plus hâtive.

La giroflée des jardins fait une excellente fleur coupée. Récoltez les épis dont environ la moitié des fleurs sont épanouies. En recoupant souvent l'extrémité des tiges et en rajoutant à l'eau du vase un produit de conservation pour fleurs coupées, elles peuvent durer une dizaine de jours. On peut aussi faire sécher les fleurs en les suspendant la tête en bas pendant environ une semaine.

🐾 *M. longipetala bicornis*, syn. *m. bicornis*(giroflée grecque, giroflée parfumée le soir; anglais; Evening-scented Stock): C'est la plus parfumée. Nul besoin d'être proche pour la sentir! Cependant, ses fleurs ne s'épanouissent que le soir; dans la journée, elles sont entièrement fermées et la plante n'a aucun attrait, mais elles demeurent toutefois ouvertes le jour par temps gris. Malgré son port normalement ouvert d'apparence chétive et ses étroites feuilles grises, la giroflée grecque est plus solide qu'elle le laisse voir. Les petites fleurs à quatre pétales sont pourprées à coeur blanc, plus rarement de teintes blanches, roses et jaune crème. Hauteur: 30-45 cm.

Habituellement on la sème en pleine terre, dès que le sol peut-être travaillé au printemps, parmi d'autres plantes plus attrayantes. Je vous suggère de la semer en compagnie de la julienne de Mahon (*Malcomia maritima*), page 162, dont les fleurs parfumées le jour sont plus attrayantes. De feuillage et de port semblables les deux plantes donnent alors l'impression qu'il n'y a qu'une seule plante parfumée tant le jour que le soir.

Héliotrope
(Heliotropium arborescens)

Noms anglais:
Heliotrope, Cherry Pie

Hauteur: 30-90 cm.

Espacement: 30-45 cm.

Emplacement: Ensoleillé ou légèrement ombragé.

Sol: Bien drainé, fertile.

Multiplication: Semis au printemps; boutures de tige en toute période.

Disponibilité: Plants à repiquer, sachet de semences.

Floraison: Du début de l'été jusqu'aux premiers gels.

Utilisation: Plate-bande, bordure, en isolé, bac, fleur parfumée, attire les papillons et les colibris.

Heliotropium arborescens 'Lemoine Strain'

Où est passé l'héliotrope d'autrefois, ce grand arbuste avoisinant 1 m de hauteur, aux branches nombreuses et au feuillage touffu coiffé de denses bouquets de fleurs lavandes à l'odeur si typique? Son parfum évoque la vanille et encore plus la poudre pour bébé, même si en réalité, c'est la poudre pour bébé qui est parfumée à l'héliotrope. Les cultivars modernes sont bas et compacts avec des fleurs violet foncé, presque sans odeur. Le parfum des lignées modernes décrit dans les catalogues nous attire, mais dites-vous qu'aujourd'hui, vous ne sentez plus que le quart du parfum d'origine. Devons-nous en conclure que l'héliotrope est déjà perdu comme plante parfumée? Espérons que non. Ceux qui ont gardé le souvenir du parfum des bons vieux héliotropes ne peuvent qu'être déçus par celui des lignées modernes.

L'héliotrope est un arbuste tropical que l'on cultive comme une annuelle sous nos latitudes. Ses tiges ligneuses portent des feuilles joliment plissées et nervurées vert sombre teinté de pourpre, et coiffées de larges et denses bouquets terminaux, composés chacun de dizaines de minuscules fleurs en trompette blanches, lavandes ou violettes. Leur floraison s'étend du début jusqu'à la fin de l'été et peut même continuer l'hiver si on rentre la plante à l'automne, en se gardant bien ne pas entrer en même temps les aleurodes, particulièrement friands de l'héliotrope.

Achetez les plants d'héliotrope en pépinière au printemps, en prenant soin au préalable de vous pencher pour les sentir et peut-être trouver un plant aux effluves particulièrement intenses. Vous pouvez aussi le semer à l'intérieur 10 à 12 semaines avant le dernier gel, recouvrant à peine les graines de terreau. La germination est irrégulière, de 4 jours à 6 semaines. Les variétés modernes sont compactes, presque sans parfum, mais ne nécessitent pas de pinçage. Si vous réussissez à trouver des semences d'héliotrope à l'ancienne, pincez occasionnellement les jeunes plants pour une pousse plus fournie.

Plantez l'héliotrope en plein soleil dans les régions aux étés frais, mais dans un emplacement un peu ombré ailleurs. L'héliotrope est souvent cultivé en bac, ce qui non seulement le rapproche de nos narines mais facilite aussi son entrée à l'automne car on évite de le déterrer. On peut aussi le multiplier par bouturage.

Malgré son parfum délicieux, l'héliotrope est toxique. Plantez-le toujours hors de portée des enfants.

Variétés recommandées:

❧ *Heliotropium arborescens*, anc. *H. peruvianum* (héliotrope): C'est la seule espèce couramment cultivée. Voir la description ci-dessus.

Heliotropium arborescens 'Fragrant Delight'

Mignonnette

(Reseda)

Nom anglais: Mignonette.

Hauteur: 20-45 cm.

Espacement: 15-30 cm.

Emplacement: Ensoleillé ou partiellement ombragé.

Sol: Bien drainé, riche en humus.

Multiplication: Semis au printemps.

Disponibilité: Sachet de semences.

Floraison: Du début de l'été jusqu'à l'automne.

Utilisation: Plate-bande, bac, muret, fleur parfumée, fleur coupée.

Reseda odorata

La mignonnette est assurément la moins attrayante de toutes les annuelles. C'est un vilain petit canard. Ni son feuillage vert moyen en forme de spatule, ni son port plutôt lâche, ni même ses épis pyramidaux de fleurs verdâtres teintées jaunes ou orange ne sont attrayants. Cependant, autant elle est terne à regarder, autant elle charme par son parfum doux, pénétrant et capiteux. C'est de loin la plus parfumée des espèces odorantes le jour. Joséphine de Beauharnais, épouse de Napoléon, la comptait parmi ses fleurs préférées et on dit que c'est elle qui lui a donné son si joli nom. Pendant longtemps, elle a été l'annuelle la plus cultivée en Europe où des potées de mignonnette décoraient tous les balcons parisiens du 19e siècle.

Le parfum de la mignonnette est si intense et sa forme si peu attrayante qu'il faut user d'astuces pour profiter de son arôme sans trop la voir. Fort heureusement, elle préfère la mi-ombre au plein soleil, ce qui nous permet de la planter à l'ombre de plantes plus grandes où seul son parfum est remarqué. Mettez-la dans les boîtes à fleurs, surtout celles placées devant une fenêtre souvent ouverte, les paniers, les massifs d'annuelles, près de l'emplacement de la poubelle, au potager et même, discrètement, dans les bouquets. Tout le monde humera son parfum sans remarquer la plante. On peut même la cultiver en pot comme plante d'intérieur pour embaumer notre intérieur toute l'année, en dissimulant la potée derrière une chose plus jolie!

Les pépiniéristes connaissent peu cette plante et la vendent encore moins. Qui achèterait une caissette de plants si piteux? Il faut donc la cultiver soi-même. C'est heureusement facile à faire!

Le plus simple, c'est de la semer en plein terre deux ou trois semaines avant le dernier gel, là où vous désirez la voir, ou plutôt la sentir. Ne recouvrez pas les graines qui ont besoin de lumière pour germer. Éclaircissez ensuite à 15 à 30 cm. Pincez les jeunes plants une fois pour stimuler une croissance plus dense et une meilleure floraison. Faites un deuxième semis fin juin, car parfois la canicule de juillet affaiblit les premiers plants qui seront alors vite remplacés.

Il est aussi possible de semer la mignonnette à l'intérieur, 6 semaines avant le dernier gel. Il faut le faire dans des godets de tourbe car les racines ne tolèrent pas être dérangées. Repiquez à l'extérieur à la date habituelle.

La mignonnette préfère un sol riche, toujours humide et une légère protection contre le soleil ardent de l'après-midi. Elle réussit mieux dans les régions aux étés frais.

Variétés recommandées:

Reseda odorata (mignonnette commune): Plusieurs espèces de mignonnette furent cultivées autrefois, mais seule l'espèce décrite ci-dessus, *R. odorata*, est encore populaire.

Mirabilis jalapa

Quatre-heures
(*Mirabilis jalapa*)

Noms anglais: Four-o'clock, Marvel of Peru.

Hauteur: 45-120 cm.

Espacement: 30-60 cm.

Emplacement: Ensoleillé ou légèrement ombragé.

Sol: Bien drainé.

Multiplication: Semis ou division des tubercules au printemps.

Disponibilité: Plants à repiquer, tubercules, sachet de semences.

Floraison: Du début de l'été jusqu'aux gels.

Utilisation: Plate-bande, en isolé, massif, bac, arrière-plan, haie temporaire, fleur parfumée, attire les colibris.

En latin *Mirabilis* signifie «merveilleux», et le quatre-heures l'est par sa floraison multicolore surprenante. On peut trouver, sur la même plante, des fleurs de deux couleurs très différentes ou, toujours sur une même plante, des fleurs diversement striées de deux ou trois couleurs.

En France, le quatre-heures est une collation prise en après-midi. Au Québec, le nom de cette plante décrit une caractéristique surprenante. Fermées le jour, les fleurs ouvrent toutes en même temps en fin d'après-midi. Peut-être qu'autrefois nos aïeuls ont remarqué que cette fleur s'ouvrait au moment de leur collation et lui ont donné le nom de quatre-heures. En

France, on l'appelle plutôt belle-de-nuit, tout comme *Ipomoea alba* (page 344) car ses fleurs restent ouvertes toute la nuit. Elle demeurent d'ailleurs ouvertes jusqu'à midi le lendemain, parfois toute la journée si le temps est gris. La plante profite du meilleur des deux mondes, diurne et nocturne, pollinisée par les colibris le jour, par les sphinx la nuit.

Même sans fleurs, la plante est assez impressionnante, un grand arbuste au feuillage vert foncé et lisse en forme de coeur. N'eut été de ses fleurs parfumées, je l'aurais placée dans le chapitre *Des géantes à croissance rapide*. Elle sert souvent aux mêmes fins que les annuelles de grande taille, notamment comme arbuste ou haie temporaire en attendant que les plantes permanentes se développent.

Malgré son port et son feuillage intéressants, le quatre-heures est encore plus beau en fleurs. En forme d'entonnoir, les fleurs au tube de 2,5 à 5 cm de longueur, sont roses, magenta, pourpres, rouges, jaunes ou blanches, et mesurent 2,5 cm de largeur. Elles sont délicieusement parfumées à la tombée de la nuit, mais presque sans odeur au matin.

Le quatre-heures est offert sous trois formes: plants à repiquer de préférence en caissettes à alvéole pour moins déranger ses racines fragiles, racines tubéreuses vendues dans la section des bulbes et sachets de graines. À vous de choisir la méthode qui vous convient le mieux. Repiquez les plants en pleine terre une fois que tout danger de gel est écarté. Les tubercules peuvent aller dans le jardin une ou deux semaines plus tôt, car sous le sol ils seront à l'abri du gel. Plantez-les à 8 cm de profondeur.

Quant aux semis, vous pouvez les faire en pleine terre à la même période que le repiquage, mais généralement on les fait à l'intérieur 6-8 semaines avant le dernier gel, dans des godets de tourbe. Faites préalablement tremper les graines noires très dures dans de l'eau tiède pendant deux jours pour hâter la germination. Pressez les graines sur la surface du terreau sans les recouvrir car elles exigent de la lumière pour germer.

En pleine terre, le quatre-heures croît dans presque tous les sols bien drainés, et tolère bien la sécheresse. Toutefois, il fleurit davantage si on l'arrose et le fertilise régulièrement. Il tolère bien la canicule et la pollution de l'air, ce qui en fait un excellent choix pour la culture en ville.

Pour maintenir un plant vraiment attrayant, vous pouvez déterrer ses racines tubéreuses marron sombre une fois que le gel a noirci son feuillage à l'automne. Entreposez-les au sous-sol durant l'hiver comme un cormus de glaïeul, dans un sac de tourbe placé au frais et à la noirceur.

Malgré ses nombreuses qualités, le quatre-heures a un côté plus sinistre. C'est une plante toxique qu'il faut garder hors de portée des enfants.

Variétés recommandées:

🌿 *Mirabilis jalapa* (quatre-heures, belle-de-nuit, merveille-du-Pérou, nyctage du Pérou): Il y a plus de 60 espèces de *Mirabilis*, mais seulement celle décrite ci-dessus est couramment cultivée. En plus des variétés standard, vous trouverez des lignées compactes, même naines, de même que des lignées à feuillage panaché.

Nicotiana alata

Tabac d'ornement
(*Nicotiana*)

Noms anglais: Flowering Tobacco, Nicotiana

Hauteur: 20-180 cm.

Espacement: 20-25 cm pour les variétés basses; 45-60 cm pour les variétés hautes.

Emplacement: Ensoleillé ou partiellement ombragé.

Sol: Bien drainé, humide.

Multiplication: Semis au printemps.

Disponibilité: Plants à repiquer, sachet de semences.

Floraison: Du début de l'été jusqu'au début de l'automne

Utilisation: Plate-bande, bordure, massif, bac, couvre-sol, rocaille, muret, arrière-plan, écran, sous-bois, naturalisation, coin humide, fleur parfumée, fleur coupée, attire les papillons de nuit et les colibris.

On ne peut guère imaginer une plante qui a changé plus que le tabac d'ornement ou nicotiana. Dans les années 1960, c'était encore une grande plante qui aurait mérité une place dans notre chapitre *Des géantes à croissance rapide*. Mesurant de 90 à 180 cm de hauteur, il présentait une tige feuillue sur environ la moitié de sa hauteur, avec un ou plusieurs épis de fleurs en trompette blanches et penchées qui s'ouvraient uniquement le soir et se fermaient au matin. Pour compenser sa floraison surtout nocturne, la plante dégageait un parfum sublime et pénétrant que personne ne pouvait ignorer.

Aujourd'hui, le tabac d'ornement typique est une plante naine d'au plus 40 cm de hauteur, avec une pseudo-rosette de feuilles très denses et des fleurs moins penchées, ouvertes toute la journée et dans une vaste gamme de couleurs. Malheureusement, le lourd prix à payer pour ce «progrès» a été la perte de son parfum, complète dans certains cas et importante dans d'autres. Si vous jugez les tabacs d'ornement modernes quand même assez parfumés, certaines lignées ont un certain parfum, notamment les cultivars à fleurs blanches, plantez le Nicotiana sylvestris, une plante que l'homme n'a pas encore améliorée et qui possède encore tout son parfum. La différence est saisissante, aussi tranchée que le jour et la nuit, et qui devient un enchantement surtout la nuit, le moment où elle embaume.

Les tabacs d'ornement de toutes catégories produisent soit des tiges compactes des feuilles en forme de rosette, ou sur des tiges allongées des feuilles vert moyen, entières, duveteuses et un peu collantes qui rappellent la pensée. À leur extrémité, les tiges se transforment en épis de fleurs en trompette. La plupart des lignées, anciennes et modernes, forment d'abord une première tige qui fleurit et émettent, pendant cette première floraison, des tiges secondaires pour prendre la relève. La plante fleurit alors sans arrêt tout l'été.

Vous pouvez vous procurer sans difficulté des nicotianas nains en caissette au printemps. Par contre, vous devez semer vous-même les autres espèces. Fort heureusement, le nicotiana sous toutes ses formes est très facile à cultiver à partir de semis. Vous pouvez le faire en pleine terre, après le dernier gel, mais la floraison est alors tardive. Il vaut mieux semer à l'intérieur 6 à 8 semaines avant le dernier gel, en pressant les graines sur la surface du terreau et sans les recouvrir, bien exposées à la lumière, essentielle pour leur germination qui s'effectue en 10 à 20 jours à la température de la pièce. Bien que vraiment petits au début, les semis grandissent rapidement, sont faciles à manipuler et tolèrent des écarts. Repiquez en pleine terre quand le de danger de gel est écarté.

Les nicotianas croissent assez bien dans presque tous les sols, mais préfèrent les sols riches et humides. Posez un paillis ou arrosez durant une période de sécheresse car ils préfèrent une humidité constante. Surveillez les pucerons que vous pouvez chasser avec un jet d'eau. Si vos nicotianas commencent à dépérir vers la fin de l'été, coupez les vieilles tiges florales et ils reprendront vite leur allure de jeunesse. Évitez de planter les tabacs d'ornement près des tomates car les deux espèces sont sujettes aux mêmes insectes et aux mêmes maladies. Cependant, si le nicotiana s'en sort bien, on ne peut dire la même chose de la tomate, et trop rapprocher les deux augmente les risques d'infestation.

Tous les tabacs d'ornement sont des vivaces tendres qu'il est donc possible de rentrer à l'automne. Cependant, comme ils constituent une des cibles favorites des pucerons et des aleurodes, ils risquent de cacher des hôtes indésirables. Si vous tenez à les cultiver à l'intérieur, semez-en en pot à cet fin dans un milieu où ces fléaux sont absents.

La plupart des tabacs d'ornement se ressèment spontanément, mais les hybrides modernes ne donnent pas des plants fidèles au type et il est préférable d'éliminer leurs semis. On peut cependant laisser les tabacs non hybrides repousser spontanément, sans oublier cependant que leur floraison accusera un retard d'environ 6 à 8 semaines sur les plants repiqués.

Les nicotianas nains ont des tiges courtes peu propices à la fleur coupée. Les variétés plus hautes font, par contre, d'excellentes fleurs coupées, tenant jusqu'à 10 jours en vase. Pour une durée maximale, récoltez les épis quand seulement deux ou trois fleurs sont ouvertes.

Enfin, n'oubliez pas que le tabac d'ornement est toujours du tabac. C'est donc une plante hautement toxique qu'il ne faut jamais placer à la portée des enfants.

Variétés recommandées:

🌿 *Nicotiana alata*, syn. *N. affinis* (tabac odorant): La véritable *N. alata*, une grande plante de 90 à 135 cm de hauteur, n'est presque plus cultivée. Elle porte des fleurs penchées fortement parfumées qui se ferment le jour. Pour la description des plantes vendues comme étant *N. alata*, voir *N. x sanderae*.

🌿 *N. langsdorffii* (tabac de Langsdorff): Cette plante de culture facile est surtout une curiosité. Ses fleurs vert lime retombantes comportent un renflement bizarre juste au-dessus des pétales et font penser à des bouteilles de vin. Puisque la plante n'a pas encore reçu de nom commun français, je suggère «rêve-d'ivrogne». Cette espèce n'est *pas* parfumée. Hauteur: 90 à 180 cm.

🌿 *N. x sanderae*, syn. *N. alata*, *N. affinis* (tabac d'ornement, tabac hybride): Il s'agit d'un hybride complexe impliquant plusieurs espèces, notamment *N. alata*, nom sous lequel il est généralement vendu. Les fleurs des hybrides modernes restent ouvertes toute la journée et, contrairement à celles des espèces, sont portées à l'horizontale ou légèrement dressées vers le haut. Il existe plusieurs lignées différentes, des lignées naines de 20 à 35 cm aux lignées hautes de 60 à 90 cm, cette dernière catégorie ayant tendance à disparaître en faveur des lignées naines. La gamme de couleurs de ces fleurs en trompette de 5 cm de diamètre sur 8 cm de longueur comprend le rouge, le rose, le pourpre, le jaune et le vert lime. Aujourd'hui, certaines lignées n'ont aucun parfum, d'autres encore un peu. De façon générale, les cultivars à fleurs blanches ou très pâles sont plus parfumés que ceux à fleurs sombres. Si vous tenez à un certain parfum, achetez des semences de lignées reconnues pour leur parfum, une caractéristique mentionnée dans les catalogues, ou achetez des plants en choisissant une caissette ayant au moins une fleur ouverte pour la sentir.

🌿 *N. sylvestris* (tabac odorant): Cette espèce longtemps négligée est actuellement redécouverte par les nostalgiques des tabacs odorants d'autrefois. C'est une jolie plante de culture très facile. Les fleurs, fortement parfumées le soir, sont blanches à très longs tubes. À près de 120 à 150 cm de hauteur, elles sont parfaitement placées pour que le nez capte leur parfum, mais elles demeurent cependant fermées le jour. C'est une plante idéale pour un jardin tout en blanc.

❧ *N. tabacum* (tabac à cigarette, tabac à pipe): Non, elle n'est pas particulièrement attrayante, mais vous pouvez essayer de cultiver vous-même cette plante qui fournit le tabac à cigarette, à cigare et à pipe, par curiosité ou par souci d'économie, sans oublier que vous devrez faire sécher les feuilles de tabac dont le goût sera extrêmement fort. La plante produit de très grosses feuilles et peut atteindre 90 à 300 cm de hauteur. Ses fleurs sont verdâtres, jaunes ou roses et généralement agréablement parfumées. Méfiez-vous, la plante attire beaucoup de pucerons.

Nicotiana alata

387

Iberis amara

Thlaspi
(*Iberis*)

Nom anglais: Candytuft

Hauteur: 15-45 cm.

Espacement: 13-20 cm.

Emplacement: Ensoleillé.

Sol: Bien drainé, voire même sablonneux.

Multiplication: Semis au printemps ou à l'automne.

Disponibilité: Plants à repiquer (rarement), sachet de semences.

Floraison: De la fin de printemps jusqu'aux neiges.

Utilisation: Plate-bande, bordure, massif, couvre-sol, rocaille, muret, pentes, fleur parfumée, fleur coupée, fleur séchée, attire les papillons.

On trouve plus souvent ces belles d'autrefois autour des vieux jardins que dans les jardins modernes. Elles s'y maintiennent par semis spontanés, souvent depuis plusieurs générations. Victimes de la vie moderne, ces plantes ne tolèrent pas le repiquage une fois en fleurs, et ne peuvent être offertes en pleine floraison dans une caissette. C'est dommage, car presqu'aucune annuelle ne fleurit aussi longtemps que le thlaspi, soit d'avril à novembre dans certaines régions.

Les deux thlaspis, aussi appelés ibérides, sont de petites plantes de bordure ou de couvre-sol qui conviennent aussi au bac. Leurs tiges un peu lâches rampent un peu sur le sol pour se redresser ensuite, et portent à leur extrémité des petites fleurs en ombelles ou en épis à quatre pétales inégaux, les deux pétales inférieurs étant deux fois plus gros que les pétales supérieurs. Leurs feuilles lancéolées ou spatulées peuvent être dentées à l'extrémité.

Si vous trouvez des thlaspis en caissette, ne les achetez pas en fleurs car le choc du repiquage les fait dépérir rapidement. S'il n'y a ni bouton ni fleur, et surtout si on les vend dans des caissette à alvéoles, «cell pak», leur achat peut être recommandé.

Normalement, on sème les thlaspis à l'extérieur, à l'automne ou très tôt au printemps, dès que le sol peut être travaillé. Ils fleurissent rapidement, souvent en moins de six semaines. On peut aussi les semer à l'intérieur, dans des godets de tourbe, 4 à 6 semaines avant le dernier gel. Il ne faut jamais les semer plus de 6 semaines avant la date de plantation, sinon le repiquage est compromis. Dans tous les cas, recouvrez à peine les graines d'un peu de terre. La germination prend de 10 à 20 jours. Le thlaspi se ressème spontanément.

Les thlaspis annuels tolèrent presque tous un sol bien drainé, même pauvre. Tenez-le cependant légèrement humide en tout temps. Il est parfois nécessaire de rabattre les plants du tiers vers la fin de l'été pour stimuler une reprise de la floraison.

Variétés recommandées:
En plus des espèces annuelles décrites ci-dessus, le thlaspi toujours vert (*Iberis sempervirens*) est une vivace fort populaire dans les rocailles.

🐚 *Iberis amara* (thlaspi blanc, ibéride blanche; en anglais: Rocket Candytuft): Sans son parfum, j'aurais placé ce thlaspi parmi les annuelles *À semer directement*. Cependant, son odeur est si exquise que c'est surtout à cause de son parfum qu'il est cultivé et de ce fait, il mérite bien une place dans ce chapitre consacré aux plantes parfumées. Il forme en début de saison un large dôme de fleurs blanches qui se transforme passablement en colonne au cours de la saison. L'inflorescence rappelle une jacinthe à son apogée. Idéal pour la fleur coupée, il existe des lignées spéciales pour fleuristes. Hauteur: 30-45 cm.

🐚 *I. umbellata* (thlaspi en ombelle, ibéride en ombelle; en anglais: Globe Candytuft): Il s'agit d'une espèce plus petite dont les fleurs forment des ombelles arrondies, presque globulaires, différente de sa cousine parce qu'elle est sans parfum et que ses coloris sont différents, étant offerte dans toutes les teintes de blanc, rose, rouge et pourpre. Hauteur: 15-30 cm.

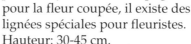

Iberis umbellata 'Fantasia'

389

Des feuillages tout en couleur

Une annuelle sans fleurs? C'est presque une contradiction! Il n'y a pas si longtemps, avant que le mot «annuelle» ne devienne un nom courant, on disait toujours «fleur annuelle». Pourtant, même si les plantes de cette section sont cultivées en tant qu'annuelles, la plupart n'ont pas de fleurs très remarquables.

La majorité des plantes au feuillage ornemental sont attrayantes en tout temps, dans presque toutes les conditions, mais il faut tout de même répondre à leurs besoins minimaux. Que le feuillage soit rouge, or, argenté, bicolore, etc., dès qu'on le met au le jardin, il demeure tel quel aussi longtemps que la plante vit. C'est donc une chance inouïe pour le jardinier paresseux: une plante *toujours* colorée, sans effort. Si seulement c'était aussi facile pour les plantes à fleurs!

Mais pourquoi ces colorations et formes différentes des autres? Pour plusieurs raisons.

Dans le cas des plantes à feuillage argenté ou bleuté, la feuille est en fait complètement verte, mais elle est couverte soit de poils blancs dans le cas du feuillage argenté ou d'une couche cireuse ou poudreuse blanche dans le cas du feuillage bleuté. Il s'agit de la protection solaire des feuilles.

Les plantes à feuillage bronzé, un terme horticole pour décrire une coloration pourpre ou rouge sombre, ont plutôt une surdose de pigmentation. Tous les végétaux ont d'autres pigments que le vert dans leur feuillage, mais la concentration de vert est telle que les autres couleurs sont masquées. Parfois une mutation survient et augmente la quantité de pigments rouges. C'est le mélange des pigments rouge vif et verts qui donne cette coloration pourpre foncé ou rougeâtre que l'on connaît.

Il y a aussi les plantes panachées. Ce terme désigne un feuillage irrégulièrement bicolore, qu'il soit strié, marbré ou tacheté d'une autre couleur, généralement de blanc ou de crème, mais parfois de rose ou de jaune. Souvent

Amarante tricolore

Chou d'ornement

Cinéraire maritime

Coléus

Euphorbe panachée

Hélichrysum argenté

Hypoestes

Irésine

Kochie à balais

Périlla

le nom de la plante comporte le mot 'Variegata', 'Variegatum', 'Variegatus', ou autre, le mot latin pour «panaché».

Dans la plupart des cas, il s'agit d'une mutation. La plante aurait dû produire des feuilles entièrement vertes, mais une partie de la feuille ne produit plus de chlorophylle. Souvent la panachure ne se transmet pas par semis et il faut multiplier ces plantes par voie végétative, normalement par bouturage. Il arrive que dans certains cas, un feuillage panaché soit causé par un virus, l'un des rares cas où l'homme s'efforce d'entretenir une maladie. Ces plantes doivent aussi être multipliées par voie végétative. Quelques rares formes de panachure peuvent se transmettre par semis.

Les plantes dorées, en fait plutôt vert jaunâtre, manquent aussi de chlorophylle. Cette mutation, transmissible parfois par semences, parfois uniquement par bouturage, résulte d'une feuille dont la concentration de chlorophylle est déficiente.

Il y aussi un dernier groupe de plantes à feuillage coloré, celles dont la couleur attire les insectes pollinisateurs. Certaines plantes ont des fleurs trop petites ou d'une couleur trop insignifiante pour les attirer. Elles ont donc développé un truc ingénieux pour les faire venir: leur feuillage entier devient un grand panneau publicitaire multicolore qui leur dit: «Venez me voir, j'ai du nectar à volonté et du pollen à donner à mes voisines.».

Voilà ce qui explique pourquoi les feuillages sont colorés. Voyons maintenant les espèces.

Amaranthus salicifolius 'Flaming Fountain'

Amarante tricolore
(*Amaranthus tricolor*)

Noms anglais: Joseph's Coat, Fountain Plant, Tampala

Hauteur: 30-120 cm.

Espacement: 30-60 cm.

Emplacement: Ensoleillé.

Sol: Bien drainé, plutôt pauvre.

Multiplication: Semis au printemps.

Disponibilité: Plants à repiquer, sachet de semences.

Saison d'intérêt: Du début de l'été jusqu'au début de l'automne.

Utilisation: Plate-bande, bordure, plant isolé, massif, bac, arrière-plan, écran, haie temporaire, fleur coupée, feuillage comestible.

Nous avons vu des amarantes dans le chapitre *Des géantes à croissance rapide* (page 310). Certaines lignées parmi les amarantes à grain et les amarantes élégantes ont un feuillage joliment bronzé, mais il s'agit de plantes surtout cultivées pour leurs épis floraux denses et colorés. L'amarante décrite ne sera jamais primée pour sa floraison car ses petites inflorescences insignifiantes sont cachées à l'aisselle de ses tiges. Mais quel feuillage!

L'amarante tricolore n'a pas toujours été aussi colorée. La forme sauvage porte des feuilles vertes qui se colorent d'un peu plus de jaune et de rouge au moment de la floraison, afin d'attirer les insectes pollinisateurs vers ses fleurs insignifiantes. Grâce à l'hybridation, nous avons maintenant une grande plante arbustive dressée et très solide, plus ou moins pyramidale, au feuillage vert ou pourpré lorsqu'elle est jeune, devenant coloré sur presque toute sa hauteur vers la période de floraison. Ses feuilles, larges ou étroites selon le cultivar, deviennent normalement rouge vif à la base et d'un jaune aussi flamboyant à la pointe. Cependant, selon le cultivar, elles peuvent être entièrement jaune fluo, orange, rouge cerise, pourpres, etc. Leur coloration est si vive que la plante semble illuminée par des néons!

Il est très difficile d'obtenir des amarantes tricolores de bonne qualité en caissette. Pour stimuler la vente, on nous vend la plante déjà colorée, au moment de son cycle où elle accepte difficilement le repiquage et boude alors tout le reste de l'été en demeurant rabougrie. C'est très décevant, comparativement aux amarantes de 120 cm, colorées de la tête au pied, que l'on voit dans les jardins publics.

Comme le dit le dicton, on n'est jamais si bien servi que par soi-même. Semez donc l'amarante tricolore à l'intérieur, de préférence dans des pots de tourbe, 6 à 8 semaines avant le dernier gel, mais pas plus tôt! Recouvrez à peine les graines de terreau et placez-les dans un emplacement chaud d'environ 21 à 24 °C. Après la germination, abaissez la température entre 15 et 18 °C pour empêcher les plants de grandir trop rapidement. Si vous les cultivez sous une lampe fluorescente, réglez la durée de l'éclairage à 12 heures seulement, car l'amarante risque de fleurir trop jeune si on lui impose des jours longs à ce stade. Repiquez l'amarante au jardin lorsque le sol est bien réchauffé et que tout danger de gel est écarté.

Dans certains pays, on mange les jeunes feuilles d'amarante tricolore comme légume, comme les épinards. Si vous avez des amarantes de trop, sachez qu'elle fait une excellente «fleur coupée».

Variétés recommandées:

❧ *A. tricolor*, syn. *A. gangeticus*, *A. melancholis*, *A. salicifolius* (amarante tricolore): C'est la seule espèce d'amarante cultivée surtout pour son feuillage. Il existe une vaste gamme de cultivars unis ou multicolores, nains ou géants. *Amaranthus tricolor salicifolius* est une forme à feuilles plus étroites souvent très recourbées, donnant l'impression d'une fontaine.

Chou d'ornement

Chou d'ornement
(Brassica olearcea acephala)

Noms anglais: Flowering Kale, Ornamental Kale, Flowering Cabbage

Hauteur: 20-30 cm.

Espacement: 20-30 cm.

Emplacement: Ensoleillé.

Sol: Bien drainé, humide.

Multiplication: Semis au printemps.

Disponibilité: Plants à repiquer, sachet de semences.

Saison d'intérêt: Automne et début de l'hiver.

Utilisation: Plate-bande, bordure, potager, massif, mosaïculture, bac, arrangements floraux, feuillage comestible.

Photo: Noresco

Brassica olearcea acephala

Durant l'été, le chou d'ornement déçoit un peu. Il fait une belle rosette et son feuillage est d'un beau bleu vert, souvent joliment découpé ou ondulé, mais sans la belle coloration rose, rouge ou blanche promise. Le chou d'ornement ne prend sa coloration finale qu'à l'automne, surtout lors des premiers gels. Il faut être patient car entre le semis et la coloration finale, il peut facilement s'écouler six mois!

Il faut être conscient que, même si cette plante ressemble à une rose géante, ce n'est pas une fleur. Ce sont les feuilles du centre de la plante qui changent de couleur pour lui donner son charme automnal. Les vraies fleurs du chou d'ornement n'apparaissent qu'au cours du deuxième été car, comme le chou potager, le chou d'ornement est une plante bisannuelle. En théorie, cette plante n'est pas assez rustique pour survivre à nos hivers froids mais lorsque la chose se produit, la plante émet de hautes tiges de 120 cm et plus, portant des petites fleurs jaune pâle ou crème, plus curieuses que décoratives.

Vous avez plusieurs options de culture pour le chou d'ornement. Vous pouvez acheter des plants en caissette au printemps, en vous assurant qu'il s'agit de *petits* plants, car les choux gardés trop longtemps dans un espace restreint ne se développent pas adéquatement. Vous pouvez aussi les semer à l'intérieur 8 à 10 semaines avant la date du dernier gel et les repiquer en pleine terre 3 ou 4 semaines *avant* cette date, car le chou tolère le gel et préfère une bonne fraîcheur au départ. Vous pouvez aussi les repiquer dans des pots de 20 cm et les placer au soleil, mais hors de vue, durant l'été, en les intégrant au jardin à l'automne pour remplacer les annuelles mortes. Pour avoir des choux plus petits, semez-les dans un coin du potager vers le début de juin, les repiquant à leur emplacement final 4 à 6 semaines plus tard.

Enfin, ce n'est pas parce que son feuillage est coloré que le chou d'ornement n'est pas comestible. C'est en fait un chou comme tous les autres qui peut se consommer cru ou cuit. On peut notamment utiliser ses feuilles colorées à l'automne pour garnir les salades, mais ses feuilles sont malheureusement plus coriaces et plus amères que celles des choux pommés! Je me demande pourquoi les hybrideurs, capables de presque tout réaliser, ne tentent pas de développer des choux décoratifs et raffinés, tant pour le goût que pour la texture.

Variétés recommandées:

❧ *Brassica olearcea acephala* (chou d'ornement, chou frisé d'ornement): Certains horticulteurs établissent une distinction entre le chou d'ornement et le chou frisé d'ornement, comme si l'un dérivait du chou potager et l'autre du chou frisé, il n'en est rien. En fait, la forme aux marges ondulées non découpées, appelée chou d'ornement, et celle aux marges découpées, appelée chou frisé d'ornement, viennent toutes deux du chou frisé car ni l'une ni l'autre ne forment une pomme ferme et solide comme le chou potager.

Brassica olearcea acephala 'Red Peacock' en été, avant de prendre sa coloration automnale

Cinéraire maritime

Senecio maritima 'Silver dust'

Cinéraire maritime
(*Centaurea, Senecio, Tanacetum*)

Nom anglais: Dusty Miller

Hauteur: 20-45 cm.

Espacement: 15-25 cm.

Emplacement: Ensoleillé ou partiellement ombragé.

Sol: Bien drainé, voire même sec.

Multiplication: Semis au printemps.

Disponibilité: Plants à repiquer, sachet de semences.

Saison d'intérêt: De la fin du printemps jusqu'aux premières neiges.

Utilisation: Plate-bande, bordure, massif, bac, couvre-sol, mosaïculture, rocaille, muret.

Le nom «cinéraire maritime» désigne au moins quatre plantes différentes dans trois genres et même les experts en perdent leur latin! Fort heureusement, les quatre espèces ont un comportement similaire au jardin et leur culture est identique. Vous n'aurez donc pas à les démêler, seulement à les planter!

Les différentes cinéraires maritimes partagent un feuillage généralement très découpé et fortement couvert de courts poils blancs qui lui donnent un aspect argenté, car en fait, il est gris blanc. Aucune ne fleurit la première année. Lorsqu'elles survivent aux gels de notre hiver, ce qui n'est pas garanti, elles fleurissent l'année suivante.

Les quatre plantes sont de climat méditerranéen: hivers frais et humides avec des étés chauds et secs, et c'est la raison pour laquelle elles se ressemblent. Parce qu'elles poussent près de la mer, dans la roche, leur coloration argentée sert à refléter l'excès de lumière, leur feuillage découpé à mieux laisser dissiper la chaleur, et leur croissance lente à ne pas gaspiller l'eau qui est une ressource rare.

Considérant leur croissance très lente et leur prix raisonnable en caissette, je vous suggère très honnêtement de les acheter sous cette forme plutôt que de les semer. Vous pouvez cependant le faire à l'intérieur, 10 à 12 semaines avant la date du dernier gel. Semez-les en surface, sans les recouvrir de terreau et exposez-les à la lumière. Après la germination, gardez-les un peu plus sèches que les autres annuelles. Si le printemps est hâtif, on peut les repiquer en pleine terre deux ou trois semaines avant la date du dernier gel, car elles supportent un peu le froid.

Théoriquement, des plantes qui, dans la nature, croissent sous une chaleur aussi intense, en plein soleil et dans un sol assez sec, devraient accepter les mêmes conditions en culture. Du fait qu'elles sont cultivées surtout pour leur feuillage et non pour leurs fleurs, on exige beaucoup moins d'efforts de leur part, et de ce fait, elles s'accommodent de moins de perfection. Cultivez les cinéraires maritimes à l'ombre et dans un sol relativement humide, si vous le désirez, mais leur croissance sera un peu plus lente.

Variétés recommandées:

🌿 *Centaurea cineraria*, syn. *C. gymnocarpa* (centaurée maritime): Feuilles très découpées, comme une fougère, grises au reflet métallique. Fleurs violettes.

🌿 *Senecio cineraria*, syn. *S. candidissima* (cinéraire maritime): C'est l'espèce la plus courante. 'Silver Dust' produit des feuilles découpées comme le corail. 'Cirrus' a des feuilles entières à marge légèrement lobée. Fleurs jaunes rappelant le pissenlit.

🌿 *S. vira-vira*, syn. *S. leucostachys* (cinéraire argentine): Feuilles très blanches avec seulement deux à quatre paires de lobes. Fleurs blanches, sans rayons.

Photo: Noresco

🌿 *Tanacetum ptarmiciflorum*, syn. *Chrysanthemum ptarmiciflorum*, *Pyrethrum ptarmiciflorum* (chrysanthème maritime, pyrèthre maritime): Feuilles gris bleuté plus finement découpées que la plupart des fougères. Marguerites blanches au centre jaune. Le cultivar 'Silver Lace' est assez courant.

Tanacetum ptarmiciflorum 'Silver Lace'

397

Coléus

Solenostema scutellarioides 'Alabama Sunset'

Coléus
(*Coleus* x *hybridus*)

Noms anglais: Coleus, Flame Nettle.

Hauteur: 20-90 cm.

Espacement: 20-30 cm.

Emplacement: Ensoleillé ou ombragé.

Sol: Bien drainé, humide, riche en humus.

Multiplication: Semis au printemps, boutures en toute saison.

Disponibilité: Plants à repiquer, boutures enracinées, sachet de semences.

Saison d'intérêt: Tout l'été.

Utilisation: Plate-bande, bordure, massif, panier suspendu, bac, mosaïculture, rocaille, sous-bois, coin humide.

Aucune autre plante ne s'approche du coléus pour la diversité des formes et des couleurs. Le coléus peut avoir un port dressé, buissonnant, rampant ou retombant, à grandes ou petites feuilles, entières, lobées, frangées ou découpées, et sauf pour ce qui est du noir et du bleu, se présente dans presque toutes les teintes: vert, rouge, orange, rose, saumon, blanc, beige, jaune, violet, brun, etc., et dans une multitude de combinaisons. Curieusement, comme les plantes de la famille des menthes, ses tiges sont toujours carrées.

La luxuriance de sa coloration donne l'impression que la plante est difficile à cultiver, cependant le coléus est l'une des annuelles les plus adaptables, tolérant presque tout, sauf le froid et un sol trop sec. Même si on les considère souvent comme des plantes d'ombre, plusieurs coléus réussissent très bien en plein soleil, notamment ceux dont le feuillage est très sombre.

Le coléus est offert sous deux formes: des lignées ou séries et des cultivars. Les lignées sont produites par semences; souvent un peu plus variables que les cultivars, leurs couleurs ne sont pas toujours très nettes ou très originales et elles ont davantage tendance à fleurir jeunes. Cependant, leur prix est imbattable, surtout si vous les semez. Leur prix bien qu'acceptable sera multiplié plusieurs fois si vous les achetez sous forme de plants à repiquer.

Les cultivars représentent le nec plus ultra chez le coléus. Ils présentent des formes, des couleurs et des combinaisons de couleurs incroyables. Toutefois, ils ne se multiplient que par bouturage et ne sont offerts qu'en pot individuel. Leur prix ne se calcule plus en cents mais en dollars! Par contre, comme tous les coléus, ils sont incroyablement faciles à bouturer et vous pouvez facilement récupérer votre investissement en les multipliant à volonté. Ces coléus «de collection» ne sont pas tous offerts localement et il vous faut souvent les faire venir par la poste.

Pour semer vos propres coléus, commencez à l'intérieur 8 à 10 semaines avant la date du dernier gel. Ne recouvrez pas les graines et exposez-les à la lumière pour faciliter la germination. Au début, les semis sont petits et entièrement verts, mais grossissent rapidement et prennent leur coloration finale. Repiquez-les en pleine terre quand tout danger de gel est passé.

Les lignées modernes de coléus se ramifient bien sans pinçage et commencent rarement à fleurir avant la fin de l'année. Cependant, si vous voyez des tiges florales, de minces épis de fleurs généralement bleues, supprimez-les car la plante dépérit après la floraison.

À l'automne, ne vous gênez pas pour rentrer les plants ou prélever des boutures sur vos coléus préférés, ils sont aussi faciles à cultiver dans la maison que dans le jardin!

Variétés recommandées:

🌿 *Solenostema scutellarioides*, anc. *Coleus blumei* et *C.* x *hybridus* (coléus): Triste mais vrai! En botanique, le coléus ne s'appelle plus *Coleus*, mais *Solenostema*. Peu importe le nom, c'est une plante extraordinaire. À vous de choisir parmi les centaines de cultivars et de lignées!

Solenostema scutellarioides 'Golden Wizard'

Euphorbe panachée

Euphorbia marginata

Euphorbe panachée
(*Euphorbia marginata*)

Nom anglais: Snow-on-the-Mountain

Hauteur: 30-90 cm.

Espacement: 15-30 cm.

Emplacement: Ensoleillé ou légèrement ombragé.

Sol: Bien drainé, même pauvre et sec.

Multiplication: Semis au printemps.

Disponibilité: Sachet de semences.

Saison d'intérêt: Du début de l'été jusqu'aux gels.

Utilisation: Plate-bande, plant isolé, naturalisation, fleur coupée.

L'euphorbe panachée est une annuelle au port buissonnant et dressé, produisant de nombreux rameaux de feuilles ovales vert pâle. Vers la mi-été, les nouvelles feuilles ne sont plus entièrement vertes, mais marginées de blanc. Au moment où des petits boutons de fleurs apparaissent à l'extrémité des rameaux, les feuilles plus étroites qui les entourent, les bractées, sont plus blanches que vertes. Les inflorescences sans grand intérêt sont petites et blanches, mais la plante entière est alors presqu'aussi blanche que la neige, d'un effet saisissant dans la plate-bande. Cette coloration inhabituelle des feuilles et des bractées attire les pollinisateurs vers les fleurs insignifiantes.

L'euphorbe panachée semble si exotique que l'on s'imagine qu'elle est difficile à cultiver. C'est une plante indigène des Prairies du Canada qui croît rapidement et facilement à partir de semis en pleine terre, même dans les sols les plus pauvres et les plus secs. Semez tout simplement les graines vers la date du dernier gel, les recouvrant à peine de terre. Dame Nature fera le reste! Vous pouvez aussi semer à l'intérieur, 6 à 8 semaines avant la date du dernier gel, en plaçant le contenant à une température de 21 à 24 °C. L'euphorbe panachée se ressème spontanément, à condition de ne pas couvrir toute la plate-bande de paillis.

Cette plante est aussi très populaire dans les arrangements floraux, mais cueillez toujours ses tiges avec des gants car, comme plusieurs euphorbes, sa sève blanche (latex) est caustique et peut provoquer des brûlures. Pour arrêter l'écoulement du latex, plongez la tige prélevée dans l'eau bouillante ou cautérisez-la avec une allumette pendant quelques secondes.

Variétés recommandées:

🌿 *Euphorbia marginata*, anc. *E. variegata* (euphorbe panachée): C'est l'espèce décrite ci-dessus, sans cultivar ou lignée à recommander de façon spéciale.

🌿 *E. cyathophora*, anc. *E. heterophylla* (poinsettia annuel): Le genre *Euphorbia* comprend aussi le poinsettia (*E. pulcherrima*) qui produit aussi des bractées colorés pour attirer les pollinisateurs vers ses fleurs plutôt insignifiantes. Mais le poinsettia est un arbuste tropical qui fleurit l'hiver. Il a cependant une annuelle proche parente, le poinsettia annuel. Il s'agit d'une grande plante de 90 cm de hauteur au port arbustif. Ses premières feuilles vert vif sont de formes diverses, elliptiques, en forme de lyre, etc. qui sont plus découpées au sommet de la plante, ressemblant alors au feuillage du poinsettia. À la floraison, vers le milieu de l'été, les bractées autour des inflorescences changent de couleur, devenant rouges, parfois à nervures blanches, et sa ressemblance avec le poinsettia est alors frappante. Par contre, l'inflorescence du poinsettia annuel, soit l'ensemble des bractées et des vraies fleurs, est petite et beaucoup moins colorée que celle du vrai poinsettia. Sans doute qu'une sélection ou une hybridation plus poussée pourrait l'améliorer. Avis aux hybrideurs potentiels: cette plante a besoin d'un coup de main! La culture du poinsettia annuel est identique à celle de l'euphorbe panachée. Il sert aussi de fleur coupée une fois la plaie de sa tige cautérisée.

Helichrysum petiolare 'Aurea'

Hélichrysum argenté
(*Helichrysum*)

Nom anglais: Licorice Plant

Hauteur: 20 cm.

Espacement: 30-45 cm.

Emplacement: Ensoleillé.

Sol: Bien drainé.

Multiplication: Boutures de tige en toute période.

Disponibilité: Boutures enracinées, potées individuelles.

Saison d'intérêt: De la fin du printemps jusqu'au début de l'automne.

Utilisation: Plate-bande, bordure, massif, panier suspendu, bac, couvre-sol, mosaïculture, rocaille, muret, pentes, plante condimentaire.

L'hélichrysum fait partie du même genre que l'immortelle (page 448), mais ne lui ressemble pas du tout, étant cultivé strictement pour son port et son feuillage. Il forme un dôme aplati de tiges plutôt rampantes et de feuilles ovales, toutes fortement couvertes de duvet blanc, ce qui leur confère une coloration argentée et une texture pelucheuse très douce qui donne envie de flatter les feuilles. Quand on le fait, elles libèrent une odeur de réglisse, d'où le nom anglais «liquorice plant».

Les fleurs jaune pâle, entourées de petites bractées blanches, sont regroupées en ombelles à l'extrémité des branches. Par contre, la plante fleurit rarement la première année. Généralement, les plantes qui fleurissent sont celles qu'on entre pour l'hiver.

Cette plante n'est pas une véritable annuelle mais un arbuste tendre vendu comme une annuelle. Ses semences ne semblent pas disponibles dans le commerce et on la multiplie strictement par bouturage des tiges. Son port rampant et retombant, ainsi que sa tolérance à la chaleur et à la sécheresse, en font une plante parfaite pour les bacs et les jardinières de toutes sortes, mais l'hélichrysum est également une excellente plante de bordure et de rocaille. On peut aussi le faire grimper sur un treillis, car il peut atteindre 1,5 m en un seul été. Par contre, il faut l'attacher car il grimpe difficilement.

Achetez l'hélichrysum sous forme de bouture enracinée à la fin de l'hiver, ou en pot à la fin du printemps. Attendez cependant que les températures se réchauffent avant de le sortir pour l'été car il craint les nuits fraîches. Puisqu'il est produit par bouturage, vous pouvez le multiplier de la même façon. Rentrez les boutures ou les plants à la fin de l'été pour les cultiver sur le rebord d'une fenêtre ensoleillée pendant l'hiver.

Variétés recommandées:

🌿 *Helichrysum petiolare*, anc. *H. lanatum* et *Gnaphalium lanatum* (hélichrysum argenté): C'est l'espèce la plus connue et celle décrite ci-dessus. En plus de la forme au feuillage argenté, trois cultivars sont facilement disponibles: 'Dwarf Licorice', aux feuilles plus denses et plus petites que l'espèce, 'Aurea' ('Limelight') au feuillage chartreuse et 'Variegatum', au feuillage bicolore argenté et chartreuse.

🌿 *H. italicum*, anc. *H. angustifolium* (hélichrysum à feuilles étroites, cari): Cette plante ressemble à la précédente, mais ses feuilles argentées sont plus petites et très étroites, et ses fleurs jaune moutarde. Son feuillage sent le cari et on peut ajouter ses feuilles au mets pour leur transmette l'odeur de cette épice, mais non le goût. On vend d'ailleurs faussement cette plante sous le nom de cari, mais le vrai cari n'est pas une plante, mais un *mélange* d'épices à base de safran des Indes (*Curcuma*).

🌿 *Calocephalus brownii* (calocéphalus argenté): Cette plante ressemble aux hélichrysums sans en être une proche parente. Ses feuilles sont des écailles à peine visibles et ce sont ses nombreuses tiges minces d'apparence argentée, veloutées et fortement ramifiées qui font son charme. Ses fleurs, des touffes denses de boutons argentés s'ouvrent pour dévoiler des fleurs jaune crème à l'extrémité des tiges en été, mais la plante fleurit rarement.

Hypoestes
(*Hypoestes phyllostachya*)

Noms anglais: Polka Dot Plant, Freckleface

Hauteur: 15-75 cm.

Espacement: 15-30 cm pour les variétés basses; 30-60 cm pour les variétés hautes.

Emplacement: Ensoleillé ou moyennement ombragé.

Sol: Bien drainé, humide, riche en matière organique.

Multiplication: Semis ou boutures de tige à toute période de l'année.

Disponibilité: Plants à repiquer, pots individuels, sachet de semences.

Saison d'intérêt: Tout l'été.

Utilisation: Plate-bande, bordure, massif, panier suspendu, bac, couvre-sol, rocaille, muret, sous-bois, pentes.

Hypoestes phyllostachya

On l'appelle plante aux éphélides. Que de chemin parcouru depuis les années 1970, alors que j'ai cultivé l'hypoestes pour la première fois. À cette époque, il s'agissait d'une grande plante d'intérieur au port dégingandé, aux feuilles vertes légèrement saupoudrées de petites taches roses. La plante moderne est basse, compacte et seul le pourtour de la feuille est entièrement vert. Le centre est plutôt rose, rouge, ou blanc avec des taches vertes irrégulières. On cultive la plante uniquement pour son feuillage car ses petites fleurs lavande sont peu visibles et n'apparaissent que rarement sur les plants cultivés comme annuelles. Si vous maintenez votre hypoestes pendant l'hiver, par contre, il est fort probable qu'elles apparaîtront. On utilise toujours l'hypoestes comme plante d'intérieur, mais encore davantage aujourd'hui comme annuelle pour la plate-bande.

La croyance veut qu'à l'origine, les petites taches translucides servaient à confondre les insectes prédateurs, car ils ne voyaient pas une feuille entière aux taches roses, mais plutôt une feuille mâchouillée.

Pour l'utiliser au jardin, semez l'hypoestes à l'intérieur, 10 à 12 semaines avant le dernier gel, recouvrant légèrement la graine. Comme plante d'intérieur, vous pouvez semer à toute période de l'année. Les premières feuilles sont entièrement vertes, mais les suivantes sont déjà très colorées. Même si les cultivars modernes sont compacts, il est valable de les pincer de temps à autre. Repiquez l'hypoestes en pleine terre après la date du dernier gel, quand le sol est bien réchauffé.

Vous pouvez aussi acheter cette plante en caissette au printemps, ou en pot individuel à toute période de l'année. Rentrez les boutures ou les plants à l'automne afin de les maintenir au cours de l'hiver.

Variétés recommandées:

🌺 *Hypoestes phyllostachya*, anc. *H. sanguinolenta* (hypoestes): C'est la seule couramment offerte. L'espèce de 75 cm de hauteur est rarement offerte aujourd'hui. Les cultivars modernes dépassent rarement 45 cm et plusieurs ont moins de 20 cm.

Hypoestes phyllostachya 'Rose Splash Select'

Irésine

Irésine
(*Iresine*)

Noms anglais: Blood-leaf, Chicken-gizzard Plant

Hauteur: 30-90 cm.

Espacement: 30-45 cm.

Emplacement: Ensoleillé ou légèrement ombragé.

Sol: Bien drainé.

Multiplication: Boutures de tige à toute période de l'année.

Disponibilité: Pots individuels.

Saison d'intérêt: De la fin du printemps jusqu'au début de l'automne.

Utilisation: Plate-bande, bordure, massif, panier suspendu, bac, mosaï-culture.

Iresine lindenii

L'irésine est une des belles d'autrefois, populaires au début du 20e siècle mais presque disparues des pépinières de nos jours. Heureusement, d'une génération à l'autre, des jardiniers amateurs l'ont maintenue et la plante est toujours relativement facile à trouver, si on sait où chercher. Par contre, à défaut de plante de plate-bande, elle est vendue en pépinière comme plante d'intérieur.

Les couleurs vives de l'irésine rivalisent avec celles du coléus, et elles sont même plus intenses. La plante semble presque reluire tant la coloration rouge cerise de son feuillage est brillante et sa tige est rouge betterave. Inutile de vous dire que cette plante est surtout cultivée pour son feuillage, puisque les ombelles ouvertes de fleurs jaunes, rarement produites en culture, sont insignifiantes.

Multiplier l'irésine par bouturage est un charme, une tige insérée dans un pot de terreau humide est souvent bien enracinée en moins de sept jours.

En contrepartie, l'irésine n'est pas disponible en semences, seulement en plant ou en bouture. L'été, plantez l'irésine dans le jardin quand tout danger de gel est passé, dans un emplacement ensoleillé, dans un sol d'une fertilité ordinaire et bien drainé. L'irésine tolère la sécheresse mais préfère un sol humide en tout temps. À l'automne, rentrez un plant ou une bouture que vous placerez devant une fenêtre ensoleillée tout l'hiver, comme l'ont fait des générations de jardiniers avant vous. C'est une plante d'intérieur très facile, mais qui demande néanmoins une certaine humidité ambiante facile à obtenir avec un humidificateur.

Variétés recommandées:

Iresine herbstii (irésine à feuilles incisées): Cette forme a des feuilles curieusement pincées à l'extrémité. L'espèce est rouge cerise vif, mais il existe aussi un cultivar, *I. herbstii aureo-reticulata*, dont les feuilles peuvent être vert clair à nervures jaunes ou un mélange de vert clair et de rouge.

I. lindenii (irésine à feuilles pointues): Cette plante est essentiellement identique à *I. herbstii*, avec la même couleur de feuillage, mais à feuilles pointues. *I. lindenii formosa* est le pendant à feuilles pointues d'*I. herbstii aureo-reticulata*, c'est-à-dire à feuilles vert clair et nervures jaunes.

Iresine herbstii

407

Kochie à balais
(*Kochia scoparia trichophylla*)

Noms anglais: Burning Bush, Summer Cypress

Hauteur: 60-120 cm.

Espacement: 45-60 cm.

Emplacement: Ensoleillé ou légèrement ombragé.

Sol: Bien drainé, sec, voire même salin.

Multiplication: Semis au printemps ou à l'automne.

Disponibilité: Plants à repiquer, sachet de semences.

Saison d'intérêt: Du début de l'été jusqu'aux gels.

Utilisation: Plate-bande, bordure, bac, arrière-plan, écran, haie temporaire, naturalisation, fleur coupée, fleur séchée.

Kochia scoparia trichophylla 'Autumn Red'

En regardant la kochie, on pense que c'est un arbuste. Elle joue en effet le rôle d'arbuste dans nos plates-bandes, formant rapidement un buisson en forme de baril densément rempli de minces feuilles vert tendre.

Durant l'été, la kochie sert d'arbuste vert que l'on peut tondre à la hauteur et à la forme désirée. On en fait souvent des haies temporaires et elle est fort populaire dans les mosaïques. Cependant, c'est à l'automne et surtout dans un sol sec qu'elle est à son apogée, car toute la plante devient pourpre ou rouge flamboyant.

Les petites fleurs vertes de la kochie sont insignifiantes, ce qui ne les empêche nullement de produire une multitude de graines. Si vous laissez quelques espaces sans paillis dans la plate-bande, les graines vous fourniront gratuitement une multitude de plants le printemps suivant. Vous n'avez qu'à éclaircir pour obtenir une haie qui repousse tous les ans. D'ailleurs, dans les provinces canadiennes des Prairies, où le climat est plus sec que le nôtre, la kochie est vue comme une mauvaise herbe et sa culture est même défendue en Saskatchewan.

Le plus simple est de semer la kochie en pleine terre à l'automne ou tôt au printemps, plusieurs semaines avant le dernier gel, sans recouvrir les graines. Si vous voulez un effet plus rapide, semez la kochie à l'intérieur 3 à 6 semaines avant la date du dernier gel après avoir fait tremper les graines 24 heures dans de l'eau tiède. Semez dans des godets de tourbe car les racines de la kochie supportent mal le dérangement causé par le repiquage. Les graines exigent de la lumière pour germer.

Vous pouvez aussi acheter des plants en caissette au printemps, mais souvent ils demeurent rabougris après le repiquage au jardin. Essayez de les obtenir en godets de tourbe individuels ou en alvéoles.

Il faut normalement laisser de 45 à 60 cm entre les plants pour qu'ils prennent leur port ovale typique, une plantation à 30 cm d'espacement est suggérée si vous voulez qu'ils se marient les uns aux autres, pour former une haie par exemple.

Des tiges de kochie font une excellente verdure dans les arrangements floraux. Les tiges aux feuilles rougies par le froid peuvent être séchées en les suspendant la tête en bas pendant quelques temps. Curieusement, les tiges aux feuilles vertes brunissent au séchage!

Variétés recommandées:

Kochia scoparia trichophylla (Kochie à balais): Décrite ci-dessus, c'est la forme la plus habituelle de kochie.

Kochia scoparia trichophylla

Périlla de Nankin

Perilla frutescens 'Atropurpurea'

Périlla de Nankin

(Perilla frutescens)

Noms anglais: Beefsteak Plant, False Coleus

Hauteur: 45-90 cm.

Espacement: 30-40 cm.

Emplacement: Ensoleillé ou légèrement ombragé.

Sol: Bien drainé, humide, meuble, riche.

Multiplication: Semis au printemps ou boutures de tige à toute période.

Disponibilité: Pots individuels, sachet de semences.

Saison d'intérêt: Du début jusqu'à la fin de l'été.

Utilisation: Plate-bande, bordure, potager, massif, bac, mosaïculture, naturalisation, condiment.

Le périlla est très apprécié par les Orientaux comme herbe, d'assaisonnement ou comme légume, mais ici, nous le cultivons surtout comme plante ornementale. Les variétés que nous utilisons sont d'ailleurs plus attrayantes que savoureuses. Vous pouvez tout de même ajouter leurs feuilles et leurs tiges aux vinaigrettes pour les rosir, ou aux plats orientaux pour leur donner un petit goût de cari et de cannelle. On extrait aussi de ses graines l'huile de périlla qui entre dans la fabrication de la peinture et du vernis.

Cette plante rappelle beaucoup le coléus par son port et sa coloration: des tiges carrées dressées, de grandes feuilles elliptiques à marge dentée, et surtout une couleur rouge pourpre très sombre à reflet métallique. Comme pour le coléus, il faut pincer le périlla de temps en temps pour le garder compact. Les fleurs ressemblent aussi beaucoup à celles du coléus: des épis terminaux minces de petites fleurs blanches, roses ou lavande. Contrairement au coléus, il n'est ni nécessaire ni souhaitable de les supprimer, à moins que vous ne souhaitiez pas que le périlla se ressème. Enfin, pour distinguer un coléus pourpre d'un périlla pourpre, il suffit de frotter leurs feuilles: celles du périlla sont aromatiques.

Traditionnellement, on sème le périlla en pleine terre après le dernier gel, sans recouvrir les graines, mais on peut aussi semer à l'intérieur 6 à 8 semaines avant le dernier gel dans des godets de tourbe car les plants tolèrent difficilement le repiquage. Avant de semer, placez les graines au réfrigérateur pendant une semaine ou faites-les tremper dans de l'eau tiède pendant 24 heures. Placez tout de suite les contenants dans un emplacement éclairé car les graines ont besoin de lumière pour germer. Pincez les plants une première fois quand ils atteignent environ 15 cm de hauteur pour stimuler la ramification.

À l'automne, rentrez des boutures si vous désirez conserver la plante pendant l'hiver. Le périlla se ressème si vous laissez quelques espaces sans paillis à l'automne, et sa présence ici et là dans la plate-bande est fort appréciée dans les jardins à l'anglaise, ici comme en Angleterre.

Variétés recommandées:

Perilla frutescens (Périlla de Nankin): L'espèce, à feuillage vert, ou vert marbré de rouge, est rarement cultivée comme plante ornementale. Nous lui préférons les formes à feuillage pourpre, comme 'Atropurpurea', à feuilles ordinaires, ou 'Crispa', à feuilles frangées.

Ocimum bascilicum (Basilic, en anglais: Basil): Diverses formes de basilic, herbe d'assaisonnement bien connue, sont souvent cultivées dans la plate-bande pour leur forme ou leur feuillage décoratifs. Ce sont des plantes parfois plus petites que le périlla, mais leur culture est très semblable, à la différence qu'il faut *toujours* les semer à l'intérieur et qu'elles ne se ressèment pas. On apprécie surtout dans la plate-bande les basilics standard à feuillage pourpre, lisse ou frangé, et les basilics nains aux petites feuilles vertes ou pourpres.

Ocimum basilicum
'Purple Ruffles'

411

Beaucoup de fleurs annuelles peuvent être récoltées comme fleurs coupées, peut-être la majorité d'entre elles, mais les plantes décrites ici sont particulièrement prisées pour cette utilisation, et elles sont d'ailleurs toutes cultivées commercialement à cette fin, en serre ou dans des champs.

Pour obtenir des fleurs coupées d'une durée maximum, cueillez-les tôt le matin, juste au moment où la rosée finit de s'évaporer sur les feuilles, car les tiges florales sont alors gorgées d'eau. Apportez un seau d'eau fraîche et plongez-y l'extrémité coupée des tiges sans tarder, car quelques minutes d'exposition à l'air, le temps de couper les fleurs et de les entrer dans la maison, suffisent pour que la fleur perde de l'humidité et commence à faner.

Choisissez des fleurs individuelles dont le bouton est très avancé, pleinement coloré mais encore un peu fermé, elles dureront longtemps. Dans le cas des plantes dont les tiges florales portent plusieurs fleurs, choisissez des tiges avec une ou deux fleurs ouvertes et beaucoup de boutons sur le point d'éclore. Et pendant que vous êtes au jardin, profitez-en pour récolter aussi quelques belles feuilles qui embelliront vos arrangements.

Dans la maison, supprimez toutes les feuilles basses sur la tige, celles qui seraient immergées dans l'eau du vase, car si elles y restent, elles pourriront rapidement, et cette pourriture, en plus de dégager une mauvaise odeur, raccourcit la durée de vie des fleurs.

Vous devez ensuite «conditionner» les tiges avant de les mettre en vase. Préparez un grand plat d'eau fraîche et recoupez les tiges à un angle d'environ 45 °,

Cosmos

Dahlia

Huégélie azurée

Muflier

Oeillet des fleuristes

Reine-marguerite

Rudbeckie

Scabieuse

Zinnia

de préférence avec un couteau bien aiguisé car les ciseaux écrasent les tiges en les coupant. Il est important de couper l'extrémité des tiges *sous l'eau*. L'eau monte dans la tige en premier et maintient dans les cellules la circulation des liquides nécessaires à leur survie. Quand vous coupez les tiges à l'air, souvent des bulles d'air montent dans la tige et bloquent la circulation future des liquides.

Certaines plantes, notamment les pavots et les euphorbes, produisent beaucoup de latex blanc qui ne cesse de couler après la cueillette. Pour arrêter ce «saignement», il suffit de cautériser la plaie avec une allumette ou un briquet, ou de plonger l'extrémité de la tige dans du charbon de bois réduit en poudre.

Choisissez un vase propre et remplissez-le d'eau fraîche à la température de la pièce ou un peu plus froide, à laquelle vous un additionnez un produit de conservation pour fleurs coupées (oubliez les recettes maison – sucre, aspirine, etc.: elles ne sont pas efficaces). Changez l'eau du vase souvent et recoupez l'extrémité des tiges, toujours sous l'eau, aux trois ou quatre jours, pour empêcher les vaisseaux de circulation de se boucher ainsi et prolonger la durée des fleurs.

Cosmos bipinnatus

Cosmos
(*Cosmos*)

Nom anglais: Cosmos.

Hauteur: 25-180 cm.

Espacement: 30-45 cm.

Emplacement: Ensoleillé ou légèrement ombragé.

Sol: Bien drainé, plutôt pauvre.

Multiplication: Semis au printemps.

Disponibilité: Plants à repiquer, sachet de semences.

Saison d'intérêt: Du début jusqu'à la fin de l'été.

Utilisation: Plate-bande, massif, arrière-plan, écran, haie temporaire, pré fleuri, naturalisation, fleur coupée, attire les papillons.

Le cosmos peut être une plante au port dressé ou buissonnant, au feuillage plus ou moins finement découpé, comme une fronde de fougère. Il porte des fleurs en forme de marguerite à l'extrémité de longues tiges minces.

Si vous n'avez jamais tenté des semis d'annuelles en pleine terre, voici un bon sujet. Ils donnent des résultats rapides, germent en seulement 3 à 10 jours et fleurissent en huit semaines. Commencez deux ou trois semaines avant la date du dernier gel. Il suffit de gratter le sol, sans même l'amender car le cosmos fleurit davantage dans un sol pauvre, et d'y lancer des graines, râtelant légèrement pour les enterrer. Un petit coup d'arrosage et les voilà partis! C'est une bonne plante à donner aux enfants pour les initier à l'horticulture: les graines sont grosses et faciles à manipuler, les plants germent rapidement et leur croissance est fulgurante, un gros avantage car les jeunes enfants perdent patience avec les plantes qui poussent lentement.

Si vous voulez, vous pouvez aussi semer le cosmos à l'intérieur 4 à 6 semaines avant la date du dernier gel, les recouvrir de 3 mm de terreau, ou acheter des plants en caissette.

Comme entretien, il faut parfois tuteurer les plus grands cosmos s'ils sont plantés dans un endroit venteux. Pour éviter le tuteurage, choisissez des cultivars plus trapus et moins hauts! Supprimez les fleurs fanées pour éviter que la plante ne monte en graines. Par contre, si vous utilisez le cosmos comme fleur coupée, la suppression des fleurs aura lieu bien avant la montée!

Variétés recommandées:

❧ *Cosmos bipinnatus* (cosmos à grandes fleurs): C'est l'espèce la plus courante, au feuillage particulièrement fin et avec de grandes fleurs roses rouges, lavande ou blanches, à coeur jaune, généralement simples mais parfois semi-doubles. L'espèce d'origine était de bonne taille (150-180 cm), mais la plupart des lignées modernes atteignent entre 90 et 120 cm. On trouve même des formes naines de 50 cm de hauteur. De nouvelles lignées apparaissent constamment, mais il faut mentionner 'Seashells', une lignée curieuse dont les rayons ne sont pas aplatis, mais plutôt en forme de trompette.

❧ *C. sulphureus* (cosmos sulfureux): Cette plante, petite soeur de la précédente, est de port plus bas, aux feuilles moins finement découpées. Les fleurs sont aussi plus petites. Elles sont de couleur jaune, orange ou rouge et peuvent être simples, semi-doubles ou doubles. Hauteur: 35-90 cm.

Cosmos sulphureus

415

Dahlia
(*Dahlia*)

Nom anglais: Dahlia

Hauteur: 30-300 cm.

Espacement: 30-45 cm pour les variétés basses; 45-60 cm pour les variétés hautes.

Emplacement: Ensoleillé.

Sol: Bien drainé, humide.

Multiplication: Semis, boutures de tiges ou division des racines tubéreuses au printemps.

Disponibilité: Plants à repiquer, «tubercules« (racines tubéreuses) et sachet de semences.

Saison d'intérêt: Du début de l'été jusqu'à l'automne.

Utilisation: Plate-bande, bordure, plant isolé, massif, panier suspendu, bac, arrière-plan, écran, fleur coupée, attire les papillons.

Photo: Noresco

Dahlia 'Rigoletto Mix'

La gamme des formes de dahlia est tout simplement incroyable: il en existe de toutes les tailles, de toutes les couleurs sauf le bleu, et les fleurs en forme de marguerite peuvent être simples, semi-doubles et doubles. On ne compte pas moins de douze catégories de dahlia, dont le dahlia à fleurs d'anémone, le dahlia à collerette, le dahlia cactus aux rayons très pointus, le dahlia décoratif avec des pompons atteignant 30 cm de diamètre, et j'en passe! Le choix des formes est beaucoup plus vaste si on achète des tubercules, en fait des racines tubéreuses, plutôt que des dahlias vendus sous forme de semences ou de plants à repiquer. Si on sème des mélanges, on peut obtenir des plants très intéressants que l'on peut par la suite multiplier par division ou bouturage.

Pour les fins de ce livre, nous nous limiterons à la culture des dahlias par voie de semences. Un autre livre de cette série traitera des bulbes et vous fournira les détails sur leur culture à partir de tubercules.

L'avantage de la culture des dahlias à partir de semis est leur floraison plus hâtive. En effet, les dahlias produits par semis commencent à fleurir dès le début de l'été alors que les autres ne fleurissent que vers la fin de la saison. Il suffit de les semer à l'intérieur 6 à 8 semaines avant le dernier gel pour les dahlias nains ou de hauteur moyenne ou 8 à 10 semaines avant le dernier gel pour les dahlias de grande taille: les plants fleuriront presque aussitôt que vous les repiquerez en pleine terre. Semez les graines en les recouvrant à peine de terreau: les semis germent et croissent rapidement et il peut être nécessaire de les pincer pour les empêcher de monter trop haut.

Transplantez les dahlias semés ou les plants à repiquer une ou deux semaines après la date du dernier gel, quand le sol est bien réchauffé. Un sol de jardin ordinaire leur convient bien, mais une bonne humidité est importante, même s'ils tolèrent la sécheresse, un manque d'eau trop grand peut nuire à la floraison. Pour tenir leur sol humide, un paillis est toujours pratique, d'autant plus qu'il garde le sol frais, comme les dahlias l'aiment. Il peut être nécessaire de tuteurer les dahlias les plus hauts.

À l'automne, quand le gel a fait noircir leur feuillage, déterrez et rentrez les tubercules de dahlia, remisez-les dans un endroit frais et sec pour l'hiver. Au printemps vous pouvez soit partir les tubercules en pot à compter du début d'avril (pas trop tôt: n'oubliez pas que les dahlias croissent rapidement!) ou les sortir directement de leur lieu d'entreposage pour les planter, encore dormants, en pleine terre.

Dahlia

Variétés recommandées:

❧ *Dahlia* (dahlia): Les hybrides modernes sont les seuls couramment vendus et résultent surtout de croisements entre *D. pinnata* et *D. coccinea*. Pour la description, voir la section ci-dessus.

417

Photo: Thomson + Morgan

Trachymene caerulea 'Mixed colors'

Huégélie azurée
(*Trachymene caerulea*)

Nom anglais: Blue Lace Flower

Hauteur: 45-90 cm.

Espacement: 15-25 cm.

Emplacement: Ensoleillé ou ombre partielle.

Sol: Bien drainé.

Multiplication: Semis au printemps.

Disponibilité: Sachet de semences.

Saison d'intérêt: Du début jusqu'à la fin de l'été.

Utilisation: Plate-bande, pré fleuri, fleur coupée, fleur parfumée, attire les papillons.

Très populaire auprès des fleuristes, la huégélie est moins connue du public jardinier, mais mérite mieux, car elle est aussi jolie dans la plate-bande qu'en fleur coupée.

Il s'agit une plante à feuillage vert pâle, voire même un peu argenté, fortement découpée en forme de fronde de fougère et coiffée de longues tiges portant à leur sommet une ombelle de 5 à 8 cm en forme de parapluie, composée de petites fleurs délicatement parfumées, bleu ciel chez l'espèce, mais lavande, rose ou blanches chez les différentes lignées. On dirait une carotte sauvage colorée!

Habituellement on sème les graines en pleine terre dès que l'on peut

418

travailler le sol, les recouvrir de 3 mm de terreau, mais on peut aussi les semer à l'intérieur, 8 à 10 semaines avant la date du dernier gel. Utilisez des godets de tourbe car la huégélie tolère difficilement le repiquage, et placez-les à l'ombre jusqu'à la germination, 15 à 30 jours plus tard. Repiquez les plants au jardin quand tout danger de gel est écarté.

La huégélie bleue aime le plein soleil, mais préfère des températures plutôt fraîches, inférieures à 21 °C, pour atteindre son apogée et est d'ailleurs plus à l'aise dans les régions aux étés frais. La mi-ombre avec une protection contre le soleil d'après-midi est préférable. Bien qu'elle tolère les sols secs et pauvres, la huégélie donne de meilleurs résultats dans un sol riche maintenu constamment humide.

Placez quelques branchages au-dessus des jeunes plants: en passant à travers les rameaux entrecroisés, leurs tiges, normalement peu solides, se trouveront bien supportées sans nécessiter de tuteurs disgracieux.

Au moment où j'écris ce livre, la huégélie bleue n'est disponible, au Québec, que sous forme de semences.

Variétés recommandées:

❧ *Trachymene caerulea*, anc. *Didiscus coeruleus*: (Huégélie azurée, didisque bleu): C'est la seule espèce couramment cultivée. Vous trouverez sans doute cette plante mentionnée sous le nom *Didiscus* dans les livres de référence.

Antirrhinum majus 'Bells Pink'

Muflier

(Antirrhinum majus)

Nom anglais: Snapdragon

Hauteur: 15-120 cm.

Espacement: 15 cm pour les variétés basses; 30 cm pour les variétés hautes.

Emplacement: Ensoleillé ou légèrement ombragé.

Sol: Bien drainé, humide, plutôt riche.

Multiplication: Semis au printemps.

Disponibilité: Plants à repiquer, sachet de semences.

Saison d'intérêt: Du début de l'été jusqu'aux gels.

Utilisation: Plate-bande, bordure, massif, bac, couvre-sol, rocaille, arrière-plan, écran, fleur parfumée, fleur coupée, attire les colibris.

Voir les denses épis des mufliers me rappelle toujours mon enfance, le mystère de cette gueule-de-loup légèrement parfumée qui ouvrait grand la bouche lorsque l'on pinçait la fleur. Mon père m'avait expliqué que la fleur à deux lèvres se refermait pour éviter que n'importe quel insecte accède à son pollen, et que seules les abeilles pouvaient y pénétrer. Cette explication d'ailleurs véridique m'avait fasciné. J'ai longtemps observé le va-et-vient constant des abeilles qui, comme prévu, ouvraient la gorge de la fleur en atterrissant sur la lèvre inférieure, disparaissaient à l'intérieur pour en ressortir quelques secondes plus tard, les pattes et le dos jaunes de pollen!

Malheureusement pour les enfants que nous sommes demeurés, les mufliers n'ont plus nécessairement une fleur en forme de gueule de loup. Plusieurs lignées modernes ont des fleurs grandes ouvertes, en forme de cloche, ou encore des fleurs doubles, remplies de pétales, mais il est rassurant de constater que la majorité des lignées ont encore l'ancienne forme. La gamme des couleurs est d'ailleurs très vaste, allant de rose comme l'espèce sauvage, à rouge, orange, jaune, pourpre, mauve et blanc, souvent avec une tache de couleur contrastante sur la lèvre inférieure.

Le muflier forme un petit buisson de feuilles cordiformes ou allongées, arrondies à l'extrémité et vert sombre. Les variétés mi-hautes (45-60 cm) et élevées (90-120 cm) forment de hauts épis dressés qui donnent d'excellentes fleurs coupées; les lignées naines (15-25 cm) font des épis plus courts qui font d'excellentes plantes de bordure.

Vous pouvez acheter des plants de muflier au printemps ou les semer à l'intérieur, environ 8 à 10 semaines avant la date du dernier gel. Recherchez toujours des lignées résistantes aux maladies, car le muflier a plusieurs faiblesses. Semez les graines en surface, sans les couvrir, car elles ont besoin de lumière pour germer. Une température basse, soit environ 13°C, convient mieux pour la germination qu'une température chaude. Dès que les plants ont de 5 à 10 cm de haut, pincez l'extrémité des tiges pour obtenir des épis floraux plus nombreux. Comme cela a rarement été fait sur les plants achetés – qui a le temps de s'occuper d'un tel détail dans une serre de production? – n'hésitez pas, au moment du repiquage, à supprimer les fleurs, et dans ce cas-ci, tout l'épi floral des plants en caissette.

On peut planter les mufliers en pleine terre 2 ou 3 semaines avant la date du dernier gel, car ils tolèrent bien les nuits fraîches et ne sont pas dérangés par les gels légers. Il arrive fréquemment que certains mufliers, des vivaces semi-rustiques, survivent à l'hiver pour refleurir de nouveau l'année suivante. Aussi, les mufliers réussissent souvent à se ressemer sponta-nément, mais alors la floraison ne survient qu'à la fin de l'été. Pour cette même raison, les semis directs sont déconseillés.

Les mufliers hauts peuvent exiger un tuteur, c'est pourquoi je préfère les mi-hauts! Tous les mufliers fleurissent mieux si on supprime leurs fleurs fanées ou si on les rabat d'un tiers à la mi-été. Le fait de cueillir régu-lièrement les épis comme fleurs coupées stimule donc une floraison particulièrement constante et abondante.

Variétés recommandées:

❧ *Antirrhinum majus* (muflier, gueule-de-loup): C'est de loin l'espèce la plus cultivée. Voir la description précédente.

Dianthus caryophyllus 'Monarch Yellow'

Oeillet des fleuristes
(*Dianthus caryophyllus*)

Nom anglais: Carnation

Hauteur: 60-90 cm.

Espacement: 20-25 cm.

Emplacement: Ensoleillé.

Sol: Bien drainé, assez riche.

Multiplication: Semis au printemps ou boutures de tige à toute période.

Disponibilité: Plants à repiquer, sachet de semences.

Saison d'intérêt: Du début jusqu'à la fin de l'été.

Utilisation: Plate-bande, bordure, panier suspendu, bac, rocaille, muret, fleur parfumée, fleur coupée, fleur séchée, fleur comestible, attire les papillons.

L'oeillet est la fleur coupée la plus vendue par les fleuristes car ils peuvent l'obtenir à bon prix toute l'année. On oublie toutefois que l'oeillet des fleuristes fait aussi une excellente plante de jardin. Il forme une touffe basale de feuilles étroites bleu vert et des tiges portant des fleurs doubles, à marge découpée, de 5 à 7 cm de diamètre. La gamme des couleurs couvre le blanc, le rose, le rouge et le jaune, en plus des bicolores. Les oeillets bleus parfois vendus comme fleurs coupées ont été teintés! Théoriquement, l'oeillet des fleuristes est parmi les fleurs les plus parfumées, d'une délicieuse odeur pénétrante et épicée, mais cette caractéristique a souvent été perdue en cours d'hybridation et plusieurs lignées modernes n'ont plus de parfum.

L'oeillet des fleuristes n'est qu'un des nombreux oeillets (*Dianthus*) cultivés comme annuelles, bisannuelles ou vivaces dans nos plates-bandes. D'ailleurs, vous trouverez des fiches sur d'autres espèces aux pages 292 et 478. L'oeillet des fleuristes est en fait une vivace, mais manque de rusticité pour nos régions où on le cultive alors comme annuelle en le semant tôt à l'intérieur.

Achetez l'oeillet des fleuristes sous forme de plants à repiquer au printemps ou semez-le dans la maison environ 10 à 12 semaines avant le dernier gel, et recouvrez à peine les graines. Repiquez-le en pleine terre jusqu'à 2 ou 3 semaines *avant* le dernier gel. L'oeillet profite beaucoup de ces températures plus fraîches et est très résistant au gel.

L'oeillet des fleuristes produit souvent des tiges faibles qui exigent un tuteur. Si vous préférez ne pas lui en fournir, recherchez une lignée reconnue pour ses tiges solides. Aussi, pour obtenir de très grosses fleurs comme celles des fleuristes, il faut l'éboutonner, c'est-à-dire supprimer les boutons secondaires de chaque tige pour ne laisser que le plus gros se développer.

Il est possible de bouturer l'oeillet à l'automne et de le rentrer pour l'hiver.

Variétés recommandées:

🌿 *Dianthus caryophyllus* (oeillet des fleuristes, oeillet grenadin): Cette espèce, la seule qui nous concerne ici, offre plusieurs lignées qui servent à différentes utilisations. Pour la plate-bande, choisissez des lignées de bordure; pour les bacs et jardinières, les cultivars retombants. Par contre, les lignées pour fleur coupée sont essentiellement conçues pour la culture en serre et sont trop fragiles au vent pour être cultivées en pleine terre. Enfin, il existe des lignées vivaces, mais sous notre climat nordique, leur succès n'est pas garanti.

Dianthus caryophyllus 'Grenadin'

423

Callistephus chinensis 'Comet Mix'

Reine-marguerite
(*Callistephus chinensis*)

Noms anglais: Aster, China Aster.

Hauteur: 20-90 cm.

Espacement: 15-25 cm pour les variétés basses; 30-45 cm pour les variétés hautes.

Emplacement: Ensoleillé ou légèrement ombragé.

Sol: Bien drainé, pas trop riche.

Multiplication: Semis au printemps.

Disponibilité: Plants à repiquer, sachet de semences.

Saison d'intérêt: De la mi-été jusqu'aux gels.

Utilisation: Plate-bande, bordure, massif, bac, fleur coupée.

Malheureusement, sous l'influence de la langue anglaise, qui appelle la reine-marguerite «aster», on a tendance à confondre cette plante avec le véritable aster (*Aster*) qui est une vivace à floraison automnale, alors que la reine-marguerite est une annuelle à floraison estivale. Le seul lien entre les deux est la fleur en forme de marguerite: celle de la reine-marguerite étant solitaire et beaucoup plus grosse et celles des asters, petites et en bouquets.

La reine-marguerite est une plante touffue ou dressée aux larges feuilles profondément dentées. Chaque tige porte à son extrémité une grosse inflorescence en forme de marguerite simple, semi-double ou double, avec des rayons larges ou minces, arrondis ou pointus. Les formes simples et semi-doubles ont un centre jaune. La gamme des couleurs comprend le blanc, le jaune, le saumon, le rose, le lavande, le violet, le rouge et le rouge vin.

Vous pouvez acheter des plants de reine-marguerite ou produire les vôtres. Vous devez les semer en pleine terre vers la date du dernier gel ou à l'intérieur 6 à 8 semaines avant le dernier gel, et recouvrir à peine les graines. La floraison de la reine-marguerite est partiellement influencée par les jours courts qui la stimule. Vous obtiendrez une floraison plus hâtive si vous finissez vos plants sous une lampe fluorescente réglée à 12 heures par jour.

Contrairement à la plupart des annuelles, la reine-marguerite ne refleurit pas après sa floraison principale, même si l'on supprime les fleurs fanées. Comme chaque plant fleurit pendant environ quatre semaines, la solution consiste à faire des semis successifs: un premier à l'intérieur 6 à 8 semaines avant le dernier gel, un autre en pleine terre vers la date du dernier gel, et un autre à la fin de juin. Vous pouvez aussi semer des lignées hâtives de mi-saison, et des lignées tardives à la même date.

La reine-marguerite est très sujette aux maladies, notamment au virus de la jaunisse et au flétrissement. Il faut donc se procurer des lignées résistantes aux maladies et de plus, ne jamais replanter des reines-marguerites aux mêmes emplacements avant quatre ans, les maladies pouvant résider dans le sol. Aussi, contrôlez les insectes, notamment les pucerons, qui peuvent transporter ces maladies.

Un peu de tuteurage est parfois nécessaire pour les lignées dites «de fleuriste» qui sont en fait conçues pour la culture en serre, mais les autres sont généralement solides.

Les formes simples de reine-marguerite peuvent se ressemer, toutefois ce n'est pas nécessairement une bonne chose, car le flétrissement et la jaunisse peuvent tous les deux être transmis par les graines. Il vaut donc mieux supprimer les fleurs fanées pour les empêcher de monter en graines.

Variétés recommandées:

🌺 *Callistephus chinensis* (Reine-marguerite): C'est la seule espèce cultivée. Il y a une gamme incroyable de cultivars: à vous de choisir!

Rudbeckie
(*Rudbeckia hirta*)

Noms anglais: Black-eyed Susan, Gloriosa Daisy

Hauteur: 20-90 cm.

Espacement: 25-45 cm.

Emplacement: Ensoleillé ou légèrement ombragé.

Sol: Bien drainé.

Multiplication: Semis au printemps ou à l'automne.

Disponibilité: Plants à repiquer, pots individuels, sachet de semences.

Saison d'intérêt: De la mi-été jusqu'aux gels.

Utilisation: Plate-bande, bordure, massif, bac, couvre-sol, pré fleuri, naturalisation, fleur coupée, fleur séchée, attire les papillons et les oiseaux.

Rudbeckia hirta

La rudbeckie ou marguerite jaune est une des plantes que tout le monde reconnaît. Comment ne pas le faire quand ses fleurs aux rayons jaunes, au centre conique noir ou brun foncé, parfois vert, sont tout à fait uniques. La plante est plutôt touffue, produisant des feuilles hirsutes vert foncé et de solides tiges dressées, coiffées chacune d'une fleur solitaire. Sa taille varie beaucoup. Les cultivars dont les petites fleurs jaunes sont, au moment où j'écris ce livre, la rage de l'heure. Il y a aussi des rudbeckies à fleurs marquées ou auréolées d'orange, de brun ou d'acajou. Il en existe des lignées à fleurs simples, semi-doubles et doubles et de taille très variable, allant de 20 cm à plus de 90 cm.

La rudbeckie velue (*R. hirta*) est à cheval entre deux catégories. S'agit-il d'une vivace ou d'une annuelle? La plupart des catalogues la disent annuelle car elle fleurit en abondance la première année. Cependant, la majorité des plantes refleurira au moins une deuxième année, parfois même pendant six ans. La raison de cet état de choses, est que la forme sauvage de *R. hirta* a tendance à être annuelle, mais l'homme a réussi à créer des formes tétraploïdes, en doublant le nombre de chromosomes, avec des fleurs généralement plus grosses, et ces dernières sont généralement vivaces. Comme on n'indique pas dans les catalogues de quelle lignée il s'agit, je vous suggère de cultiver vos rudbeckies comme des annuelles et de considérer toute floraison ultérieure comme une plus-value.

Semez les plants dans la maison 6 à 8 semaines avant le dernier gel, sans couvrir les graines. Elles ont besoin de lumière pour germer. Semez-les à l'extérieur tôt au printemps, deux semaines avant la date du dernier gel ou encore, à l'automne. La rudbeckie est particulièrement populaire pour les prés fleuris car elle s'épanouit très rapidement à partir de semis en pleine terre.

La rudbeckie exige très peu de soins et peut se passer totalement d'interventions humaines, y compris les arrosages estivaux. Il n'est même pas nécessaire de supprimer les fleurs fanées, car la plante continuera à fleurir, malgré tout. Les oiseaux, notamment les chardonnerets, adorent les graines: laisser les tiges florales intactes à l'automne les attirera, l'hiver, sur votre terrain. La rudbeckie se ressèmera volontiers si vous laissez des sections sans paillis dans la plate-bande.

La rudbeckie fait une fleur coupée hors pair, en vase, parfois durant plus d'un mois. On utilise aussi son cône ou centre, comme fleur séchée.

Parfois la rudbeckie est atteinte de blanc vers l'automne. Dans ce cas, il est souvent plus facile de couper la plante au sol que d'essayer de la guérir.

Variétés recommandées:

Rudbeckia hirta (Rudbeckie velue, marguerite jaune): Il y a de nombreuses espèces vivaces et bisannuelles de rudbeckie, mais celle-ci est l'une des rares cultivées comme annuelle. On compte aussi un grand nombre de cultivars fort attrayants. Pour la description, voir ci-dessus.

Scabiosa atropurpurea

Scabieuse
(*Scabiosa*)

Noms anglais: Pincushion Flower, Scabious

Hauteur: 30-90 cm.

Espacement: 20-25 cm.

Emplacement: Ensoleillé.

Sol: Bien drainé, plutôt neutre ou alcalin.

Multiplication: Semis au printemps ou à l'automne.

Disponibilité: Sachet de semences.

Saison d'intérêt: Du début de l'été jusqu'au début de l'automne.

Utilisation: Plate-bande, pré fleuri, naturalisation, fleur parfumée, fleur coupée, fleur séchée, attire les papillons.

Le genre *Scabiosa* est très vaste et comprend bon nombre de vivaces et d'annuelles. Toutes sont ornementales et généralement peu connues. Toutes ont des fleurs très semblables, des ombelles portées sur de hautes tiges minces et coriaces, composées de nombreux fleurons rehaussés d'étamines dressées. Le feuillage n'est pas le point fort de la scabieuse. Elle forme une rosette de feuilles oblongues et rudement dentées à la base du plant. Si la rosette ne donnait pas de belles fleurs, on l'arracherait certainement, la confondant avec une mauvaise herbe!

J'ai toujours trouvé le nom «scabieuse» peu élégant, car il se traduit par «galeuse» et fait référence à la démangeaison (*scabiosus* en latin) provoquée par la gale. Bien qu'utilisée autrefois pour *guérir* la gale, la plante ne présente pas les symptômes de la gale et ne la cause pas. Maintenant le nom est trop connu pour le changer, mais un nom plus évocateur de son apparence physique, comme «ombrelle d'étoiles», suggérerait sans doute une fleur plus élégante.

Semez la scabieuse à l'intérieur 4 à 6 semaines avant la date du dernier gel, dans des godets de tourbe car sa racine pivotante tolère difficilement le repiquage. Vous pouvez la transplanter au jardin vers la date du dernier gel, ou la semer en pleine terre au début du printemps ou à l'automne. Dans les trois cas, recouvrez à peine les graines de terreau. C'est une plante de culture très facile. Il lui arrive de se ressemer dans les jardins où elle trouve les conditions appropriées.

Variétés recommandées:

ﾠ *Scabiosa atropurpurea* (scabieuse des jardins, en anglais: Sweet Scabious): C'est la scabieuse annuelle typique, aux inflorescences composées de petites bractées, plutôt aplaties. Elles entourent une dense ombelle de minuscules fleurs tubulaires. La gamme des couleurs va du pourpre très sombre au violet, bleu, rose, rouge, saumon jusqu'au blanc. Beaucoup de cultivars modernes sont doubles, ce qui accentue la forme de dôme de la scabieuse, alors que les fleurs simples sont beaucoup plus ouvertes, comme celles de la photo. Comme son nom anglais, «sweet scabious» le suggère, les fleurs sont parfumées. On utilise la scabieuse pour décorer les plates-bandes et comme fleur coupée en recoupant leurs tiges aux deux jours pour prolonger leur durée. Hauteur: 60-90 cm.

ﾠ *S. stellata* (scabieuse étoilée): Cette scabieuse n'est pas cultivée pour ses fleurs bleu poudre ou blanches qui ne durent que quelques jours, mais pour l'utiliser comme fleur séchée. En effet, si on la laisse monter en graines, son inflorescence se transforme en boule dorée plumeuse de la taille d'une balle de ping-pong, aussi curieuse qu'attrayante. Laissez la capsule commencer à mûrir sur la plante. Quand elle commence à brunir, coupez-la et suspendez-la la tête en bas pour la faire sécher. La capsule séchée peut durer plusieurs années dans un arrangement. Comme la plante n'a que peu d'attraits dans le jardin, mieux vaut la planter dans un emplacement peu visible. Hauteur: 30-60 cm.

Zinnia elegans 'Dreamland Pink'

Zinnia
(*Zinnia*)

Nom anglais: Zinnia

Hauteur: 10-90 cm.

Espacement: 25-30 cm.

Emplacement: Ensoleillé ou légèrement ombragé.

Sol: Bien drainé, voire même assez sec.

Multiplication: Semis au printemps.

Disponibilité: Plants à repiquer, sachet de semences.

Saison d'intérêt: Du début de l'été jusqu'au début de l'automne.

Utilisation: Plate-bande, bordure, bac, rocaille, fleur coupée, attire les papillons.

Le zinnia est l'une des annuelles les plus connues. Il forme une plante robuste et dressée ou, dans le cas des zinnias miniatures, touffue, coiffée de solides tiges florales dont les fleurs rappellent la marguerite par leur forme originale, et par une série de rayons larges et aplatis entourant un disque central de fleurs jaunes étoilées. On peut facilement comparer cette plante au dahlia par la variété de ses formes: (simple, semi-double, double, cactus, pompon, etc.), par la taille de ses fleurs, allant de 1 cm à plus de 20 cm, et par ses couleurs. En effet, toutes les couleurs sont possibles, sauf le bleu: il y a même des lignées aux fleurs vert pomme! Il n'y a pas si longtemps les couleurs du zinnia avaient tendance à être criardes et plusieurs jardiniers à la recherche de teintes plus douces ont laissé tomber cette plante. Si c'est votre cas, il serait peut-être valable de reconsidérer votre choix, car depuis peu on offre des couleurs beaucoup plus douces.

Semez le zinnia à l'intérieur 4 à 6 semaines avant la date du dernier gel, et recouvrez à peine les graines. Comme il tolère difficilement le repiquage au stade adulte, semez-le dans des godets de tourbe; vous pouvez aussi le réussir dans des contenants à parois imperméables si vous êtes prudent. Par exemple, ne tardez pas trop à mettre totalement de côté le pot communautaire, pour le premier repiquage au pot individuel ou à l'alvéole. Dès que vous pouvez manipuler les jeunes plants, normalement dans les dix jours qui suivent la germination, repiquez-les en les plaçant *exactement au même niveau* qu'avant, pas plus profond. C'est une exception à la règle, car généralement on baisse les annuelles dans leur pot à chaque repiquage. Au moment du repiquage au jardin, arrosez bien avant et après l'intervention. Avec une prudence semblable, vous réussirez bien sa culture, bien qu'il soit nettement plus facile de le cultiver dans des godets de tourbe dès le début!

Vous pouvez aussi semer le zinnia en pleine terre lorsque tout danger de gel est écarté et que le sol est bien réchauffé. Sa floraison surviendra tout de même assez rapidement, en 6 à 8 semaines.

Dans les deux cas, pincez les jeunes plants quand ils ont de six à huit feuilles, puis supprimez le tout premier bouton floral qui se forme. Ainsi traitée, la plante sera beaucoup plus productive et florifère.

Zinnia elegans

Ammi majus

Ammi
(Ammi majus)

Noms anglais: Queen Anne's Lace, Bishop's Weed

Hauteur: 80 cm.

Espacement: 30 cm.

Emplacement: Ensoleillé ou légèrement ombragé.

Sol: Bien drainé, humide, fertile.

Multiplication: Semis au printemps ou à l'automne.

Disponibilité: Sachet de semences.

Saison d'intérêt: Du début jusqu'à la fin de l'été.

Utilisation: Plate-bande, pré fleuri, naturalisation, fleur coupée, fleur séchée.

L'ammi: quel joli nom et quelle jolie fleur! Sa tige florale très délicate en forme d'ombelle ajoute une note de douceur aux arrangements de fleurs séchées parfois trop rigides. De plus, il s'utilise aussi dans les arrangements de fleurs fraîches et confère la même touche de légèreté à la plate-bande.

L'ombelle très grande, atteignant jusqu'à 15 cm de diamètre, est composée de minces pétioles qui supportent de nombreuses petites fleurs blanches sensibles au moindre vent. Dans la main, le moindre tremblement fait danser les fleurons! La plante est très plumeuse, avec un feuillage vert moyen fortement découpé, comme les frondes d'une fougère. Les nombreuses ombelles sur des tiges minces et ramifiées créent un nuage blanc dans la plate-bande.

On confond facilement l'ammi avec la carotte sauvage (*Daucus carota*), non seulement à cause de son inflorescence blanche en ombelle, mais aussi de son feuillage fortement découpé. En anglais, on l'appelle d'ailleurs communément «Queen Anne's Lace», le même nom que l'on donne à la carotte sauvage. Par contre, il ne s'agit pas de la même plante car tout comme la carotte potagère, la carotte sauvage est une bisannuelle tandis que l'ammi est une véritable annuelle.

Semez l'ammi à l'intérieur 6 à 8 semaines avant le dernier gel, en recouvrant à peine les graines. Les plants semblent chétifs en bac et jardinière, mais repiqués en pleine terre, la situation se corrige. On peut aussi le semer directement à l'extérieur au printemps, dès que le sol peut être travaillé, ou à l'automne.

L'ammi est de culture très facile et n'exige que d'être arrosé, et seulement en début de saison car une fois établi, il résiste très bien à la sécheresse. Évitez cependant les emplacements venteux car ses tiges sont fragiles. On peut le tuteurer, mais, avec des tiges et un feuillage aussi minces et délicats, le tuteur le plus discret demeure visible.

Là où on lui laisse l'espace pour le faire, l'ammi peut se ressemer spontanément.

Variétés recommandées:

🌿 *Ammi majus* (ammi élevé): C'est la seule espèce cultivée. Voir la description ci-dessus.

Célosie des blés
(*Celosia spicata*)

Nom anglais: Wheat Celosia

Hauteur: 60-70 cm.

Espacement: 15-20 cm.

Emplacement: Ensoleillé ou légèrement ombragé.

Sol: Bien drainé, riche en humus, plutôt humide.

Multiplication: Semis au printemps.

Disponibilité: Sachet de semences.

Floraison: Du milieu de l'été jusqu'à l'automne.

Utilisation: Plate-bande, bordure, massif, bac, arrière-plan, fleur coupée, fleur séchée.

Celosia spicata 'Flamingo Feather'

La célosie des blés est relativement nouvelle sur le marché des annuelles. Elle a rapidement acquis une grande popularité et on la voit partout dans les arrangements commerciaux de fleurs séchées. De plus, sa culture facile attire aussi les jardiniers amateurs.

C'est une plante au port pyramidal, à feuilles très étroites vert moyen et aux nombreuses tiges portant un épi densément garni de fleurons roses ou mauves. Dans l'ensemble, son inflorescence rappelle un épi de blé. De ses boutons d'abord pointus, s'épanouissent de minuscules fleurs tubulaires. Si la fleur sèche sur place, la plante peut enjoliver la plate-bande jusqu'aux premières neiges, même si le froid a déjà tué son feuillage depuis plusieurs semaines, car la célosie tolère presque tout, sauf le gel.

La célosie des blés, beaucoup plus facile à faire sécher que les autres célosies décrites à la page 288, fait une excellente fleur séchée ou coupée car elle est beaucoup moins sujette aux moisissures.

Cette plante n'est pas encore disponible en caissette, mais sa culture à la maison est très facile. Faites les semis intérieurs environ 4 à 5 semaines avant le dernier gel, recouvrant à peine les graines de terreau. De cette façon, les plants sont encore jeunes au moment du repiquage au jardin et ne souffrent pas trop lors de la transplantation. Si vous désirez des plants plus gros pour le repiquage, faites des semis dans des godets de tourbe 8 à 10 semaines avant la date du dernier gel.

En pleine terre, semez la célosie des blés dans un sol réchauffé, après le dernier gel.

La célosie des blés se plaît dans un emplacement chaud et ensoleillé et dans un sol riche, mais s'accommode d'un sol ordinaire et de la mi-ombre. Bien qu'elle tolère la sécheresse, elle préfère un sol légèrement humide en tout temps. C'est une plante solide qui se passe de tuteur.

Variétés recommandées:

🌿 *Celosia spicata* (célosie des blés): C'est l'espèce décrite ci-dessus. Malgré son apparition récente sur le marché, les hybrideurs nous offrent plusieurs cultivars dans des teintes de rose argenté, rose vif et violet.

Celosia spicata
'Flamingo Feather'

439

Cirsium japonicum

Chardon plumeux
(*Cirsium japonicum*)

Noms anglais: Plume Thistle, Red Thistle

Hauteur: 60-120 cm.

Espacement: 45-60 cm.

Emplacement: Ensoleillé ou légèrement ombragé.

Sol: Bien drainé, humide.

Multiplication: Semis au printemps ou à l'automne.

Disponibilité: Sachet de semences.

Saison d'intérêt: De la mi-été jusqu'à l'automne.

Utilisation: Plate-bande, arrière-plan, écran, pré fleuri, naturalisation, fleur coupée, fleur séchée, attire les papillons.

Beaucoup de jardiniers ne s'imaginent pas qu'on puisse intentionnellement planter des chardons dans une plate-bande. En regardant bien les photos sur cette page ainsi que celles de la page 468 où deux autres chardons décoratifs sont décrits, ils pourraient changer d'idée. C'est un magnifique végétal dont les rhizomes ne sont nullement envahissants. Le chardon plumeux ne possède pas les longs rhizomes traçants du chardon des champs (*C. arvense*) et de plus, ce n'est pas une plante vivace mais une jolie bisannuelle qui se comporte comme une annuelle sous notre climat. Il meurt en fin de saison, sans laisser la moindre racine envahissante. Il est vrai que le chardon plumeux peut se ressemer, mais jamais au point d'être envahissant. Vous pouvez donc le planter sans crainte.

Malgré l'apparence quelque peu méchante de ses feuilles vertes fortement lobées, le chardon plumeux n'est pas très piquant car ses rares épines sont molles et inoffensives. Sa tige se ramifie abondamment, chaque rameau se termine en un gros bouton écailleux mais charmant. Par la suite, des aigrettes plumeuses, rouges chez l'espèce mais parfois blanches ou roses chez les lignées domestiquées, coiffent le bouton pendant plusieurs semaines. Le grand plant est très agréable au fond de la plate-bande et bien sûr, ses inflorescences font d'excellentes fleurs coupées et séchées.

Habituellement on sème le chardon plumeux en pleine terre, tôt au printemps ou à l'automne. Les fleurs n'apparaissent habituellement que vers la fin de l'été parce que la plante réagit aux jours longs et ne forme ses boutons qu'après le solstice d'été. Il est donc inutile de le semer à l'intérieur car rien n'avance sa floraison. Par contre, il existe une nouvelle lignée à jours neutres, la série 'Early Beauty Hybrids', dont la floraison n'est donc pas influencée par la durée du jour et qu'il est possible de semer à l'intérieur 6 à 8 semaines avant le dernier gel pour obtenir des fleurs à la mi-été.

Laissez au moins une ou deux fleurs monter en graines pour assurer la survie de cette plante qui se ressème volontiers.

Variétés recommandées:

🌿 *Cirsium japonicum* (chardon plumeux): C'est la seule espèce du genre cultivée comme plante ornementale. Voir la description ci-dessus.

Photo: Norseco

Cirsium japonicum
'Beauty Mix'

Cloches d'Irlande

(*Molucella laevis*)

Nom anglais: Bells of Ireland

Hauteur: 60-90 cm.

Espacement: 25-30 cm.

Emplacement: Ensoleillé ou légèrement ombragé.

Sol: Bien drainé, humide, riche.

Multiplication: Semis au printemps.

Disponibilité: Sachet de semences.

Saison d'intérêt: Du milieu jusqu'à la fin de l'été.

Utilisation: Plate-bande, fleur parfumée, fleur coupée, fleur séchée.

Molucella laevis

Chez cette curieuse plante apparentée à la menthe, les fleurs sont petites, rose très pâle et très parfumées, mais peu remarquables car les calices en forme de coupe sont si gros qu'ils les cachent et leur volent la vedette. Verts et veinés de blanc, ils sont regroupés par verticilles de quatre ou de six autour de la tige, presque de la base de la plante jusqu'au sommet. Les feuilles, par groupes de deux ou trois, surgissent à travers les calices et sont souvent supprimées quand on coupe la fleur.

Le nom «cloches d'Irlande» n'indique pas l'origine de la plante et vient plutôt de la coloration verte des calices. Les cloches d'Irlande sont originaires de la région méditerranéenne.

Pour de plus beaux plants, semez les cloches d'Irlande en pleine terre tôt au printemps, dès que le sol peut être travaillé, encore très frais. Si vous retardez et que le sol est déjà réchauffé, mettez les graines dans une serviette de cuisine humide, insérez-la dans un bocal que vous fermez et placez au réfrigérateur. Après 5 jours, semez les graines en pleine terre. Sans période de froid, leur germination est lente et irrégulière. Ne recouvrez pas les graines car elles exigent de la lumière pour germer. Pressez-les plutôt sur le sol avec une planchette. Soyez patient car les graines exigent près d'un mois pour germer.

Si vous tenez à les partir à l'intérieur, faites-le 8 à 10 semaines avant la date du dernier gel. Parce que les racines des cloches d'Irlande sont fragiles, semez dans des godets de tourbe que vous mettez dans un sac de plastique. Placez-les au réfrigérateur pendant 5 jours, puis exposez-les à la lumière et à des températures assez fraîches d'environ 10 à 15 °C. Repiquez les plants au jardin après le dernier gel. Les cloches d'Irlande sous forme de plants à repiquer sont rares.

Pour enrichir la couleur verte des cloches d'Irlande qui a tendance à pâlir à mesure que la saison avance, pulvérisez-les une ou deux fois d'engrais à base d'algues marines vers le milieu de l'été.

Pour des tiges très droites, vous pouvez les tuteurer mais le port naturellement évasé de cette plante quasi arbustive n'est pas désagréable. Ne craignez pas que les tiges florales restent pliées dans des arrangements. Si on coupe la tige et la laisse faner un peu, elle devient molle et peut-être redressée ou formée selon votre fantaisie. Attachée bien droite à une baguette ou entortillée autour d'un tube, d'un cerceau, etc., peut être placée la tige dans l'eau jusqu'à ce qu'elle gonfle par turgescence. Quand la tige durcit de nouveau, elle garde la forme donnée.

Généralement, une fois séchés, la tige et les calices des cloches d'Irlande prennent une teinte beige et plusieurs fleuristes les teignent en vert par la suite. Il existe pourtant un truc pour les garder verts: quand vous coupez la tige florale, placez-la debout dans un vase contenant environ 3 cm d'eau. Ainsi, la tige et les calices s'assèchent moins rapidement et gardent mieux leur coloration.

Variétés recommandées:

❧ *Molucella laevis* (cloches d'Irlande): C'est la seule espèce disponible. Voir la description ci-dessus.

Craspédia

Craspédia
(*Craspedia*)

Nom anglais: Drumstick

Hauteur: 60-75 cm.

Espacement: 25-30 cm.

Emplacement: Ensoleillé ou légèrement ombragé.

Sol: Bien drainé, plutôt sec, assez pauvre.

Multiplication: Semis au printemps.

Disponibilité: Sachet de semences.

Saison d'intérêt: Du début de l'été jusqu'à l'automne.

Utilisation: Plate-bande, bordure, massif, rocaille, fleur coupée, fleur séchée.

Craspedia globosa

Le craspédia est nouveau sur le marché des fleurs séchées. Cette plante, d'origine australienne, est une vivace tendre qui peut être cultivée comme annuelle en la semant à l'intérieur tôt en saison.

La dense inflorescence jaune en forme de boule parfaite du craspédia constitue son principal attrait. Elle est portée sur une tige épaisse et droite de près de 75 cm. Son feuillage, long, étroit, duveteux et quelque peu argenté, forme une petite rosette à la base de la plante, presque un nid. Si on sème le craspédia assez tôt, la tige florale apparaît dès le mois de juin et s'épanouit complètement vers la fin de ce mois. Elle demeure en bon état jusqu'en septembre. L'inflorescence de 3 cm de diamètre se compose d'une multitude de petites fleurs jaunes tubulaires.

Pour le récolter comme fleur coupée fraîche ou séchée, attendez que l'inflorescence atteigne son apogée. Malgré son inflorescence en boule, différente de celle en forme de marguerite des autres immortelles, le craspédia est pourtant apparenté à l'immortelle et, comme elle, sa floraison ne progresse plus après la récolte.

Semez le craspédia à l'intérieur environ 14 à 16 semaines avant la date du dernier gel si vous désirez qu'il embellisse votre plate-bande tout l'été. Il lui faut environ 4 mois pour une floraison complète après l'ensemencement. Toutefois, si vous le cultivez comme fleur séchée, le semer 6 à 8 semaines avant la date du dernier gel exigera moins d'efforts et les fleurs auront le temps de mûrir avant le froid automnal. Recouvrez à peine les semences de terreau, gardez-les humides au début, repiquez-les au besoin dans des pots plus gros. Repiquez au jardin dès que tout danger de gel est écarté.

Pour faire sécher les fleurs de craspédia, suspendez-les la tête en bas dans un emplacement sombre, chaud, sec, et bien aéré.

On peut aussi rentrer le craspédia à l'automne pour le faire hiverner. Dans les sols vraiment bien drainés, il lui arrive parfois de survivre à l'hiver à l'extérieur pour fleurir une deuxième fois.

Variétés recommandées:

❧ *Craspedia globosa*, syn. *C. chrysantha* (Craspédia): C'est la seule espèce couramment cultivée. Voir la description ci-dessus.

Photo: Norseco

Craspedia globosa

Gomphrène

Gomphrena globosa

Gomphrène
(*Gomphrena*)

Nom anglais: Globe Amaranth

Hauteur: 15-60 cm.

Espacement: 25-30 cm.

Emplacement: Ensoleillé.

Sol: Bien drainé, plutôt pauvre, voire même sec.

Multiplication: Semis au printemps.

Disponibilité: Plants à repiquer, sachet de semences.

Saison d'intérêt: Du début jusqu'à la fin de l'été.

Utilisation: Plate-bande, bordure, bac, fleur coupée, fleur séchée.

À cause de l'introduction subite d'une vaste gamme de couleurs et de plants nains convenant à la bordure, la gomphrène est passée, en quelques années, d'obscure annuelle connue seulement des producteurs de fleurs coupées, à grande vedette de la plate-bande.

La gomphrène est une plante touffue, très ramifiée, aux feuilles étroites et ovales. Chaque tige se termine par une inflorescence globulaire légèrement piquante, composée de bractées colorées, rappelant un peu le trèfle. La gomphrène dure tout l'été. Chaque plante produit des centaines de fleurs d'un effet très saisissant car les vraies fleurs ne sont que de minuscules tubes jaunes dépassant à peine les bractées.

On peut semer les gomphrènes en pleine terre lorsque tout danger de gel est écarté et que le sol est bien réchauffé, en les recouvrant d'une planche ou d'un carton jusqu'à la germination, car elles ont besoin de noirceur pour germer. Pour une floraison plus rapide, semez-les à l'intérieur 6 à 8 semaines avant le dernier gel. Faites d'abord tremper les graines dans un thermos contenant de l'eau tiède pendant 24 à 48 heures, puis semez-les en les recouvrant à peine. Placez le contenant de semis à la chaleur et à la noirceur pendant 14 jours, puis exposez-le à la lumière. Repiquez les plants plus espacés après quelques semaines, puis pincez-les une fois pour stimuler une meilleure ramification. Enfin, transplantez-les au jardin quand tout danger de gel est écarté.

Pour en faire des fleurs coupées fraîches, récoltez-les juste avant qu'elles soient pleinement épanouies. Elles durent jusqu'à 10 jours en vase. Pour la fleur séchée, attendez que les globes soient complètement formés sans que les vraies fleurs ne soient apparues.

Variétés recommandées:

❧ *Gomphrena globosa* (gomphrène, amarantoïde globe): C'est la forme la plus courante et celle qui a donné toutes les variétés naines modernes si populaires. À la couleur magenta vif d'origine, s'ajoutent maintenant des violets, lavande, rouges, roses, orange et blancs. N'oubliez pas que les variétés naines, si jolies qu'elles soient, ne font pas de bonnes fleurs coupées car leur tige est trop courte. Hauteur: 15-45 cm.

❧ *G. haageana* (gomphrène orange): C'est une espèce plus haute, aux fleurs orange plus grosses. Hauteur: 60 cm.

Gomphrena globosa 'Strawberry Fields'

Immortelle

Helichrysum bracteatum 'Chico Mixr'

Immortelle

(*Ammobium, Helichrysum, Helipterum, Xeranthemum*)

Nom anglais: Everlasting

Hauteur: 30-90 cm.

Espacement: 25-40 cm.

Emplacement: Ensoleillé.

Sol: Bien drainé, assez pauvre, voire même sec.

Multiplication: Semis au printemps.

Disponibilité: Plants à repiquer, sachet de semences.

Saison d'intérêt: Du début de l'été jusqu'aux gels.

Utilisation: Plate-bande, bordure, bac, fleur coupée, fleur séchée.

Le terme «immortelle» est associé à plusieurs fleurs différentes, dont les cinq décrites ici sont les plus courantes. Toutes sont des plantes originaires de milieux arides qui ont développé un mécanisme commun: les petits fleurons regroupés en une inflorescence serrée sont entourés de bractées papyracées plus colorées qui non seulement servent à attirer les pollinisateurs, mais se replient sur les vraies fleurs par temps humide pour mettre le pollen à l'abri de la pluie. Ce sont des «fleurs» en forme de marguerite qui sèchent très bien, mais dont les «pétales» craquent au toucher.

On peut, soit acheter l'immortelle à bractées en

Photo: Norseco

pépinière au printemps, soit la semer. Par contre, les autres sont rarement offertes sous forme de plants à repiquer et il faut donc les cultiver soi-même. À l'intérieur, semez les graines 6 à 8 semaines avant la date du dernier gel, sans les recouvrir, et exposez-les à la lumière car elles en ont besoin pour germer. Repiquez-les en pleine terre quand il n'y a plus de danger de gel. On peut aussi les semer à l'extérieur pour une floraison un peu plus tardive.

Récoltez des bouquets de fleurs fraîches juste avant que ces dernières ne s'épanouissent entièrement. Elles peuvent durer jusqu'à 15 jours en vase. Cueillez les fleurs à sécher plus tôt, au moment où les premières bractées ne font que commencer à s'ouvrir, et suspendez-les la tête en bas. Les fleurs continueront de mûrir durant le séchage.

Variétés recommandées:

🍂 *Ammobium alatum* (immortelle ailée): Cette immortelle se distingue facilement des autres par ses curieuses tiges vertes à quatre ailes. Ses inflorescences d'environ 4 cm de diamètre sont jaunes et bombées, entourées de courtes bractées blanches. C'est d'ailleurs la seule immortelle à bractées trop courtes pour recouvrir entièrement le disque central lorsqu'il pleut. Les feuilles généralement basales et fortement lobées, rappellent un peu une feuille de pissenlit, et sont couvertes de poils blancs. Pour le séchage, coupez la fleur quand elle commence à s'épanouir, avant que le coeur jaune ne soit visible. Hauteur: 60-90 cm.

🍂 *Helichrysum bracteatum* (immortelle à bractées): C'est de loin l'immortelle la plus populaire. Les inflorescences offrent une assez vaste gamme de couleurs: blanc, rouge, orange, pourpre, ou jaune. Dans le cas des formes doubles, le disque central normalement jaune est diversement coloré. Ses feuilles sont vert moyen et rubanées. Comme les tiges d'immortelle à bractées réagissent à l'humidité en se penchant et peuvent le faire par temps humide même une fois séchées, on préfère souvent les supprimer complètement et utiliser comme tige un fil métallique passé à travers le centre de la fleur. Alors que les autres sont de véritables annuelles, cette immortelle est en fait une vivace tendre qui se multiplie par bouturage de sa tige. Hauteur: 30-90 cm.

🍂 *Helipterum roseum*, anc. *Acroclinum roseum* (immortelle rose ou acroclinie rose): Cette espèce porte des fleurs à bractées roses ou blanches et à disque jaune, parfois à oeil noir. D'apparence plus délicate que les fleurs de l'immortelle à bractées, elles sont portées sur de hautes tiges grêles et se referment le soir. Ses feuilles sont étroites, pointues et grisâtres, ramassées comme des aiguilles d'épinette. Hauteur: 30-60 cm.

🍂 *Helipterum manglesii*, anc. *Acroclinum manglesii* et *Rhodanthe manglesii* (rhodante de Mangles): Il est semblable à l'immortelle rose, mais aux feuilles plus larges, oblongues et glauques. En plus du rose et du blanc, sa gamme de couleurs comprend le rouge. Si vous le semez à l'intérieur, utilisez des

godets de tourbe car il ne tolère pas le repiquage. La série 'Timeless' fleurit plus tôt que les autres dans la saison, n'étant pas influencée par la durée du jour. Hauteur: 30-60 cm.

❧ *Xeranthemum annuum* (immortelle de Provence): Cette immortelle résiste mieux que les autres au froid. On peut la semer à l'extérieur quand le sol est encore frais ou à l'intérieur dans des godets de tourbe. Repiquez les plants en pot *à la même profondeur qu'auparavant*, sans enterrer la tige. Le xéranthème produit des feuilles basales allongées de couleur gris vert et de minces tiges florales. Il diffère des autres immortelles par son disque qui n'est pas jaune ou noir, mais de la même couleur que les bractées, soit rose, blanc, magenta ou violet. Récoltez les fleurs quand elles sont à leur apogée car elles n'évoluent plus après la récolte. Hauteur: 45-90 cm.

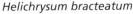
Helichrysum bracteatum

Helichrysum bracteatum

Nigelle

Nigella damescens

Nigelle
(*Nigella*)

Noms anglais: Love-in-a-mist, Devil-in-a-bush

Hauteur: 30-45 cm.

Espacement: 15-20 cm.

Emplacement: Ensoleillé.

Sol: Bien drainé, sec à humide.

Multiplication: Semis au printemps ou à l'automne.

Disponibilité: Sachet de semences.

Saison d'intérêt: Du début de l'été jusqu'au milieu de l'automne.

Utilisation: Plate-bande, bordure, rocaille, pré fleuri, naturalisation, fleur coupée, fleur séchée.

La nigelle est une belle d'autrefois qui revient depuis que les fleurs séchées sont de nouveau à la mode. C'est une plante très curieuse, offrant deux saisons d'intérêt. Au moment de la floraison, ses belles fleurs, singulières, étoilées, entourées d'une fine dentelle de feuilles vertes sont des plus gracieuses. Bleues, roses, rouges, pourpres ou blanches, simples ou doubles, elles mesurent environ 3 cm de diamètre. La floraison ne dure cependant qu'environ 4 semaines. En fanant, les fleurs sont toutefois remplacées par de très originales capsules de graines gonflées, arrondies, de 2 à 3 cm de diamètre, vert strié de pourpre, le tout devenant beige.

Semez la nigelle en pleine terre à l'automne ou au printemps, recouvrant à peine les graines. Vous pouvez

la semer dès que le sol peut être travaillé et, pour une floraison continuelle et successive, semez-la une fois par mois jusqu'en juillet. Les plants fleurissent environ 8 semaines après la germination. Si on laisse quelques capsules mûrir sur le plant, la nigelle se ressème volontiers. On peut la semer à l'intérieur, mais les résultats sont moins bons. Faites-le 6 à 8 semaines avant le dernier gel dans des godets de tourbe, car les racines pivotantes de la nigelle ne tolèrent pas le repiquage.

On peut utiliser la nigelle comme fleur coupée fraîche ou séchée. Pour la fleur coupée fraîche, récoltez des tiges aux fleurs bien colorées mais pas entièrement épanouies. Elles peuvent durer jusqu'à 15 jours. Pour leur préservation à plus long terme, deux possibilités s'offrent à vous: faire sécher la fleur épanouie qui fane en conservant sa couleur, ou attendre que les capsules enflées se développent. Dans ce dernier cas, récoltez-la quand la capsule se strie de pourpre, signe qu'elle a atteint son apogée. Si vous attendez trop, alors que la capsule commence à brunir, elle se défera très souvent après le séchage.

Variétés recommandées:

❧ *Nigella damescens* (nigelle de Damas, cheveux de Vénus): C'est l'espèce la plus courante. Plusieurs lignées sont disponibles sur le marché. Son nom de cheveux de Vénus lui vient de ses feuilles vertes extrêmement fines.

❧ *Nigella hispanica* (nigelle espagnole): Il s'agit d'une espèce aux fleurs plus colorées, généralement bleues mais parfois pourpres ou blanches, au centre noir et aux étamines rouge vif ou marron. Comme toutes les nigelles, elle produit une capsule décorative qui peut être séchée. Hauteur: 40-45 cm.

❧ *Nigella orientalis* (nigelle orientale): On cultive cette nigelle à fleurs bleues surtout pour ses capsules de graines qu'on laisse mûrir sur le plant. Récoltez-les quand elles s'ouvrent, puis retournez les segments à l'envers. Vous créez ainsi une très jolie «fleur» séchée, beige, à huit «pétales» en forme d'ellipse. Cette fleur est créée, en fait, par les parois retournées de l'enveloppe de graines. Hauteur: 40-50 cm.

Nigella damescens

Sauge hormin

Salvia viridis

Sauge hormin
(*Salvia viridis*)

Noms anglais: Clary Sage, Painted Sage

Hauteur: 20-60 cm.

Espacement: 30 cm.

Emplacement: Ensoleillé ou partiellement ombragé.

Sol: Bien drainé, voire même sec et pauvre.

Multiplication: Semis au printemps ou à l'automne.

Disponibilité: Sachet de semences.

Saison d'intérêt: Du début de l'été jusqu'à l'automne.

Utilisation: Plate-bande, bordure, pré fleuri, naturalisation, fleur coupée, fleur séchée.

La sauge hormin, autrefois très populaire comme plante ornementale, a sombré dans l'oubli. Aujourd'hui, on redécouvre ses attraits. C'est une plante dressée aux feuilles vert gris et aux tiges carrées couvertes de duvet fin. À la floraison, l'extrémité des tiges se colore. De petites fleurs à peine visibles sont disposées en grappes dans des corolles bilabiées pourprées. L'intérêt de cette plante réside dans les bractées larges et colorées, en forme de feuilles, qui soutiennent les fleurs et durent tout l'été. Elles peuvent être pourpres, roses, rouge pourpré ou blanches avec nervures vertes ou pâles.

La sauge hormin est rarement disponible en caissette, mais se cultive aisément. Semez-la de préférence en pleine terre à l'automne ou au début du printemps, sans recouvrir les graines. Les plants produits en pleine terre sont les plus beaux. Les jardiniers impatients peuvent aussi la semer à l'intérieur 6 à 8 semaines avant le dernier gel. Repiquez les plants dans des pots plus gros au besoin, puis dans le jardin quand tout danger de gel est écarté.

Une fois établie, la sauge hormin se ressème volontiers. Vous pouvez alors repiquer les petits semis spontanés, où bon vous semble.

Cueillez les épis pour le séchage et la fleur coupée une fois qu'ils ont atteint leur pleine coloration.

Variétés recommandées:

🌿 *Salvia viridis*, anc. *S. horminum* (sauge hormin): C'est l'espèce décrite ci-dessus. Plusieurs lignées, aux couleurs séparées ou mélangées, sont disponibles.

🌿 *Salvia sclarea* (sauge sclarée): Cette plante est souvent confondue avec la sauge hormin, car le nom anglais «clary sage» s'applique aux deux. Cependant, la sauge sclarée est une fine herbe de 90 cm au feuillage aromatique gris et duveteux. Ses épis ramifiés portent des bractées roses, lilas ou blanches et de petites fleurs blanc bleuté. Il s'agit d'une bisannuelle cultivée comme annuelle.

🌿 *Salvia argentea* (sauge argentée): Cette bisannuelle ne résiste normalement pas à nos hivers et est donc cultivée uniquement pour sa rosette de larges feuilles densément couvertes de duvet blanc. Il faut la semer à l'intérieur.

Salvia argentea

Limonium sinuatum

Statice
(*Limonium*, *Psylliostachys*)

Nom anglais: Statice

Hauteur: 30-75 cm.

Espacement: 30-40 cm.

Emplacement: Ensoleillé.

Sol: Bien drainé, aéré ou sablonneux, plutôt sec.

Multiplication: Semis au printemps.

Disponibilité: Plants à repiquer, sachet de semences.

Saison d'intérêt: Du milieu à la fin de l'été.

Utilisation: Plate-bande, bordure, massif, rocaille, fleur coupée, fleur séchée.

Le statice est une des plus populaires fleurs séchées, notamment parce qu'il garde très bien sa coloration au séchage. Il forme d'abord une rosette basse de grandes feuilles vertes assez charnues, souvent fortement lobées. Ensuite apparaissent des tiges florales généralement très ramifiées. Elles portent des petites fleurs éphémères entourées d'un calice papyracé coloré qui dure très longtemps si on fait sécher la tige. La forme et la couleur des épis varient selon l'espèce.

On trouve parfois des plants de statice en pépinière, mais généralement il faut le semer soi-même. Pour une floraison particulièrement hâtive, semez les graines à l'intérieur 6 à 8 semaines avant la date du dernier gel. Si les graines ne sont pas nettoyées, supprimez d'abord l'enveloppe foliacée et piquante qui les recouvre. Il est préférable de semer le statice dans des godets de tourbe, car s'il tolère le repiquage lorsqu'il est encore très jeune, environ jusqu'au stade de la huitième feuille, sa racine pivotante ne permet plus la transplantation quand il mûrit davantage. On peut aussi semer le statice annuel en pleine terre, dès que le sol peut être travaillé. Dans les sols bien drainés, il arrive que le statice se ressème.

Le statice est originaire du bord de la mer et se comporte mieux dans un milieu semblable: ensoleillé, venteux et très bien drainé.

Pour la fleur coupée fraîche, récoltez les épis lorsque la plupart des vraies fleurs, au centre des calices colorés, sont épanouies. Pour la fleur séchée, coupez la tige florale quand les calices sont bien colorés, mais *avant* l'épanouissement des fleurs.

Variétés recommandées:

❧ *Limonium bonduellii* (statice de Bonduelle): Cette espèce produit des feuilles surtout basales aux lobes profondément découpés, presque jusqu'à la nervure médiane. Elle porte des épis ramifiés aux tiges ailées et aux calices jaunes qui portent de petites fleurs de même couleur. Hauteur: 60 cm.

❧ *Limonium sinuatum* (statice à feuilles sinueuses): Il ressemble beaucoup au statice de Bonduelle, mais aux calices roses, bleus, lavande, pourpres ou blancs et aux fleurs blanches. Hauteur: 30-75 cm.

❧ *Psylliostachys suworowii*, syn. *L. suworowii* (statice de Suworow): Cette espèce diffère passablement des précédentes par sa rosette de feuilles longes et étroites, sans lobes, sa tige non ailée et ses épis minces, cylindriques et ramifiés portant des fleurs roses. Hauteur: 45-60 cm.

Les bisannuelles

Pourquoi les bisannuelles, plantes qui ne font que du feuillage la première année, pour fleurir, fructifier et mourir la deuxième année, figurent toujours dans les livres sur les annuelles et non dans les livres sur les vivaces. Beaucoup de jardiniers associent davantage les bisannuelles aux vivaces parce qu'elles vivent plus qu'une année. Mais la clé de la catégorisation des *vraies* bisannuelles ne tient pas au fait qu'elles vivent deux ans, mais au fait qu'elles sont *monocarpes*, c'est-à-dire qu'elles meurent après la floraison. Toute plante classée comme vivace vit nécessairement plus d'un an, mais *fleurit aussi plus d'une fois* ou du moins, a la capacité de le faire. Elle n'est pas monocarpe, mais *polycarpe*. Les véritables annuelles et bisannuelles partagent la caractéristique unique d'emmagasiner toute leur énergie en vue d'une seule et unique floraison. Leur floraison est massive et éblouissante, mais fatale, car la plante meurt infailliblement par la suite. L'annuelle, parvient à la floraison en une seule année, la bisannuelle, demande deux ans, parfois trois ans* pour le faire. C'est la seule différence. Annuelles et bisannuelles sont donc des plantes très apparentées par leur mode de vie. C'est pourquoi nous les traitons ensemble ici.

---

*Il n'est pas rare que sous des conditions imparfaites, une bisannuelle prenne trois ans pour accumuler assez d'énergie pour fleurir. Par contre, une plante monocarpe qui exige *toujours* trois ans pour fleurir et mourir est dite *triennale*.

458

Pourquoi les bisannuelles sont-elles si peu connues?

En comparaison des vivaces et des annuelles, les bisannuelles demeurent peu connues dans nos plates-bandes. Pourtant, du moins pour le jardinier paresseux, elles sont des végétaux fort intéressants. C'est leur capacité de se ressemer spontanément qui nous sert si bien, et *toutes* les bisannuelles le font, sans exception. Nous n'avons pas à planter ou semer des bisannuelles encore et toujours comme tant d'annuelles, car elles repousseront à tous les ans. La seule intervention du jardinier consiste à arracher quelques plants égarés des endroits inacceptables, comme par exemple, des plants trop hauts à l'avant de la plate-bande. Ce resemis spontané était autrefois très apprécié et le «cottage garden», qui a tellement contribué au jardin à l'anglaise, était en bonne partie composé de bisannuelles.

Dans les jardins modernes à l'anglaise, surtout en Europe, les bisannuelles demeurent fort populaires tout comme les annuelles qui se ressèment. Une visite des jardins de Great Dixter ou de Sissinghurst, en Angleterre, ou celui de Monet à Giverny, en France, le démontre. Les bisannuelles meublent les espaces vides autour des vivaces qui sont majoritaires, et ajoutent une note de spontanéité qui fait leur charme. Pouvez-vous imaginer une plate-bande à l'anglaise, une vraie, sans digitales, molènes, campanules à grosses fleurs, etc.? Difficilement, n'est-ce pas? Nous, Nord-américains, n'avons pas encore appris comme les Européens à laisser agir Dame Nature. Nous insistons pour tout planter nous-mêmes. La preuve que nous avons de la difficulté à accepter la spontanéité naturelle des végétaux est fournie par le peu de bisannuelles ou autres plantes qui se ressèment spontanément dans les jardins nord-américains, contrairement aux jardins européens où ces plantes jouent un rôle si important.

Elles poussent seules!

La culture des bisannuelles est très simple. On les sème normalement en pleine terre comme les annuelles, au printemps ou à l'été, avant la mi-août là où on souhaite les voir fleurir. Elles germent rapidement, formant des plants solides, parfois d'assez bonne taille, mais sans fleurir la première année. Le printemps suivant, la plante grossit rapidement, fleurit, produit des graines et meurt. Une nouvelle génération commence, qui fleurira deux ans plus tard.

Idéalement, on ne devrait pas semer dans la même année toutes les graines d'un sachet de semences de bisannuelles car on obtient une floraison cyclique: du feuillage une année et des fleurs l'année suivante. Semez plutôt la moitié du sachet la première année et l'autre moitié la deuxième année pour la floraison de l'année suivante, alors que les plantes de la première année se préparent à fleurir. Ainsi vous obtenez tous les ans des plants en vert et des plants en fleurs, donc une floraison annuelle aussi fiable que celle des vivaces.

Évidemment, si vous êtes un jardinier méticuleux, il vous est possible de créer une petite pépinière en utilisant un espace vide du potager, et de repiquer les plants où vous les voulez à l'automne. Ils fleuriront au printemps ou à l'été à l'endroit désigné. Vous pouvez utiliser cette technique tous les ans pour obtenir des bisannuelles qui fleurissent précisément où vous voulez les voir.

Des plantes mal comprises

Les bisannuelles ont souvent mauvaise réputation auprès des jardiniers qui les achètent sous forme de plants en pot plutôt qu'en semences, car ils n'ont pas compris leur cycle de vie. Le jardinier qui achète une bisannuelle en plant présume qu'elle vivra deux ans, car c'est ce que le mot «bisannuelle» semble clairement lui dire. Cependant, les bisannuelles vendues en pot ont *déjà* un an de culture ou leur culture a été accélérée, ce qui revient au même. Elles fleurissent donc l'année même de la plantation pour mourir ensuite, comme s'il s'agissait d'une annuelle. Le jardinier qui, d'abord satisfait que sa plante ait bien fleuri, découvre, déçu, qu'elle ne repousse pas au printemps. Sachez donc qu'une bisannuelle achetée en pot fleurira tout probablement la première année, mais ne vivra qu'une seule année. Toutefois, si vous la laisser se ressemer, elle deviendra permanente dans votre plate-bande.

Des bisannuelles en croissance accélérée

On peut tromper la nature en transformant les bisannuelles en annuelles. Cela exige des efforts. Il faut plus que simplement gratter le sol et y lancer quelques graines, mais c'est possible. Il suffit de les semer à l'intérieur très très tôt, de façon à ce que la plante vive deux saisons de croissance en une. Une bisannuelle typique germe normalement en été, en juillet ou en août dans la nature, croît pendant environ deux mois et, sous l'influence du froid, entre en dormance. Elle reprend sa croissance le printemps suivant pour fleurir et mourir. Cependant, si on étire sa saison de croissance à *quatre* ou *cinq* mois en les semant à l'intérieur en janvier ou en février, elle réagit en fleurissant dès la première année.

Souvent les bisannuelles ainsi traitées fleurissent moins abondamment ou demeurent plus petites, mais au moins elles fleurissent. Les hybrideurs ont même développé des lignées spécialement hâtives pour éviter d'avoir à semer en janvier ou février, ou parfois même en décembre, ce qui exige beaucoup moins d'efforts pour les producteurs en serre. Ils sèment alors en mars pour obtenir une floraison la première année avec moins de soucis.

Bellis perennis 'Robella'

461

Comment pérenniser une bisannuelle

On peut aussi tromper Dame Nature et stimuler des bisannuelles n'émettant normalement qu'une rosette unique pour qu'elles produisent des rejets ou divisions afin de les faire revenir année après année à partir de la même souche. Si on coupe la tige florale à sa base dès son apparition, la plante est en péril car elle ne réussira pas à assurer sa descendance et mourra sous peu. La plante a alors une alternative: produire rapidement une nouvelle tige florale ou produire des rejets ou petites rosettes secondaires. Si elle produit une deuxième tige florale, on la supprime de nouveau. Totalement frustrée dans ses efforts pour fleurir, la plante produit enfin des rejets.

La plante se retrouve donc avec une rosette centrale moribonde et généralement au moins deux à trois rejets secondaires. Elle consacre toute son énergie à assurer que ses rejets survivent à l'hiver pour fleurir l'année suivante. En recommençant le même manège le printemps suivant, mais en supprimant la tige florale d'*une seule* rosette, les autres rosettes fleurissent normalement, et celle dont la tige florale est constamment éliminée doit produire des rosettes secondaires. En utilisant cette technique tous les ans, on réussit à transformer une bisannuelle en vivace.

Même si l'idée de tromper ainsi Dame Nature et de transformer la spontanéité normale des bisannuelles en les pérennisant vous fascine, il n'en demeure pas moins que cela exige des efforts accrus de votre part. Pour le jardinier paresseux, la meilleure façon de pérenniser une bisannuelle est de la laisser se ressemer! Elle repousse dans sa plate-bande tous les ans, peut-être pas toujours au meilleur endroit, mais sans le moindre effort du jardinier.

Des vraies et des fausses

Dans les descriptions suivantes, vous trouverez plusieurs vraies bisannuelles, c'est-à-dire des plantes monocarpes qui germent, fleurissent et meurent sur une période de deux ans. Vous trouverez aussi quelques fausses bisannuelles, des vivaces dont la vie est si courte qu'elles ont tendance à mourir à la fin de la deuxième année. J'ai cru bon de les classifier ici, car pour la plupart des jardiniers, ce sont des bisannuelles.

Une zone de rusticité?

Comme les annuelles ne vivent qu'une année et que le froid de l'hiver ne les dérange pas, dans les descriptions précédentes il était inutile de parler de zones de rusticité, ces régions d'Agriculture Canada qui nous aident à décider si une plante peut résister au froid dans notre région. Mais parce que les bisannuelles doivent survivre à l'hiver, il faut connaître leur zone.

Chaque région est classée en fonction des températures extrêmes qu'elles subissent. La zone habitable la plus froide, la zone 1 a des températures hivernales de -40°C. Au Québec, la zone la plus chaude est la zone 6 où le mercure descend jusqu'à -15°C. Cependant, la Colombie-Britannique jouit d'une zone 9, avec une température minimale descendant rarement à moins de 0°C! Les plantes sont cotées en conséquence. Par exemple, une plante de zone 4 peut tolérer des températures au sol de -25°C et survivre en zone 4 ou dans toute autre zone plus chaude, mais pas dans les zones plus froides 1, 2 et 3. En repérant votre région sur la carte de la page 551, vous pouvez savoir si une bisannuelle peut survivre ou non dans votre région.

Angélique

Campanule à grosses fleurs

Chardon écossais

Digitale pourpre

Molène

Monnaie du pape

Myosotis

Oeillet des poètes

Pâquerette

Rose trémière

Campanule à grosses fleurs
(*Campanula medium*)

Nom anglais: Canterbury Bells

Hauteur: 30-120 cm.

Espacement: 20-30 cm pour les variétés basses; 36-40 cm pour les variétés hautes.

Emplacement: Ensoleillé ou légèrement ombragé.

Sol: Bien drainé, humide, riche.

Multiplication: Semis au printemps ou à l'été.

Disponibilité: Pot individuel, sachet de semences.

Saison d'intérêt: De la fin du printemps jusqu'au début de l'été.

Utilisation: Plate-bande, arrière-plan, pré fleuri, naturalisation, fleur coupée.

Zone de rusticité: 3.

Campanula medium

La campanule à grosses fleurs est une belle d'autrefois que vos grand-parents ou vos arrière-grands-parents cultivaient sûrement, car elle a une longue histoire au Québec. Même moins connue aujourd'hui, elle n'en est pas moins une excellente plante de plate-bande de culture particulièrement facile.

La première année, la campanule à grosses fleurs fait une rosette basse et arquée de grandes feuilles larges en forme d'ellipse. La deuxième année, sa forme devient plus pyramidale. La grosseur et la largeur de ses feuilles diminuent progressivement en montant vers la cime. Ses fleurs en forme de cloche de bonne taille, d'environ 4 à 6 cm de diamètre, apparaissent tout autour de la partie supérieure de la tige.

Pour cultiver la campanule à grosses fleurs comme bisannuelle, semez les graines en pleine terre n'importe quand du printemps à la mi-août, sans recouvrir les petites graines qui ont besoin de lumière pour germer. Elles germent vite en 10 à 14 jours, et les plants croissent rapidement. Vous pouvez les laisser fleurir sur place ou les repiquer à l'automne. La floraison aura lieu à la fin du printemps suivant.

On peut semer n'importe quelle campanule à grosses fleurs à l'intérieur, en vue d'une floraison la première année, mais il faut normalement ensemencer 20 à 22 semaines avant la date du dernier gel, ce qui exige beaucoup d'efforts. Il existe toutefois des lignées dites annuelles qui fleuriront le même été. On peut les semer à l'intérieur seulement 12 à 14 semaines avant la date du dernier gel. Il s'agit de variétés plutôt naines, au port assez ouvert, qui n'ont pas l'impact des campanules traditionnelles. Je préfère traiter les variétés dites annuelles en bisannuelles en les semant à l'extérieur l'été, ce qui donne de beaux plants compacts et parfaitement fleuris l'année suivante. Ces plants n'ont pas besoin de tuteurs, souvent nécessaires pour les formes plus hautes, surtout celles cultivées en plein vent. Il est aussi possible de semer les campanules hautes densément, à un espacement de seulement 10 cm, pour qu'elles se supportent mutuellement.

Enfin, au printemps, on peut acheter des plants en pot qui fleuriront dès la première année, mais ils sont généralement moins fournis que les plants de deux ans semés en pleine terre.

Variétés recommandées:

Campanula medium (campanule à grosses fleurs): C'est l'une des rares campanules bisannuelles, le genre géant surtout composé de vivaces. Elle

existe dans une assez vaste gamme de couleurs, à fleurs simples ou doubles, dans des teintes de pourpre, violet, bleu, lavande, rose ou blanc. 'Calycanthema', la campanule «tasse-et-soucoupe», est une forme ancienne toujours populaire dont le calice large et aplati a la même couleur que la fleur, d'où l'aspect d'une tasse au centre d'une soucoupe. Lente à pousser à l'intérieur, elle se cultive mieux comme bisannuelle.

Campanula medium 'Calycanthema'

467

Sylbium marianum

Chardon écossais
(*Onopordium acanthium*)

Nom anglais: Scotch Thistle

Hauteur: 90-250 cm.

Espacement: 75-300 cm.

Emplacement: Ensoleillé ou partiellement ombragé.

Sol: Bien drainé, assez pauvre.

Multiplication: Semis au printemps.

Disponibilité: Plants à repiquer, sachet de semences.

Saison d'intérêt: Du printemps jusqu'à l'automne.

Utilisation: Plate-bande, plant isolé, arrière-plan, naturalisation, attire les papillons.

Zone de rusticité: 3.

Pourquoi payer 300 $ pour une sculpture dans le jardin quand vous pouvez en cultiver une pour quelques dollars? Le chardon écossais est peut-être le plus sculptural des végétaux. La première année, il forme une énorme rosette de feuilles fortement épineuses blanc grisâtre; toute la plante semble recouverte de toiles d'araignée! La deuxième année, il produit une tige épaisse ailée, tout aussi épineuse, avec des tiges secondaires et encore des feuilles, le tout coiffé par des inflorescences surmontées d'une touffe de fleurs plumeuses rose pourpré. On croirait voir un candélabre givré illuminé de feux de Bengale violets!

468

Ne craignez pas que le chardon écossais envahisse votre plate-bande comme son cousin, le chardon des champs. Strictement bisannuel, il n'émet pas de rejets envahissants. Il produit cependant des graines qui peuvent se ressemer dans le jardin, mais pas très abondamment sous notre climat humide. Par contre, dans plusieurs états plus secs du Sud-Ouest américain, sa culture est interdite car on le considère comme une mauvaise herbe nuisible. Ces plantes très blanches sautent aux yeux et ici, il suffit d'arracher ou de repiquer les plants supplémentaires s'il y en a. Comme c'est une plante qui attire toujours le regard, laissez de l'espace autour du chardon écossais.

Semez les graines en pleine terre en mai ou dans des pots de tourbe en avril, recouvrant à peine les graines. Sa culture est très facile.

Après la floraison, au début de l'automne, quand le feuillage commence à dépérir, protégez-vous bien et avec un sécateur robuste, coupez sa tige épaisse et presque ligneuse, car ce grand géant blanc n'est guère attrayant à l'agonie. Il laisse toujours tomber quelques graines pour assurer sa descendance.

Variétés recommandées:

❧*Onopordium acanthum* (chardon écossais): C'est l'espèce décrite ci-dessus.

❧*Sylbium marianum* (chardon de Marie): Ce chardon bisannuel plus petit est souvent cultivé comme une annuelle, pour sa large rosette au feuillage

découpé et épineux, fortement nervuré d'argent. Plutôt que de l'arracher à l'automne, vous pouvez le laisser sur place pour lui permettre de fleurir l'année suivante. La fleur est typique des chardons: un réceptacle globulaire épineux et penché coiffé de plumes pourpres. Il se ressème volontiers, sans être envahissant sous notre climat. Hauteur: 30 cm la première année, de 60 à 120 cm lors de la floraison la deuxième année.

Onopordium acanthum

469

Digitale pourpre
(*Digitalis purpurea*)

Nom anglais: Foxglove

Hauteur: 120-180 cm.

Espacement: 45-60 cm.

Emplacement: Ensoleillé ou modérément ombragé.

Sol: Bien drainé, humide, frais, riche en matière organique.

Multiplication: Semis au printemps ou à l'été.

Disponibilité: Pot individuel, sachet de semences.

Saison d'intérêt: Du début jusqu'à la mi-été.

Utilisation: Plate-bande, arrière-plan, pré fleuri, sous-bois, naturalisation, fleur coupée, attire les colibris.

Zone de rusticité: 4.

Digitalis purpurea

La digitale pourpre est sans doute la bisannuelle la plus connue et la plus populaire. Même les jardiniers qui ne prisent pas les plantes qui se ressèment la cultivent, tant son effet est charmant, notamment dans les endroits mi-ombragés.

La première année, la plante forme une large rosette de feuilles vert pâle duveteuses et profondément nervurées qui s'élève au cours de la deuxième année pour former un haut épi de feuilles plus petites et de fleurs tubulaires pendantes, blanches, crème, jaunes, roses, lavande, magenta ou pourpres, souvent tachetées de couleurs plus sombres. Les fleurs sont généralement alignées du même côté de l'épi, mais il existe des lignées dont les fleurs sont étalées autour de la tige florale.

470

On peut acheter des plants de digitale pourpre à un coût prohibitif comparé à celui des semences. On sème tout simplement à l'extérieur, entre la fin du printemps et la mi-été, et au besoin, on repique à l'emplacement permanent à l'automne. Ne recouvrez pas les semences car elles ont besoin de lumière pour germer. Il existe aussi des lignées dites annuelles qui peuvent fleurir en seulement cinq mois. On les sème à l'intérieur 8 à 10 semaines avant la date du dernier gel.

La digitale se transplante facilement. Si des plants germent où on ne les veut pas, on peut les repiquer à un endroit plus propice le moment venu. Il faut parfois tuteurer les digitales plus hautes, surtout si elles sont exposées au vent. Il est aussi facile de pérenniser la digitale en suivant la technique expliquée au début de ce chapitre, sous la rubrique: *Comment pérenniser une bisannuelle*.

La digitale produit la digitaline, médicament utilisé pour soigner les maladies coronariennes. Cependant, il ne faut jamais tenter de s'en servir pour fabriquer un médicament maison, car la plante est hautement toxique.

Variétés recommandées:

Digitalis purpurea (digitale pourpre): C'est l'espèce bisannuelle cultivée le plus souvent. mais il existe aussi plusieurs espèces vivaces. Au moment où j'écris ces lignes, *D. purpurea* 'Foxy', une lignée naine de 90 à 120 cm, est la seule lignée utilisable comme annuelle, toutes les autres étant de véritables bisannuelles et ne fleurissant donc que la deuxième année.

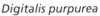

Digitalis purpurea

Molène
(*Verbascum*)

Nom anglais: Mullein.

Hauteur: 60-180 cm.

Espacement: 30-45 cm pour les variétés basses; 60-90 cm pour les variétés hautes.

Emplacement: Ensoleillé ou légèrement ombragé.

Sol: Bien drainé, chaud, peut-être sec ou alcalin.

Multiplication: Semis au printemps ou à l'été

Disponibilité: Pot individuel, sachet de semences.

Saison d'intérêt: Fin du printemps jusqu'au milieu ou fin de l'été.

Utilisation: Plate-bande, plant isolé, arrière-plan, pré fleuri, naturalisation, fleur coupée, fleur séchée.

Zone de rusticité: 4.

Verbascum bombyciferum

Pourquoi les molènes ne sont-elles pas plus populaires? C'est un des grands mystères du jardinage. En Europe, elles sont très utilisées, car les Européens apprécient davantage les plantes qui se ressèment. Ici, nous préférons les plantes vraiment vivaces.

Les molènes forment d'abord une large rosette basale aux nombreuses feuilles souvent poilues qui constitue l'attrait principal de plusieurs espèces. La deuxième année, la plante produit un ou plusieurs hauts épis floraux souvent couverts de soie, souvent étroits et parfois ramifiés. L'épi porte des centaines de fleurs à cinq pétales en forme de coupe aplatie. La grande majorité des molènes a des fleurs jaunes, mais certaines fleurs apparaisssent aussi sous d'autres couleurs.

On sème habituellement les molènes à l'extérieur au printemps ou en été, recouvrant à peine les graines de terre. On peut aussi le faire à l'intérieur 6 à 8 semaines avant la date du dernier gel. Certaines espèces, comme la molène de Chaix, se pérennisent facilement; il suffit de supprimer leur tige florale après la floraison mais avant sa montée en graine, pour que ces molènes produisent alors plusieurs rejets. Elles peuvent même refleurir avant la fin de l'été. Supprimez la tige florale des espèces cultivées surtout pour leur feuillage, dès qu'elle apparaît afin de forcer les plantes à former de nouvelles rosettes.

Variétés recommandées:

Il y a beaucoup trop d'espèces de molène pour les décrire toutes. En voici cependant deux particulièrement intéressantes.

🌿*Verbascum bombyciferum* (molène soyeuse): Cette espèce est peut-être la plus duveteuse des molènes cultivées surtout pour leur feuillage. En effet, la plante est tellement couverte de duvet blanc qu'on ne voit aucune trace de vert. Quand on permet à la plante de fleurir, en évitant de supprimer la tige florale pour stimuler la production des feuilles, des fleurs jaunes percent la

fine soie recouvrant ses hauts épis. Hauteur: 120-180 cm.

🌿*V. chaixii* (molène de Chaix): Cette espèce est poilue mais moins densément que la molène soyeuse. Ses grandes feuilles vert gris forment une large rosette au centre de laquelle apparaissent de minces épis floraux couverts de fleurs jaunes. Les fleurs sont blanches avec des étamines roses ou pourpres chez *V. chaixii* 'Album'. Cette espèce se pérennise facilement. Hauteur: 90-150 cm.

Verbascum chaixii 'Album'

Lunaria annua

Monnaie du pape
(*Lunaria*)

Noms anglais: Honesty, Money Plant

Hauteur: 45-90 cm.

Espacement: 30-45 cm.

Emplacement: Ensoleillé ou légèrement ombragé.

Sol: Bien drainé, voire même sec.

Multiplication: Semis au printemps ou à l'été.

Disponibilité: Pot individuel, sachet de semences.

Saison d'intérêt: De la fin du printemps jusqu'au début de l'automne.

Utilisation: Plate-bande, arrière-plan, sous-bois, naturalisation, fleur parfumée, fleur séchée.

Zone de rusticité: 3.

La monnaie du pape est une autre belle d'autrefois qui revient depuis quelques années à cause de la popularité accrue des fleurs séchées.

En effet, on cultive la monnaie du pape plus comme fleur séchée que comme plante ornementale de plate-bande. Ce sont les capsules de graines qui suscitent l'intérêt par leur arrondie et aplatie. Elles deviennent visuellement intéressantes lorsqu'elles commencent à sécher et que l'enveloppe verte qui les recouvre tombe, dévoilant l'intérieur translucide, papyracé et argenté. On peut cueillir les fleurs séchées dès que les enveloppes commencent à tomber. On peut aussi laisser cette plante décorer nos jardins jusqu'à la fin de l'automne. Malheureusement, les enveloppes ne tombent pas nécessairement seules, il faut souvent les enlever à la main. Durant cette période, on voit des capsules joliment argentées et d'autres à moitié recouvertes d'enveloppes brunissant inégalement, donnant à la plante un aspect pitoyable. Plutôt que d'enlever les enveloppes une par une, je passe assez vigoureusement le balai sur la tige florale: j'ai l'air d'un fou, mais c'est efficace!

Avant de devenir une fleur séchée, la monnaie du pape traverse plusieurs stades de croissance. La première année, elle forme une rosette basse, composée de grandes feuilles cordiformes légèrement dentées. La deuxième année, elle développe rapidement une tige florale ramifiée qui se couvre de nombreuses fleurs très parfumées, blanches ou pourpre violacé. La floraison est courte mais spectaculaire. Ensuite, les capsules se développent et le feuillage dépérit. En peu de temps les capsules sont prêtes, soit pour la récolte soit pour la décoration de votre plate-bande durant le reste de l'été.

Cette plante est facile à cultiver à partir de semences: c'est la méthode que je préconise. Semez les graines en pleine terre, là où vous les voulez, au printemps ou au début de l'été, les recouvrant de 3 mm de terre. Vous pouvez aussi les semer à l'intérieur 6 à 8 semaines avant la date du dernier gel. Pour une floraison la première année et pour une plante qui agit comme une annuelle, semez à l'intérieur 12 à 14 semaines avant la date du dernier gel. Toutefois, la plante est beaucoup plus productive traitée en bisannuelle. Ne vous inquiétez pas pour la relève, la monnaie du pape se ressème volontiers, parfois à un point tel qu'il faut éliminer des plants.

Variétés recommandées:

Lunaria annua (monnaie du pape, lunaire): Malgré son nom botanique qui laisse entendre qu'elle est annuelle (*annua*), la monnaie du pape décrite ci-dessus est une bisannuelle. En plus de la forme habituelle au feuilles vertes, il y a aussi des cultivars à feuillage joliment panaché de blanc et de rose. Quel spectacle lorsque la plante est en fleurs! Par contre, la panachure n'apparaît que la deuxième année, les plants étant entièrement verts la première année.

L. rediviva (monnaie du pape vivace): Moins connue, cette espèce vivace refleurit d'année en année. Elle est semblable à l'espèce bisannuelle, mais ses capsules sont en forme d'ellipse plutôt qu'en forme ronde.

Myosotis sylvatica 'Rosylva'

Myosotis
(*Myosotis*)

Nom anglais: Forget-me-not

Hauteur: 20-30 cm.

Espacement: 15-20 cm.

Emplacement: Ensoleillé ou ombragé.

Sol: Bien drainé, humide, riche.

Multiplication: Semis au printemps ou à l'été.

Disponibilité: Pot individuel, sachet de semences.

Saison d'intérêt: Du début du printemps jusqu'au milieu de l'été.

Utilisation: Plate-bande, bordure, couvre-sol, rocaille, pré fleuri, sous-bois, naturalisation, pentes, coin humide.

Zone de rusticité: 2.

Échappée de la culture, on trouve cette belle d'autrefois, d'origine eurasiatique, un peu partout en Amérique du Nord. Elle forme un beau tapis bleu à la fin du printemps. Le myosotis est bien connu sous son nom anglais, «forget-me-not» (ne m'oubliez pas). La légende veut qu'un jeune fiancé soit tombé à l'eau en cueillant des fleurs de myosotis pour sa dulcinée et qu'au moment d'être emporté par les flots, tenant le bouquet de fleurs à la main, il ait crié «ne m'oubliez pas!».

C'est une petite plante basse aux tiges lâches et aux feuilles vert moyen étroites et légèrement poilues. À la fin du printemps et au début de l'été, la plante se couvre d'une multitude de petites fleurs bleu ciel, mais parfois blanches ou roses.

Cette plante est souvent considérée comme vivace car elle se ressème tellement tôt en saison que de nouveaux plants peuvent apparaître avant que la plante mère ne soit morte. De plus, à cause de cette croissance rapide, les jeunes plants fleurissent dès l'année suivante et donnent l'impression que la même plante refleurit chaque printemps.

Pourquoi acheter des plants de myosotis quand il est si facile de les cultiver à partir de semis? Il suffit de lancer des graines au sol sans même les recouvrir et de les arroser. Si vous désirez une floraison dès la première année, semez à l'intérieur 8 à 10 semaines avant le dernier gel. Recouvrez le plateau d'un carton ou placez-le dans un sac en plastique sombre, car le myosotis a besoin de noirceur pour germer.

Le myosotis se ressème allègrement et envahit bientôt toutes les plates-bandes non paillées. À vous de décider si vous l'appréciez ou non, mais chose certaine, la plante est trop petite pour étouffer les autres. Si vous ne souhaitez pas qu'elle se ressème, rabattez la plante dès que la floraison est terminée. Lorsque vous rabattez la plante, il lui arrive de refleurir légèrement au cours de l'été.

Variétés recommandées:

Myosotis sylvatica (myosotis des bois): C'est l'espèce bisannuelle si populaire décrite ci-dessus. On la vend souvent sous le nom de *M. alpestris*, mais cette plante plus rare est une véritable vivace.

M. scorpioides (myosotis scorpioïde): Cette espèce vivace préfère les lieux très humides et elle est décrite dans le livre *Le jardinier paresseux: Les vivaces*.

Myosotis sylvatica

477

Photo: Norseco

Dianthus barbatus

Oeillet des poètes
(*Dianthus barbatus*)

Noms anglais: Sweet William, Wee Willie

Hauteur: 8-60 cm.

Espacement: 10-15 cm pour les variétés basses; 20-30 cm pour les variétés hautes.

Emplacement: Ensoleillé ou légèrement ombragé.

Sol: Bien drainé, riche, plutôt neutre ou alcalin.

Multiplication: Semis au printemps.

Disponibilité: Plants à repiquer, pots individuels, sachet de semences.

Saison d'intérêt: Du début jusqu'à la fin de l'été.

Utilisation: Plate-bande, bordure, massif, bac, couvre-sol, rocaille, muret, pré fleuri, naturalisation, fleur parfumée, fleur coupée, attire les papillons.

Zone de rusticité: 2.

L'oeillet des poètes est disponible sous des formes si nombreuses qu'il est de plus en plus difficile à classifier. D'origine bisannuelle, il est souvent offert comme annuelle, et se comporte parfois comme une vivace! D'une part on a réussi par hybridation à créer des lignées naines à croissance si rapide, qu'elles peuvent fleurir dès la première année, comme des annuelles. D'autre part, on l'a croisé avec l'oeillet de Chine vivace (voir le chapitre *Au milieu de la plate-bande* à la page 292), ce qui a permis d'étirer la vie de plusieurs lignées sur plus de deux ans. De façon générale, les variétés basses que les anglophones appellent «Wee Willie» peuvent se cultiver comme annuelles, tandis que les variétés hautes, «Sweet William» en anglais, sont des bisannuelles susceptibles de survivre une saison ou deux de plus.

Dans tous les cas, l'oeillet des poètes est une plante formant des touffes de feuilles lancéolées vertes et aplaties. Les formes bisannuelles produisent de denses bouquets de fleurs blanches, roses, rouges, pourprées ou bicolores, simples ou doubles, généralement frangées ou dentées, sur des tiges hautes. Cette forme regroupée permet de distinguer l'oeillet des poètes des autres *Dianthus*, aux fleurs habituellement solitaires, ou portées en bouquets lâches qui ne comptent que quelques fleurs. D'ailleurs, l'un des noms de cette plante, jadis fort populaire, est «bouquet tout fait».

Les formes annuelles sont beaucoup plus basses, d'environ 8-15 cm. Leurs tiges sont si courtes que toute la plante semble couverte de fleurs dont on ne voit pas toujours l'effet de bouquet. La gamme de couleurs est la même que pour les bisannuelles, mais sa sélection de formes n'est pas encore aussi grande.

À vous de choisir comment les cultiver! Les annuelles sont disponibles sous forme de plants à repiquer. Vous pouvez aussi les semer à l'intérieur 8 à 10 semaines avant la date du dernier gel, recouvrant à peine les semences, ou les semer en pleine terre pour une floraison plus tardive. Si vous les semez à l'intérieur, il est important de le faire très tôt, quand un gel est encore possible, car les jeunes plants germent mieux à la fraîcheur. S'ils ne sont pas exposés au froid à un stade précis de leur croissance, ils ont tendance à redevenir bisannuels, et ne donnent que du feuillage la première année, et des fleurs, l'année suivante.

Quant aux bisannuelles, semez-les tout simplement à l'extérieur, au printemps ou en été, pour une floraison abondante, l'année suivante. Vous pouvez aussi les acheter en pot individuel, à un prix beaucoup plus élevé.

Tous les oeillets de poète se ressèment si on leur laisse un espace sans paillis.

Variétés recommandées:

Dianthus barbatus (oeillet des poètes): Tous les oeillets des poètes, annuels, bisannuels ou vivaces, sont classifiés sous ce nom. Sachez cependant que plusieurs sont en fait des hybrides issus d'autres *Dianthus*, notamment de *D. chinensis*.

Pâquerette

Bellis perennis

Pâquerette
(*Bellis perennis*)

Nom anglais: English Daisy

Hauteur: 15-20 cm.

Espacement: 15-20 cm.

Emplacement: Ensoleillé ou légèrement ombragé.

Sol: Bien drainé, humide, riche en matière organique.

Multiplication: Semis au printemps, en été ou à l'automne.

Disponibilité: Pot individuel, sachet de semences.

Saison d'intérêt: Du printemps jusqu'à la fin de l'été.

Utilisation: Plate-bande, bordure, couvre-sol, rocaille, pré fleuri, sous-bois, naturalisation.

Zone de rusticité: 4.

La pâquerette est une des plantes ornementales les plus populaires en Europe. On la voit rarement en Amérique du Nord, sans doute parce que son régime différent de celui des autres annuelles et bisannuelles est mal compris. La pâquerette est souvent en fleurs à Pâques en Europe, d'où son nom, mais elle ne sera jamais en fleurs à cette époque, sous notre climat.

La pâquerette forme une petite touffe de feuilles spatulées et des tiges florales courtes coiffées de «marguerites» simples, semi-doubles ou doubles, blanches, roses ou rouges. La forme originale est petite, d'à peine plus de 8 cm de hauteur. C'est une jolie plante à naturaliser dans la pelouse, qu'elle égaie par la suite de ses jolies fleurs, durant tout l'été. Ses fleurs simples ou semi-doubles sont à coeur jaune. L'homme a cependant développé des lignées géantes, de 15 à 20 cm de hauteur, aux fleurs beaucoup plus grosses, généralement entièrement doubles, sans coeur jaune, que l'on traite habituellement en annuelles.

La pâquerette se cherche une identité. Vivace, elle n'est presque jamais cultivée comme telle, et plutôt traitée en bisannuelle ou en annuelle, selon les besoins. Pour bien la comprendre, il faut considérer que cette plante est près de la pensée par ses besoins culturaux. Comme la pensée, les producteurs peuvent donc la semer à la fin de l'automne en serre froide et la vendre au printemps pour un repiquage très tôt en pleine terre, quand un danger de gel existe encore (voir *La pensée comme «pré-annuelle»* à la page xx pour de plus amples détails sur ce sujet). Comme sa floraison s'affaiblit à l'arrivée de la chaleur, on l'arrache en mai ou en juin et elle est remplacée par d'autres annuelles à floraison estivale. C'est son utilisation la plus répandue en Europe, où l'on trouve des pâquerettes dans tous les parterres de février à mai, là où le climat le permet. Dans nos régions, les plants à repiquer sont rares. C'est regrettable, car la pâquerette, tout comme la pensée, continue de bien fleurir tout l'été dans les régions aux étés frais. C'est donc une annuelle extraordinaire, quand on peut la trouver sur le marché.

Pour l'employer comme bisannuelle, ce qui est plus facile pour le jardinier amateur sans serre froide, semez la pâquerette en pleine terre ou à l'intérieur entre le printemps et l'automne. Si elle n'est pas semée sur place, repiquez les plants à leur emplacement définitif vers la mi-septembre dans le sud du Québec et vers la mi-août dans les régions nordiques. Quand le sol gèle, recouvrez les plants d'une couche de paillis, car fraîches plantées, les pâquerettes sont sujettes au déchaussement par le gel. Au printemps, enlevez le paillis et laissez-les fleurir. Elles fleuriront abondamment au printemps et au début de l'été, et sporadiquement tout le reste de l'été. Elles auront parfois une bonne reprise de floraison au retour des températures fraîches à l'automne. N'arrachez pas la pâquerette, laissez-la en place car parfois elle agit comme une vivace et survit à l'hiver pour fleurir de nouveau. Ainsi traitée, la pâquerette se ressème assez abondamment.

Variétés recommandées:

❧*Bellis perennis* (pâquerette): C'est la plante décrite ci-dessus. Recherchez les variétés hybrides doubles comme annuelles ou pour la plate-bande, et les variétés sauvages ou formant un tapis comme bisannuelles ou à naturaliser dans la pelouse.

Rose trémière

(Alcea)

Nom anglais: Hollyhock

Hauteur: 60-270 cm.

Espacement: 40-45 cm.

Emplacement: Ensoleillé ou légèrement ombragé.

Sol: Bien drainé, humide, riche en matière organique.

Multiplication: Semis au printemps ou à l'été.

Disponibilité: Pot individuel, sachet de semences.

Saison d'intérêt: Du milieu de l'été jusqu'à l'automne.

Utilisation: Plate-bande, arrière-plan, écran, pré fleuri, naturalisation, fleur coupée.

Zone de rusticité: 3.

Alcea rosea

La rose trémière est une très grande plante portant à sa base de grosses feuilles assez arrondies et des feuilles plus petites et lobées sur les tiges florales. Au sommet de sa tige, elle porte de grosses fleurs blanches, roses, rouges, jaunes, pourpres ou saumon de 10 cm ou plus de diamètre, parfois simples et en forme de coupe, mais le plus souvent pleinement doubles et ressemblant alors à du papier mouchoir chiffonné. Elles se succèdent, de la base de l'épi jusqu'au sommet de la tige durant une bonne partie de l'été.

Bien que considérée comme bisannuelle, la rose trémière est une vivace de courte vie qui peut fleurir plus d'une fois. Par contre, les jardiniers préfèrent souvent la considérer comme bisannuelle, car si on la laisse pousser trois ou quatre ans, son feuillage est inévitablement attaqué par la rouille (voir à la page 137). Comme la maladie est due à des spores transportées par le vent, une plante qui ne vit que deux ans a moins de chance d'être atteinte. On l'arrache donc très souvent après la floraison pour en ressemer d'autres et éviter ce problème.

Pour éviter la rouille, les hybrideurs ont créé des formes annuelles de roses trémières qui fleurissent la première année et que l'on arrache ensuite. Il n'y a vraiment aucun danger que la maladie atteigne ces plantes rapides. Il faut semer à l'intérieur pour une floraison dès la première saison, donc répéter ces semis tous les ans, un peu trop de travail pour le jardinier paresseux.

On peut acheter des roses trémières en pot individuel ou les semer. La méthode la plus facile consiste à semer en pleine terre au printemps ou au début de l'été, et recouvrir les graines de 6 mm de terre. On obtient ainsi une belle rosette de feuilles la première année, ainsi qu'une ou plusieurs tiges florales la deuxième année.

Pour obtenir des fleurs dès la première année, choisissez une lignée, dite annuelle, que vous semez à l'intérieur, 6 à 8 semaines avant le dernier gel, sans recouvrir les graines de terreau et dans des godets de tourbe. Comme la rose trémière *tolère* à peine le repiquage, il vaut mieux ne pas lui faire subir un tel choc. Assurez-vous de pincer les jeunes plants quand ils atteignent 10 cm de hauteur ou lors du repiquage, sinon ils ne produiront qu'une seule tige florale.

Après la floraison, la rose trémière se prépare pour l'hiver en produisant des rejets et des semences. Pour éviter la rouille, arrachez les plants à l'automne. Quant aux semences, elles donneront des plants spontanés, mais plusieurs lignées de rose trémière sont hybrides et ne produisent pas de plantes identiques à la plante mère.

Variétés recommandées:

Alcea rosea (Rose trémière commune, Passe-rose ou passerose): C'est l'espèce décrite ci-dessus. Elle est offerte dans une vaste gamme de lignées dites annuelles, bisannuelles et vivaces, de taille normale (120 cm et plus) ou naine (moins de 60 à 120 cm).

Alcea ficifolia (Rose trémière à feuilles de figuier): Il s'agit d'une espèce vivace de grand intérêt parce qu'elle ne présente aucun des problèmes de santé de la rose trémière commune. Hauteur: 150-250 cm.

Alcea rosea

483

Des «sème-moi-tôt»...

Si vous avez lu ce livre jusqu'à ce chapitre, vous aurez deviné qu'entre deux techniques, je choisis toujours la plus facile. Malgré mon grand intérêt pour la culture par semis, ma préférence pour une technique facile à apprendre et mon horreur de payer une chose plus qu'à son juste prix, je préfère acheter certaines annuelles sous forme de plants, même si plusieurs d'entre elles sont facilement disponibles en semences .

La principale raison de ce choix tient au fait que les annuelles prennent trop de temps à pousser. Comme je l'ai expliqué dans l'encadré *Les semis les plus faciles* dans le chapitre *La multiplication des annuelles*, plus on maintient des semis longtemps en culture à l'intérieur, plus grands sont les risques qu'un malheur se produise. Dès les départ, nos maisons sont plus chaudes qu'il ne le faut pour la plupart des jeunes plants. Il est très facile de cultiver une annuelle pendant 3 à 6 semaines, moyennement facile de cultiver celle qui demande 8, 12, voire même jusqu'à 14 semaines de soins, mais dès qu'une semence exige une culture de 16 semaines ou plus dans la maison, je la trouve trop exigeante. D'ailleurs, la plupart des graines qui demandent un semis très tôt en saison sont reconnues comme étant difficiles à réussir. Je n'en connais pas la raison, mais leur germination est souvent lente et irrégulière, et lorsqu'elles germent, même les plants demeurent exigeants, du moins quand ils sont petits. Vous avez pu constater dans les chapitres précédents que j'ai peine à cacher mon aversion pour la culture par semence de certaines plantes; je préfère laisser les bégonias, les impatientes des plates-bandes, les pensées, aux bons soins des professionnels.

Tout le mois de janvier et le début février devraient être réservés aux *commandes* des graines, pas à leur ensemencement. Quel est le jardinier qui a vraiment eu le temps de choisir ses graines avant le début de février? Or, certaines semences doivent être faites en novembre ou décembre, avant même la sortie des catalogues. Il faut donc préparer une commande spéciale, et en plus, pour des graines difficiles à réussir? Non merci! Ces annuelles compliquées et complexes, je les laisse aux professionnels de l'horticulture et je vous suggère d'en faire autant!

En voici d'autres que je n'aime pas semer. Cultivez les annuelles suivantes à partir de semences si vous le désirez, je vous expliquerai comment procéder. Mais je les ai toutes essayées et, à mon avis, même si toutes les plantes décrites ici sont de culture faciles à maturité, elles vous donneront envie de vous arracher les cheveux si vous tentez de les semer.

Dracéna des jardins
Gerbera
Impatiente de Nouvelle-Guinée
Laurentia
Pentas lancéolé

Dracéna des jardins
(*Cordyline*)

Noms anglais: Spike, Dracaena, Cabbage Tree

Hauteur: 30-120 cm.

Espacement: 25-40 cm.

Emplacement: Ensoleillé ou ombragé.

Sol: Bien drainé.

Multiplication: Semis à l'automne ou au printemps précédent, bouturage de tiges, marcottage aérien.

Disponibilité: Pot individuel, sachet de semences.

Saison d'intérêt: Toute l'année.

Utilisation: Plate-bande, bac, plante d'intérieur.

Cordyline australis 'Variegata'

Le dracéna des jardins est fort populaire en bac. C'est la plante à feuilles vertes longues, étroites et pointues qui, en été, semble gicler du bac comme une fontaine. Le dracéna ne fleurit pas, du moins pas le premier été, et s'emploie strictement pour son port et son feuillage.

Il est possible de semer des graines de dracéna des jardins, chez vous, 20 semaines avant la date du dernier gel, mais la germination est lente et irrégulière, même pour les graines *nettoyées* (voir à la page 65), et les plants sont chétifs. Les producteurs les partent en serre, souvent 18 mois à l'avance, pour offrir des plants de bonne taille! Une «annuelle» qu'il faut semer 18 mois avant le repiquage au jardin? Je crois qu'il est préférable d'acheter des plants!

En retour, le dracéna des jardins offre une permanence rarement égalée parmi les plantes dites annuelles, car on peut entrer et sortir la même plante, année après année, avec un minimum de soins. De plus, cette petite plante verte devient peu à peu un arbre au tronc épais dont le port rappelle un palmier. Il ne faut pas laisser le vôtre geler à l'automne, surtout qu'il est assez coûteux à remplacer. Rentrez-le à l'automne. Même si vous attendez trop et que vous le découvrez couvert de neige, sachez qu'il n'est pas nécessairement trop tard, car le dracéna tolère très bien les premiers gels d'hiver.

Vous avez deux choix pour maintenir le dracéna durant l'hiver. Vous pouvez le traiter comme une plante verte, en lui donnant un éclairage faible à intense et des arrosages réguliers, lorsque son sol est sec au toucher. Il fait alors un admirable palmier d'appartement très décoratif. Vous pouvez aussi le placer en dormance tout l'hiver, au sous-sol, au frais, sans eau ni lumière. Dans les deux cas, il passe l'hiver en parfait état.

L'entretien du dracéna des jardins est minimal: il ne faut l'arroser que lorsque le sol est très sec, lui donner un peu d'engrais durant l'été, supprimer ses feuilles jaunies et c'est tout. Si vous le gardez plusieurs années, rempotez-le annuellement en rabattant au tiers de leur longueur les grosses racines qui font inévitablement le tour de son pot. Peu à peu, le petit dracéna que vous entrez dans votre demeure tous les ans, devient un arbre qui se rapproche vite du plafond. Sachez que vous pouvez alors faire un marcottage aérien, opération pour laquelle je vous réfère à un livre sur les plantes d'intérieur, ou lui couper la tête et bouturer la section prélevée. Dans un cas comme dans l'autre, gardez le vieux plant qui produira de nouvelles touffes de feuilles.

Quant aux fleurs, blanches, plumeuses et parfumées, n'y comptez pas trop. Même dans les meilleures conditions, le dracéna des jardins fleurit rarement avant d'avoir atteint sa maturité, soit à l'âge de 10 à 15 ans, et rarement en pot!

Variétés recommandées:

🌿 *Cordyline australis* (dracéna des jardins): C'est l'espèce décrite ci-dessus, aux feuilles étroites et vert foncé. Plusieurs cultivars ne semblent pas disponibles au Québec, dont le joli 'Atropurpurea', aux feuilles rougeâtres et 'Variegata', panaché de blanc, ce dernier étant obtenu uniquement par bouturage.

🌿 *C. indivisa* (dracéna bleu): Les plantes vendues sous ce nom sont en réalité *C. australis*. La véritable espèce *C. indivisa* produit de larges feuilles vert bleu.

Gerbera

Gerbera
(*Gerbera*)

Nom anglais: Transvaal Daisy

Hauteur: 15-75 cm.

Espacement: 30-45 cm.

Emplacement: Ensoleillé ou légèrement ombragé.

Sol: Bien drainé, humide, riche.

Multiplication: Semis à l'automne ou à l'hiver.

Disponibilité: Pot individuel, sachet de semences.

Saison d'intérêt: Du début de l'été jusqu'aux gels.

Utilisation: Plate-bande, bac, fleur coupée, plante d'intérieur, attire les papillons.

Photo: Norseco

Gerbera jamesonii 'Festival Rose'

Si le gerbera est souvent cultivé comme plante d'intérieur, c'est également une excellente annuelle pour la plate-bande. On commence d'ailleurs à le voir souvent dans les aménagements paysagers américains. Comme toute mode américaine en aménagement paysager s'incruste habituellement chez nous en peu de temps, il sera sans doute bientôt le prochain chouchou des jardiniers.

Le gerbera forme une grosse rosette de longues feuilles vert foncé spatulées, dentées et luisantes. Il produit des tiges solides et nues supportant d'énormes «marguerites» de 10 à 16 cm de diamètre, au coeur jaune ou foncé, aux rayons simples ou doubles, dans des teintes de crème, jaune, orange, rouge, rose et corail. Selon la lignée, la tige a une hauteur de 15 à 75 cm.

Habituellement, on sème le gerbera 18 à 20 semaines avant le dernier gel. Par contre, les nouvelles lignées naines croissent plus rapidement et on peut les semer seulement 10 à 12 semaines avant le repiquage en plate-bande. Dans

488

tous les cas, commencez avec des graines fraîches vendues par un grainier fiable, car les fines semences du gerbera ne sont viables que pendant quelques mois. Semez-les dans des godets de tourbe, en surface, sans les recouvrir, car les graines ont besoin de lumière pour germer. Le temps de germination est variable, de 15 à 40 jours, et les jeunes semis sont fragiles. Pour les réussir, il faut les traiter aux petits soins: bonne humidité, arrosages juste à point, température ni chaude ni froide, etc.

Repiquez-les en pleine terre quand il n'y a plus de danger de gel. Les plantes adultes sont aussi solides que les semis sont fragiles. Si vous achetez des plants déjà bien développés, vous n'aurez aucune difficulté à les cultiver.

Plantez le gerbera dans un endroit frais, humide et très bien drainé, un emplacement à la mi-ombre peut être nécessaire dans les régions aux étés très chauds, sinon il préfère le plein soleil.

À l'automne, déterrez le plant et rentrez-le pour l'hiver. Placé devant une fenêtre ensoleillée ou sous une lampe fluorescente, il fleurira jusqu'au printemps, si vous contrôlez les araignées rouges!

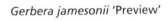

Gerbera jamesonii 'Preview'

Variétés recommandées:

❧ *Gerbera jamesonii* (gerbera): C'est la forme habituelle offerte dans une vaste gamme de lignées aux couleurs et aux formes différentes. Les lignées doubles produisent environ 40 % de fleurs simples.

Impatiens x *hawkeri* 'Rosalie'

Impatiente de Nouvelle-Guinée
(*Impatiens* x *hawkeri*)

Nom anglais: New Guinea Impatiens

Hauteur: 20-60 cm.

Espacement: 30-45 cm.

Emplacement: Ensoleillé ou légèrement ombragé.

Sol: Bien drainé, humide, riche en matière organique.

Multiplication: Semis au printemps ou boutures de tiges en toute période.

Disponibilité: Plants à repiquer, pot individuel, sachet de semences.

Saison d'intérêt: Fin du printemps jusqu'aux gels.

Utilisation: Plate-bande, bordure, massif, bac, coin humide, attire les colibris.

Jusqu'aux années 1970, l'impatiente de Nouvelle-Guinée était une fleur sauvage croissant uniquement dans les montagnes fraîches de l'île du même nom. Des botanistes ont remarqué sa riche gamme de couleurs tant pour les fleurs que pour le feuillage et l'ont introduite dans la culture. En peu de temps cette plante haute et dégingandée, peu ramifiée, est devenue une plante basse, ramifiée et florifère, et l'une des annuelles les plus populaires pour la culture en bac, en jardinière et dans la plate-bande.

L'impatiente de Nouvelle-Guinée ressemble vaguement à l'impatiente des jardins (*I. wallerana*), mais elle est

490

plus grosse. Elle forme une robuste plante au port arbustif et aux tiges charnues, bien ramifiées, souvent de couleur rougeâtre. Ses feuilles sont larges, en forme d'éllipse et dentées, souvent vert foncé ou bronze. Beaucoup de cultivars sont panachés, avec une marque centrale crème, rose, rouge, jaune ou multicolore. Contrairement à la plupart des plantes au feuillage coloré dont la panachure est le résultat d'une mutation qui ne se transmet pas par semence, le feuillage coloré de l'impatiente de Nouvelle-Guinée est une caractéristique héréditaire innée, transmissible par semis. Il vous sera donc possible d'obtenir par semis des feuillages de toutes les couleurs si la lignée que vous choisissez offre cette caractéristique. Les fleurs de l'impatiente de Nouvelle-Guinée sont larges et plutôt aplaties, mesurant jusqu'à 8 cm de diamètre. Elles sont offertes dans une gamme de teintes particulièrement éclatantes de rose, blanc, rouge, mauve, corail, carmin, violet, lavande ou écarlate, unies ou à oeil contrastant.

Encore aujourd'hui, le meilleur choix d'impatientes de Nouvelle-Guinée est offert sous forme de plants bouturés, mais de plus en plus de lignées sont aussi disponibles en semences. Semez-les 14 à 16 semaines avant la date du dernier gel, en enfonçant les graines dans le terreau sans les recouvrir car elles exigent de la lumière pour germer. Pour la germination il leur faut une température d'environ 24 à 25°C, et pas beaucoup plus, car les graines ne germeront pas. Repiquez les impatientes de Nouvelle-Guinée en pleine terre dans un endroit ensoleillé ou mi-ombragé, donc plus lumineux que pour leur cousine, l'impatiente des jardins qui tolère bien l'ombre.

À l'automne, rentrez des boutures ou des plants, leur donnant un éclairage intense mais une température assez fraîche. Contrairement à l'impatiente des jardins, l'impatiente de Nouvelle-Guinée ne fleurit pas beaucoup dans la maison, mais se reprend quand elle est de nouveau exposée aux conditions de l'extérieur.

Variétés recommandées:

🌿 *Impatiens hawkeri* (impatiente de Nouvelle-Guinée): En fait, *I. hawkeri* n'est qu'une des nombreuses espèces de Nouvelle-Guinée ayant servi à créer les impatientes hybrides que l'on connaît aujourd'hui, et il fallait bien donner un nom à ce groupe de végétaux.

Laurentia axillaris 'Blue Stars'

Laurentia

(*Laurentia*)

Noms anglais: Blue Star Flower, Blue Star Creeper

Hauteur: 5-30 cm.

Espacement: 30-40 cm.

Emplacement: Ensoleillé ou légèrement ombragé.

Sol: Bien drainé, riche en humus.

Multiplication: Semis à l'hiver, boutures de tiges à toute période.

Disponibilité: Plants à repiquer, sachet de semences.

Floraison: Du début jusqu'à la fin de l'été.

Utilisation: Plate-bande, bordure, massif, panier suspendu, bac, couvre-sol, rocaille, muret.

Le laurentia est une nouvelle étoile dans le firmament des annuelles. Bien connu dans les pays tropicaux et subtropicaux comme plante de rocaille et plante couvre-sol, on découvre de plus en plus les talents de cette plante australienne dans les pays plus froids où elle agit comme une annuelle.

Cette petite plante forme un monticule diffus de feuillage vert foncé, linéaire et découpé. De loin, on croirait voir une lobélie érine (page 218) tant son port, son apparence et même les couleurs de ses fleurs sont similaires. Cependant, de près, il est impossible de les confondre, car les fleurs tubulaires du laurentia sont beaucoup plus grosses, de 2 à 3 cm de diamètre et de forme nettement étoilée, avec de long pétales aussi linéaires que ses feuilles. Les fleurs sont suavement parfumées, mais seulement en début de soirée ou après une pluie tiède.

N'eut été de sa longue saison de culture, le laurentia aurait été acceptable dans le chapitre *Des plantes basses pour de belles bordures*. Jusqu'à maintenant, il a d'ailleurs été popularisé surtout à cette fin.

Même si le laurentia n'apprécie pas la sécheresse, il est susceptible de pourrir dans un terreau constamment humide. Il apprécie un sol riche en matière organique, mais fleurit davantage si on ne le fertilise pas trop durant la saison de croissance. Laissez-le sécher en surface avant d'arroser de nouveau. Il tolère très bien la chaleur et l'humidité. Il fait donc une excellente plante pour les endroits chauds où tant d'annuelles souffrent visiblement. Lorsque le nombre de fleurs commence à diminuer, rabattez la plante d'un tiers et il refleurira de nouveau.

Comme toutes les plantes «sème-moi-tôt», il exige beaucoup de temps pour arriver à la floraison. Il faut donc le semer en décembre ou en janvier pour obtenir une floraison à la mi-été, et en octobre pour une floraison en mai. Il vaut mieux acheter des plants, du moins la première fois. Par la suite, à l'automne, vous pouvez le maintenir d'année en année en prélevant des boutures ou en empotant des plants pris au jardin.

Attention! Portez toujours des gants pour manipuler le laurentia. Malgré son aspect inoffensif, c'est une plante très toxique et tout contact avec la sève peut provoquer des irritations cutanées chez les personnes qui y sont sensibles, et des irritations oculaires très douloureuses si la sève pénètre dans l'oeil.

Variétés recommandées:

🌿 *Laurentia axillaris*, anc. *Isotoma axillaris* (laurentia axillaire): C'est l'espèce la plus répandue, aux fleurs les plus nettement étoilées bleues ou violet pâle, plus rarement roses ou blanches. 'Blue Stars', aux fleurs bleu ciel, est le cultivar le plus courant. Hauteur: 25-30 cm. Espacement: 30-40 cm.

🌿 *L. anethifolia*, anc. *Isotoma anethifolia* (laurentia à feuilles d'aneth): Très semblable à la plante précédente, mais à fleurs blanches. Le cultivar 'White Stars', vendu sous le nom *L. axillaris*, appartient en réalité à cette espèce. Hauteur: 25-30 cm. Espacement: 30-40 cm.

🌿 *L. fluviatilis*, anc. *Isotoma fluviatilis* (laurentia fluviatile): Il s'agit d'une variété identique mais rampante de *L. axillaris*, mieux adaptée aux sols humides. Hauteur: 5 à 8 cm. Espacement: 30-40 cm

Pentas lanceolata 'Ruby Glow'

Pentas lancéolé
(*Pentas*)

Nom anglais: Star Cluster

Hauteur: 20-90 cm.

Espacement: 30-45 cm.

Emplacement: Ensoleillé.

Sol: Bien drainé, riche.

Multiplication: Semis à l'hiver, bouturage de tiges.

Disponibilité: Pot individuel, sachet de semences.

Saison d'intérêt: Tout l'été.

Utilisation: Plate-bande, bordure, massif, panier suspendu, bac, plante d'intérieur, attire les papillons.

Le pentas est bien connu comme plante d'intérieur, mais on commence tout juste à l'utiliser comme annuelle pour la plate-bande. Pourtant, cette plante a tous les attraits pour bien jouer ce rôle: une belle forme, des grappes de fleurs se succédant sans arrêt durant tout l'été, un bon choix de couleurs, une culture facile dans le jardin.

Le pentas est un petit arbuste tropical qui se cultive aisément comme annuelle, car il fleurit facilement, bien qu'un peu lentement, à partir de semis. Il a un port assez arrondi chez les lignées modernes, mais plus ouvert et retombant dans les lignées anciennes. Toute la plante est couverte de petites feuilles vert tendre un peu poilues. Son attrait est dû aux bouquets pouvant atteindre jusqu'à 12 cm de diamètre qui poussent à l'extrémité des tiges, densément composés de petites fleurs étoilées à cinq pétales. Il fleurit tout l'été, voire même tout l'hiver, s'il est entré à l'automne. Ses fleurs peuvent être rouges, roses, lavande, pourpres, saumon ou blanches.

On peut se procurer des boutures enracinées ou des potées de pentas au printemps. Il est aussi possible de le cultiver à partir de semences. Semez à l'intérieur environ 16 à 18 semaines avant la date du dernier gel, sans recouvrir les graines qui ont besoin de lumière pour germer. La germination est assez lente, entre 20 et 25 jours, mais la croissance s'accélère rapidement par la suite.

Supprimez les fleurs fanées pour stimuler une floraison continue et rentrez les plants ou les boutures pour l'hiver. Surveillez cependant les aleurodes (mouches blanches) qui l'aiment bien.

Variétés recommandées:

🌺 *Pentas lanceolata* (pentas lancéolé): C'est l'espèce la plus couramment cultivée et celle décrite ci-dessus. Les lignées les plus intéressantes pour les paniers suspendus sont les plus anciennes à cause de leurs tiges plus arquées. Par contre, les lignées modernes ont une forme plus dense et conviennent mieux pour la plate-bande.

Pentas lanceolata 'Longwood Pink'

Fuchsia

Fuchsia x *hybrida* 'Lord Beaconsfield'

Fuchsia
(*Fuchsia*)

Noms anglais: Fuchsia, Lady's-eardrops

Hauteur: 45-350 cm.

Espacement: 30-90 cm.

Emplacement: Légèrement ombragé.

Sol: Bien drainé, humide, riche en matière organique, frais.

Multiplication: Semis à l'hiver, boutures de tige en tout temps.

Disponibilité: Pot individuel, sachet de semences.

Saison d'intérêt: Du début de l'été jusqu'aux gels.

Utilisation: Plate-bande, bordure, panier suspendu, bac, plante d'intérieur, attire les colibris.

Saviez-vous que l'on devrait prononcer «fouque-see-a»? Son appellation lui vient d'un monsieur Fuchs dont le nom signifie «renard» en allemand. Le fuschia est un arbuste à tiges ligneuses ramifiées qui peuvent être dressées pour former un arbuste érigé, ou à tiges longues et arquées pour créer un effet de plante retombante, parfaite pour les paniers suspendus. Ses feuilles vert moyen, en forme d'ellipse et souvent dentées, sont opposées ou verticillées. Ses très curieuses et très jolies fleurs sont suspendues la tête en bas sur un mince pédoncule vert. Elles se composent de quatre sépales souvent charnus et recourbés vers le haut et de quatre pétales plus larges for-

498

mant une cloche. Les pétales sont plus nombreux chez les variétés doubles. Les sépales et les pétales sont généralement de couleurs différentes: les sépales sont parfois blancs, roses ou rose pourpré et les pétales blancs, bleu violet, pourpres, roses, rouges ou saumon.

La floraison du fuchsia est vraiment spectaculaire. Il n'est pas rare que la plante porte plus de 100 fleurs à la fois, et sa floraison peut durer tout l'été, même tout l'hiver si on la rentre à l'automne.

Habituellement on l'achète à prix fort sous forme de panier suspendu, mais il est maintenant possible de l'obtenir tôt au printemps, sous forme de boutures enracinées, à un prix très raisonnable. Il est aussi possible de semer les graines de fuchsia environ 18 à 20 semaines avant le dernier gel, et 13 à 14 semaines avant la date du dernier gel, dans le cas de certaines lignées nouvelles, à croissance plus rapide. Il ne faut pas recouvrir les graines qui ont besoin de lumière pour germer. La germination a lieu après environ 14 jours à une température de 21 à 24°C. Il faut ensuite abaisser la température à environ 16°C, car le fuchsia croît mieux à des températures fraîches.

Durant l'été, donnez au fuchsia un emplacement mi-ombragé et plutôt frais, à l'abri du soleil d'après-midi. Enrichissez le sol de beaucoup de compost et pulvérisez à l'occasion un engrais d'algues marines ou une émulsion de poisson sur la plante, car le fuschia fleurit mieux lorsqu'il reçoit beaucoup d'éléments minéraux. Arrosez-le dès que son terreau semble sec au toucher. Un paillis rafraîchissant est tout à fait approprié.

À l'automne, vous pouvez rentrer soit le plant mère, soit les boutures. Quant à moi, je préfère les boutures car il est alors plus facile de contrôler les aleurodes (mouches blanches), un véritable fléau chez le fuchsia. Si vous rentrez un plant, vous pouvez le garder en croissance: placez-le en plein soleil ou sous une lampe fluorescente et maintenez les arrosages. Vous pouvez aussi rabattre la plante de moitié, lors de la rentrée, et la mettre au repos à la noirceur, à une température d'environ 7 à 10°C durant l'hiver. Arrosez uniquement pour empêcher le terreau de se dessécher complètement. En février, remettez la plante dans un emplacement ensoleillé après avoir coupé toute partie morte, arrosez un peu au début, puis de plus en plus à mesure que sa croissance reprend. Dans tous les cas, acclimatez la plante aux conditions de l'extérieur dès que la température le permet.

Variétés recommandées:

&❧ *Fuchsia hybrida* (fuchsia, pendant d'oreilles): C'est l'espèce la plus courante et la plus variée. Voir la description ci-dessus. On trouve aussi d'autres espèces, à l'occasion.

Géranium

Pelargonium x *hortorum* 'Multibloom Salmon'

Géranium
(*Pelargonium*)

Nom anglais: Geranium

Hauteur: 30-90 cm.

Espacement: 20-30 cm.

Emplacement: Ensoleillé ou légèrement ombragé.

Sol: Bien drainé, humide, riche.

Multiplication: Semis à l'hiver, boutures de tiges en tout temps.

Disponibilité: Pot individuel, sachet de semences.

Saison d'intérêt: Tout l'été.

Utilisation: Plate-bande, bordure, massif, panier suspendu, bac, pentes, fleur coupée, plante d'intérieur.

Le géranium vit avec une fausse identité depuis des générations. En effet, le vrai géranium (genre *Geranium*) est une plante vivace cultivée en permanence dans la plate-bande. Le soi-disant «géranium» que nous cultivons en pot, et qu'il faut rentrer pour l'hiver, appartient au genre *Pelargonium*. Dans ce texte, je ne parle que du dernier que j'appelle pélargonium pour éviter toute confusion.

Divers pélargoniums sont cultivés comme plantes d'intérieur/extérieur, mais tous sont arbustifs, aux tiges épaisses et ramifiées et aux feuilles généralement arrondies, souvent légèrement poilues. Ils produisent des ombelles de fleurs généralement un peu asymétriques durant tout l'été, et souvent durant une bonne partie de l'hiver, dans la maison. Les fleurs peuvent être simples ou doubles, frangées ou non, et offertes dans une gamme de couleurs décrite plus complètement, sous *Variétés recommandées.*

Le plus grand choix de pélargoniums est offert dans les variétés bouturées qui comptent plus de 10 000 cultivars à feuillage vert ou diversement panaché. Il est aussi possible de les semer 14 à 16 semaines avant le dernier gel ou 10 à 12 semaines avant le dernier gel, dans le cas de certaines lignées à croissance particulièrement rapide. Les graines de pélargonium sont toujours vendues nettoyées, ce qui facilite beaucoup la germination. Recouvrez à peine les graines de terreau, exposez-les au plein soleil ou à un éclairage fluorescent intense, dès que les plants apparaissent. Quand les plantes ont environ 8 à 10 feuilles, pincez-les pour stimuler la ramification.

À l'automne, vous avez le choix d'entrer un plant ou les boutures. Si vous rentrez un plant, le garderez-vous en croissance ou le mettrez-vous au repos? Pour savoir comment entretenir les pélargoniums, veuillez consulter la fiche sur les fuchsias dont l'entretien est identique.

Variétés recommandées:

Pelargonium x *hortorum*, anc. *P. zonale* (géranium des jardins; en anglais: Zonal Geranium, Bedding Geranium): C'est de loin le pélargonium le plus populaire. Son port est généralement dressé et ses tiges sont charnues. Il produit des feuilles arrondies ou réniformes, lobées et aromatiques, bien que leur odeur soit rarement appréciée. Autrefois le feuillage de la plupart des variétés était marqué d'une zone marron en forme de fer à cheval, mais beaucoup de lignées modernes sont entièrement vertes. L'ombelle florale est presque ronde et se présente dans une vaste gamme de couleurs unies et bicolores, incluant le blanc, le rouge, le rose, l'orange et le violet. On compte plusieurs cultivars de collection au feuillage diversement panaché et bigarré, à fleurs de cactus, de taille miniature, etc. La distinction avec l'espèce suivante s'estompe car de plus en plus de cultivars sont des hybrides combinant les caractéristiques des deux.

P. peltatum (géranium-lierre): C'est le pélargonium typique des paniers suspendus et des jardinières, aux tiges plus minces qui s'étalent ou retombent. Ses feuilles sont arrondies, plutôt luisantes, avec des lobes pointus comme une feuille de lierre. Quelques variétés ont un feuillage panaché. Les ombelles sont généralement plus aplaties et moins denses que *P. hortorum*. Les fleurs sont offertes en blanc, rose, rouge, lavande et magenta.

Lantana

Lantana
(*Lantana*)

Nom anglais: Lantana

Hauteur: 60-120 cm.

Espacement: 30-45 cm.

Emplacement: Ensoleillé ou légèrement ombragé.

Sol: Bien drainé.

Multiplication: Semis au printemps, boutures de tiges en tout temps.

Disponibilité: Pot individuel, sachet de semences.

Saison d'intérêt: Tout l'été.

Utilisation: Plate-bande, panier suspendu, bac, plante d'intérieur, attire les papillons et les colibris.

Lantana camara

Connu de tous les jardiniers au début du 20e siècle, le lantana revient en force depuis quelques années, surtout pour les paniers suspendus et les bacs, mais aussi pour la plate-bande. C'est un arbuste tropical à croissance rapide utilisé comme annuelle. Ses tiges ligneuses peuvent être dressées ou étalées. Elles sont couvertes de feuilles ovales gris vert qui, lorsque froissées, dégagent une odeur forte parfois citronnée et agréable, parfois musquée et désagréable. La plante produit des ombelles de petites fleurs tubulaires tout l'été, voire même durant une bonne partie de l'hiver si on la rentre. La couleur varie selon l'espèce. Après la floraison, la plante produit parfois de petits fruits noirs.

Attention: le lantana est toxique, notamment ses feuilles et ses fruits.

Cultivez le lantana à partir de plants achetés au printemps ou de semis faits à l'intérieur 12 à 14 semaines avant la date du dernier gel; recouvrez les graines d'environ 3 mm de terreau. Faites préalablement tremper les graines

502

dans un thermos contenant de l'eau tiède pendant 24 heures. La germination lente prend de 30 à 90 jours. Pincez les semis à l'occasion pour stimuler la ramification et la croissance plus compacte. Plusieurs cultivars et lignées modernes croissent avec densité sans pinçage.

Quand tout danger de gel est écarté, repiquez le lantana en pleine terre ou, s'il est cultivé en bac ou en jardinière, sortez-le. Le lantana préfère un emplacement chaud et sec. Évitez de trop arroser ou de trop fertiliser, ce qui réduit la floraison. À l'automne, rentrez le plant ou les boutures. Sous de bonnes conditions, notamment un éclairage très intense, il peut fleurir tout l'hiver.

Tout comme le fuchsia, le lantana est apprécié des aleurodes: surveillez-le de près quand vous le rentrez pour l'hiver.

Variétés recommandées:

🌿 *Lantana camara* (lantana à feuilles de mélisse): Il y a de moins en moins de différence entre cette plante et la suivante, car on croise les deux allègrement. Par sa nature, le lantana à feuilles de mélisse est plutôt dressé, aux tiges parfois épineuses, et ses fleurs changent de couleur en vieillissant. Les fleurs du centre de l'ombelle étant plus âgées que celles de l'extérieur, l'inflorescence est souvent multicolore. Lorsque les fleurs s'ouvrent, elles sont roses, jaunes ou orange et deviennent blanches, rouges ou orange. On peut aussi tailler le lantana en forme d'arbre.

🌿 *L. montevidensis*, anc. *L. sellowiana* (lantana de Sellow): À cause de l'hybridation, ses caractéristiques se mélangent avec celles de la plante précédente, mais habituellement elle s'étale davantage et ses fleurs sont roses, lilas ou blanches.

Lantana camara 'Spreading Sunset'

503

Argyranthemum frutescens 'Butterfly'

Marguerite de Paris
(*Argyranthemum*)

Noms anglais: Marguerite, Paris Daisy

Hauteur: 30-100 cm.

Espacement: 30-45 cm.

Emplacement: Ensoleillé ou légèrement ombragé.

Sol: Bien drainé, plutôt sec.

Multiplication: Boutures de tiges en tout temps de l'année.

Disponibilité: Pot individuel, boutures enracinées.

Saison d'intérêt: Tout l'été.

Utilisation: Plate-bande, bordure, plant isolé, bac, fleur coupée, plante d'intérieur, attire les papillons.

Comme le lantana, la marguerite de Paris fut jadis très populaire, pour ensuite presque disparaître, du moins en Amérique du Nord. Elle a cependant retrouvé une assez grande popularité depuis quelques années. Curieusement, cette plante que votre grand-mère et votre arrière grand-mère connaissaient très bien est maintenant une nouveauté, le dernier cri!

Le nom «marguerite de Paris» lui a été donnée parce que c'est à Paris qu'on a commencé à l'utiliser comme fleur coupée, et non à cause de son origine. L'espèce, comme tous les *Argyranthemum*, vient des îles longeant l'Afrique, notamment des Iles Canaries.

Il s'agit d'une plante au port arbustif et aux feuilles vert tendre ou argentées, quelque peu charnues, et finement découpées comme une fronde de fougère. Pendant tout l'été, et tout l'hiver si on lui fournit une forte luminosité, la plante se recouvre de marguerites blanches, roses, ou jaunes de 4 à 7 cm de diamètre, habituellement avec un coeur jaune. Certains cultivars sont toutefois tellement doubles, de véritables pompons, que le coeur est complètement caché.

La marguerite de Paris ne produit pas souvent de semences viables en culture et, au moment où j'écris ces lignes, elle n'est pas disponible en semences. On l'achète au printemps sous forme de boutures enracinées ou de potées individuelles. Taillez-la un peu, de temps à autre, pour stimuler une croissance plus dense, et supprimez les fleurs fanées.

On peut rentrer la plante ou les boutures pour l'hiver et les placer sous un éclairage très intense. Si vous préférez maintenir la même plante d'une année à l'autre, il est recommandé de la repartir par bouturage aux 3 ou 4 ans, car la plante devient ligneuse en vieillissant et ne produit plus de nouvelles tiges.

Variétés recommandées:

🌿 *Argyranthemum frutescens*, anc. *Anthemis frutescens*, *Chrysanthemum frutescens* (marguerite de Paris, anthémis): C'est le nom botanique le plus souvent donné à l'espèce décrite ci-dessus. Néanmoins, il s'agit sans aucun doute d'une hybride complexe, car l'espèce sauvage est beaucoup plus petite et ne porte que des fleurs blanches.

Argyranthemum frutescens

Des annuelles pensez-y bien

Les plantes suivantes ont de nombreuses qualités, mais aussi de gros défauts. Tellement que je me demande sérieusement si on doit les cultiver.

Parfois ces réticences ne valent que si vous êtes un jardinier paresseux. Si vous aimez consacrer beaucoup de temps et d'efforts à leur entretien, allez-y! Mais je ne peux que leur donner une cote inférieure car de nombreuses autres annuelles sont tellement plus faciles. Pour d'autres, l'hésitation tient surtout à leur culture. Bien qu'elles soient d'excellentes plantes ornementales, il faut renoncer à les cultiver à partir de semences. Cependant, les défauts de certaines présentent un problème pour tout le monde et il faut y penser deux fois avant de se lancer dans leur culture.

Dans ce livre, je n'en ai coté aucune «à éviter», cote que je ne donne qu'aux plantes qui méritent d'être retirées à tout jamais de la liste du jardinier paresseux. En conséquence, toutes les plantes qui suivent sont à éviter pour un jardinier qui aime se reposer plutôt que travailler mais peuvent être acceptables pour un jardinier avec un peu plus d'énergie. Il ne vous reste qu'à lire leur description pour connaître leurs défauts qui me rebutent. À vous de décider si un défaut est acceptable ou non pour vous.

506

Impatiente des Himâlaya
Lavande
Lisianthus
Ostéospermum
Surfinia

Osteospermum ecklonis 'Pink Whirligig'

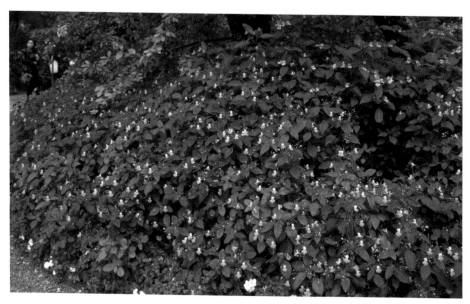

Impatiens glandulifera

Impatiente de l'Himâlaya
(*Impatiens glandulifera*)

Noms anglais: Himalayan Impatiens

Hauteur: 100-250 cm.

Espacement: 30-45 cm.

Emplacement: Ensoleillé à ombragé.

Sol: Bien drainé, légèrement humide, riche.

Multiplication: Semis au printemps ou à l'automne.

Disponibilité: Plants à repiquer, sachets de semences.

Floraison: Du milieu jusqu'à la fin de l'été.

Utilisation: Plate-bande, massif, arrière-plan, haie temporaire, sous-bois, naturalisation, pentes, coin humide, attire les colibris.

Il s'agit d'une grande plante à tige charnue, juteuse et d'un vert franc, qui se ramifie uniquement quand la plante a déjà atteint de bonnes dimensions. Ses feuilles vert foncé sont grandes, d'elliptiques à lancéolés. L'impatiente de l'Hymâlaya produit une grande quantité de fleurs rose saumon à rose plus pur, plus ou moins en forme de trompette, mais avec lèvre supérieure à deux lobes et lèvre inférieure large et pointue.

Permettez-moi d'abord d'éclaircir un point tout de suite. Même si certains catalogues ou livres, tous québécois, ne me demandez pas pourquoi, classent cette plante parmi les vivaces, l'impatiente de l'Himâlaya n'a *rien* d'une vivace. Elle meurt à la fin de l'été, comme toute véri-

508

table annuelle. Un catalogue a bien tenté de nous convaincre qu'elle est «vivace par ses semences», autrement dit, qu'elle se ressème. Ah oui? Si tel est le cas, je n'aurais pas eu à écrire ce livre car presque la moitié des annuelles que j'y présente se ressèment. Selon ce raisonnement bizarroïde, le coquelicot serait une vivace, l'alysse odorante, et le souci officinal également. Tenez-vous le pour dit, une vivace repousse au moins pendant deux ans à partir de la même souche, un point c'est tout. Le concept de «vivace par ses semences» est un des pires non-sens qui puisse exister en horticulture!

Je ne classe pas l'impatiente de l'Himâlaya parmi les annuelles «pensez-y bien» à cause de sa mauvaise classification mais parce qu'elle a tendance à devenir une mauvaise herbe. Beaucoup d'annuelles se ressèment dans les plates-bandes québécoises, et parfois plus abondamment qu'on ne le souhaiterait, mais pas au point de menacer notre environnement. On arrache le surplus, et c'est réglé. Mais l'impatiente de l'Himâlaya déborde sans hésitation de nos plates-bandes et de nos jardins pour conquérir nos sous-bois. Même si cette plante est déjà naturalisée dans la province, a-t-on le droit d'empirer la situation? Chose certaine, cette grande plante jette beaucoup d'ombre et nuit nécessairement à certains végétaux indigènes. Nous ne savons pas encore si, sans nuire, elle se taillera une petite place dans la nature, ou si elle deviendra un fléau qu'il faudra combattre dans quelques années. Autrement dit, je ne sais pas encore si l'impatiente de l'Himâlaya ne sera pas la prochaine salicaire pourpre (*Lythrum salicaria*), une jolie vivace mais une mauvaise herbe introduite par accident, maintenant l'objet d'une campagne d'éradication en Amérique du Nord.

Impatiens capensis

509

Vous pouvez, bien sûr, justifier la culture de l'impatiente de l'Himâlaya en disant que le mal est déjà fait et qu'elle est déjà naturalisée à bien des endroits. Mais il me semble que l'individu avec un peu de conscience environnementale, a l'obligation morale de cogiter un peu avant de la planter et, s'il décide de le faire, de s'assurer qu'elle ne s'échappe pas. Cette plante ne représente pas un danger dans une banlieue éloignée des clairières et des sous-bois ouverts, mais à proximité d'une forêt, elle représente une menace certaine.

Oublions mes élucubrations environnementales et présumons que vous pouvez cultiver l'impatiente de l'Himâlaya dans votre jardin sans risquer qu'elle ne s'échappe. Comment le faire? Vous pouvez acheter des plants en pot et les repiquer dans le jardin. Il est également possible de la semer directement en pleine terre tôt au printemps, sans recouvrir les graines. Elle croît bien dans tout sol humide, tant au soleil que dans les emplacements passablement ombragés. Ce n'est pas plus compliqué que cela! Mais si vous désirez que la plante se ressème suffisamment pour se maintenir, n'oubliez pas de laisser quelques espaces libres de paillis à l'automne, sinon les graines ne pourront pas germer.

Variétés déconseillées:

🌿 *Impatiens glandulifera*, anc. *I. roylei* (Impatiente de l'Himâlaya, Impatiente glandulifère): Voir la description ci-dessus.

🌿 *I. balfourii* (Impatiente de Balfour): C'est la petite soeur de l'impatiente de l'Himâlaya et elle est tout aussi envahissante. Ses fleurs sont blanches et roses. Hauteur: 90-120 cm.

Variétés recommandées:

🌿 Quant à planter de grandes impatientes qui se ressèment, pourquoi ne pas choisir des espèces véritablement indigènes? Les deux suivantes font partie de notre flore et ne nuisent aucunement à l'environnement. Mais attention, toutes les deux aiment un sol *vraiment* humide, voire même détrempé. Il est impossible de les cultiver dans un sol qui s'assèche le moindrement au cours de l'été.

🌿 *I. capensis* (Impatiente du Cap): Cette espèce est la plus courante des deux. Elle produit des fleurs orange fortement tachetées. Hauteur: 90-150 cm.

🌿 *I. pallida* (Impatiente pâle): Une plante très proche de la précédente, à port plus dense mais à fleurs jaunes peu ou pas tachetées. Hauteur: 90-135 cm.

Impatiens glandulifera

511

Lavandula angustifolia 'Lavander Lady'

Lavande
(Lavandula)

Noms anglais: Lavander

Hauteur: 25-60 cm.

Espacement: 25-30 cm.

Emplacement: Ensoleillé.

Sol: Bien drainé, assez pauvre.

Multiplication: Semis à l'hiver, boutures de tiges en été.

Disponibilité: Pot individuel, sachet de semences.

Saison d'intérêt: Du début jusqu'à la fin de l'été.

Utilisation: Plate-bande, bordure, potager, massif, bac, couvre-sol, rocaille, fleur parfumée.

Zone de rusticité: 6.

Une lavande annuelle? C'est ce que l'on nous annonçait lors du lancement de 'Lavender Lady' en 1994. Cette gagnante du prix Sélections All-America devait fleurir le premier été et nous éviter tous les ennuis habituels de la lavande, notamment sa tendance à mourir sans crier gare.

La lavande est un petit arbuste touffu aux feuilles étroites et grisâtres, très parfumées si on les froisse, que l'on traite généralement comme annuelle sous notre climat car elle meurt l'hiver. La lavande produit durant presque tout l'été, des épis courts et étroits de fleurs couleur lavande, fortement parfumées.

Dans l'est de l'Amérique du Nord, où le climat est plutôt

humide, on a toujours eu beaucoup de difficulté à cultiver la lavande, même en zones 6 et 7 où elle est théoriquement rustique. Cette plante exige un drainage parfait. Avec nos hivers, lorsque la neige fond lentement et le sol est encore gelé, elle est souvent inondée au printemps. Il n'est pas surprenant qu'elle soit si difficile à maintenir! En zone 5, et même en zone 4, les jardiniers tenaces réussissent parfois à la conserver dans une terre particulièrement bien drainée, dans des plates-bandes surélevées et avec une bonne protection hivernale. Toutefois les pertes sont souvent nombreuses. La lavande est très attrayante formant un tapis de 5 à 7 plantes ou plus, mais à chaque printemps, il y a toujours au moins une plante de morte, ce qui détruit tout. Une lavande annuelle serait donc idéale: on efface le tableau à l'automne et on recommence au printemps! Sauf que...

'Lavender Lady' est une «annuelle» par son nom seulement. Il s'agit en fait d'un arbuste qui arrive à la floraison 6 mois seulement après l'ensemencement. *Six mois!* C'est beaucoup trop long pour la culture à l'intérieur. La lavande aurait sûrement mérité une place dans la chapitre *Des «sème-moi-tôt» pour les jardiniers patients*. De plus, sa culture à partir de semences est assez délicate. Si vous tenez à l'essayer, voici comment procéder.

Semez-la à l'intérieur à la fin de l'automne, en recouvrant à peine les graines, puis placez le pot de semis dans le réfrigérateur pendant 4 à 6 semaines. Ensuite faites germer les plants à une température de 13 à 18°C. Après la germination, gardez les semis à peine humide car tout excès d'humidité peut les faire pourrir.

Le «pensez-y bien» s'applique uniquement à la lavande que vous cultivez à partir de semis. Si vous achetez des plants de lavande pour les cultiver comme annuelles, c'est parfait. J'ai été déçu car je m'attendais, maintenant qu'une forme «annuelle» de lavande existe, à ce que les producteurs nous la vendent en caissette comme les autres annuelles et au même prix. Ils sèment les pensées environ à la même date et on ne les paie pas plus cher! Mais non, on vend 'Lavender Lady' uniquement en pot individuel dans la section des fines herbes. Faire un tapis de lavande, temporaire de surcroît, est donc une entreprise très coûteuse. Un jour peut-être, un marchand compréhensif commencera à vendre la lavande à son juste prix afin que les moins nantis puissent, eux aussi, en faire de beaux tapis dans leurs plates-bandes estivales!

Variétés recommandées:

❧ *Lavandula angustifolia* (lavande): Voir la description ci-dessus. Seul le cultivar 'Lavander Lady' peut être considéré comme annuel.

Lisianthus

Eustoma grandiflorum

Lisianthus

(*Eustoma*)

Nom anglais: Prairie Gentiane

Hauteur: 45-90 cm.

Espacement: 30 cm.

Emplacement: Ensoleillé ou légèrement ombragé.

Sol: Bien drainé, humide, riche.

Multiplication: Semis à l'hiver.

Disponibilité: Pot individuel, sachet de semences.

Saison d'intérêt: Du début jusqu'à la fin de l'été.

Utilisation: Plate-bande, bordure, bac, fleur coupée, plante d'intérieur.

Le lisianthus est une étoile montante au firmament des annuelles, et il le sait. Véritable prima donna, le lisianthus demande une attention continuelle et n'offre une performance digne d'une star que s'il en a envie. C'est la raison pour laquelle je le classe parmi les «pensez-y bien»: il est magnifique, mais d'un caractère exécrable!

Le lisianthus est une bisannuelle non rustique cultivée comme annuelle. Il forme une touffe de larges feuilles vert gris qui semblent recouvertes de cire. La touffe produit de nombreuses tiges feuillues qui se terminent par une extraordinaire fleur en forme de tulipe, joliment colorée en bleu, violet, rose, rouge, blanc, crème, jaune ou un mélange des couleurs précédentes, mesurant jusqu'à 8 cm de diamètre, dont la texture satinée est très originale. C'est une fleur coupée incroyable qui peut durer jusqu'à 3 semaines!

C'est au jardin que le lisianthus laisse voir ses défauts. En premier lieu, un tuteur est indispensable, sinon il s'écrase. Ses fleurs ne daignent s'ouvrir que si le temps est au beau fixe. Comme beaucoup de stars, il tolère difficilement la compagnie des autres et exige une loge individuelle. Il est tellement différent, notamment par la couleur et la texture de son feuillage, qu'il ne se marie avec rien. Il faut le cultiver uniquement avec ses pairs, peut-être sur un fond d'arbustes. Sa floraison est constante tout l'été, si on prend soin de supprimer fidèlement ses fleurs fanées.

Quant à son ensemencement... oh la la! Je vous suggère d'acheter des plants, c'est beaucoup, beaucoup plus facile. Si vous insistez pour le cultiver, semez ses graines fines comme de la poussière 18 à 22 semaines avant la date du dernier gel, sans les recouvrir. Mélangez deux parties de votre terreau habituel et une partie de sable stérilisé pour assurer un bon drainage, si essentiel au difficile lisianthus.

Après la germination, placez les semis dans un endroit chaud et très bien éclairé. Après 5 semaines, alors que les petits plants ont quatre feuilles, repiquez-les chacun dans un pot individuel de 10 cm. Évitez les engrais car les jeunes semis ne les tolèrent. Arrosez avec précaution, uniquement lorsque le sol est presque sec. Dès qu'ils semblent pousser en orgueil, pincez deux ou trois fois les petits plants qui ont tendance à être un peu dégingandés.

Repiquez les plants en terre ou en bacs vers la date du dernier gel, et attendez! Si vous avez réussi à amener le lisianthus jusque là, vous n'attendrez pas longtemps pour contempler le spectacle qu'il offre! Quand vous aurez vu la beauté sublime de cette fleur, vous voudrez sûrement la revoir l'année suivante. Mais la deuxième année, la plupart des jardiniers, même les plus ardents, optent pour l'achat de plants plutôt que de recommencer l'expérience longue et ardue des semis.

Photo: Noresco

Variétés recommandées:

🌺 *Eustoma grandiflorum* (lisianthus): Voir la description ci-dessus.

Eustoma grandiflorum 'Heidi Pastel Blue'

515

Ostéospermum

Osteospermum ecklonis 'Passion Mix'

Ostéospermum
(*Osteospermum*)

Noms anglais: Osteospermum, Cape Daisy

Hauteur: 30-120 cm.

Espacement: 30-45 cm.

Emplacement: Ensoleillé.

Sol: Très bien drainé, frais.

Multiplication: Semis au printemps, boutures de tiges en tout temps.

Disponibilité: Pot individuel, sachet de semences.

Saison d'intérêt: De la fin du printemps jusqu'au début de l'automne.

Utilisation: Plate-bande, bordure, plant isolé, massif, bac, attire les papillons.

Il est difficile de résister au beau plant d'ostéospermum, à ses grandes fleurs blanches, roses, rouge violacé, jaunes ou saumon, souvent bleutées au revers, en forme de marguerite. Malheureusement, sous peu, elle n'aura plus que des feuilles vertes spatulées et dentées. Que s'est-il passé?

L'ostéospermum exige de la fraîcheur pour bien fleurir. Il n'est pas difficile de le faire fleurir au printemps et d'avoir de magnifiques potées à vendre au marché, au moment où les jardiniers font leurs emplettes. Mais comment le faire fleurir en plein été, en conciliant son besoin de fraîcheur, et sa préférence pour le plein soleil? Le secret consiste à le cultiver sous un climat maritime. Sur la Côte Nord, en Gaspésie, aux Îles de la Madeleine ou, en général, près d'un cours d'eau rafraîchissant, vous n'aurez aucune difficulté et il fleurira tout l'été jusqu'aux gels. Ailleurs, il recommence au moins à fleurir à l'automne, au retour des températures plus fraîches! C'est à cause de cette floraison décevante, même si on y met le prix, que je place l'ostéspermum avec les plantes «pensez-y bien».

Les multinationales de la production d'annuelles sentent que cette plante a du potentiel et elles travaillent d'arrache-pied à développer des variétés qui résistent mieux à la chaleur. Parions qu'elles réussiront, et rapidement! Comme ce livre sera, je l'espère, sur le marché encore plusieurs années, vous entendrez peut-être dire par un horticulteur qui s'y connaît que le problème est enfin résolu. Vous bifferez alors toute remarque déso- bligeante, et découperez cette page pour la placer dans la section *Des «sème- moi-tôt» pour les jardiniers patients*, car l'ostéospermum est vraiment une fleur magnifique.

Normalement, on achète des plants d'ostéospermum au printemps; maintenant on peut le cultiver à partir de semences. Malheureusement, il faut semer cette vivace tendre très tôt en saison, 16 à 20 semaines avant la date du dernier gel. Semez et recouvrir à peine les graines, pour les maintenir tout juste humides. Pincez les jeunes plants quand ils ont environ 10 cm de hauteur pour stimuler une bonne ramification.

À l'automne, prélevez des boutures ou rentrez le plant mère. L'os- téospermum se maintient très bien dans la maison l'hiver, mais ne fleurit que sous une forte intensité lumineuse et à des températures fraîches.

Variétés recommandées:

Le genre *Osteospermum* et le genre *Dimorphotheca* (voir à la page 198) sont très proches. Les *Dimorphotheca* sont des annuelles à croissance rapide, et les *Osteospermum* , des vivaces tendres à croissance plus lente.

❧ *Osteospermum ecklonis*, anc. *Dimorphotheca ecklonis* (ostéospermum): La plupart des ostéospermums vendus sous ce nom sont en fait des hybrides, impliquent notamment *Osteospermum fruticosum* (*Dimorphotheca fruticosa*). Voir la description ci-dessus. Les ostéospermums comme 'Whirlygig' et 'Pink Whirlygig' sont particulièrement curieux et attrayants, chaque rayon, pincé au centre comme une hélice, révèle le joli revers bleuté de la fleur. 'Passion', une forme compacte, qui résiste mieux à la chaleur que les autres. Si la chaleur pose un problème, cette forme mérite d'être essayée.

517

Petunia 'Superfinia'

Surfinia
(*Petunia* x *hybrida*)

Noms anglais: Groundcover Petunia, Surfinia

Hauteur: 20-30 cm.

Espacement: 30 cm.

Emplacement: Ensoleillé ou légèrement ombragé.

Sol: Bien drainé, léger, humide.

Multiplication: Boutures de tiges en tout temps.

Disponibilité: Boutures enracinées, pot individuel, sachet de semences.

Saison d'intérêt: Du début de l'été jusqu'aux gels.

Utilisation: Plate-bande, bordure, massif, panier suspendu, bac, couvre-sol, rocaille, muret, pentes, fleur parfumée.

Le célèbre «surfinia», cette toute nouvelle plante qui a révolutionné la culture en bac ou en jardinière, n'est tout simplement qu'un pétunia rampant particulièrement beau en panier et en bac. Alors que les autres pétunias s'étalent un peu en demeurant compacts, le pétunia rampant court dans tous les sens et produit des tiges atteignant 90 à 120 cm de longueur en suspension. Les fleurs en forme de trompette, un peu plus petites que celles de la majorité des pétunias, offrent une gamme de couleurs similaire mais un peu moins grande. Par exemple, il n'y a pas encore de pétunias rampants jaunes. Ses feuilles collantes sont typiques des pétunias. Il y a eu beaucoup d'excitation quand cette plante a été lancée dans les années 1990. Pourquoi tant d'exubérance pour un simple pétunia un peu plus retombant que les autres?

Cette effervescence a surtout été commerciale. Pour la première fois, on réussissait à vendre des pétunias, normalement des annuelles, on ne peut plus ordinaires et bas de gamme, à plus de *3 $ le plant*. Si vous étiez marchand, ne seriez-vous pas excité?

C'est pour cette raison que je dis «pensez-y bien». Ce n'est pas tellement à cause de ses défauts qui sont mineurs, mais parce que le surfinia est loin de valoir le prix qu'on en demande. Il aurait été possible de créer un pétunia rampant disponible en semences, à une fraction du prix du «surfinia», mais pourquoi le faire quand le public est disposé à payer plus cher pour acheter un nom? Il existe d'ailleurs une foule de pseudo-surfinias sur le marché: les 'Anthofinia', les 'Colgado', les 'Cascadia', tous offerts, comme le surfinia, uniquement sous forme de plants bouturés. Une lignée *est offerte* sous forme de semences et beaucoup moins cher, les 'Wave', mais les clients veulent des 'Surfinia', et c'est ce qu'on leur vend. La multinationale qui a orchestré la campagne publicitaire du surfinia mérite une bonne main d'applaudissement, elle qui, pendant les deux premières années, a même tenté de nous faire croire que les surfinias n'étaient pas des pétunias, mais une toute nouvelle plante. Cependant, au moment où cette entreprise a enfin admis la

supercherie, le nom surfinia était déjà solidement ancré dans notre mémoire. Le monde tranquille de l'horticulture ornementale a été secoué par cette première incursion de la grande entreprise dans ce qui était, d'abord et avant tout, une industrie presque familiale. Ce fut, il faut l'admettre, un coup de maître dans l'art de la mise en marché. Et tout cela pour une vieille annuelle recyclée!

Petunia 'Anthofinia Victor'

Le surfinia n'est pas tellement nouveau. Il s'agit d'une variante assez primitive de l'un des tout premiers pétunias, le pétunia violacé (*P. violacea*). Avec d'autres espèces, ce pétunia fut à l'origine des pétunias hybrides que l'on connaît aujourd'hui. A la fin du 19e siècle, parce que l'on n'appréciait pas sa forme trop étalée, on a travaillé à le rendre plus dense et compact. Mais la forme sauvage est restée disponible jusqu'à récemment pour qui savait la rechercher. Je me souviens des pétunias violacés que mon père semait lorsque j'étais jeune. Il faisait venir les semences d'Europe par la poste et les plantait dans sa rocaille où, l'effet était surprenant. C'était du 'Surfinia Violet' tout craché! La véritable origine du pétunia rampant moderne est gardée secrète, bien entendu, car c'est l'équivalent horticole de la recette secrète du colonel Sanders pour son poulet frit Kentucky! Si je me fie à mon intuition, les 'Surfinia', 'Anthofinia', 'Colgado', etc. ne sont que des hybrides assez primaires de *P. violacea* ou d'une espèce sauvage assez semblable. Tenant compte du fait qu'il existe quelque 45 espèces de pétunias sauvages, tout est possible!

Ce qui est curieux, c'est que subitement, les graines de *P. violacea* qui ne coûtaient presque rien, ont été retirées du marché juste avant le lancement des 'Surfinia'. Je me doute que ce n'est pas par pure coïncidence!

En long et en large, les 'Surfinia' de même que tous les pseudo-surfinias sont de bons pé-tunias et leur apparence en panier suspendu et en jardinière est exception-nelle. Leurs fleurs sont petites et résistent mieux aux intempéries que les gros pétunias grandiflo-ras aux fleurs si fragiles. Ils exigent beaucoup d'entretien. Il faut les ar-roser sans arrêt, les ferti-liser encore et toujours

Calibrachoa 'Million Bells'

avec un engrais riche en azote pour obtenir de bons résultats. Les autres annuelles qui poussent à proximité n'apprécient pas cet excès d'azote qui nuit à leur croissance! Personnellement, j'ai autres choses à faire que de pomponner une seule plante et, après deux expériences insatisfaisantes, j'arrive à la conclusion que les pétunias ordinaires sont beaucoup plus faciles à cultiver.

Si vous voulez obtenir l'effet des 'Surfinia' en payant beaucoup moins cher, je vous suggère d'acheter des semences ou des plants en caissette de pétunias de la série 'Wave' ('Purple Wave', 'Pink Wave', 'Misty Lilac Wave', et autres). C'est absolument la même plante, offerte en semences et moins coûteuse. Par contre, les 'Wave' exigent autant de soins que les 'Surfinia'. Vous pouvez aussi tenter de trouver une source de graines de *P. violacea*, je n'arrive pas à croire que la plante ait disparu de la planète.

Pour les autres soins à donner aux pétunias rampants, je vous réfère à la page 294 où l'on traite des pétunias hybrides. Toutes les remarques qui les concernent s'appliquent aux pétunias rampants, sauf pour la multiplication par voie de semences.

Variétés recommandées:

Petunia **x** *hybrida* 'Surfinia' (pétunia rampant, pétunia retombant, surfinia): Voir la description ci-dessus.

P. violacea (pétunia violacé): Précurseur du pétunia rampant, il n'est pas disponible actuellement dans le commerce, ni sous forme de plants ni sous forme de semences.

Calibrachoa (calibrachoa): Cette annuelle récemment introduite ressemble à un pétunia miniature et, dans un sens, elle l'est. En effet, le genre *Petunia* a été scindé en deux et le nouveau genre s'appelle *Calibrachoa*. Les fleurs et les feuilles de cette plante sont beaucoup plus petites. Elles se distinguent aussi au toucher: les feuilles et les tiges des pétunias sont collantes, celles des calibrachoas ne le sont pas. Leur port est dense, il forme un dôme de verdure dans la plate-bande. En pot, les *Calibrachoa* retombent joliment tout autour du conteneur. Les calibrachoas fleurissent tout l'été, sans que l'on supprime les fleurs fanées. Dans un sens, il s'agit d'un surfinia miniature mais sans les défauts de ce dernier, sauf pour le prix, car on ne l'offre que sous forme de plants bouturés et, au moment où j'écris ces lignes, jamais en semences. Évidemment, les plants bouturés exigent d'être maintenus en croissance durant tout l'hiver, ce qui les rend plus coûteux. Son entretien est identique à celui du pétunia, sauf pour la multiplication par semences rendue difficile par leur absence sur le marché. Hauteur: 20-25 cm. Espacement: 20 cm.

Catalogues horticoles

ous trouverez presque tous les produits horticoles dont vous avez besoin, terreaux, outils, engrais, etc., dans les pépinières et jardineries de votre région. Par contre, le choix des semences disponibles sur les tablettes est généralement assez décevant et plusieurs plantes d'intérêt ne sont pas disponibles localement.

La liste suivante vous fournit seulement quelques-uns des nombreux catalogues de semences et de plantes disponibles à travers le monde. Pour vous faciliter la vie, cette liste ne comporte que les catalogues des endroits où l'on peut commander sans obtenir préalablement de permis spéciaux. Par exemple, la liste comprend des catalogues de semences de plusieurs pays, car aucun permis n'est requis pour commander des graines par le poste. Par contre, seuls des catalogues de plants et de matériaux avec une adresse canadienne sont inclus, car un permis est souvent nécessaire pour importer plantes et matériaux.

Même si vous ne commandez jamais par la poste, il est utile de faire venir les catalogues car ils regorgent de renseignements iintéressants sur la culture des plantes et chacun est, en quelque sorte, un petit traité de jardinage!

Aimers,
R.R. # 3
Ilderton (Ontario)
N0M 2A0
www.aimers.on.ca
Catalogue: 4 $
Semences et bulbes

Alberta Nurseries & Seeds Ltd.
Box 20
Bowden, AB
T0M 0K0
Catalogue: gratuit
Semences et fruitiers

The Banana Tree inc.
715 Northampton St.
Easton, Pennsylvania, 18042
USA.
www.banana-tree.com/
Catalogue: 3 $ US
Semences de plantes exotiques

Butchart Gardens Ltd.
Box 4010
Victoria, BC
V8X 3X4
www.butchartgardens.bc.ca/butchart
Catalogue: gratuit
Semences de vivaces et d'annuelles

Chiltern Seeds
Bortree Stile, Ulverston, Cumbria
LA12 7PB
England
SCatalogue: 4 $ Cdn
Semences d'annuelles, de vivaces et
d'arbres

Far North Gardens
P.O. Box 126
New Hudson
Michigan
U.S.A. 48165-0126
Catalogue: 2 $US

Gardenimport Inc.
P.O. Box 760
Thornhill, Ontario
L3T 4A5
www.gardenimport.com
Catalogue: 5 $ pour 4 catalogues sur 2 ans
Bulbes, vivaces, semences

The Garden Path Nursery
R.R. # 4
Renfrew (Ontario)
K7V 3Z7
Catalogue: 2,00 $ remboursable
Semences de fleurs annuelles, vivaces
et légumes

Gardens North
5984 Third Line Road N.
North Gower, Ontario
K0A 2T0
Catalogue: 4 $
Semences de bisannuelles et de
vivaces

Harborcrest Gardens
Box 5430, Stn. B
Victoria, BC
V8R 6S4
Catalogue: gratuit
Plantes d'intérieur/extérieur

Halifax Seed Co. Inc.
Box 2021, 664 Rothesay Ave.
Saint John, NB
E2L 3T5
Catalogue: gratuit
Semences de fleurs et de légumes

Herb Farm
RR4
Norton, NB
E0G 2N0
Catalogue: 2 $
Fines herbes

Holt Geraniums
34465 Hallert Road
Abbotsford (CB)
V3G 1R3
Catalogue: gratuit
Géraniums (*Pelargonium*) de
collection

Horti-Club
2914 boul. Labelle
Ville de Laval (Qc)
H7P 5R9
 www.horticlub.com
Catalogue: gratuit
Semences de fleurs et de légumes,
bulbes, fruitiers

J. L. Hudson, Seedsman
P.O. Box 1058
Redwood City
California
U.S.A. 94064
Catalogue: 1 $ US

Jardin Marisol
111 boul. Bromont
Bromont (Qc)
J2L 2K7
Catalogue: 1,99 $
Semences de fleurs sauvages

Johnny's Selected Seeds
Foss Hill Road
R.R. # 1, P.O. Box 2580
Albion, ME 04910, USA.
Site web: www.johnnyseeds.com/
Catalogue: gratuit
Semences de légumes, d'annuelles

Marc Meloche Flore Sauvage
2567, Rang Saint-Jacques
Saint-Jacques (Qc)
J0K 2RO
Catalogue: 3 $
Semences et plants de fleurs
indigènes

Jardins Mason Hogue
3520 Durham Road, RR #4,
Uxbridge, Ontario
L9P 1R4
Catalogue: 2 $
Plantes d'intérieur/extérieur

Klaus R. Jelitto
P.O. Box 560127
D 2000 Hamburg 56
GERMANY
Tél.: (0 41 03) 89752
Catalogue: gratuit

Lee Valley Tools Ltd.
1090 Morrison Drive
Ottawa (Ontario)
K2H 1C2
customerservice@leevalley.com
www.leevalley.com
Choix d'outils de jardin

Living Prairie Museum
2795 Ness Avenue
Winnipeg (Manitoba)
R3J 3S4
Tél.: (204) 832-0167
Catalogue: 1 $
Spécialité: fleurs sauvages

McFayden Seeds
30 9th St. suite 200
Brandon, MN
R7A 6N4
Catalogue: gratuit
Semences diverses

Natural Insect Control
R.R. # 2
Stevensville (Ontario)
L0S 1S0
 nic@niagara.com
 www.natural-insect-control.com
Catalogue: 2,00 $
Choix d'insectes prédateurs, de
trappes et barrières

Natural Legacy Seeds
R.R. 2, C-1 Laird
Armstrong (Colombie-Britannique)
V0E 1B0
Liste fournie en échange d'une
enveloppe-réponse de format
standard adressée à votre nom et déjà
affranchie
Fleurs sauvages

Ontario Seed Co. Ltd.
Box 7, 330 Philip St.
Waterloo, Ontario
N2J 3Z6
Catalogue: gratuit
Semences de fleurs et de légumes

Park Seed Co.
1 Parkton Avenue
Greenwood, South Carolina
29647-0001, USA
www.parkseed.com/
Catalogue: gratuit
Semences diverses

The Redwood City Company
Box 361
Redwood City, CA 94064
USA
www.batnet.com/rwc-seed/
Fines herbes et fleurs

Richters Herbs
357 Highway 47
Goodwood, Ontario
L0C 1A0
www.richters.com
Catalogue: gratuit
Fines herbes

Rawlinson Garden Seed
269 College Road
Truro, Nouvelle-Écosse
B2N 2P6
Catalogue: gratuit
Semences de fleurs et de légumes

Seeds of Distinction
P.O. Box 86, Station A
Toronto, Ontario
M9C 4V2
www.seedsofdistinction.com
Catalogue: gratuit
Semences de plantes rares

Select Seeds - Antique Flowers
180 Stickney Hill Road
Union, Connecticut
U.S.A. 06076-4617
Tél.: (203) 684-9310
Catalogue: 3 $US
Spécialité: anciennes variétés

Semences et plantes internationales
120, chemin de la Pointe
Masson-Angers (Québec)
J8M 1V2
www3.sympatico.ca/vivaces
Liste de prix: gratuit
Semences de plantes rares

Semences Stokes
39 James Street
P.O. Box 10
St. Catharines, Ontario
L2R 6R6
www.stokeseeds.com/
Catalogue: gratuit
Semences diverses

T & T Seeds Ltd.
Box 1710
Winnipeg (Manitoba)
R3C 3P6
orders@ttseeds.mb.ca
Catalogue: 3,00 $
Semences variées

Thompson & Morgan
P.O. Box 1308,
Jackson, New Jersey
08527-0308, USA
Catalogue: gratuit
Semences

Tregunno Seeds
126 Catharine Street North
Hamilton (Ontario)
L8R 1J4
Semences de fines herbes, fleurs,
légumes

The Vermont Wildflower Farm
P.O. Box 5, Route 7
Charlotte, Vermont
05445-0005, USA
Choix de semences et de mélanges de
fleurs sauvages

Vesey's Seeds
York (PEI
C0A 1P0
www.veseys.com
Catalogue: gratuit
Semences de fleurs pour saisons
courtes

West Coast Seeds
206-8475 Ontario St.
Vancouver, BC
V5X 3E8
www.westcoastseeds.com
Catalogue: gratuit
Semences de légumes, de fleurs et de
fines herbes

William Dam Seeds Ltd.
Box 8400
Dundas, Ontario
L9H 6M1
Catalogue: gratuit
Semences de légumes et de fleurs

Glossaire

Acclimater: Préparer un végétal à subir des conditions différentes.

Acide: Se dit d'un sol au pH inférieur à 7.

Aérer: Laisser entrer de l'air, notamment en perçant des petits trous dans le sol.

Agrotextile: Toile utilisée en horticulture ou en agriculture pour protéger les plantes ou pour empêcher la croissance des mauvaises herbes. On dit aussi géotextile.

Alcalin: Se dit d'un sol au pH supérieur à 7.

Amendement: Substance incorporée au sol pour en modifier la composition.

Ameublir: Rendre facile à travailler, en parlant des sols.

Annuel(le): Concerne une plante qui complète son cycle de vie en un an.

Aquatique: Qui vit dans l'eau.

Araignée rouge: Acarien s'attaquant fréquemment aux végétaux. Appelé aussi tétranyque.

Arbuste: Plante ligneuse se ramifiant à la base.

Arbustif: Se dit d'un arbuste ou d'une plante ayant le port d'un arbuste.

Argileux: Qui contient de l'argile (voir aussi *glaiseux*).

Azote (N): Élément chimique important pour la croissance. Il agit surtout sur le développement des parties vertes de la plante.

Bicolore: Portant deux couleurs.

Bilabié: Qui a deux lèvres.

Biodégradable: Tout produit pouvant être décomposé par des agents naturels.

Biologique: Qui a rapport à la biologie; aussi, d'origine naturelle.

Bisannuel(le): Se dit d'une plante qui complète son cycle de vie en deux ans.

Blanc: Maladie provoquée par un champignon où les feuilles, fleurs ou fruits se recouvrent d'une poudre blanche; appelée aussi oïdium.

Botanique: Étude des végétaux. Qui se rapporte à la botanique.

Botrytis: Champignon pathogène qui provoque, entre autres choses, la fonte des semis et la pourriture grise.

Bourgeon: Forme embryonnaire des pousses.

Bouturage: Méthode de multiplication végétative qui consiste à faire enraciner une section de plante après l'avoir prélevée du plant mère.

Bouture: Section de plante servant au bouturage.

Bractée: Feuille différente des autres, laquelle accompagne une fleur et aide souvent à attirer les pollinisateurs (les feuilles rouges d'un poinsettia sont des bractées).

Brûlure: Tache décolorée sur le feuillage; elle est causée par une maladie, un produit chimique, une insolation, un herbicide ou d'autres facteurs.

Buissonnant: Ayant le port d'un buisson.

Bulbe: Spécifiquement, un bourgeon charnu, généralement souterrain. Par extension, tout organe souterrain charnu.

Calcaire: Se dit d'un sol riche en carbonate de chaux.

Calice: Enveloppe extérieure de la fleur, formée de sépales.

Capsule: Fruit sec et arrondi contenant de nombreuses graines.

Carence: Manque d'une substance vitale dans le sol, qui se manifeste par divers symptômes, notamment une décoloration de la feuille ou une croissance ralentie.

Champignon: Végétal sans chlorophylle. Certains champignons sont nocifs aux plantes.

Chlorose: Jaunissement des feuilles causé par une maladie, une sécheresse, une carence nutritive, etc.

Collet: Limite entre la tige et le point de départ des racines.

Composée: Se dit d'une feuille constituée de plusieurs folioles sur un pétiole commun. Aussi, plante de la famille des composées, caractérisée par son inflorescence constituée de multiples petites fleurs fertiles densément serrées.

Compost: Matière obtenue par la décomposition de déchets végétaux.

Compostage: Action de fabriquer du compost.

Cordé, cordiforme: En forme de coeur.

Corolle: Ensemble des pétales d'une fleur.

Couvre-sol: Type de plante à croissance basse qui peut remplacer le gazon. On dit aussi plante tapissante.

Croisement: Synonyme d'*hybridation*.

Cultivar: Variété obtenue et multipliée par l'humain. Son nom est indiqué par des guillemets anglais simples (' ').

Denté: Muni de dents.

Dentelé, denticulé: Muni de dents fines.

Dépoter: Enlever ou sortir d'un pot.

Éclaircir: Supprimer en partie des semis ou des fruits dans le but de permettre aux autres de mieux se développer.

Éclaircissage: Action d'éclaircir.

Engrais: Substance destinée à accroître la fertilité du sol (voir aussi *fertilisant*).

Engrais biologique (organique): Fertilisant d'origine naturelle ayant subi peu de traitements.

Engrais chimique: Fertilisant qui emploie des minéraux dont les formes originales ont été modifiées.

Engrais complet: Fertilisant contenant les trois éléments principaux de la fertilisation [l'azote (N), le phosphore (P) et le potassium (K)].

Engrais foliaire: Fertilisant liquide appliqué directement sur le feuillage.

Enracinement: Action d'enraciner, de s'enraciner.

Enraciner: Prendre racine.

Ensemencement à la volée: Action de semer des graines au hasard.

Entier, entière: Se dit d'une feuille qui n'est ni divisée ni dentée.

Éperon: Projection tubulaire de la fleur, comme l'éperon d'une capucine.

Épi: Inflorescence dans laquelle chaque fleur est attachée à un pédoncule vertical commun, comme un épi de blé.

Espèce: Division du *genre*. Groupe de plantes trouvées dans la nature et possédant des caractéristiques essentiellement identiques. Son nom suit celui du genre et est normalement écrit en italique ou souligné. Exemple: *vulgaris*, dans *Beta vulgaris*.

Étiolement: Allongement anormal des tiges, parfois accompagné d'une décoloration et généralement dû à un manque de lumière.

Évaporation: Passage de l'eau de l'état liquide à l'état gazeux.

Évasé: Largement ouvert, en parlant des fleurs ou du port des arbres et arbustes.

Famille: En botanique, regroupement de genres ayant des caractères communs.

Fécondation: Fusion des gamètes mâles et femelles.

Fertile: Se dit d'un sol riche qui permet une culture abondante. Aussi, fécond ou apte à être pollinisé.

Fertilisant: Substance destinée à accroître la fertilité du sol (voir aussi *engrais*).

Filiforme: En forme de fil.

Flétrissement: Dessèchement rapide d'une plante, généralement causé par une maladie.

Fleur: Organe reproducteur des plantes supérieures.

Fleuron: Fleur généralement tubulaire faisant partie d'une inflorescence, notamment chez les Composées.

Floraison: Moment où les fleurs s'épanouissent.

Floral: Relatif aux fleurs.

Florifère: Qui produit beaucoup de fleurs; aussi, qui porte des fleurs.

Foliole: Petite feuille faisant partie d'une feuille composée.

Fongicide: Qui traite les maladies cryptogamiques.

Fonte des semis: Maladie attaquant les jeunes semis en les faisant pourrir au pied.

Fronde: Feuille d'une fougère ou feuille à aspect similaire (fronde de palmier, par exemple).

Fructification: Apparition des fruits; période à laquelle apparaissent les fruits.

Fruit: En botanique, organe formé par le gonflement de l'ovaire. Selon l'usage courant, un fruit à chair juteuse.

Fumier: Mélange de déjections animales avec de la litière. En général, on utilise en horticulture des fumiers décomposés ou vieillis plutôt que frais.

Gélif, gélive: Sensible à la gelée.

Genre: Terme botanique pour un ensemble d'espèces ayant des caractéristiques communes. Une famille botanique peut comporter plusieurs *genres* qui, à leur tour, se divisent en *espèces*. Le nom du genre prend une majuscule et s'écrit en italique. Par exemple, *Rudbeckia*, dans *Rudbeckia hirta*.

Geotextile: Toile utilisée en contact avec le sol et généralement imputrescible. On dit *agrotextile* quand son utilisation est agricole ou horticole.

Germer: En parlant d'une graine, sortir de son enveloppe et former ses premières racines et feuilles.

Germination: L'action de germer ou moment où le semis apparaît.

Glaiseux: Se dit d'une terre riche en glaise (argile); (voir aussi *argileux*).

Glauque: Recouvert de pruine blanchâtre.

Globulaire, globuleux: En forme de sphère.

Godet: Petit pot, généralement utilisé pour les semis.

Gousse: Fruit sec à une seule loge qui s'ouvre en deux.

Graine: Organe résultant de la fécondation de l'ovule et contenu dans le fruit. Elle donne en germant une nouvelle plante.

Graminée: Plante faisant partie de la famille des graminées de gazon, dont le blé, le bambou, etc.

Graminiforme, graminoïde: En forme de graminée.

Grasse: Se dit d'une plante aux feuilles ou aux tiges gorgées d'eau; (voir aussi *succulent*).

Grimpant: Qui monte sur un mur, une clôture, un arbre grâce à des vrilles, des crampons, des ventouses ou par d'autres moyens.

Grimpante (plante grimpante): Plante qui grimpe.

Haie: Écran végétal. La haie peut être taillée ou libre.

Herbacé: Qui a la consistance molle de l'herbe. Se dit aussi des plantes n'ayant pas de tiges ligneuses.

Herbe: Végétal herbacé.

Herbicide: Qui détruit les mauvaises herbes; (voir aussi *désherbant*: un *herbicide sélectif* ne détruit qu'une certaine catégorie de plantes; un *herbicide total* détruit toute végétation).

Hormone: Substance qui agit directement sur le fonctionnement physiologique d'une plante.

Hormone d'enracinement: Substance servant à stimuler le développement des racines.

Horticole: Relatif aux jardins.

Horticulteur: Personne qui s'adonne à l'horticulture.

Horticulture: Science du jardinage.

Humifère: Qui contient de l'humus.

Humus: Produit résultant de la décomposition des matières organiques.

Hybridation: Action de croiser deux plantes pour obtenir une nouvelle variété.

Hybride: Plante résultant du croisement de deux races, espèces ou genres.

Hybrideur: Celui qui fait de l'hybridation.

Indigène: Se dit d'une plante qui croît spontanément dans un pays.

Inflorescence: Ensemble de fleurs regroupées.

Insecticide: Qui tue les insectes.

Intergénérique: Se dit d'un croisement entre deux genres.

Pétale: Division de la corolle.

Pétiole: Organe mince et allongé de la feuille qui la relie à la tige.

pH: Échelle de notation de 0 à 14 qui indique l'acidité ou l'alcalinité d'un sol.

Phosphore (P): Élément minéral essentiel aux plantes. Il joue un rôle très important dans la floraison et le développement des racines.

Pied: Partie de la plante située près du sol.

Pincer: Supprimer l'extrémité d'une tige en vue de stimuler la ramification.

Pinçage: Action de supprimer l'extrémité d'une tige.

Planche: Section de jardin, généralement du potager, réservée à une culture donnée.

Plant mère: Plante utilisée pour la multiplication.

Plante tapissante: Type de plante à croissance basse qui peut remplacer le gazon.

Plantule: Jeune plant issu d'une graine.

Plate-bande: Bande de terre cultivée.

Pleureur: Aux feuilles ou aux branches retombantes.

Plug(*anglicisme*): Plateau divisé en de multiples alvéoles; une telle alvéole. Voir Multicellule.

Polycarpe: Qui fleurit et produit des graines plusieurs fois.

Port: Aspect général d'une plante (port pleureur, port rampant, etc.).

Potassium (K): Élément minéral essentiel aux plantes jouant un rôle important dans la production des fruits et la formation de réserves.

Pyramidal: Qui à la forme d'une pyramide.

Quinconce: Disposition par groupe de cinq plants effectuée lors d'une plantation (4 plantes aux 4 coins d'un carré ou rectangle et la 5e au centre).

Rabattre: Supprimer totalement une branche.

Rabougri: Se dit d'une plante chétive et peu feuillue.

Racinaire: Ayant un rapport avec les racines.

Raméal: Ayant un rapport avec les rameaux.

Rameau: Pousse secondaire sur une branche.

Ramifié: Ayant beaucoup de rameaux ou de branches.

Rampant: Se dit de plantes à port bas et étalé.

Rayon: Fleur colorée en forme de pétale située au bord extérieur d'une fleur composée.

Rejet: Drageon ou gourmand.

Remontant: Se dit des plantes dont la floraison se répète au cours de la saison.

Repiquage: Transplantion d'un végétal, surtout d'un semis.

Repos: Période d'arrêt de croissance.

Reproduction: Multiplication d'une plante.

Résistance: Capacité de résister à un ennemi ou à un traitement.

Rhizome: Tige épaisse horizontale, en général au moins partiellement souterraine.

Rocaille: Jardin rappelant un flanc de montagne et où les roches dominent.

Rosette: Ensemble de feuilles disposées en cercle.

Rouille: Diverses maladies caractérisées par la formation de pustules orangées.

Rubané: Très allongé et de faible largeur.

Rustique: Qui s'adapte bien aux conditions climatiques du secteur. Au Canada, on utilise surtout ce terme pour désigner une plante résistant au froid dans une zone précise.

Sableux, sablonneux: Qui contient du sable.

Sapinage: Branches de conifères utilisées comme paillis d'hiver.

Sagittée: En forme de flèche.

Sarclage: Opération consistant à enlever les mauvaises herbes avec un outil tel une binette.

Sarmenteux: Dont la tige doit s'appuyer sur un support.

Scarification: Faire une brèche dans l'épiderme d'une graine, dans le but de hâter la germination.

Sélectif: N'agissant que sur certaines catégories de ravageurs ou de mauvaises herbes.

Semence: Graine ou, éventuellement, toute partie de la plante pouvant assurer sa multiplication.

Semi-double: Ayant plus de pétales que la moyenne, mais de façon insuffisante pour atteindre le double.

Semis: Méthode de multiplication des végétaux à partir de la graine. Aussi, plants issus de semis.

Sépale: Chacune des pièces du calice. Les sépales entourent le bouton floral.

Sève: Liquide circulant dans les vaisseaux des plantes.

Sillon: Petite tranchée tracée dans un sol pour pratiquer un semis.

Simple: Se dit d'une feuille non composée, d'une tige ou d'une inflorescence non ramifiée ou d'une fleur ayant seulement un rang de pétales. Aussi, plante médicinale.

Souche: Partie souterraine de la tige des plantes vivaces.

Sous-bois: Ensemble de la végétation poussant sous le couvert des arbres.

Sous-sol: Couche de terre située sous la terre arable.

Spontané: Qui croît à l'état sauvage.

Sport: Mutation.

Stérile: Inapte à la reproduction.

Stolon: Tige rampante qui s'enracine pour donner de nouvelles plantes.

Succulent: Se dit d'une plante aux tissus gonflés.

Taille: Suppression de certaines parties d'une plante.

Tapissant: Qui pousse en largeur et non en hauteur, qui recouvre le sol comme un tapis.

Taxonomie: Science de la classification des espèces.

Tendre: Ne résistant pas aux gels sévères.

Terminal: À l'extrémité de la tige.

Terre: Ensemble des éléments constituant le sol.

Terreau: Produit provenant de la décomposition. Aussi, terre utilisée comme milieu de culture pour les plantes en conteneur, bac ou jardinière.

Tétranyque: Acarien s'attaquant fréquemment aux végétaux (appelé aussi araignée rouge).

Thermorésistant: Résistant à la chaleur.

Tige: Organe qui porte des feuilles ou des fleurs.

Touffe: Plante émettant plusieurs rejets et formant ainsi une masse compacte.

Tourbe: Matière végétale partiellement décomposée. On dit aussi *peat moss*.

Transpiration: Élimination d'eau sous forme de vapeur par la voie des stomates.

Transplantation: Opération consistant à déplacer une plante d'un endroit à un autre.

Transplantoir: Petite pelle utilisée pour le repiquage.

Tubercule: Renflement souterrain de la tige ou de la racine (souvent appelé bulbe). Aussi, toute excroissance.

Tubéreux: En forme de tubercule ou doté de tubercules.

Tuteur: Support pour les plantes.

Variété: Plante différant légèrement de l'espèce. Si elle est trouvée à l'état sauvage, on l'appelle sous-espèce; si elle apparaît en culture, on dit que c'est un cultivar.

Végétal: Ayant rapport aux plantes. Une plante.

Végétatif: Qui concerne la vie des plantes.

Verticille: Ensemble d'organes autour d'un axe.

Virose: Maladie provoquée par un virus.

Vivace: Se dit d'une plante herbacée qui persiste plusieurs années.

Volée: Voir *ensemencement à la volée*.

Zone climatique, de rusticité: Chiffre qui indique le degré de tolérance d'une plante au froid.

Bibliographie

BALL, J., *Rodale's Garden Problem Solver*, Rodale Press, Emmaus, Pennsylvania, 1988, 550 p.

BÉNARD, S. et B. VAESKEN, *Dictionnaire du Jardinage*, Dargaud Éditeur, Montréal, 1981, 400 p.

BENNETT, J. et T. FORSYTH, *The Annual Garden*, Firefly Books, Willowdale, Ontario, 1990, 176 p.

BERRY, S. et S. BRADLEY, *Contained Gardens*, Storey Communications, Pownal, Vermont, 1995, 160 p.

BÉRUBÉ, C., Éd., *Fleurs séchées n⁰ 1*, Spécialités Terre à Terre inc., Québec, 1997, 50 p.

BICKNELL, D. O'D., *French-English Horticultural Dictionary*, Angleterre, C•A•B International, 1989, 240 p.

BOWN, D., *Encyclopedia of Herbs & Their Uses*, RD Press, Montréal, 1995, 424 p.

BRICKELL, C. et al., *Grande encyclopédie des plantes & des fleurs de jardin*, Bordas, Paris, 1990, 608 p.

Collectif des éditeurs de *Sunset Books* et de *Sunset Magazines*, *Sunset Western Garden Book*, Sunset Publishing Corporation, Californie, 1997, 656 p.

CROCKETT, J.U. et TANNER, O., *Plantes aromatiques*, Time-Life International, Paris, 1979, 158 p.

CROCKETT, J.U., *Plantes annuelles*, Time-Life International, Paris, 1971, 160 p.

CRONIN, L., *The Concise Australian Flora*, Reed Books Pty Ltd., Australie, 1989, 320 p.

DEWOLF, G.P. et al., *Taylor's Guide to Annuals*, Houghton Mifflin Company, Boston, 1986, 479 p.

DUMONT, B, Éd., *Guide d'achat 1998, Vivaces et annuelles*, Spécialités Terre à Terre inc., Québec, 1998, 90 p.

EDINGER, P., *Flower Garden Plans*, Ortho Books, Californie, 1991, 112 p.

Employés de l'Hortorium Liberty Hyde Bailey, *Hortus III*, Macmillian Publishing Company, New York, 1975, 1290 p.

FELL, D., *Annuals, Handy Garden Guides*, Friedman/Fairfax Publishers, New York, 1996, 192 p.

HAY, R. et al., *Encyclopédie des fleurs et plantes de jardin*, Sélection du Reader's Digest, Paris, 1978, 799 p.

HILLIER, M., *The Book of Container Gardening*, Simon and Schuster, New York, 1991, 192 p.

HODGSON, L., *Des semis réussis*, Spécialités Terre à Terre inc., Québec, 1999, 50 p.

HODGSON, L., *Le jardinier paresseux, Les vivaces*, Éditions Broquet, L'Acadie, Québec, 1997, 543 p.

HODGSON, L., *Les semis*, Éditions versicolores, Québec, 1995, 61 p.

HOLE, L., *Northern Flower Gardening*, Lone Pine Publishing, Edmonton, Alberta, 1994, 270 p.

KRASKA, M.E., *Herbs, American Gardening Series*, Prentice Hall, New York, 1992, 96 p.

LEVY, C.K. et R.B. PRIMACK, *A Field Guide to Poisonous Plants and Mushrooms*, The Stephen Greene Press, Vermont, 1994, 177 p.

LOEWER, P., *Better Homes and Gardens Step-by-Step Annuals*, Better Homes and Gardens Books, Des Moines, Iowa, 1994, 132 p.

MARTIN, G., Éd., *Guide illustré du jardinage au Canada*, Sélection du Reader's Digest, Montréal, 1981, 511 p.

MCKINLEY, M.D. et SINNES, A.C., *Color With Annuals*, Ortho Books, Californie, 1987, 112 p.

MULLIGAN, W.C., *Rare and Unusual Plants*, Simon & Schuster, New York, 1992, 224 p.

PESCH, B.B., *Beds & Borders*, Brooklyn Botanical Gardens Record, New York, 1984, 84 p.

POWELL, E., *From Seed to Bloom*, Storey Communications, Inc., Pownal, Vermon, 1995, 312 p.

PUTNAM, C., *Ortho's Plant Selector*, Ortho Books, Californie, 1991, 112 p.

REILLY, A. *Park's Success with Seeds*, Geo. W. Park Seed Co., Inc., Greenwood, Caroline du Sud, 1978, 364 p.

SALMON, J.T., *Native New Zealand Flowering Plants*, Reed Books, Auckland, Nouvelle-Zélande, 1991, 254 p.

STILL, S. M., *Manual of Herbaceous Perennials*, Stipes Publishing Company, Illinois, 1988, 512 p.

THÉBAUD, P. et A. CAMUS, *Dicovert*, Éditions Arcature, Ris-Orangis, France, 1993, 957 p.

TREHANE, P., *Index Hortensis, Volume 1: Perennials*, Quarterjack Publishing, Angleterre, 1989, 504 p.

VAILLANCOURT, H. et DESCHÊNES, G., *Jardins de fleurs en pot*, Spécialités Terre à Terre inc., Québec, 1999, 50 p.

VAN DE LAAR, H.J. et G. FORTGENS, *Naamlijst van Vaste Planten*, Boomteelt Parktijkonderzoek, Hollande, 1990,244 p.

WILSON, J., *Landscaping with Container Plants*, Houghton Mifflin Company, Boston, 1990, 212 p.

WINTERROWD, W., *Annuals for Connoisseurs*, Prentice Hall, New York, 1992, 210 p.

WRIGHT, R.C.M. et A. TITCHMARSH, *The Complete Book of Plant Propagation*, Ward Lock Limited, Londres, 1981, 180 p.

WYMAN, D., *Wyman's Gardening Encyclopedia*, Macmillan Publishing Company, New York, 1986, 1221 p.

Index

545

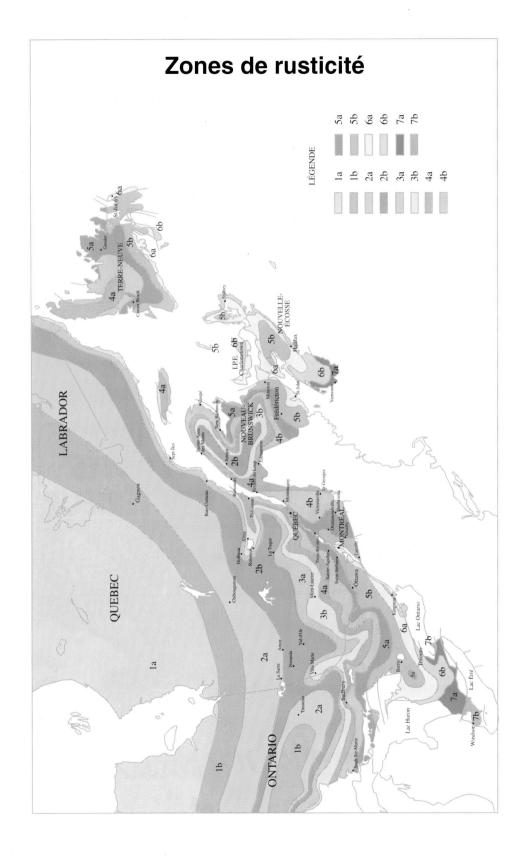

Zones de rusticité

LÉGENDE

5a
5b
6a
6b
7a
7b

1a
1b
2a
2b
3a
3b
4a
4b